河北省高等学校人文社会科学重点研究基地经费资助

河北省社会科学基金项目《新时代雄安新区城市协同治理法治化研究》（HB18FX002）最终成果

新时代城市协同治理法治化研究

马雁 著

人民出版社

责任编辑：李椒元
装帧设计：徐　晖
责任校对：吕　飞

图书在版编目(CIP)数据

新时代城市协同治理法治化研究/马雁 著. —北京:人民出版社,2019. 12
ISBN 978－7－01－021160－2

Ⅰ.①新… Ⅱ.①马… Ⅲ.①城市管理-法治-研究-中国 Ⅳ.①F299.23

中国版本图书馆 CIP 数据核字(2019)第 179368 号

新时代城市协同治理法治化研究
XINSHIDAI CHENGSHI XIETONG ZHILI FAZHIHUA YANJIU

马　雁　著

人 民 出 版 社 出版发行
(100706　北京市东城区隆福寺街 99 号)

河北文盛印刷有限公司印刷　新华书店经销

2019 年 12 月第 1 版　2019 年 12 月北京第 1 次印刷
开本:710 毫米×1000 毫米 1/16　印张:20.5
字数:310 千字　印数:0,001－3,000 册

ISBN 978－7－01－021160－2　定价:45.00 元

邮购地址 100706　北京市东城区隆福寺街 99 号
人民东方图书销售中心　电话 (010)65250042　65289539

目　　录

绪　　论

一、选题的价值和意义

作为一项立足现实重大需要，交叉性、综合性与整体性突出的研究选题，将结合新时代中国的城市治理实践，对中国特色城市法治治理现代化的基础、逻辑与路径进行深入剖析，探索城市系统性法治治理的新理论与新方法。以雄安新区城市法治治理为样本，结合城市化空间领域的结构化、非结构化和半结构化问题的治理决策原理与机制，注重对城市微观、中观整体性法治治理的关联结构和模式的量化研究，注重宏观政策驱动和单一及复杂事件所触发的系统性城市安全风险的生成与传播机制研究，进而探索新时代中国特色城市法治治理体系的理论建成与实践样本。关注城市治理的三个法治面向及协同：基于公权力和公共管理机构及授权的城市法治治理体系、基于权利基础和来源的城市法治治理体系、通过社会组织有序参与和购买公共服务形成的第三种路径混合模式城市法治治理体系。梳理其法源结构、逻辑和内容、增效机制与风险约束机制。

从法学内部视角看，城市法是指中世纪西欧城市中形成、发展、适用的法律体系，以特许状、行会章程和城市权力机关立法为主要法源，内容涉及商业、贸易、征税、城市自治及城市居民的法律地位等。城市立法不同于地方性立法，是构成市场经济法律体系的直接和重要组成部分，城市自治孕育和加强了社会世俗权利并发展出理性的法律体系即城市法，为西方法治传统形成奠定了基础。当代中国也存在一个相对独立的城市法体系，其中包括中央政权机关对城市立法权的授权性规定、中央政权机关关于城市秩序的具体规定、各个城市制定的法规和规章、城市各单位制定的内部规则、城市习惯和市场惯例，以及城市社区规则等(喻中;2002)。国内学者舒扬的著作《现代城市法治研究》,从依法治国和民主政治的依存与互动关系切入,通过对城市与法治的关系和内涵、构建城市法治的原则、理念等阐述,阐述了城市法治化的实现途径,以及城市法治化过程中法律监督、公平正义等配套建设的必要性,分析了城市法治的理想和困境,法治精神的思维取向、价值取向等问题,着重探讨城市法治化建设与经济发展互动的关系。在城市学、城市社会学、城市政治学等关联领域,国内学者们的研究成果集中于微观的社区参与社区认知、中观层面的城市"空间正义"等问题研究、宏观层面的城市化道路分类及选择。代表性观点认为,社会转型和社区建设运动背景下的中国城市社区,是为解决单位制解体后的城市社会整合与社会控制问题、自上而下建构的国家治理单元,与促进公共领域形成或市民社会发育的地域社会生活共同体有本质不同,社区制改革本质上是国家与社会关系的重新调整(杨敏;2007)。有学者从邻里政治角度,认为城市基层的权力操作策略与国家—社会的粘连模式,在社会转型期的国家动员控制能力问题上存在"断裂"与"嵌入"的对立,提出介于两者之间的"粘连"理论,即国家对城市邻里拥有一定的动员控制能力,但这种能力受社会政治因素的很大限制,由邻里中的非制度化权力操作模式及其社会结构、动力机制等因素共同决定(桂勇;2007)。有学者从社会学角度分析,认为中国城镇化与中国改革开放的"渐进型"特征和社会转型联系,即工业城镇化、土地城镇化、人口城镇化三阶段的"接力"发展格局,认为这种特色道路的形成取决于多重关系的互动,最重要的是政府与企业、中央与地方、国家与农民三对关系(周飞舟;2015)。城市社区治理与居民自治的研究视角,主要有制度视角、权力视角、文化视角、公民社会视角、资源视角,可归结为国家中心主义、社会中心义、市场中心主义的分析范式。学科梳理方面,有学者认为,城市政治学是一门以发生在城市这一特定场域内政治活动和政治现象为研究对象的、具有交叉学科性质的学科,但同时,城市政治学又是以特定的政治现象和政治问题为基本研究对象,将其学科的基点建立在政治学之中。目前,城市政治学的研究主要在城市政治学理论、城市政府职能与治理、城市社会政治问题与相关政策的国际比较以及当代中国地方政府与城市政治研究等四个基本层面上展开(曹海军;2016)。有学者从中国城市化和城市治理的反思与转型的角度,认为中国传统的城市治理主体单一、目标功利化、治理空间封闭化;传统的城市化在其目标与标准、农民工市民化成本、城市化空间与范围方面也存在误区。进一步认为,在以人为核心的新型城镇化背景下,城市治理进行三维战略转型:在治理主体上,应由一元治理向多元治理转型;在治理目标上,应由唯GDP 目标转为人本化目标;在治理空间上,应由城乡分割转为城乡统筹(孙永正、王秀秀;2016)。对"社会治理体系"进行概念解读、体系构建和实践策略等相关文献梳理,国内学术界主要从以下角度来解读:一是从治理层次的角度,建立社会治理体系应当包括宏观社会体制、重大领域的治理制度、规则和准则安排以及社会治理的社会性规范体系等层次;二是从社会政策建构的角度,社会治理体系的基础是基于宪法精神的社会政策;三是从治理过程的角度,以治理理论指导社会治理体系,突出治理中的主体、机制的互动,来解决社会问题和化解社会矛盾的方式和过程,是多层递进的有机整体,须加强执行层面、保障层面和任务层面运行机制的联动治理。从学术史梳理及学科归属而言,国内学者主要是从政治学、行政学和公共管理领域研究城市问题,集中从区域经济学、城市规划、人文地理学、城市历史学等视角进行研究;从研究的学科领域而言,新型城镇化转型以及城市治理议题多集中在城市规划、区域经济和经济地理、城市社会学等学科领域,政治学、行政学、公共管理领域的研究则方兴未艾,法学领域的相关研究成果较少并未体系化,学科间的交流以及研究成果的集成化程度需要整合,从中国城市问题出发形成的理论范式需要着力构建。

国外城市治理方面的经典著作,以戴维·贾奇等教授的《城市政治学理论》为代表,着眼于权力的视角,探讨公共官僚机构的本质和城市政府的重要性、公民参与城市政治过程的方式,将城市政治放在社会、经济环境和政府的复杂性结构中考察,对构成城市政治争鸣的主要理论、关键议题进行阐述。乔纳森·戴维斯等学者在《城市治理与城市发展经典译丛:城市政治学理论前沿》等论著中,介绍主流城市政治学理论,并从权力、治理、公民、挑战等核心内容,回答了运用城市政治权力的主体、城市治理的性质、城市居民如何影响这些动态权力和治理,以及如何被这些动态权力和治理影响等城市研究经典问题,涵盖了城市政治学科的前沿发展状况,并指明研究面临的挑战。国外城市政治学的兴起是城市化进程的结果,城市政治学形成精英主义、多元主义、城市机制论、新政治经济学以及多中心治理五大视角。城市政治学的研究主题为城市的权力结构和治理结构,两者构成梳理城市政治学范式转换的主要线索。就权力结构而言,相继有精英主义和多元主义城市权力结构论、城市增长机器论以及城市政体论等理论,理论的演进暗合了两种权力观的更迭,即社会控制模式权力观转向社会生产模式权力观;就治理结构而言,相继有传统区域主义、城市公共选择理论和新区域主义等理论,理论转换预示城市治理结构由突出政府统治转向强调协同治理。西方城市模式,代表性的为瑞士学者皮埃尔的城市治理模式,根据参与者、方针、手段和结果的不同,提出四种城市治理模式:管理模式、社团模式、支持增长模式和福利模式,四种模式也是目前最经典的城市治理模式分类。在区域层面上,越来越多跨越区域界线、超越单一政府权限的跨域事务的产生迫使地方政府治理模式产生变革,形成了"多中心—多层次"的区域治理格局。时空和背景不同,城市治理模式具有多样形态,每个的城市治理模式都会带来新的问题,这些问题又引发新的改革方案,上述变化直接推动着城市治理的研究。20世纪90年代至今,城市权力结构和城市治理结构论域两大线索都转向城市治理,实现融合,主张建立集权政府的传统区域主义和引入市场竞争机制的城市公共选择理论,都秉持社会控制模式的权力观。但政府失灵和市场失灵的风险,提示单独依靠政府或市场都不能有效实现城市治理。政府、市场和社会存在竞争,也存在合作,关键在于扩大合作、引导竞争的保障机制。实现城市治理,政府、市场和社会有必要建立起非正式的合作关系。从而使城市政治学的核心范式由关注谁统治城市转向探讨如何治理城市。上述范式对推进城市治理能力研究具有重要启示。

随着全球化和城市化进程的加快,城市问题越来越呈现出多样性和复杂性,呈现出经济要素、政治要素和治理要素结合的形态。国外较多城市政治学的理论关注的是政府组织、机构规模、自治程度、权力结构等,城市问题研究因此显得零散和系统研究阙如。中国正处于加速城市化进程中,但客观上因城镇化起步晚,国内学术界对于城市化及其相关问题的研究主要集中在经济、社会和地理层面,对于中国特色城市法学及城市治理的研究相对匮乏,尤其是关于城市法治治理体系和现象的系统化、理论化研究。国内的城市研究基础相对薄弱,原因一是传统权力结构的关键因素沉淀在乡村;二是学科自觉的迟滞与整体性的模糊。对于城市中正在发生的变化和治理需求,亟待深入的理论解释与分析,研究视角的多元,也亟待学科之间整合、研究方法的拓展与创新。同时,新时代的城市发展是多样文明要素聚集的空间,城市治理研究需要认识本体论与认识论的问题,以及空间性、历史性与社会性的问题。进入后工业化时代,工业化与城市化构成现代化的两条主线并互为因果,城市化需要城市规范治理体系持续推进。

从理论与实践层面而言,"国家治理体系和治理能力现代化"是新时代的新命题,是中国特色社会主义建设实践中的新目标新任务,没有可直接沿用的理论成果,没有现成的范本可以套用。因此,"国家治理体系和治理能力现代化"总体框架下的城市法治治理体系研究,是具有时代紧迫感的研究命题,也是基于雄安驱动战略下展开城市法治治理体系整体研究的原因。设立雄安新区是以习近平同志为核心的党中央深入推进京津冀协同发展做出的一项重大决策部署,对于集中疏解北京非首都功能,探索人口经济密集地区优化开发新模式,调整优化京津冀城市布局和空间结构,培育创新驱动发展新引擎,具有重大现实意义和深远历史意义。本选题的研究价值,即以雄安新区规划、建设、发展中城市治理领域的重大理论和实践问题为研究对象,以打造法治雄安样本为目标,深入解读并坚定新时代中国特色城市治理的法治道路自信、法治理论自信、法治制度自信、法治文化自信,完善符合新时代的城市治理法治话语体系,按照新时期社会主义法治体系的指导方针和新要求、新原则,在"法治雄安"的建设中,直面问题,提出城市法治治理体制机制方面的创新,找到城市法治治理的实践规律,推动理论创新,增强研究的战略性、系统性。

雄安是中国推进城市群全新发展格局的突破口,是现阶段深入推进中央部署的京津冀协同发展战略的核心支点,是创新示范和引领区域发展的新增长极,是践行新型城镇化的示范区。雄安新区的发展应与全面依法治区战略规划和保障有机结合,重视法治实践对理论创新提出的要求。选题价值在于,以雄安建设中的法治问题为契机,概括出有规律性的新认识,探索构建具有中国特色的城市法治治理体系。以雄安法治先导区为切入点,坚持法治实践的研究起点,探索超大城市、普适城市和城市群法治治理的规律,拓展和深化城市法治治理实践经验的系统总结,提出具有主体性和原创性的理论观点。雄安新区是京津冀世界级城市群里的一个重要支点,既关系京津冀三地原有利益格局的重大调整、传统经济社会管理体制的重大创新,又是京津冀区域治理模式的重大制度变迁以及释放协同红利的重要举措。雄安在新时代背景下确立,新时期中国特色社会主义的新设想、新观念体现其中,展现中国发展的新高度。因此,雄安的定位是一个具有"中国意义"的包含法治、经济、社会等多个维度的引领新时代发展新高度的综合性新区,即从区域协同、中心漂移、反磁力中心等理论着手,集中探讨雄安新区在京津冀协同发展的地位以及京津冀区域协同法治创新路径。新时代的法治治理的研究呈现新的节点,新节点体现在从"西方模式"走向"中国道路"、理论与实践创新结合两个方面。城市依法治理也是实现国家治理现代化的实质性步骤,所有治理模式中,分歧最小而共识最大的,即依法治理,这正是治理能力现代化的关键环节与步骤。城市善治是公共利益最大化的治理过程和治理活动,基于国家治理的制度化、民主化、法治、效率与协调的现代性要素,善治是国家与社会的合作,作为解释后工业化时代的城市治理的价值目标,法治与善治呈现特定关系,善治的前提是要有良法。城市治理不仅仅等同于经济发展、社会自治和空间建设,必须重视其中的"法治"因素并提供理论支撑,推进城镇化过程中,原有价值观念、利益关系、政府职能、府际关系、治理结构和政策导向等会发生变化,要求为现实提供对策研究和理论说明,城市空间是国家地理的重要组成部分,优化城市治理结构是完善国家治理体系的重要一环,强化城市治理能力是提升国家治理能力的重要构成。现有城市法研究的分散及城市治理法治实践的要求,亟待建立城市法学的理论研究范式。以权利为导向,注重义务配置的本位观,知识体系上凸显综合性,并在国家与社会关系、新制度法学、微观权力等范式上形成多纬度、系统化的理论成果。

二、研究思路

(一)研究内容

雄安法治样本下的城市治理体系及运行机制。包括新时代城市法治治理的主体、治理途径和治理方式等主要内容,以及城市法治治理的理论创新与方式。具体包括城市法治治理结构、城市法治治理路径、城市区域法治治理、城市社区法治治理和城市法治治理评价等五个方面。

1. 京津冀区域城市群协同法治创新模式。从协同红利角度,研究雄安城市建设中的京津冀区域协同法治创新模式及方案。构建区域协同法治理念,对区域协同法治的理论建构、具体制度设计以及政策与法律的调适联动等问题做出实证性研究。研究国家法治统一性与区域治理多样性的深度法治关联。

2. 城市法治治理体系。治理体系是由政治权力系统、社会组织系统、市场经济系统、宪法法律系统、思想文化系统等构成的有机整体。有效治理涉及"谁来治理,如何治理,治理得怎样"三个问题,分别对应治理主体、治理机制和治理效果要素。由城市治理规范权力运行制度、公共秩序制度与程序构成。城市治理体系的运转逻辑是治理主体用一定方法去治理客体的逻辑,是谁来治理、治理什么和如何治理三者的有机结合。(1)多元主体整体协同治理的法理基础和法治设置,主体权责和主体行为的法律边界。1)厘清政府、市场、社会的权力边界;2)治理行政不作为;3)公众参与公共决策,民主监督的法律程序,社会参与关键要素建设,参与能力与集体行动的关系。(2)城市法治治理途径。法理型、整体性、多样化社会协商治理途径的法律确定。1)利益诉求表达的法律体系建设。公众诉求引导为法律表达机制、重大社会事项进入公共政策决策程序建设;2)合理的利益博弈机制,建设"弹性稳定"的体制内博弈机制;3)按功能分化,形成制度参与机制,重点加强工会、共青团、妇联、残联等组织功能,促进政府与民众的有效互动和合作。(3)城市法治治理方式。静态治理向法治框架内的动态治理转变。核心是在法治的范围内妥善处理政府、社会与公众三者之间的关系,以法治方式完善党委领导、政府负责、社会协同、公众参与的社会治理体系。(4)城市治理法治指标建设。1)建立法治城市创建工作领导体系,树立"大社会"观念,塑造法治城市的法治精神;2)增强"法治权重";3)建设有序、公信、高效、民主的善治政府;4)结合当地实际建立和完善法治指数等法治指标评估体系,依法治理内容具体化,用"度量衡"检验创建成果,法治内化于市民日常生活;5)提升执法"公信力"。

3. 城市法治治理的逻辑。针对城市多元复合结构,提炼结构性、非结构性和半结构性治理决策机制。(1)城市人民日益增长的美好生活需要和不平衡不充分的发展之间的矛盾,体现在三方面:1)城市基础设施、城市公共服务和城市管理水平发展不充分,不能适应城市快速发展的需要,环境污染、交通拥堵等"城市病"蔓延加重;2)城市社会建设不平衡不充分,流动人口、城市社会结构不均衡,社会问题和社会矛盾较多;3)城市人口和经济发展与资源环境保护不平衡,城市发展的资源环境约束日趋紧张,亟须转变城市发展方式。(2)城市治理的法治着力点。1)强化城市规划稳定性、权威性,行政决策的连续性;2)城市建设、设施标准的法定化;3)完善地下空间法律制度,明确权属、管理机制;4)完善城市管理部门协调机制,增强行政许可和行政处罚的信息共享,创新执法方式,提高执法效果;5)构建公众参与城市治理法治途径;6)建立市场复垦激励法治治理机制;7)网络黑势力、公共区域直播的立法和制度标准。

4. 城市更新概念及法治运行方式研究。对城市更新发展动因、机制和组织形式研究。

(1)城市更新的系统理念。从制度、体制、机制和技术上全面寻找和优化城市治理的方法,系统而不是片面选用城市治理方法,注重城市治理方法的系统影响,形成城市治理方法体系。(2)城市问题的解决、城市使命的确定,均要依法进行,系统考虑问题关联性和各利益相关方的利益,破除治理碎片化,以制度创新、体制机制改革和技术支撑保障治理绩效。(3)城市更新有方法形成和方法组合两方面内容。1)依法治理理念,制度、体制、机制的建设和使用中,严格依照国家和省域已有的法律和法规,同时依法,审慎、充分利用城市立法权,形成城市治理的法律方法;2)根据系统治理理念和智慧治理理念,城市治理要系统整合制度、体制、机制、工具,系统实现制度体制机制与工具手段的有机衔接,系统考虑各种治理方法的优劣,系统集成治理工具,实现治理方法的智慧选择和有机组合。(4)城市更新能力建设。对应城市治理体系的理论构成,基于城市治理实践的现实需要,城市动员能力、城市管理能力、城市发展能力和精细治理能力构成了城市治理能力建设的基本内容。四种治理能力与城市治理体系的不同要素对应,构成城市治理能力,循证治理、整体治理、靶向治理结合,实现城市治理的决策、执行、监督和评估等方面都有证可循、有数可依的基础上实现整体治理。

5. 中国特色城市"法律理想图景"及治理体系。以中国经验为基点,法治化是城市治理的突破口,构建系统化法秩序法理及规范。(1)形式法治作为城市治理现代化的秩序基础。(2)国家机构在城市治理法律体系中的分工与合作。(3)区域命运共同体及共同体秩序的创制与扩展。(4)法治道路、法治理论、法治体系、法治文化"四位一体"的法治中国城市建设理论。(5)规划治理框架,有助于应对城市治理高度复杂性状况、提高城市治理效能。(6)行政处罚和行政强制设定权方面,先地方后中央的探索,完善地方行政程序立法,规范立法法实施。

(二)总体框架

概括为"一项意义、两个标准、三个面向、四组关系、五个视域、六项结合"。"一项意义":开启改革开放先行区城市治理引擎。超大型城市进入可持续发展的轨道;减小地域发展差异,促进城市和谐发展;行业发展与地区特点有机配合;提高超大城市韧性治理能力及机制,培育新时代宜居城市群样本。

1. "两个标准"是指提升智慧城市精准治理能力,创新城市新型治理模式。即治理主体从"一元"到"多元";治理方式从"粗放"到"精细";治理过程从"侧重事前"到"侧重事中、事后";治理手段从"人工"到"大数据"。

2. "三个面向"包括(1)缓解房地产对实体经济的挤出、改变户籍制度对人力资本的扭曲配置、减轻企业税负压力,为京津冀超大城市群发展开拓"东成西就"新空间,为城市治理提供中国样本和中国经验。(2)从城市发展机制上,培育发展新动能探索创新驱动的城市发展道路,吸纳和集聚创新要素资源的治理路径,纠正"脱实向虚"的城市治理弊端。(3)从城市建设规划上,创新城市发展理念、发展路径,破解"大城市病"、人口资源环境承载超限的城市发展之困,为宜居绿色文化的国际城市提供样本。

3. "四组关系"指处理好改革与法治的关系;政府、市场与社会的关系;决策科学化与法治化的关系;法律程序保障与实体正义间的关系。

4."五个视域"围绕城市法治治理体系中的核心要素和重点问题,将城市规划与发展中突出的绿色、创新、智慧、协调等核心任务整合为以下方面展开研究:(1)城市规划与城市更新法治机制;(2)城市生态环境治理法治机制;(3)城市公共服务和区域治理法治机制;(4)城市流空间与交通治理法治机制;(5)智慧城市规划与治理法治机制。

5."六项结合"是研究视角和路径,概括为元问题与具体问题相结合、纵深与扁平相结合、整体与部分相结合、时间与空间相结合、静态与动态相结合、体系与方法相结合等主要方面。

三、基本脉络

中国特色城市法治直面城市化问题,观照城市治理的权力平衡问题,解决城乡二元空间中的权利保护问题,在城市法治治理体系中论证城市的空间重建、权利保护与正义供给,从法治治理视角研究城市权力、城市治理及城市公民相互影响的过程。在整体"国家治理体系"的有机系统下,研究城市法治治理体系的规范权力运行制度、公共秩序制度与程序构成,制度建构层面研究城市法治治理的事件及过程;组织和个体的行为影响层面,研究城市法治治理的参与;理论研究层面,关注城市法治治理的价值基础;对中国特色的城市发展问题进行归类,关注城市权力的传递方向和角色边界,研究循证方法下,法理型公共政策转型的城市治理路径;形成城市自我更新,再进行赋权化或社会化的治理转型。重视治理主体、治理客体、治理方法,包括治理体制、机制、技术等因素及关联。具体围绕城市法治治理的良法善治,城市治理的意识层面,包括价值意识、权利意识、参与意识和权威意识问题;制度层面包括地方法与国家法、实体法与程序法、软法与硬法问题;行为层面包括行政行为、自治行为和共治行为问题展开。

结合法治雄安研究的创新目标,基于顶层设计的重要性和法治实践发展问题的复杂性判断。从法治视角,对城市治理实践经验进行系统总结;对发展社会主义法治体系和重大问题的分析研究;通过对雄安法治样本的深度分析,强化和提炼出新时期中国特色城市法治治理原创性理论体系;建立城市治理现代化的法治系统时空动态和主体意识的理论体系,首先,系统关联的认识框架体系,把城市治理法治实践发展的认识视野拓展到系统认识论基础、框架,核心是"中国道路中的法治系统认识体系——城市治理法治体制机制——行为"的逻辑认知。其次,从"法治雄安"样本中理解深层次的党的执政方式与全面法治化结合、国家治理、城市治理方式的转型。从注重效率优先的发展型治理模式转变为追求社会公正价值诉求的现代治理治理模式,分析中国特色社会主义法治体系的内在逻辑与实质。另外,城市治理体系和治理能力现代化建设,在于城市法治治理和执法体制改革,规划建设衔接,构建"多元共治"的现代城市治理体系。城市治理内容为物质文明、政治文明、精神文明、社会文明和生态文明的"五位一体"领域;城市治理主体从"单一主体"转为"网络组织";城市治理过程由"自上而下"转为"多元互动";城市治理在制度层面,从"强制性制度"走向"诱导性制度",组织载体上从"依附性组织"走向"合作式组织",群众参与已经从"消极性参与"走向"积极性参与"。

四、研究目标

(一)系统性、整体性、协同性的现代城市治理体系

城市治理体系和治理能力建构分别有其价值理念和现实需要。城市治理体系侧重城市治理要素构成,是相对静态的,是城市治理能力形成的前提和基础;城市治理能力则侧重城市治理要素的功能发挥,主要是动态的,是城市治理体系有效运转形成的结果。

1. 核心即用法治方式来完善党委领导、政府负责、社会协同、公众参与的城市治理体系。

2. 法治是动态治理方式的核心机制,保持社会治理的规范性、可持续性,由静态治理向法治框架内的动态治理转变。

3. 以法理型权威为基础的国家政治生活日益制度化与程序化,政府职能"新公共服务"的范式转变。

4. 法治惠民利民的城市法治治理的制度指标。提高法治在城市建设中的

权重,引入城市法治文化建设指标,提高法律制度的公信力。

5.城市交通法治发展。1)创新理念,适时立法,法治视野下执法方式的探索和创新;2)协调理念,系统论视角,注重内部权利与权力要素,立法、执法、法治监督要素等协调,注重城市交通法治整体与外部发展协调;3)绿色理念,城市交通法治发展成本的降低及绿色交通环境的法治保障;4)开放理念,注重开放政府建设,实施政府信息公开和公众参与;5)共享理念,城市交通发展中对公民权利的保障,以法律制度方式实现城市交通公共资源的分配正义;6)创新理念,城市交通法治发展中,行政机关治理的法治方式、具体行政行为、行政裁量基准,是城市交通法治发展的核心。

(二)中国特色城市法治治理与城市法学理论创新

1.空间治理思维视角及法理回应。以法理方式关注城市问题,关注空间生产与城市问题,直面中国城市化的特殊性,准确理解城市问题中的"发展与稳定关系"问题。

2.创新空间、历史和社会共存的三元的城市化理论。研究城市空间议题涉及的群体差异与需求复合问题,提出中国城市法治法治的合理性路径,提出社会和国家互动型法治道路,拓展理论和实践意义。

3.民主参与、多元平衡原则。1)构建城市政治学与公共管理学的基础理论体系,包括基本概念、主要议题、基础理论、研究方法;2)从比较地方政府和地方治理的视角研究中观层面的城市政治和城市治理问题。例如市制研究,包括城市政治结构、城市政府职能、行政区划调整;大都市区治理,包括行政碎片化与跨域治理等;3)中外城市政治和城市治理的实践和政策,例如城市人口(户籍)政策、环境政策、住房政策、卫生政策以及交通政策等等。

(三)城市法治治理的逻辑架构

1.法治原则健全城市治理制度体系。

2.法治精神优化国家治理组织机构,遵循组织法定、简政放权、机构扁平化设置的原则。

3.构筑法治平台形成城市治理多元参与机制、多元互动的协同治理形态。

4. 秉持法治观念拓展城市治理的领域,如生态治理、互联网治理、流空间治理、危机治理。

5. 运用法治思维创新城市治理的方式。

6. 强化法治意识锻造城市治理的制度执行力。

7. 城市法治治理体系和治理能力基本逻辑:1)以城市治理理念为导引,合理、完善和具有前瞻性。城市治理理念是城市治理体系建设的逻辑起点;2)城市治理体系是城市治理能力的基础。完善、有机、协调、弹性的城市治理体系是城市治理能力的必要保证;3)城市治理能力是应对"城市病"和促进城市可持续发展的必要条件。既坚持问题导向,又坚持使命导向,解决"城市病"和主导城市未来发展。

（四）城市法治治理理念创新

包括人本治理理念、依法治理理念、系统治理理念和智慧治理理念,人本治理理念是目标层理念,后三个理念则是手段层理念。

1. 没有法治就没有城市治理现代化。1)城市治理权力直接来源于法律。现代城市治理的权力来源于作为人民意志体现的法律文本中;2)城市治理的权力运用依照法律。法律规定了城市治理行为合法与非法的界限,给运用权力进行治理的主体设定了权力范围和边界;3)软法治理在城市治理中作用。即效力结构未必完整,无须依靠国家强制保障实施,但能够产生社会实效的法律规范。软法治理在城市社区治理、环境治理、区域合作治理中的广泛应用。

2. 城市治理包括外部治理和内部治理两个方面。1)城市治理主客体及其关系模式;2)城市内部治理要素的系统理念;3)城市治理外部环境的系统理念。

3. 城市治理的良法标准:1)城市发展各方面的可持续性。兼顾代际社会经济和生态环境需要,为共同福利调和不同利益;2)合理配置权力、资源与公共服务。根据附属性原则分配提供服务的责任,按照效率和成本效益的原则分担服务;3)公平参与决策过程机制。法律和公共政策的实施公开且具有可预测性。

4. 城市法治政府建设的路径选择。1)根据本地区特点探索法治治理着力点;2)政务公开及倒逼机制建设;3)规范行政决策的"开放协作"与"法治指标"动力机制建设;4)政府规制由事后救济,拓展为事前规制与事中过程控制。

(五)新时代中国特色城市更新问题的核心与面向

1. 社会空间正义是城市更新和空间生产、空间规划中遵循的核心价值观,是城市经济、环境和社会协同发展的基本原则。

2. 以法治手段修复因强调经济发展、效率优先积累的城市社会矛盾和社会危机,多元治理主体之间的信任与赋权机制的法治化构建。

3. 以法治化过程为导向,完善城市内部及外部区域治理的正义供给。

4. 特大城市治理以规范为依托,注重公法体系与私法体系的整合,强调行政法学基础上的研究,运用不同法律手段解决日常治理问题。城市法治治理研究中的国家视角与地方视角的平衡、城市与城市协调、区域协调等问题。1)互联网时代的城市法治治理;2)城市治理中的立法与性质决策问题;3)特大城市治理中的新问题与行政法学理的更新。

(六)法治方式妥善解决城市治理体系中的结构性矛盾

1. 社会结构与经济结构的"结构性矛盾",即政策、制度和资源配置的结构性安排,原有"存量"问题没有及时化解,又产生"增量"问题,集中于城市公共服务领域。

2. 城市社会治理结构中的"结构性矛盾"。体现为"中心—边缘"结构,公共领域的封闭性和碎片化运行。从整体性视角和能力强化途径解决。

3. 提出"内生平衡"的城市法治治理思路,以及城市法治进程中的权利平衡及实现。制度供给上城市立法的正金字塔与倒金字塔型结合。

4. 城市公共服务均等化解决"结构性矛盾"。从生活共同体角度,优先解决城市公共空间与公共资源的共享,同步解决城市规划、城市建设与城市治理问题。同步考量城市治理与乡村建设的城市化进程一体两面。

5. 强制性制度变迁与诱致性变迁结合,探索双向构建、平衡治理的法治秩序进路,按"法无授权不可为、法定职责必须为"原则和"三个清单"(权力清单、负面清单、责任清单)打造法治政府,给社会足够的自律管理空间。

6. 多元互动的回应反思机制。立足"共建共享型"法治建设路径。首先体现权力制约、权利保障、公平正义、司法独立、正当程序等普遍性法治理念和原则;同时立足城市属性和目标取向,确立主导理念和基本原则。

7. 城市治理权利保障中的分配正义。分配正义注重差异性原则与同一性原则的辩证统一,注重分配正义的同一性时不能遗漏分配正义的差异性,根据不同人群的差异化出行需求,分配不同的权利,满足不同收入群体的选择。

(七)区块链技术融入城市治理体系研究

党的十九大报告提出,突出关键共性技术、前沿引领技术、现代工程技术、颠覆性技术创新,为建设科技强国、质量强国、航天强国、网络强国、交通强国、数字中国、智慧社会提供有力支撑。开创新时代全面建设经济强省、美丽河北新局面的法治实践中,需要注重技术创新手段在城市治理中的有效、合理运用。区块链是一个去中心化的分布式账本数据库,具有去中心化、可追溯性、可维护和可靠的特征,有助于弥补传统互联网在信任机制上的先天缺陷,为互联网建立可信赖的契约关系提供可靠便捷的方式。在区块链中,各参与者集体进行账本数据库维护,通过计算机程序达成一致,并以复杂的加密技术确保数据不可篡改,同时实时发给其系统内的所有人进行备份,表明在互联网时代新的技术规范和信任机制的建立,从此意义上,区块链技术将深度影响城市社会的治理方式、产业布局、公司组织形式与合作方式。新时代的城市发展是多样文明要素聚集的空间,城市化需要城市规范治理体系持续推进。区块链的法治治理应用是该技术执行代码定义规定的总体能力的一种扩展。学术价值在于,区块链的核心潜力在于分布式数据库的特性及助益透明、安全和效率,作为分布式账本的技术体系,为建立各方信任而产生的技术,增强城市公共安全治理和产业金融安全治理的效能。区块链数字资产项目"核准制"监管制度建设,能够探索建立政府主导治理层面的区块链数字资产交易平台,即区块链行业紧密合作,获得社会可扩展性,而社会可扩展性是构建制度的基本能力需求,有利于"共建共治共享"的良性社会参与机制形成。建构基于共识认同的安全治理机制,区块链治理的交互方式及执行,城市安全治理的技术性与科学性手段,引发风险的触及点、厘定临界因素的捕捉机制,制度供给层面的拓展供给侧治理主体,研究多元主体参与的制度激励机制与关联资源整合方式。应用价值在于,智慧城市的发展融合需求与区块链在技术组合方面产生的效果相契合。利用区块链技术的身份认证项目,进行公共事务运行和管理、机动车管理、流动人口管理、土地登记等,借助智能合约和私有链信息共享,涵盖安全、运输、医疗、保险和金融等行业,提高转移支付的可溯性和可信性;城市法治治理利用区块链技术构建数字化法律体系,通过智能合约实现去中心化和人机互动的法律执行。区块链形成的治理数据价值交换。支撑智慧城市底层数据及业务流程共享层面的问题,包括数据流通、数据质量、数据安全等,治理机构之间互换数据时,因此可以制定统一标准、每个参与节点不能私自篡改数据,从而提升数据的可信性和质量,同时通过加密和健全的验证方法保证了据的安全,在解决数据安全性相关问题以外,业务流程层面涉及多部门交换的场景,也可以应用区块链技术。区块链技术融入智慧城市治理,创造新的价值。人民的幸福感是智慧城市发展的核心要素,区块链和智慧城市的有机结合,有利于充分释放这项要素,并获得制度与技术保障,以区块链技术保障法治城市治理的公平性、政府决策流程的科学性和法治化、产业数据的安全性与流程的可追溯性,实现社区的扩展能力和制度创新。

第一章　城市法学概论

一、城市概念体系

（一）城市概念及特质

城市是一种历史现象，是具有一定规模的非农业人口聚居的地域，是社会经济发展到一定历史阶段的产物，也是技术进步、社会分工与发展的结果，是复杂的自然、社会复合系统。美国城市史学者刘易斯·芒福德研究指出，文明古国在很早就出现城市，并经由城堡、城邦等形式发展①。古代城市的兴起多基于政治和军事原因，近现代城市的兴盛则更多基于工商业的发展。本质上，城市是人和资源在有限空间的高度聚集与协同，人是城市的主体，根本上是人与人、人与其产出之间的关系②。城市本质是整个城市社会与城市空间的对立统一，城市研究就其本质而言是空间研究，既可以指城市的社会，也可以指人类营造的城市空间，更多的是指人类与城市空间融合的共同体。

城市是复杂的有机体，这种复杂性对认识城市、建设治理城市及研究城市空间带来挑战。从城市的发生定义而言，"城市"是"城"与"市"功能的叠加，政治行政中心和商业活动是城市产生的原因和基本职能；从城市的功能定义而言，是工商业活动及从事工商业活动的人群聚集的场所。一般认为，城市的本质体现在以下方面，人口的规模大、密度高、异质性强；居民主要从事非农职

① ［美］刘易斯·芒福德：《城市发展史——起源、演变和前景》，宋俊岭、倪文彦译，中国建筑工业出版社 2004 年版，第 5 页。
② 夏志强、谭毅：《城市治理体系和治理能力建设的基本逻辑》，《上海行政学院学报》2017年第 9 期。

业;具有市场功能;成员互动并非作为完整的个人而彼此相识,部分人的互动是在彼此不相识的情况下发生的;社会联系的基础超出家族和部落,需要有合乎理性的契约和法律;现代城市是社会的权力支配地和信息发源地①。马克斯·韦伯提出"完全城市社区"②概念,认为城市除了以上特点外,必须有自己的防卫力量;有自己的法院和法律;有以契约联结而成的团体;至少享有部分的城市自治。韦伯所说的城市的性格,对于理解城市社会有一定的意义。美国芝加哥学派的关于城市研究的,在学术史上具有代表性,芝加哥学派重视对城市生活方式、社会心理的研究,强调城市是一个生物有机体,城市研究必须有物的结构,例如人口基础、技术、生态学意义上的秩序等;社会组织的体系,例如特征性社会结构、系列社会制度、定型的社会关系等;社会生活、社会心理,例如生活方式、复合性态度及理念等三个层面展开③。城市的产生与发展,推动城市理论研究的繁荣,就城市学的理论流派而言,城市理论传统上集中于经济学、政治学、社会学和管理学等领域。城市规划学、城市经济学、城市政治学及城市社会学构成城市研究的主要理论领域,分别代表了城市研究的四种理论范式,即工学范式、经济学范式、社会学范式以及政治学范式④。城市研究领域形成的相应理论格局中,城市规划学研究城市的未来发展、城市的合理布局和综合安排城市各项工程建设;城市经济学研究城市产生、成长、城乡融合的整个发展过程中的经济关系及其规律;城市政治学研究城市空间内决定社会价值权威性分配的政治生活、组织形式及城市权力结构与治理结构;城市社会学研究城市社会问题、社会组织和城市生活方式。以城市不同构成要素为研究对象的理论领域,上述主要理论研究领域,从不同角度与侧重点,丰富并深化了对城市的认知,推动城市治理结构的优化和有序发展。可见城市理论研究的范围是开放的,城市结构及功能的演变及对城市需求的变化,不断形成城市理论新的研究领域。

---

① 夏建中:《城市社会学》,中国人民大学出版社 2010 年版,第 19 页。

② [德]马克斯·韦伯:《经济与社会》第 2 卷,阎克文译,上海人民出版社 2010 年版,第 897 页。

③ [美]帕克、伯吉斯、麦肯齐:《城市社会学——芝加哥学派城市研究文集》,宋俊岭、吴建华、王登斌译,华夏出版社 1987 年版,126 页。

④ 朱茂磊:《论"城市法学"及其基本范畴》,《城市学刊》2017 年第 6 期。

欧洲的城市理论起源早、发展成熟、流派众多。新城市社会学和新城市主义理论，强调城市的社会特性，认识到城市问题的严重化，如宏观层面上的城市化的倾斜、城市的侵蚀、郊外化现象、卫星城市（satellite cities）大城市圈或巨大城市（metropolis）、巨带城市（megalopolis）等问题，揭示资本权力与各种城市问题的关联，注重研究共同体的形成，主张借鉴小城镇和城镇规划传统，塑造具有城镇生活氛围、格局紧凑的社区，取代郊区蔓延的发展模式①；"城市危机"如政治上的低效率和巴尔干化②、城市中心商业区衰落、交通问题、城市地域病理、教育和文化的病理、偏差团体等具体问题；生态模式、城市机能变量问题、能源问题③、住房问题、歧视问题④、就业问题、贫困问题、犯罪问题、老年人问题、生育率问题、环境问题、郊区贫民窟化问题等。城市规划需要考虑城市社会生态秩序和市民生活结构，城市规划过程中，政府、专业人士、市民如何良性互动，对资本及开发商的权力加以规制，以更有利于解决城市问题、更多地考虑市民的生活权利，这已成为当今世界各国城市建设中的重要课题。当然，城市主义强调社区的价值和城市共同体的概念，尊重公民自治，倡导发展社区导向的城市政策。这种基于地方的城市治理与发展重视城市权力的社会生产而非社会控制，鼓励政府与市场的伙伴关系以及社会组织和公众的参与式治理。然而，城市主义应当防止落入"地方主义"的陷阱，即过度强调城市

---

①　从二战期间开始，美国人大规模迁往郊区。郊区蔓延的发展模式造成城市空心化，以及建筑形式千篇一律、公共建筑散置各处、大都市地区边缘的农业用地和自然开敞空间被吞噬、拉大了通勤距离和时间、加大对小汽车交通方式的依赖、加剧能源消耗和空气污染，甚至导致城市与郊区发展的失衡、城市税源减少和种族隔离等问题。新城市主义是对美国城市郊区化模式的反思，也是对资本权力左右城市发展、造成种种城市问题的现状的批判。在当今美国已有相当大的影响。参见［美］彼得·卡尔索普：《气候变化之际的城市主义》，彭卓见译，中国建筑工业出版社2012年版，第77页。

②　巴尔干化是国际政治学领域的一中特定表达，即碎片化和碎片化现象。城市巴尔干化，即城市之间的分散，带来服务需求和服务来源的分离。参考曾维和、咸鸣霞：《圈层分割、垂直整合与城市大气污染互动治理机制》，《甘肃行政学院学报》2018年第4期。

③　能源危机除了使能源价格上涨外，还带来其他问题：交通运输、住房、环境质量、贫困、就业等。参见［美］彼得·卡尔索普：《TOD在中国——面向低碳城市的土地使用与交通规划设计指南》，杨保军、张泉等译，中国建筑工业出版社2014年版，第26页。

④　即将区别特征等级的能力有意识地用于居社会劣势的群体，这或成为社会问题和城市危机的一部份。

尺度是最重要的,绝对高于区域和国家尺度,甚至认为城市政治和地方民主先于国家政治,并试图解构民族国家。此外,随着"单位"制的解体,城市将发育出新的社会空间,满足城市居民组织社会生活、社会活动、社会参与的需要,城市需要更充分和科学的公共规则来规范、确立城市社会的公共性。

城市发展的两条基本路径是国家路径与市场路径。城市治理是多尺度化的政治过程,多元主体在国家、城市、区域尺度上围绕城市权力和治理方式展开协商和谈判。在多层次城市治理中,国家扮演着更为积极的角色,从而构建有效的协同治理体系。城市化完全市场视角的缺陷,在于忽视了城市中人的全面价值,城市是以人为主体的公共生活场所,权利及其变迁,是审视城市发展的基本维度。城市权利,既有历史的纵向演变过程,也有横向的分布格局;既有宏观发展的背景,也有微观具体的内容。城市生产的产品,除了物质、金融和服务产品外,社会关系的生产与再生产,也是城市产品的重要内容。城市学关注的核心社会关系,包括城市生态环境、居行状况、产业布局、劳资关系等要素,城市规划纳入法治框架,城市规划与社会、经济、政治、技术和生态环境结合,是理解现代城市的关键。正确看待近现代城市史上,大城市治理的经验与不足①,关键是大城市和高端生产性服务业集聚区的关系、大城市和新区发展的关系、大城市和城市群的关系,以上领域中的法治关系、政府与市场关系、新型的城乡关系等,城镇化和城市群治理,也是全球城市发展规律。当前的城市治理需要打破原有的治理结构和层级边界,整合多层级和跨部门治理权限、机制、工具以及政策行动,形成多层次的城市治理模式。国家角色转型中发展柔性治理策略,凸显城市区域、发挥城市的主体作用,调整政府间关系、培育合作治理机制是实现多层次治理的三条主要路径。其中,法理关系是现代城市规划的目的,法治使城市规划制度化,使城市规划获得权威。规划和权力的关系,构成规划学科的核心,法理的引入,能基于事实判断,价值判断和技术判断,修正规划理论的偏差。法治和城市规划属不同的学科范畴,但在城市发展

---

① 有观点认为,"从延安到雄安"的经验总结,契合当下城市发展的需要,延安是"农村包围城市,建立新中国"的象征;雄安则是中国新型城镇化的信号。城镇化是中国走向现代化的必由之路,交通产业空间协同与法治治理是核心要素。张国华:《从延安到雄安 如何看待中国大城市的胜利与失败》,《中国经营报》2017 年 5 月 25 日。

上有互动关系。城市规划与法治都是对利益的调节、维持社会发展秩序,具有深层次目的一致性。从国家尺度的视角来看,城市和地方只是国家治理的政治单位和地域空间,城市政治本质上是国家政治生活在城市层次的表现和具体化,城市治理在根本上是国家治理的一部分。城市和地方治理的创新也需要从国家治理及转型中获得依据。因此,城市化过程更多被视为一种国家发展问题和国家战略,而不是一种孤立的城市现象,即城市不是问题的主体和根源,因而城市本身不是最重要的治理主体,而是一种国家治理的空间。由此,城市化和城市与区域治理,需要从国家尺度上进行战略调整、法治应对与政策调控。

(二)城市研究的理论范畴

20世纪80年代初,西方国家政府改革运动及新西方治理理论兴起,公共管理实践推动了治理理论的形成,治理问题成为政治学、行政学和管理学等领域的研究热点。按全球治理委员会(Commission on Global Governance)给出的基本定义,治理是公共或私人的机构管理共同事务的总和,它使相互冲突或不同的利益得以调和,并采取联合行动的持续过程。治理理论成为公共管理领域研究的重要理论分析工具,城市治理研究随着治理理论的兴起而发展。城市治理是治理理论在城市公共事务管理方面的应用。早期国内学者引介西方城市治理研究,称为"城市管治"[1],对城市治理研究及在中国的应用进行了探讨,其中作为治理主体之间的权责配置及相互关系的城市治理结构,是城市治理的制度基础和组织架构。城市治理的本质是城市主体之间和利益协调的过程,城市治理理论强调城市中各种利益主体共同参与城市的公共事务管理、建立"多中心"和多元关系的治理结构,因此,市民社会与政府的关系是城市治理的关键,参与城市治理形塑了公民的双重身份,也巩固了"治理超越国家"的形式[2]。城市在城市规划、拆迁改造、公共产品价格制定等领域引入公众参

---

[1]　城市管治概念的提出,参考陈振光、胡燕:《西方城市管治:概念与模式》,《城市规划》2000年第9期。

[2]　韩艳:《城市治理中公民网络参与机制研究——以南京汉口路西延工程事件为例》,《理论观察》2010年第2期。

与机制,实践中,城市治理中公众参与的程度虽有所提高,多数属于告知性参与或者被动性参与,对城市治理产生的效应具有不确定性。

20 世纪 90 年代末,西方国家地方治理与公共价值管理研究勃兴,强调多元治理主体的协作、城市治理结构多元关系的平衡行政受到重视,在城市政策的决策过程,提倡各级政府之间多种形式的合作,多种利益和行动主体的协调,以及私营部门的介入和公民的直接参与,这种治理结构提高了城市解决问题的能力①,提高城市的竞争力和凝聚力,有学者通过对不同类型城市治理实践的组织分析,提出由城市管理的"部门分立体制"转向社会复合主体的联合治理,即在政府的主导下,结成跨部门边界的社会复合主体,由社会复合主体在保持法人地位的前提下,通过整合行政、市场及民间社会的资源,再造跨部门的治理结构,形成多元社会主体共同负责的组织运作方式②。此外,城市治理的公私伙伴关系,是基于城市公共利益的需要,政府部门与私营机构在市场经济的基础上共同建立起来的,参与城市公共产品和服务提供的合作关系。有学者指出,城市需要在策略层次上进行治道变革,但更需要在治理结构的层次上进行治道变革。以权力为基础的治理是权力、等级、封闭型的,而以市场为基础的治理是自由、平等、开放式的③。城市治理中的公私伙伴关系,更多表现为合同制治理④方式,企业参与城市治理主要通过承包、竞争授权、分权和合作伙伴等模式⑤。治理的基本含义是指在一个既定范围内运用权威维持秩序,满足公众需要,相对于单方面的统治而言,更强调政府分权、主体多元、社会自治⑥。不同限定语的治理具有迥异的内涵,当代中国政治语境中,治理的含义不同于传统的治国理政和西方的治理概念。城市治理不是国家治理的简单拷贝,有其特定的内涵和外延。城市治理是指城市的政府、城市的居民以

---

① 梁鹏、高红红:《平衡行政视野下的现代西方城市治理新模式》,《上海城市管理》2010 年第 2 期。

② 张兆曙:《城市议题与社会复合主体的联合治理——对杭州 3 种城市治理实践的组织分析》,《管理世界》2010 年第 2 期。

③ 毛寿龙:《权力、市场与城市治理》,《理论视野》2011 年第 6 期。

④ 张丽娜:《合同制治理:城市治理面临的机遇与挑战》,《行政论坛》2010 年第 6 期。

⑤ 王贺元:《转型期企业参与城市治理的实践研究》,《宁波大学学报》2011 年第 1 期。

⑥ 俞可平:《治理与善治》,社会科学文献出版社 2000 年版,第 9 页。

及各种社会组织等利益相关方通过开放参与、平等协商、分工协作的方式达成城市公共事务的决策,以实现城市公共利益的最大化的过程①。治理体系涉及治理主体、治理机制和治理效果三要素,是一个有机、协调、动态和整体的制度运行系统。党的十八届三中全会提出的"国家治理体系和治理能力"核心是指国家的制度体系及其制度执行能力②。因此,城市治理体系是指城市治理运行中必然涉的治理主体、治理客体、治理方法,包括治理体制、机制、技术等因素构成的有机整体以及对此整体进行明确界定的制度因素③。城市治理能力则是指城市治理主体通过整合利用相关资源,采用合理工具和手段,以解决城市治理中的问题和实现城市治理目标的能力④。城市治理体系和治理能力是有机整体,是城市治理的两个相辅相成的问题,城市治理体系侧重城市治理静态要素构成,是城市治理能力形成的前提和基础;城市治理能力侧重城市治理要素动态的功能发挥,是城市治理体系有效运转形成的结果。城市治理的体系构建以一定的城市治理理念为导引,城市治理理念是城市治理体系建设的逻辑起点,城市治理体系适应城市治理能力的需求。其次,城市治理体系是城市治理能力的基础,城市治理体系是城市治理能力的保证;城市治理能力则是城市治理体系效能发挥情况的反映,也预警城市治理体系的改进。因此,城市治理体系和治理能力密不可分。第三,城市治理能力是应对"城市病"和促进城市可持续发展的必要条件。城市治理能力建设必须既要坚持问题导向,能解决当前城市化带来的"城市病",处理棘手的城市问题,又要坚持使命导向,能主导城市未来的发展。因此,"城市病"和城市发展从当前和未来两个时间维度,给城市治理能力提出了要求。

改革开放后,城市传统以单位制为代表的微观管理方式,转变为单位街居共治的格局。结合政府职能转变,城市治理模式经历了管制模式、经营模式到治理模式,居住空间的聚集与隔离,对城市治理带来新的挑战。形成城市公共

---

① 何增科:《城市治理评估的初步思考》,《华中科技大学学报》2015 年第 4 期。
② 俞可平:《推进国家治理体系和治理能力现代化》,《前线》2014 年第 1 期。
③ 夏志强、谭毅:《城市治理体系和治理能力建设的基本逻辑》,《上海行政学院学报》2017 年第 5 期。
④ 夏志强、谭毅:《城市治理体系和治理能力建设的基本逻辑》,《上海行政学院学报》2017 年第 5 期。

物品配置不均衡、空间碎片化、社会分化与公共政策失灵等问题,实现城市治理的重整转型,即城市规划从技术决策走向公共决策,城市建设从经营城市回归营造良好的人居和营商环境,城市管理从技术革新走向制度创新,城市发展从利益一体型向利益协调型转变,从高度依赖行政手段的全能型模式向有序结合市场机制与社会自治的治理型模式转变①。城市治理可划分为城市内部治理和外部治理,其中社区治理中市民与政府的关系问题、城市群治理中政府与政府的关系问题是核心问题。有学者认为,社区的产权结构、产品属性和社群属性等是影响社区治理政策选择的重要变量,具体的社区治理政策应根据这些变量的不同而在市场机制、自组织机制、非营利机制和政府保障机制及其不同的组合等众多的治理策略中进行选择②,提出将城市社区的"公—私"和"私—私"两条治理关系结合,以居民委员会为中枢机制,将基层政权机关的管理、社区居民的自治和社区利益团体的参与治理整合,形成多元的城市社区治理模式③。

随着城市化发展,在区域城市化和城市区域化的作用下,优势地区的城市密度增大,松散的区域空间结构转变为城市群、大都市区等城市密集区域,城市治理转化为区域治理。城市密集区涉及多个行政区,需要处理好城市与城市、城市与区域的关系。关于区域内城市政府间的关系,凯文·考克斯(Kevin R.Cox)提出尺度政治的研究方法,认为大都市区治理中存在的问题部分可归因为特殊的司法分散,为了兼顾区域一体化发展需求和市民的利益诉求,大都市区主要通过政府间合作实施跨域治理,具体举措如设立特殊服务区、签订政府间协议、市县联盟、市镇联盟和成立都市政府联合会等形式④,分析治理理念对大都市圈城市政策设计和实施的影响,认为国家和社会公共管理不再是

---

① 杨君:《中国城市治理的模式转型:杭州和深圳的启示》,《西南大学学报》2011年第2期。

② 叶涯剑、张光海:《作为现代化手段的中国城市治理(1949—2009)——以城市社会微观控制体系为例》,《贵州社会科学》2010年第8期。

③ 王佃利、任宇波:《城市治理模式:类型与变迁分析》,《中共浙江省委党校学报》2009年第5期。

④ Kevin R.Cox,"The Problem of Metropolitan Governance and the Politics of Scale",Regional Studies,vol.44,No.2,2010,pp.215-227.

不可替代的,重点在于为实现集体目标的利益协调[1],针对当前存在的城市群政府过度竞争与合作不足的问题,从行政区体制、地方利益、考核机制等方面,提出价值理念、法律法规、组织机制、社会资本和协调体系等方面构建城市群府际治理模式[2],即存在正式的行政区划调整和非正式的区域协调机制两种区域治理结构[3]。在城市治理的基础性研究基础上,分析城市"善治"治理的因素,中外城市治理比较,西方城市治理理论在中国城市的适用性问题,关注城市治理结构中各利益相关者的作用和相互关系,在此基础上,探索建立中国特色城市发展的治理模式和治理体系。

二、城市治理

国外城市治理方面经典理论,以戴维·贾奇等教授的《城市政治学理论》为代表,着眼于权力的视角,探讨公共机构本质和城市政府的重要性、公民参与城市政治过程的方式,将城市政治放在社会、经济环境和政府的复杂性结构中考察,对构成城市政治争鸣的主要理论、关键议题进行阐述。乔纳森·戴维斯等学者在《城市政治学理论前沿》等论著中介绍了主流城市政治学理论,并从权力、治理、公民、挑战等核心内容,阐释了运用城市政治权力的主体、城市治理的性质、城市居民如何影响这些动态权力和治理,以及如何被这些动态权力和治理影响等城市研究经典问题,涵盖了城市政治学科的前沿发展状况,并指明研究面临的挑战。国外城市政治学的兴起是城市化进程的结果,城市政治学形成精英主义、多元主义、城市机制论、新政治经济学以及多中心治理五大视角。城市政治学的研究主题为城市的权力结构和治理结构,构成梳理城市政治学范式转换的主要线索。权力结构方面,代表性的理论观点,有精英主义和多元主义城市权力结构论、城市增长机器论以及城市政体论等,理论的演

---

[1]　杨宏山:《美国城市治理结构及府际关系发展》,《中国行政管理》2010 年第 5 期。

[2]　李伟、夏卫红:《城市群府际治理机制:区域经济一体化的路径选择》,《天津行政学院学报》2011 年第 5 期。

[3]　冯邦彦、尹来盛:《城市群区域治理结构的动态演变——以珠江三角洲为例》,《城市问题》2011 年第 7 期。

进,契合社会控制模式向社会生产模式权力观的更迭;治理结构方面,代表性理论观点有传统区域主义、城市公共选择理论和新区域主义等,并在理论范式的转换中,强调城市治理结构由政府统治转向强调协同治理。代表性理论为瑞士学者皮埃尔的城市治理模式,根据参与者、方针、手段和结果的不同,提出四种城市治理模式:管理模式、社团模式、支持增长模式和福利模式,四种模式也是目前最经典的城市治理模式分类。在区域层面上,越来越多跨越区域界线、超越政府权限的跨域事务的产生迫使地方政府治理模式产生变革,形成了"多中心、多层次"的区域治理格局。时空和背景不同,城市治理模式具有多样形态,每种城市治理模式都会带来新的问题,新的问题又引发新的改革方案,推动着城市治理的研究。20世纪90年代至今,城市权力结构和城市治理结构理论均转向城市治理,在融合基础上,主张建立集权政府的传统区域主义,并引入市场竞争机制的城市公共选择理论,以上论域秉持社会控制模式的权力观。但政府失灵和市场失灵的风险,提示单独依靠政府或市场都不能有效实现城市治理。政府、市场和社会存在竞争,也存在合作,关键在于扩大合作、引导竞争的保障机制。实现城市治理,政府、市场和社会有必要建立起非正式的合作关系。从而使城市政治学的核心范式由关注谁统治城市转向探讨如何治理城市。上述范式对推进城市治理能力研究具有重要启示。

随着全球化和城市化进程加速,城市问题呈现出多样性和复杂性,以及经济要素、政治要素与治理要素结合的形态。西方城市政治学的理论较多关注政府组织、机构规模、自治程度、权力结构等,城市问题研究因此显得零散和系统研究阙如。中国正处于加速城市化进程中,但客观上因城镇化起步晚,国内学术界对于城市化及其相关问题的研究主要集中在经济、社会和地理层面,对于中国特色城市法学及城市治理的研究相对匮乏,尤其是关于城市法治治理体系和现象的系统化、理论化研究。国内的城市研究基础相对薄弱,原因一是传统权力结构的关键因素沉淀在乡村;二是学科自觉的迟滞与整体性的模糊。对于城市中正在发生的变化和治理需求,亟待深入的理论解释与分析,研究视角的多元,也亟待学科之间整合、研究方法的拓展与创新。同时,新时代的城市发展是多样文明要素聚集的空间,城市治理研究需要认识本体论与认识论的问题,以及空间性、历史性与社会性的问题。进入后工业化时代,工业化与城市化构成现代化的两条主线并互为因果,城市化需要依托城市规范治理体系的持续推进。

城市现代化不仅包括城市空间载体的物质环境现代化,还包括社会有机体的运行机制现代化,从组织行为学和运筹学的角度看,机制的运作形式主要有三种,行政计划式、指导服务式和监督服务式,具体从功能划分,可分为约束机制、保障机制、激励机制和协调机制等类型。城市治理现代化是通过一定的方式和方法,通过特定的渠道和手段,如规划、建设、治理、智慧城市等多元化的运行机制,发挥约束、保障、激励、协调作用,促进治理能力和治理体系的现代化。城市化的进程中,随着城市规模扩大和发展速度加快,资源、环境等承载能力,城市体系出现结构失衡或失调,资源短缺、交通拥堵、环境污染、城市贫困、治安恶化、基础设施和公共服务不足等"城市病"出现。中共十八届三中全会通过的《关于全面深化改革若干重大问题的决定》,提出"完善和发展中国特色社会主义制度,推进国家治理体系和治理能力现代化"的改革目标,为城市治理体系和治理能力建设指明了方向。2015 年底召开的中央城市工作会议则明确提出"促进城市治理体系和治理能力现代化"的要求。城市治理与国家治理既有联系也有区别。国内的政治结构中,国家和省级层面的治理在宏观上设定了城市治理的框架,是城市治理必须要考虑、衔接和融入的治理生态。但在全球治理、国家治理、省域治理、城市治理、县域治理和乡村治理的多层治理结构中,唯有城市治理面对空间高度压缩、资源和人口高度聚集状况,有独特的治理对象和目标,需要独特的治理方法和工具,因而有必要从治理理念、治理体系和治理能力等方面进行总体谋划和专门研究,找到城市治理体系和治理能力建设的基本逻辑。

城市经济学将地域空间引入治理,提出城市治理(Curban Governance)概念。第一种观点认为城市治理是一种能力。城市治理既是整合和协调地方利益、组织社会团体的能力,又是代表地方利益、组织社会团体形成对市场、国家、城市和其他层次政府相对一致的策略的能力;第二种观点认为城市治理是一种过程。城市治理是公共行动的新形式,是以更复杂的行动者系统为特征,在新机构的构建中强调谈判、合作、自愿参与、弹性的过程,认为城市治理注重的是过程,即地方当局协同私人的利益集团共同实现集体目标的过程;第三种观点认为城市治理的关键在于将市民社会纳入城市治理,将其作为城市治理的主体之一①。城市政府的逆向选择(adverse selection)是指,在中央政府和地方政府就某个方面政策制定达成共识以前,例如制度的确认、经济增长速度指标的确定、税收上缴比例的制定等,城市政府隐瞒真实信息的机会主义行为。城市政府的道德风险(moral hazard)是指,在中央政府和城市政府就某个方面政策达成共识或者"签约"之后,城市政府隐瞒信息,包括类型和行动的机会主义行为。

城市的外部治理,主要考察的是城市与中央政府及周边城市之间的关系。地方政府与中央政府之间常常由于地方实力膨胀,出现中央政府单个部门的政策与地方政府政策"条块冲突"的现象。各区域之间的关系,则以区域利益为基础,突出表现为区域经济联系、合作和冲突等。城市的内部治理。从主体角度看,是城市中各利益相关者之间利益边界的划分和相互作用,从具体内容上看,包括社会、经济、环境、应急治理等方面。城市治理中的利益相关者主要包括中央政府、城市政府、城市企业、市民、城市民间组织五类,其中,城市中的企业、市民、民间组织为非政府主体。中央政府是城市治理的主导者和间接参与者。通过国家宪法赋予的权力和权威,对城市政府所承担的公共管理和服务职能进行监督、指导和宏观控制,为地方政府提供协调服务,促进城市外部治理结构优化;城市政府是城市治理的核心主体,作为国家经济社会管理的一个中观层次,城市政府既是城市公共权力的掌握者,也是城市公共事务的管理者。城市政府权力的区域性显著,具有信息优势,与中央政府相比,更了解当地居民对公共物品的偏好,更能准确地满足居民对公共物品的需求。城市政府也是中央政府、城市非政府主体利益的代表,代理中央政府,实行对本地区经济的宏观管理和调控,代理城市非政府主体,争取中央的支持,以实现本地区经济利益最大化,是市场失灵的矫正者与补充者以及城市系统的协调、管理与资源配置者。

城市内部治理中,市民、企业和城市民间组织的权力边界清晰,但政府权力有很大的弹性和惯性、扩张倾向。城市治理必须要建立完善的法律和制衡

---

① 徐静:《城市治理研究的最新进展及一般分析框架》,《珠江经济》2008 年第 5 期。

机制,对城市政府的权力加以约束和监督,否则会导致社会权力结构的失衡。城市治理作为社会的一种权力结构安排,是城市治理中各种力量博弈的结果。治理权力的行使必须通过政策体现,政策的直接效益就在于政策的贯彻和执行,因此中央政府与城市政府关系集中在城市各项政策的制定与执行中。中央政府通过立法、行政、财政等方式对城市政府的权力进行控制,但城市政府拥有明显的信息优势,信息不对称意味着理性的代理人城市政府,可以利用信息优势谋取自身利益,发生逆向选择和道德风险。企业利益与公共利益价值取向不一致时,城市政府将采取措施限制企业的机会主义行为,维护公共利益。城市政府通过产业管制手段,对企业在价格和产业进入进行限制、约束、干预等,使企业依照政府制定的规则进行生产经营活动;城市政府存在与企业争利的现象。为了保证公共物品的有效供给,城市政府通过给企业设置门槛,甚至采取直接创办政府企业的方式对城市基础设施、公用事业等领域进行垄断经营。"各国之间最重要的政治分野,不在于它们政府的形式,而在于它们政府的有效程度①"。对于强社会和软国家,米格代尔指出:"在弱国家所处的社会中,国家机构内部的关系也形塑了国家机构对社会的渗透的属性。"②城市政治,涉及城市社会经济的多样性,是城市及城市次空间领域的政治结构形态。城市化发展成为中心城市、区域之间竞争的表现,以西方国家城市发展的经验,早期城市政治学的兴起基于城市管理实践的需要。从传统农业社会向现代工业社会的转型时期,随着工业、交通与技术的进步,城市从前工业时代小规模的商业中心转变为国家生产的中心,城市提供就业机会,外来移民大量持续涌入,城市人口膨胀,引发一系列的城市问题,包括住房紧张、公共服务超负荷、城市管理部门效率低下等问题。城市问题后深层原因,是当时的城市政治体制无法适应城市政治结构的急速变化,西方城市政治史研究认为,前工业时代城市的地位和重要性不如工业化时期,法律设计和制定者没有赋予市政

---

① ［美］塞缪尔·亨廷顿:《变化社会中的政治秩序》,王冠华译,上海世纪出版集团 2008 年版,第 1 页。

② ［美］乔尔·米格代尔:《强社会与弱国家:第三世界的国家社会关系及国家能力》,张长东译,江苏人民出版社 2012 年版,第 217 页。

府管理城市的专属权力,只是将城市作为州议会立法创设的公司①,州政府设立多个管理部门共同管理城市,因职责不明确造成多头治理,引发管理混乱;同时,弱市长强议会制,使议会同时掌握着立法和行政权,市议会仅有制定政策和任免部分行政官员的权力,市长缺乏充足的行政权力对各部门统一、协调,整个市政体制效率低下,市政体制与城市化发展脱节,城市治理在这一时期表现对城市管理专业化的要求②。哈维莫罗奇和保罗彼得森指出,城市政治学的关注焦点应该是研究"谁"为了"什么"而参与公共政策的制定,不是仅仅侧重于分析"谁统治"③。城市机制论则不再局限将权力看作一种单向的控制权,而视其为城市发展的手段,即一种生产性的权力④,以上结论,为城市政治学的研究开拓了新的思路。国家和社会关系格局中"强国家"特点,决定了城市治理中的纵向关系仍占据主导地位,纵向关系更需要公法学的规范,鉴于行政法学在城市治理中的组织和技术优势,城市法学的公法学特征,主要指行政法学。

　　与城市治理法治化、城市规划法学和城市权利等论域密切关联的是发展较为成熟的城市政治学,作为隶属政治学研究领域的城市研究分支,包括城市、市郊和城市化等多个方面。国内学者从多维视角角度,概括了精英主义、多元主义、城市机制论、新政治经济学及多中心治理等五大视角,归纳了涉及城市政治的权力结构、城市社会运动、城市领导与地方政府机构、城市公共空

---

① 孙晖、梁江:《美国的城市规划法规体系》,《国外城市规划》2000 年第 2 期。

② 城市社区研究成为焦点,城市政治学将社区研究与地方政府体制结合,精英主义与多元主义构成城市权力结构的传统研究领域。参考邱梦华、秦莉、李晗:《城市社区治理》,清华大学出版社 2013 年版,第 13 页。

③ [美]哈维·莫罗奇:《城市作为增长的机器:走向空间的政治经济学》,雷月梅译,载汪民安:《城市文化读本》,北京大学出版社 2008 年版,第 87 页。

④ 通过机制理论的观点分析城市更新运行机制中基本要素之间的关系及过程,即城市作为一个有机整体的自我完善与发展,国内研究领域一般称为"城市更新",具体来说,主要研究城市利益主体及其互动关系、城市更新现象下的驱动力以及城市更新的决策及执行过程,城市更新被认为是城市内部多种因素复合驱动的过程,既有政治、经济也有文化、社会因素,内容包括硬性的物理更新和文化网络、邻里关系、社会心理认同等软性更新。参见[英]罗伯茨、塞克斯主编:《城市更新手册》,叶齐茂、倪晓晖译,中国建筑工业出版社 2009 年版,第 33 页;参见张其邦:《城市更新的时间、空间、度理论研究》,厦门大学出版社 2015 年版,第 23 页。

间与城郊关系、全球化背景下的城市发展等研究主题①。从梳理国外城市治理实践经验的角度,对我国城市化进程有所理论启发价值和现实借鉴意义。结合中国城市治理实践,总结了西方城市权力结构理论体系、城市社会运动理论体系、城市权利理论体系、全球城市与区域治理理论体系等主要流派。

(一)城市权力结构理论体系

该理论发源于欧洲,与田园城市及当时英国的城市状况相关,例如工业革命后期英国城市人口剧增、居民生活环境恶化、贫困和环境污染等突出问题。提出城市生活和乡村生活并不是唯一的选择,存在的第三个选择即全新的城乡一体结构形态,可以"把一切最生动活泼的城市生活的优点和美丽,愉快的乡村环境和谐地组合在一起"②,按全社区的真正利益来管理土地,建设城乡一体化和田园城市。霍华德的田园城市理论对追求乌托邦的探索意义重大,也开启了摆脱拥挤城市生活的新城运动(New Town Movement),其后的社会城市建设,即美国规划师克拉伦·斯坦所称的区域城市(Regional City),强调城市之间的政治联盟和文化协作,理论模型是以高速公共交通连接若干各为3万人口的小城市,让城市形成政治上的联盟和文化上的协作,即能享受大城市才能够提供的公共服务、设施与便利,同时避免大城市的效率低下。田园城市是为安排健康的生活和工业而设计的城镇;其规模要有可能满足各种社会生活,但不能太大;被乡村带包围;全部土地归公众所有或者托人为社区代管③。美国芝加哥学派(Chicago School)用人文生态学的理论范式呼应了霍华德的田园城市理论,认为城市是"一个实验室,或诊疗所",城市变迁过程与自然生态过程类似,城市空间的扩张是社会群体在生存竞争的自然法则下,为适应城市环境进行竞争和选择的自然结果,追求美好城市的过程中,空间资源、空间正义与城市权利问题相互交织。列斐伏尔作为致力于城市理论研究的哲

---

① 周杨:《城市政治学的三维视角》,《重庆社会科学》2015年第12期。
② [英]埃比尼泽·霍华德:《明日的田园城市》,金经元译,商务印书馆2010年版,第65页。
③ [英]埃比尼泽·霍华德:《明日的田园城市》,金经元译,商务印书馆2010年版,第108页。

学家,发表的一系列有关城市和空间的著作均贯穿一个主题——对当代城市的批判,"城市化的权利不能简单地当作一项稍纵即逝的权利,或向传统城市的回归,只能将其理解为城市生活权利的一种变革了的形式"①,反对公共空间私有化以及保持大都会的异质性是城市权利的核心。列斐伏尔的城市权利概念是号召推进所有的城市居住者能不受歧视通过城市空间参与城市政治。社会正义的原理在城市研究中获得应用,追求空间正义成为追求城市权利的同义词。社会正义的原理与空间、地理原理在城市和区域规划中的应用关系甚大,社会过程和空间形式是最重要的、最基本的,同时它们是辩证的,在某种程度上,空间正义和城市权利问题都是实在的日常生活②,2005 年的《世界城市权利宪章》吸收了列斐伏尔等学者的观点。

　　城市政治的权力结构分析,集中于社区权力结构领域,形成精英主义和多元主义理论流派。多元主义者认为,在民主系统中,缺乏有相应的认知能力和组织能力的团体,维持广泛控制系统的成本过高,缺乏足够的预防措施缓和不同意见,行动者只能进行联盟建设,认为潜在控制权并不等于实际控制权,组织的实际政治效力是潜在控制权与潜在一致性,即对关键政治选择的一致性和特定行动实施的结合,其中的潜在一致性更具决定性③。精英主义运用政治经济学的方法探讨政商关系对城市权力结构的影响,认为政商联盟控制了城市的决策制定,掌握城市的权力,城市成了政府与非政府部门促进经济增长的机器④。并引入"非决策"权力概念,认为资本并不能直接制定政策,必须通过政府,而政府在资源、非正式合法性上都很有限,不得不寻求多种政策参与者的支持,因此,精英可以通过议程控制,即掌控议题进入决策议程的甄选机制,减少控制的成本。以城市空间的传统定义为基础的研究远离日常活动,地方权力机构的考虑的是有关土地使用、公共预算以及城市社会生活的政策,尽

---

①　Henri Lefebvre,The Production of Space.translated by Donald Nicholson-Smith,New Jersey:Wiley-Blackwell,1992,p.8.

②　Harvey D,Social Justice and the City(Revisededition) ,Athens:University of Georgia Press,2009,p.61.

③　［美］克拉伦斯·斯通:《城市政治今与昔》,罗思东译,《公共行政评论》2009 年第 3 期。

④　［美］哈维·莫罗奇:《城市作为增长的机器:走向空间的政治经济学》,吴军译,载张庭伟、田莉主编:《城市读本》,中国建筑工业出版社 2013 年版,第 103 页。

管存在关于社区权利及如何界定和阐释城市或城市空间的文献,但是几乎看不到二者相联系并从政治经济角度研究城市生活的做法。地区实质上就是一台增长机器,最明显的增长标志是城市人口的不断增长,首先表现为基础产业的扩展,其次是劳动力的膨胀,零售业和批发业规模的扩大,广泛而密集的土地开发,人口密度提升的金融活动水准,城市成为精英分子的一台增长机器。人们意识到自己的前途与更大范围的土地的前景息息相关,从特定地块所获得的经济利益其实依赖于附近整个土地的未来状况,人们不把地图看作法律政治或地形的分界图,而是争夺土地利益的策略联盟和行动图。随着集体利益的机遇和挑战的增强或减弱,团体意识和团体活动的强度也随之增强或减弱,社区以嵌套的方式存在,在同一层面上相互竞争的次单元会在更高层面上结成联盟。旨在影响增长分布格局的有组织的行为便是地方政府活力的本质,不是政府的唯一职能但他是关键的职能,同时也是最容易被忽略的职能。

城市政治中,政府上下层级间的权力均衡及关系,纵向协调与横向调整,直接影响着城市治理目标的选择和发展的进程。地方政府及其与地方政治机构间关系、城市政府组织的研究集中在两个方面,一是政府的角色,二是城市政府的规模结构。关于城市政府结构,学者们普遍认识到,国家基本的政治价值观会对地方政治组织的架构产生影响①,分权与权力制衡成为政府机构设置的基础,高效的公共服务被认为是最重要的价值观;关于政府组织结构,重点在于制度结构改革的影响以及结构特征能造就的分配效率②。城市政体理论是美国城市政治学发展所经历的特定理论阶段,对于快速城镇化进程中的城市政治研究和地方治理仍具有重要启示。埃尔金和斯通认为现存的城市组

---

① 例如美国在杰斐逊政府时期将直接民主看作基本的政治价值观,主张"小行政区体系",要求小行政区必须保持足够小的组织架构,以便所有民众能够参与决策;麦迪逊政府时期,多元主义和代议民主成为基本政治价值观,强调地方民主是不同利益集团之间的博弈,公民个体的政治参与转变成集团的参与。参见周明祥,田莉:《英美开发控制体系比较及对中国的启示》,《上海城市规划》2008 年第 6 期;参见邹艳丽、田莉:《城市总体规划原理》,中国人民大学出版社 2013 年版,第 22 页。

② 西方学者认为由于少政治暗示,非党派性选举系统会减少政治参与,韦尔奇等学者认为由于美国小城市具有非党派性特征又是大选区的地方,比起党派选举,非党派性政治体系使共和党在议会中占据更多席位。参见[美]哈罗德·埃文斯等:《他们创造了美国:从蒸汽机到搜索引擎》,倪波、蒲定东等译,中信出版股份有限公司 2013 年版,第 278 页。

织结构过于行政中心化,不利于理性的公众讨论,地方政府的目的是使公民有能力并愿意参与到公共问题中,因此地方政府结构应该能囊括更为普遍的民主参与①。城市政体理论是城市政治学中居于支配性地位的研究范式,它所关注的城市空间内在政治、经济和社会互动关系基础上形成的非正式的公私合作关系网络和治理联盟,即城市政体。提出,政治、经济和社会的力量对比形成不同类型的政体,旨在实现不同的目标,从而促进城市经济发展,实现社会治理。

(二)城市社会运动理论体系

城市社会运动也称城市抗争,是当代城市社会学中重要概念,最早由社会学家曼纽尔·卡斯特尔提出。作为城市集体行动,在工业时代初期主要表现为工人阶级为寻求经济再分配的公平性而进行的抗争。由于社会支配利益的制度化,城市的角色、意义及结构的主要变革,城市社会运动"通常是由大众动员所要求的结果;当这些动员造成城市结构转化时,称之为城市社会运动②",城市社会运动产生的原因是,随着人口集中于城市,劳动力再生产依赖于城市中的集体消费供给,集体消费成为城市中的核心问题,集体消费危机成为城市问题的具体表现,20世纪60年代以来,城市主题由社会整合转变为社会冲突。经济衰退时期以大规模生产、大规模消费、大规模郊区化、大范围国家干预为主要特征的凯恩斯——福特主义经济运行模式,全面陷入危机,大工业城市因产业外迁以及中产阶级迁往郊区,地方政府税源减少,财政赤字增加,城市社会公共服务数量和质量下降,城市失业人口增多,犯罪率高居不下,城市抗议运动持续爆发。城市主题的转换要求城市研究范式更新,法国率先将城市问题纳入马克思主义理论研究视野,形成激进的马克思主义城市政治经济学派,导引城市社会学的理论转向。阿尔都塞的结构马克思主义将社会形态视为经济、政治和意识形态三大系统以特定方式链接的结构矩阵,城市系统是整个社会结构的特殊部分。城市由生产、消费、交换以及城市政治制度组

---

① 曹海军、黄徐强:《城市政体论:理论阐释、评价与启示》,《学习与探索》2014年第5期。
② 何艳玲:《城市的政治逻辑:国外城市权力结构研究述评》,《中山大学学报》2008年第4期。

织和城市象征符号五个要素建构的结构系统,城市空间是城市社会结构系统的具体表现。由于结构系统的非平衡性,总有一种要素处于主导地位,决定着结构系统的其他要素的链接方式,并从根本上决定着整个结构呈现的效果。城市不再是生产和交换的中心,而成为劳动力的蓄水池。决定城市空间性质的既不是人口数量也不是生产活动,更不是行政管辖范围抑或文化内容,而是消费。消费活动是以日常生活为再生产过程,涉及住房、医院、社会服务、学校、休闲设施及文化环境的使用,有一定的空间边界,从生产的视角转向消费的视角才能准确定义城市。国家提供社会保障和福利服务是显著特征,城市功能不是生产的中心,而是集体消费最有效和最方便的空间组织形式。财政危机压力之下,国家不得不大量削减公共服务财政开支,集体消费品供给的数量和质量的下降,引起城市居民的不满。劳动力再生产的社会化与再生产劳动力的私人控制之间的矛盾是城市结构的基本矛盾,具有跨阶级性质的城市社会运动兴起,政府的权威受到挑战,运动涉及劳动力的再生产。城市批判理论以集体消费为逻辑起点,以城市社会运动为实践指向,提供了理解资本主义的新视角,扩大了马克思主义在非传统领域的话语权,为我国的城市化建设和城市研究以及在新的历史条件下深化发展马克思主义提供重要启迪①。

　　城市社会运动中,存在城市社区居民跨越等级结成联盟的可能性,这种城市权力的根本性变化有利于改善集体消费,政府面临的矛盾是,一方面政府必须提供足够商品化的空间来获得利益;另一方面却要反市场、反商品化地供应廉价城市空间,围绕集体消费而出现矛盾,城市社会运动成为与阶级斗争不一样的权利冲突②。后工业时代称作"新社会运动",新社会运动的特征,包括社会基础广泛化、意识形态多元化、组织形式分散化、动员形式网络化、运动形式非常规化等。城市社会运动出现公私空间边界转变、日益增加的社会不平等、政府职能和公共空间私有化等新议题,气候与环境运动、反核和平运动等成为主题。新社会运动关注生活方式与生活质量,质疑工业社会对物质财富目标

<hr />

　　①　牛俊伟:《城市中的问题与问题中的城市——卡斯特城市问题:马克思主义的视角研究》,社会科学文献出版社 2015 年版,第 74 页。
　　②　周杨:《城市政治学的三维视角》,《重庆社会科学》2015 年第 12 期。

的追求,以及民主代表体制对公民输入和参与治理的限制,倡导直接民主、自治团体和社会组织的合作模式,尤其关注社会运动中身份问题与个人行为关系,成为横跨政治学、社会学、心理学等多学科的研究领域,形成资源动员、政治机会结构、框架理论等多种研究范式。

(三)城市权利理论体系

城市权利问题立足于现实,是对现实城市问题做出思考,也立足于理论,是分析城市空间问题的切入点,城市社会中人的主体性,表现为人与人关系的空间化,空间化的权益关系即城市权利的表达。列斐伏尔提出空间随着社会实践的变化而变化,空间包含社会关系,空间作为要素及整体,被整合到社会结构中,空间不再是外在于社会的客观存在,而是内在于社会关系的空间生产,在这种生产过程中,城市问题不断凸显,城市问题的性质、产生的根源、解决的途径及认识论、价值论等问题浮现。城市权利成为回应城市问题和空间批判的理论术语。学者们从概念界定、理论特征和现实意义等角度做出分析,对城市权利做了广义和狭义的区分,前者指普遍性的与城市及其发展相关的权利,后者指具有城市性的权利①。随着法学在现代社会科学中的权重增加、城市治理法治化的实践要求、当前城市法研究的碎片化,均要求凸显"城市法学"②理论研究范畴,以社会治理法为方向、以权利义务平衡关系、共享共治治理方式为重点,理论体系上作为公法学的一个分支。现代社会,法律既是社会控制的主要手段,也是权利维护的关键。法学思维和法学进路在城市研究中的出现,源于城市化背景下城市治理的复杂性。城市法调整城市执政党组织、城市政府、社会组织以及城市居民等多元主体在城市治理活动中形成的社会关系,确立并实现各方在城市治理活动中的权利义务,以保障城市治理活动规范、有序开展,达成城市良好治理的目标。法学理论中,法的本位是关于在法

---

① 陈忠:《城市权利:全球视野与中国问题——基于城市哲学与城市批评史的研究视角》,《中国社会科学》2014年第1期。

② 此处"城市法学"中的"城市法",并非指西欧中世纪时期在部分商品经济较为发达的城市中产生的具有资产阶级性质的法律规范,而是一般意义上的有关城市治理活动的各种法律规范之总称。

的规范化、制度化权利和义务关系中,权利和义务何者为主导、起点、轴心、重点的问题。就此学术问题的争论,代表性观点有义务本位论、权利本位论、平衡论等①,其中法的权利本位论,其价值在于强调权利对权力的决定与制约及权力对权利的保障,随着社会转型,原有的社会结构和利益格局发生深刻变动,国家的治理结构和治理能力面临挑战,一些学者已经认识到权利本位论在环境资源法、社会法和经济法等法领域的局限性②,法本位理论面向并指导法治实践,具体到城市法学,兼顾我国城市治理的实际。城市治理与城市化同步、治理内容广泛复杂,权利保障和秩序维护是城市治理的主要目标。权利保障以权利本位观统领,通过教育、医疗卫生、劳动就业、社会保障等公共服务满足需求;秩序维护强调在生态环境、交通拥堵改善等城市问题树立义务本位观。鉴于义务观念和义务履行在城市发展中的不可或缺,对该领域的法律制度,根据义务本位观对其进行调整和完善。城市党组织、城市政府、社会组织以及城市居民等多元主体在城市治理活动中形成的社会关系,是城市法的调整对象。

(四)区域治理理论体系

该理论建立在全球化背景下的城市发展基础上。伴随全球化和区域一体化进程,国家与国家、区域与区域之间的竞争转向世界城市和区域城市之间的竞争、错综复杂的政治问题及治理需求。民族国家之外,超国家组织、跨国公司、跨国运动以及全球公民组织成为全球治理的主体;民族国家之内,城市成为全球治理的主体,国家相对更具有开放性和多元性③。出现全球城市④概念,特征是高度集中化的世界经济控制中心、金融及专业服务业的主要所在

---

① 张文显:《法哲学范畴研究》,中国政法大学出版社 2001 年版,第 56 页。

② 刘卫先:《从"环境权"的司法实践看环境法的义务本位——以"菲律宾儿童案"为例》,《浙江社会科学》2011 年第 4 期。

③ 19 世纪 80 年代,弗里德曼从新的国际劳动分工的角度,阐述世界城市的特征并对其分类,该理论及接头体系,成为城市研究的基础。参见刘俊杰:《当代全球性城市的产业转型:理论与趋向》,《城市》2009 年第 10 期。

④ 该概念由 1991 年美国经济学家沙森首创。参见[美]罗纳德·科斯:《论经济学和经济学家》,茹玉骢、罗君丽译,格致出版社 2010 年版,第 71 页。

地、包括创新生产在内的主导产业的生产场所、作为产品和创新的市场。强调全球城市是发达的金融和商业服务中心,根据生产性服务业来鉴别世界城市①。

　　对全球城市在政治、经济、社会文化方面的内在功能研究外,将全球城市置于城市区域和城市网络视角下,随着全球化规模的扩大,国家的规模并不是趋向缩小,而是全球城市和区域关系正在发生变化,在全球化力量的推动下被重新构造②,传统从乡村流向城市的人口流动观念,把城乡二元制简单化,误导了对城市化过程多样性的理解,广域的环境变化,涵括城市区域与农村区域,本质上关联城市化进程,"开发区"(operational landscape)的潜能正被逐渐发掘和应用,将有助于别处的城市发展。城市不是一种单纯的居住环境、一个有限的单位,也不单纯是撷取利益的对象,扩展的城市化应着眼于城市化的具体形态,即城市化的特定形式,是否总体上有利于社会。全球化不是简单的资源流动、循环,根本上是城市化,就是在开发区建设起相对固定的基础设施,促进、支持资源流动。对建成环境的重组不仅在城市中进行,更在物流设施、资源开采设施等更多层面上,为发展创造新的空间结构。任何城市问题的导向都是规模问题,"改变边界和大都市城市治理的制度安排,整体上关系到区域的领导能力和发展战略,进而关系到城市在世界经济中的竞争力"③,城市区域"通过权力资源的重新配置和管理体制的调适,在激烈的全球竞争和分工体系中,提高区域的政体能力,争取更大的国家利益"④。随着经济全球化的深入展开,区域竞争成为关注的焦点。受美国公共选择理论的影响,对中央与地方关系中不同层次政府的职能,进行逻辑推演,重心集中在政府最适当的规

---

　　① 弗里德曼认为,世界城市是对政治经济文化具有控制力和影响力的主要结点城市,成为全球资本用来组织和协调其生产和市场的基点,同时也是大量国内和国际移民的目的地。参见〔美〕彼得·纽曼、安迪·索恩利:《规划世界城市:全球化与城市政治》,刘晔、汪洋俊、杜晓馨译,上海人民出版社 2011 年版,第 48 页。

　　② 〔美〕尼尔·布伦纳、罗杰·凯尔:《从全球城市到全球城市化》,张庭伟、田莉主编:《城市读本》,中国建筑工业出版社 2013 年版,第 127 页。

　　③ 罗思东、陈惠云:《全球城市及其在全球治理中的主体功能》,《上海行政学院学报》2013年第 3 期。

　　④ 曹海军、霍伟桦:《城市治理理论的范式转换及其对中国的启示》,《中国行政管理》2013年第 7 期。

模、大都市区最适合的组织,如何提高世界城市的竞争力成为这一时期城市政治研究的焦点,在此背景下出现的街区暴力、移民冲突、资源枯竭、新社会运动等问题进行探讨。多中心治理视角与新区域主义,针对20世纪90年代以来,伴随城市中心人口,城郊之间在社会、经济财政上的差别,同时全球化的深入使得区域和城市竞争成为时代主题的背景,在继承区域主义和公共选择理论的基础上,新区域主义成为这一时期城市治理的新范式。传统的区域主义关注结构性改革,倡导通过合并、兼并或增加新的政府层次在城市建立单一的大都市政府,新区域主义则关注如何缩小城郊间的差距,重视不同行动者、不同层级间的互动合作,通过合并或治理安排达成大都市的战略决策以建立核心区主导式微的多中心大都市。格里斯托克指出,治理"是统治方式的一种新发展,其中的公私部门之间以及公私部门各自的内部的界线均趋于模糊。治理的本质在于,它所偏重的统治机制并不依靠政府的权威或制裁"①。区域间的社会和经济不平等是新区域主义者的立足点,他们倡导给予地方政府更多的资源和自治权,通过中心城市与郊区的收入分享,廉价住房需求和住房援助项目等措施来缓解这种财政和经济上的不平等。提出重组大都市地区的政府结构是缩小城郊差距的有效对策,认为郊区的可负担住房可以分散城市中心的贫困人口以促进社会整体的公平②。随着全球化程度的提高,新区域主义被纳入更广阔的理论框架。国家范围内地域层次正在进行重构,主体由国家层次向区域、地方层次转换。从尺度重构角度,提出将更多的地方服务向新的低层次单位转移,促成区域新的治理安排,提升城市竞争力③。

　　总体而言,城市政治学形成了精英主义、多元主义、城市机制论、新政治经济学以及多中心治理五大视角④。精英主义以社会分层为基础,认为政治系统内的少数精英,能够运行权力、制定政策并影响他人,代表理论有规范精英理论、技术精英理论和批判精英理论,批判精英理论应用于城市治理研究,从

---

① 　[英]戴维·贾奇:《城市政治学理论》,刘晔等译,上海人民出版社2009年版,第21页。
② 　[美]乔纳森·比弗斯托克、理查德·史密斯、彼得·泰勒:《世界城市网络:一种新的后地理学?》,载张庭伟、田莉主编:《城市读本》,中国建筑工业出版社2013年版,第201页。
③ 　[美]尼尔·布伦纳、罗杰·凯尔:《从全球城市到全球城市化》,张庭伟、田莉:《城市读本》,中国建筑工业出版社2013年版,第127页。
④ 　周杨:《城市政治学的三维视角》,《重庆社会科学》2015年第12期。

影响政策制定的声望分析的结构功能,以及在权力结构中的应用,获得非正式制度资源,主导城市发展;城市机制论强调政府与利益集团的合作模式,以及达成公共目标的联盟,提出城市动议的形成基础是政府、利益部门和公民社会交织的正式与非正式网络关系;城市机制理论强调合作模式,不认为权力是单向控制,而是城市发展的手段,关注政府与利益集团的协调;新制度主义分析城市政治的理性选择与文化基础,关注正式规则与结构的同时,注意非正式联盟、个体行动与制度的互动,推动城市治理不确定性的讨论,其分析工具适用多层级的复杂治理分析[1]。随着全球化和城市化进程,城市问题呈现多样性和复杂性,并形成城市法学问题、经济问题、政治问题、社会问题之间的转化,传统理论关注多是政府组织、机构规模、权力结构等,资源动员、治理机会选择、城市决策新模式如多中心治理等,亟待理论构建,另外,城市问题的碎片化,使得城市法治理论体例的典型性不够明确。

三、城市关系与城市法学

改革开放 40 年来,城市化率快速增长,城市发展在整个经济形态中的地位和作用日益突出,但城市规划、城市建设、地方政府土地财政依然是城市发展中的主要问题。城市发展在新时代以城市治理为核心,城市建设和城市规划为城市治理服务。当前城镇化,更多体现形式是经济或土地的城镇化,尚未形成有效治理体系,城镇化在认识层面、制度层面、技术层面面临新问题。例如城镇化过程中的环境问题,要求以城市的承载能力和城市依托的自然基础为限度,因此城市规模和布局要符合当地的水土资源、环境容量、地质构造等承载力,并同当地经济发展、就业空间、基础设施、供给能力相适应,建立城市承载力的评价制度,发布城市承载力评估报告,方能使城市发展有依据、更科学;例如表面化的交通拥堵问题,实际是城市管理体系问题,交通治理是城市治理体系中的重要组成,优化交通管理系统,改变交通模式、服务和技术等方式治理,通过大数据驱动交通需求管理、数据分析整合出行需求并提供解决方

---

① 周杨:《城市政治学的三维视角》,《重庆社会科学》2015 年第 12 期。

案,实现交通体系的智能化,方能从根本上解决交通治理难题。城市化不断改变原有社会结构和利益配置状态,城市治理过程与城市化同步,决定社会结构和利益配置格局是城市治理的核心任务。城市治理内容上的失衡也与城市内在的人文属性背离,重秩序维护、轻权利保障的城市治理理念亟待更新。就城市研究的现有理论范式而言,有利于提升各类城市主体对城市的认知并促进城市治理,但尚不足以实现权利维护这一城市研究的根本目的,对城市中人的主体地位的确认、维护保障其权益是城市研究的根本目的,城市中丰富复杂的权力内容以及城市内各组织和成员之间相互的制约关系,以及城市权利的思想。

(一)城市治理低效率困境问题

国内城镇化起步晚,学术界对于城市化及其相关问题的研究集中在经济、社会和地理层面,对于城市政治学及城市治理的研究相对匮乏,未能形成关于城市政治生活和城市政治现象的系统化、理论化体系。对于城市中正在发生的各种事实变化,难以全面、深入在原生理论高度解释,例如城市制度结构、治理机制以及城市问题的产生等。借鉴和吸收国外城市治理的实践经验,对城市化进程具有重要理论价值和现实意义。党的十八届三中全会在《中共中央关于全面深化改革若干重大问题的决定》中提出,"完善和发展中国特色社会主义制度,推进国家治理体系和治理能力现代化"作为全面深化改革的总目标。国家治理能力现代化是全新理念,是对传统理论的超越和发展,是从服务型政府建设角度丰富治理机制,城市治理以此为理论归宿和实践指南。治理能力现代化是治理能力转型的要求,是衡量治理水平的标志,是检验制度是否科学合理的标尺。治理能力现代化体现在完善制度、合理结构和充足绩效,完善的制度建设是治理能力现代化的基础,是其他方面的保障。制度供给决定了治理的方向和质态,制度创新(Institutional Innovation)是一定环境和条件下,通过设立与时俱进的能够更加有效激活人们创造力和人们行为的制度实现社会可持续发展和变革的动态过程。制度创新具有根本意义,所有创新活动依赖于制度创新持续激励,通过制度创新得以固化。目前城市治理能力发展的瓶颈,是过度追求短期比较又是的治理模式,碎片化治理方式,以及部门主义和地方主义,破解治理能力瓶颈需要强化制度创新,通过顶层设计和基层创新实践的结合,将典型和可复制性的地方治理创新上升为制度。制度创新与治理能力提升实践中,重视社会协同作用,治理主体由单中心转变为多中心,治理手段由刚性管制转变为柔性服务,治理空间由平面化转变为网络化,治理目的由工具化转变为价值。

城市治理的制度创新,也是化解低效率治理困境的途径。一般认为,比较优势治理模式、制度依赖、主观治理模式是低效率治理困境的主要因素。低效治理模式一般选择简单粗放的治理方式,治理方式灵活、立杆见效,治理成本低,去制度化,主要依靠行政方式,强调自上而下推行治理,治理能力缺乏制度化、规范化、程序化保障,而长期的制度创新带有不确定性。低效率治理困境有两种产生因素,一种是制度依赖(System Dependent)导致的低效率治理困境,即制度发展、变迁过程中,受到最初选择的既定制度的影响和,并对这种选择产生依赖,选择本身的惯性与放大效应,导致制度创新被抑制;另一种是主观治理模式导致的低效率治理困境,治理本质上是整合行政、法律、经济、政治等各方面资源的综合治理能力,主观治理模式体现的决策、宣布、实施、辩解过程,导致治理决策不科学或治理决策执行不力,进一步强化主观治理模式的,形成低效率治理困境。低效率治理困境的根本解决,在于城市治理内生力①的提升。针对低效率治理困境中的主观治理模式的决策、宣布、实施、辩解步骤,通过参与、协商、互动、执行模式化解,提升治理内生力,对各参与方利益因势利导,实现治理能力现代化。目前城镇化进入中后期,这一时期人民日益增长的美好生活需要和不平衡不充分的发展之间的矛盾,在城市治理过程中体现为,城市基础设施、公共服务和管理水平发展的不充分,不能适应城市快速发展需要,环境污染、交通拥堵等大城市病加剧;城市社会的建设不平衡不充分,流动人口大量涌入,社会问题和社会矛盾增多,城市社会结构不均衡;城市人口和经济发展与资源环境保护的不平衡,亟须转变城市发展方式。

就城市规划领域的治理能力现代化建设而言,在多元论观点的影响下,城

---

① 治理内生力,是制度创新过程中治理能力通过不断适应制度变化,调整治理方式,完善治理机制,形成良性的自我治理能力。治理内生力分为治理参与能力、治理协商能力、治理互动能力和治理执行能力。参见徐建宇、纪晓岚:《城市社区治理的内生力面向探讨》,《中州学刊》2018 年第 5 期。

市规划理论和方法产生多元化的分化,城市规划价值观发生转变①。思维模式上对社会利益及利益调整的关注加强,城市规划与城市法的共同目标指向一致,出发点不同,除了不同学科范畴外,基于法的思维模式是从社会关系切入,规划模式按照法学思维模式进行,改善规划理论和实践的困境,利益主导模式将引起传统规划编制和管理方法的变革。城市法作为调整社会关系的行为规范,出发点是利益关系,通过权利和义务的分解配置达到社会调整的目的,即从利益到权利义务配置到社会调整的过程。就城市群而言,其基本特征是人口、产业、资本等经济要素的高度集聚,产业分工明显,有发达的市场协同机制、高效的基础设施网络、发达的国际航运体系支撑、以轨道交通为代表的城市群多层次轨道网,国内中心城市功能过度集聚,城市群内产业结构和效益同质化、城市群的协同机制没有建立,城市群一体化作为空间载体,交通一体化先行,产业一体化作为突破口,此外是生态环境、市场交易的一体化,交通、生态、产业三个重点领域率先突破并协同发展。从都市区到城市群,面临交通、生态、产业协同发展的问题,新一轮全球竞争需要产城协同发展,基于不同的经济条件和交通运输条件,人口在空间上的迁移、产业在空间上的变迁,是重塑城镇空间的基础性力量。城市发展的历史规律显示,产业升级、城市演进和交通系统相伴而生。地区竞争力关键是全要素生产率,体现在产业、空间的组织效率方面②。产业集聚、报酬递增、运输成本之间的关系,按照和运输成本之间的对应产业,分为资源能源型、资本密集型和信息密集型产业,制造业向成本洼地集聚,生产性服务业向要素高地集聚。随着交通网络、互联网的发展,高端生产性服务业的服务范围延伸,空间接近性更有价值。产业在空间布

----

①　体现对多元价值的接纳,实质是对价值观的回避,以倡导性的规划过程,绕开对多元价值评判的困境。

②　经济地理学理论认为,农业在空间上的布局,是沿着铁路、河流和城市展开的,距离城市距离越近,附加值更高;工业在空间布局方面,交通区位决定工业区位的基本格局,产业集聚和劳动力集聚带来偏移;商业、服务业是城市发展的重点,市场原则适合低等级中心地;行政原则适合中等级中心地,例如医疗、教育产业按行政区划来配置;交通原则适合高等级中心地。产业调整依据的看不见的手与看得见的手,例如批发市场的疏解渠道,更主要在于电商,传统商品交换的简单空间,可以通过网络空间与市场力量解决。政府着力主导的,是教育、医疗为代表的公共服务业的空间调整,其他类型产业很难依靠政府之手调整。参考:张可云:《区域科学的兴衰、新经济地理学争论与区域经济学的未来方向》,《经济学动态》2013年第3期。

局和交通系统之间存在紧密联系。传统线性模式下,产业在空间匀质分布是完全性竞争,不因为集聚效果而带来报酬递增。全球化和贸易一体化下,产业的空间关系发生新的变化。体现为产业空间的高度集聚,集聚后的基础设施共享,降低成本;其次是产业链之间的匹配效应;此外,信息与制造业分离,城市空间形成专业化的生产空间,经济增长呈现非线性。

　　新型城镇化推进过程中,城市转型发展,尤其从规划开始转型。目前很多城市规划基本没有考虑城市功能,忽视市场力量、公共机构的重大投资,以单纯的工程思维来看待复杂的城市问题,限于物质空间的规划,缺乏用公共政策、管理措施、社会构建等方法解决城市问题的思路。制度改革、城市规划建设、发展一体的服务型政府,应注意两个层面的协同,一个是城市群、重大基础设施、产业布局、城镇体系结构的高效协同;其次是城市内部,城市的交通网络、功能结构与空间形态的协同。城市才能高效运转,才能把今天面临的城市拥堵、大城市病有个系统的解决。比如哪些地区是资源能源型的产业区位,哪些是资本密集型,哪些是信息密集型,这些产业哪些是面向全球服务的,哪些是面向全国服务,哪些是面向区域服务。相应的,交通服务网络,配置到相应高的水平,空间资源上给产业配置集约高效。更好支持参加全球竞争合作,这样未来我们的产业在全球的竞争、合作中才有更大的作用。同时城市层面,城市将来主要是两部分,构建发达货运枢纽体系支撑制造业为代表的产业布局,发展以轨道交通为代表的客运疏运体系契合城市的生产性服务业、公共服务业和生活性服务业的中心体系,速路网决定城市的平面坐标,快速轨道网络决定城市的纵坐标。

(二)内卷化理论解释力

　　基于对西方理论的反思,也是化解内卷化[①]低效率治理困境的途径。内

---

　　① 内卷化(involution)又称为"过密化","内卷化"是指一个社会既无突变式的发展,也无渐进式的增长,长期以来只是在一个层面上自我消耗和自我重复,是近年来在社会学研究领域,被认为和中国社会的某些特色联系密切且使用频率较高、影响较广泛的概念。其突出特点有,没有实际发展的增长即效益并未提高;固定方式如赢利型国家经纪的再生和勉强维持;正规化和合理化的机构与内卷化力量常处于冲突之中;功能障碍与内卷化过程同时出现等。参考[美]黄宗智:《华北的小农经济与社会变迁》,中华书局2000年版,第37页;参见[美]杜赞奇:《文化、权力与国家:1900—1942年的华北农村》,王福明译,江苏人民出版社2003年版,第93页。

卷化这一概念最初用于描述一类文化模式,当一种文化模式达到了某种最终的形态以后,既不能稳定下来,也无法使自身转变到新的形态,而是不断内部复杂化①。吉尔茨借鉴戈登威泽的概念描述"由于内部细节过分的精细而使得形态本身获得了刚性"②的形态。黄宗智发展了吉尔茨的"内卷化"概念,从中国的现实实践出发,把这一概念应用于中国经济发展与社会变迁的研究,并阐述对于中国经济和社会史研究中的一系列悖论现象的认识,归结为"规范认识危机"③。杜赞奇丰富了吉尔茨的"内卷化"的概念,基于对复线历史的研究与反思,认为"内卷"是"一种社会或文化模式在某一发展阶段达到一种确定的形式后,便停滞不前或无法转化为另一种高级模式的现象"④,他在研究 20 世纪中国政治与国家政权的现代化转型时发现,与国家财政收益相伴随的是正式机构与非正式机构的同步增长,政权扩张和收益贫乏同等增长,提出政权"内卷化"的概念⑤,将解释经济发展的理论移植到政治学领域,认为"经纪人"是为实现国家的职能或意志力的非正式机构中的国家代理人,代表国家或以国家的名义行动,认为政权建立标志着国家政权内卷化扩张的终结,使征税单位、土地所有权和政权结构统一起来,政治、经济上的合作化实现了"国家政权建设"的目标,新中国实现了以往政权未能做到的权力下沉、从农村转移和汲取资源的目的,但人民公社时期的国家政权建设存在许多严重问

---

①　K.Michael Hays,Critical Architecture:Between Culture and Form,Perspecta,Vol.21,No.4,1984.pp.39-45.

②　Geertz.C,Agricultural Involution:The Process of Ecological Change in Indonesia,Berkeley:University of California Press,1963,pp.80-81.

③　黄宗智用"内卷化"指称"因外部条件严格限制或内部机制的严格约束下,社会经济或文化制度在发展过程出现一种惰性,导致一种内卷性增长,即没有发展的增长。"既可以指一种现象,也可以指一种机理。这种机理一旦定型,会成为路径依赖,内部的结构更新和制度创新很难发生。"内卷化"理论成为解读中国问题的万能框架,只要涉及社会、组织等结构转换失败和结构自身存续与内部复杂化为目的的变化,或者是结构僵化或封闭化,都用"内卷化"来概括和研究,如基层组织"内卷化"、陌生人社会"内卷化"、法治建设"内卷化"等。

④　[美]杜赞奇:《文化、权力与国家:1900—1942 年的华北农村》,王福明译,江苏人民出版社 2003 年版,第 12 页。

⑤　对杜赞奇的政权"内卷化"批评最多的是认为这一理论基于单一的国家视角和西方视角,认为"国家政权建设"理论有强烈的国家——社会对抗的预设,如果说政权向基层扩张的政治现代化导向国家、社会的对抗关系,这个概念则把中国问题特殊化,意味着判定中国的未来只能沿着西方轨迹前进。这是该理论的最为明显的缺陷。

题,不能解决国家与社会的合理关系,公社体制解体后,基层政权的权力与行为扩张和国家税收增长并未同步增长,也是"内卷化"的表现。西方汉学家运用西欧国家转型时期的"国家政权建设"(state-building/making)①理论来研究政治变迁,提出国家正式建制在扩张,国家政权深入基层,吸收下层财源的行动一直在发生;国内学者在借鉴基础上,提出国家政权建设的"规范性"②含义,即国家——公民间建立起权利义务关系与认同体系,认为国家政权建设并非只涉及权力扩张,更为实质性的内容是权力本身性质的变化、国家——公共组织角色的变化、以及与此相关的各种制度——法律、税收、授权和治理方式的变化、公共权威与公民关系的变化③。内卷化理论是否适当有待时间检验,内卷化是政治学和历史学领域研究 20 世纪前期中国的地方基层政权运行状况时的概念,有特定的时限。近年来,这一概念与"国家政权建设"理论的时间限度被忽略,甚至不规范的行政行为和公权力未能有效规约的现象,都被看作政权的"内卷化",并将"内卷化"与农民工、城市基层自治组织的治理效率、特定群体如失业群体、司法发展状况等问题嫁接,范围拓展缺乏合理依据,是否真正有助于增进对上述问题的解释与分析,结论并不明确。假设"内卷化"的内容只是"封闭化""路径依赖"及"锁定"等问题,研究意义局限于词汇的变换。无论传统农业经济的"过密化"抑或 20 世纪中国政治现代化中基层政权的"内卷化",都被认为是理解传统社会运行规则和近代社会变迁的准则,作为一项理论体系和分析工具,从吉尔茨提出的原旨内卷化,到黄宗智与杜赞奇对理解近代中国基层社会的创造性应用,到该理论在国内学术界的滥觞,西方理论对中国经验貌似多方位契合时,恰在其增进对中国社会现象的认识方面背道而驰。与国际接轨最大的意义,是为增进现有认识的切实见解,更好地认识历史和当下正在发生的客观问题,并非将域外的问题当成本土的问题,以西方时髦理论掩盖问题意识或研究能力,以历史的经验的问题去证实或证伪西方理论。就城市治理领域而言,民主政治、市场经济、理性文化是治理法治

---

① ［美］杜赞奇:《从民族国家拯救历史——民族主义话语与中国现代史研究》,王宪明等译,社会科学文献出版社 2003 年版,第 62 页。

② 纪程:《"国家政权建设"与中国乡村政治变迁》,《深圳大学学报》2006 年第 1 期。

③ 张静:《基层政权:乡村制度诸问题》,浙江人民出版社 2000 年版,第 51 页。

化的前提和基础,因此有经验理性与建构理性两种法治化理论,并在城市法治进程的驱动问题上,提出政府推进型、自然演进型及政府推进与自然演进结合型的不同主张,标志着法治理论由宏观理论设计向具体操作层面的推进。总体而言,学术界关于治理法治化的理论研究,立足于"历时性"和"共时性"的视野,关注世界法治发展趋向和最新理论动态,把握国内治理法治进程的特殊性,具有较强的理论品格、反思能力和现实精神。但法治理论构建不足在某种意义上说,缺乏对法治深层历史底蕴、终极价值关怀及法治发展趋向的把握能力,导致法治进程的理论解说的有限性,对这一问题的解决应到市民社会理论框架寻求依据,即经验理性法治观和建构理性法治观的冲突,能够在市民社会理论视野中,获得有效协调。现代社会,法律既是社会控制的主要手段,也是权利维护的关键制度设置。具体到城市研究领域,法学思维和进路的拓升,基于城市内部治理的复杂性和民主性。城市治理过程中的精英模式不断调整并向大众模式发展,其中的重要因素即法治。城市治理民主化实质,是各类社会主体权利义务配置的均衡与公平,需要规范和稳定的法律规则保障。同时,城市化快速发展中产生的贫富差距、环境污染、治安恶化等突出问题,城市治理需要通过利益调整和分配来实现,需要借助法律规则。但与其他理论范式相比,城市法学[①]处于缺席状态,与城市治理对法律制度和法学理论的需求极度不适应。城市法学是城市治理法的理论体系,从更深层的历史发展背景来审视,法治的产生、运行和发展,既有市民社会经验变革的成分,也有市民社会理性创制的成分。

从城市生产关系角度而言,以雄安城市的"新"为例,主要是生产崭新的社会关系,创新城市发展的中国经验和中国精神。构建复合型生态指标与法治指标,创新是解决"低效率治理困境"[②]的途径,治理能力是在一定的治理制

---

① 需要说明的是,城市法学中的"城市法",并非指西欧中世纪在部分商品经济发达城市中产生的资产阶级性质的法律规范,而是一般意义上有关城市治理的各种法律规范总称。城市法调整城市执政党组织、城市政府、社会组织以及城市居民等多元主体在城市治理活动中形成的关系,确立并实现各方在城市治理活动中的权利义务,以保障城市治理活动规范、有序开展,最终达成城市良好治理的目标。

② 治理绩效、治理能力与治理制度三者是相互联系且呈正向比与循环闭环的,治理制度不完善,将导致治理能力的低水平和低效率困境,及治理绩效弱的"低效率治理困境"。参考白鸽:《制度创新是避免"低效率国家治理困境"的必然选择》,《郑州航空工业管理学院学报》2014年第3期。

度体系下,包括政治、经济、社会、文化、生态文明和党的建设等各领域,最大限度运用这些制度管理公共事务,实现最小成本推进公共事务发展的能力。治理能力与制度有着密切关系,两者是有机的统一整体。制度是治理能力实现的基础和保障,治理能力是制度在实践中的绩效彰显。从"能治"到"善治"的转变,"能治"主要解决治理能力是否可行的问题,"善治"则主要解决治理是否成本最小和效果最优的问题,三者之间是递进关系。在"产业交通空间"协同发展的思路指导下,随着全球化和"一带一路"倡议推进,以综合交通为代表的互联网基础设施,打破地理疆界的阻隔,也是争夺资源赢得竞争力的利器。首先,建立在尖端技术之上的供应链,其次,地区和国家的竞争转变为城市的竞争,第三,基于互联网的线上线下、实体虚拟融为一体的无界的社区。基于全球互动的关系,产业布局、城镇体系格局重构。重大的交通枢纽网络、重大通道需要相应的城市群支撑。产业与高速公路是适应的。雄安新区在京沪、京广、京九三大经济走廊中间,依托良好生态"白洋淀",从宏观区位关系讲,处于极佳的市场经济价值空间。雄安新区未来发展关键在于产业及京津冀产业布局,尤其轨道交通上的新型协同关系。新区发展的道路,前期靠政府,后期靠市场,市场进入的时间、市场进入的边界如何界定,是需要研究的问题。形成以金融为代表的服务业的创新发展,国家级新区以及城市群加强互动,在理念、制度、技术方面的全方面创新。一是优化空间治理。发挥城市规划在城市发展中的战略引领和刚性控制作用。加强空间开发管制,科学划定城市开发边界。坚持多规融合和多规合一的原则,制定完善的空间规划,形成合理的生产、生活和生态空间结构。二是治理交通拥堵。解决交通拥堵问题,要做好城市规划,抓好源头治理,在规划上统筹各类空间布局。要做好城市空间布局的顶层设计,统筹好城市交通与居住、产业、生态以及配套功能设施等空间布局,优先发展公共交通。三是住有所居。深化城镇住房制度改革,以政府为主保障困难群体基本住房需求,以市场为主满足居民多层次住房需求。四是改善环境质量。构建政府为主导、企业为主体、社会组织和公众共同参与的环境治理体系。坚持全民共治、源头防治,城区污水基本实现全处理,生活垃圾基本实现无害化处理,全面消除黑臭水体。五是加强公共服务设施建设。按照适度超前、绿色环保、城乡一体的原则合理确定公共服务设施建设标准,加强社区服务场所建设,形成以社区级设施为基础,市、区级设施衔接配套的公共服务设施网络体系。加强城市地下综合管廊、海绵城市等基础设施建设,增强城市综合承载能力。六是保障城市安全。树立安全发展理念,健全公共安全体系,完善安全生产责任制,坚持政府主导与社会参与相结合,加强公共安全各领域和重大活动城市安全风险管理。七是改革和完善政府自身的城市管理体制。推进城市执法体制改革,构建权责明晰、服务为先、管理优化、执法规范、安全有序的城市管理体制,推动城市管理走向城市治理,促进城市运行高效有序。进一步完善城市管理法律法规和标准体系,健全保障机制,形成现代城市治理体系。

就我国的城市治理而言,秩序维护在总体上是居于首要的价值定位①。将秩序维护作为我国城市治理的首位价值追求现阶段有一定的合理性,城市治理固然需要在一定的秩序条件下展开,但权利及其维护是核心。城市治理并不把政府作为唯一的治理主体,而是发挥各类非政府组织及民众的治理权利,进行合作共治;城市治理的出发点和落脚点均在于保障城市民众的权利,增进其利益。城市社会学和城市政治学中的"城市权利"思想的宏观性和理论性,操作性不足,作为以权利和义务为核心范畴并以行为指引和规范为目的的理论体系,法学毫无疑问具有让"城市权利"思想真正落地生根的优势。以"城市权利"思想为指导、以城市权利和义务的配置为手段并最终实现城市良好治理的"城市法学"呼之欲出。

四、新时代城市治理中的法学问题

(一)城市法学及基本范畴

随着城镇化的快速推进,城市学成为长足发展的新兴学科领域。作为集

---

① 有学者对我国社会治理中"维权"和"维稳"发生的严重错位进行了系统分析,认为政府维稳已逐步脱离"社会治安综合治理"和政法体制的总体框架,走向"全面维稳"体制,形成"维稳政治"。这些阐释虽然不以城市治理为主要分析基点,但作为我国维稳结构中重要组成部分的城市,其开展的治理同样可适用这一理论框架。参考谢岳:《维稳的政治逻辑》,香港清华书局2013年版,第29页。

理、工、文、政、经、管等多学科门类交叉的超级学科,城市学和城市研究同时兼具学科或学科群的特点。不过,国内首先关注城市问题的学科主要集中于工科门类、理科门类和经济学门类,如城市规划、人文地理、城市区域经济。比较而言,政治学和公共管理学的发展相对迟滞。面对快速的城市化进程,为了适应学科日益发展的需要,政治学和公共管理领域的学者从不同学科背景和研究路径出发,形成了鲜明特色的研究视角。第一类依靠工学门类下城市规划的理论和方法,向公共政策靠拢,探索城乡发展的内在规律和城乡发展机制①;第二类从区域科学的整体视角出发,使用工具和方法有所不同②;第三类从城市社会学的路径,分析和研究地方政府治理和社区组织建设等城市化过程中出现的重大社会政治问题③;第四类从行政学、公共管理的角度分析城市和大都市区治理问题,并开始引入新区域主义和城市治理相关概念和理论,比较分析国内外城市治理的现状④;第五类关注政治及其城市发展史⑤;第六类则致力城市经济学和地方财政的研究路径⑥。从研究领域来看,国内大部分学者从政治学、行政学和公共管理领域分化研究城市问题,少部分学者从区域经济学、城市规划、人文地理学、历史学转型到城市问题研究;从研究学科看,新型城镇化转型以及城市治理议题多集中于城市规划、区域经济和经济地

---

① 中国人民大学公共管理学院的叶裕民教授是城乡规划理论和统筹城乡发展的代表,杨宏山教授偏重从公共政策和行政学视角分析城市问题。

② 北京大学政府管理学院的杨开忠教授、李国平教授、沈体雁教授从区域经济学、城市规划、人文地理学的角度分析中国区域发展问题;南开大学周恩来政府管理学院杨龙教授从政治学和公共管理的视角研究中国区域发展战略问题和地方政府的合作治理问题,尤其重视区域间的府际关系和公共政策等相关议题;中山大学政治与公共事务管理学院的陈瑞莲教授提出从区域公共管理到区域治理的范式转变。

③ 中山大学社会学与人类学学院蔡禾教授、城市治理与城市发展研究所所长何艳玲教授为代表。

④ 以南开大学周恩来政府管理学院的孙涛教授,山东大学政治与公共管理学院的王佃利教授、曹现强教授、姜杰教授,华东政法大学政治学与公共管理学院的姚尚建教授、易承志教授为代表。张成福、孙柏瑛、张紧跟、叶林等学者针对县市合并、撤县设区等有关行政区划问题的研究成果丰富。

⑤ 厦门大学美国研究所王旭教授及其高足公共事务学院的罗思东教授为代表。

⑥ 南开大学周恩来政府管理学院的踪家峰教授等为代表。

理、城市社会学等学科领域,政治学、行政学、公共管理领域的研究则方兴未艾①。目前城市的发展日新月异,不同的学科对城市发展的研究已经展开竞争。诸如中国城市科学协会、中国城市规划协会、中国城市建设协会、中国区域科学协会等团体借助城市规划、区域经济和经济地理、城市社会学等学科,从理论和实务两方面提出很多有益建议,对城市管理的需求也日益加强,研究成果学科背景虽然不同,但不同学科之间的交流不多,研究成果的集成化程度以及理论范式需要提升。具体体现为以下学科层面的突破与整合:一是构建城市政治学、法学、公共管理学的基础理论体系,包括基本概念、主要议题、基础理论、研究方法;二是从比较地方政府和地方治理的视角,研究中观层面的城市政治和城市治理及法治化问题。例如市制研究,包括城市政治结构、城市政府职能、行政区划调整;大都市区治理,包括行政碎片化与跨域治理等;三是研究中外城市政治和城市治理的实践和政策,例如城市人口(户籍)政策、环境政策、住房政策、卫生政策以及交通政策等②。主要关注城市的权力结构、权利结构和治理结构,构成梳理城市法学范式转换的主要线索。理论的转换预示城市治理结构由突出政府统治转向协同治理,对于推进城市法学研究、提升城市治理能力具有启示。

作为社会科学的一部分,法学自产生以来,在其中占据着重要地位,其具有的"衡平"与"治理"作用,使法学与城市学具有高度契合,是对社会发展高阶化背景下利益分化和社会秩序调整需要的理论及制度反映。随着法学在现代社会科学中的权重增加、城市治理法治化的实践要求、当前城市法研究的碎片化,均要求凸显城市法学理论研究范畴,以社会治理法为方向、以权利义务平衡关系、共享共治治理方式为重点,理论体系上作为公法学的一个分支。现代社会,法律既是社会控制的主要手段,也是权利维护的关键。法学思维和法学进路在城市研究中的出现,源于城市化背景下城市治理的复杂性。城市法调整城市执政党组织、城市政府、社会组织以及城市居民等多元主体在城市治

---

① 黄徐强:《从统治城市到治理城市:城市政治学研究综述》,《华中科技大学学报》2015 年第 1 期。

② 黄徐强:《从统治城市到治理城市:城市政治学研究综述》,《华中科技大学学报》2015 年第 1 期。

理活动中形成的社会关系,确立并实现各方在城市治理活动中的权利义务,以保障城市治理活动规范、有序开展,达成城市良好治理的目标。法学理论中,法的本位是关于在法的规范化、制度化权利和义务关系中,权利和义务何者为主导、起点、轴心、重点的问题。就此学术问题的争论,代表性观点有义务本位论、权利本位论、平衡论等①,法的权利本位论,强调权利对权力的决定与制约及权力对权利的保障,随着社会转型,社会结构和利益格局发生深刻变动,国家的治理结构和治理能力面临挑战,学者们认识到权利本位论在环境资源法、社会法和经济法等法领域的局限性②,法本位理论面向并指导法治实践,具体到城市法学,即兼顾我国城市治理的实际。城市治理与城市化同步、治理内容广泛复杂,权利保障和秩序维护是城市治理的主要目标。权利保障以权利本位观统领,通过教育、医疗卫生、劳动就业、社会保障等公共服务满足需求;秩序维护强调在生态环境、交通拥堵改善等城市问题树立义务本位观。鉴于义务观念和义务履行在城市发展中的不可或缺,对该领域的法律制度,根据义务本位观对其进行调整和完善。城市党组织、城市政府、社会组织以及城市居民等多元主体在城市治理活动中形成的社会关系,是城市法的调整对象。因此,城市学、城市治理与法学之间的紧密联系始终存在,是城市法学存立和发展的历史文化因素。法律是深嵌城市治理复杂结构中的基本要素,形塑城市,城市构成法律活动最集中和重要的地理空间,支撑法律。城市学研究大致经历由"物"到"人"的转向,城市治理精髓在于对城市中"人"及其正当权利的尊重和保障。以权利义务为核心范畴的法学理论体系,在城市研究中一直存在。宪法与行政法学、民商法学、经济法学等各法学学科都是相应维度上的城市法学研究的理论呈现。无论国家权力的配置运行,社会经济活动的展开,各类矛盾纠纷的解决,城市是主要的承载者。城市法学研究目前的碎片化特征,表现为各法学学科对城市的研究尚不系统,以及各学科之间的深度对话缺乏。呈现出"有城市法研究但无城市法学"③的现象。我国城市治理具有自身特殊

---

①　张文显:《法哲学范畴研究》,中国政法大学出版社 2001 年版,第 62 页。

②　刘卫先:《从"环境权"的司法实践看环境法的义务本位——以"菲律宾儿童案"为例》,《浙江社会科学》2011 年第 4 期。

③　姚尚建:《城市权利:解释及分类》,《哈尔滨工业大学学报》2015 年第 3 期。

性,西方国家城市化 20 世纪已基本完成,甚至出现逆城市化、再城市化现象。因城市化开始较早,城市治理的实践经验丰富,城市治理的结构和能力已基本趋于稳定,同时不会面临大量的新居民单向流动,城市治理的任务相对单一,由于人口规模的有限性,城市化对原有城市治理结构和治理能力的影响相对较小。我国的城镇化率持续增长,人口基数庞大,对现有城市治理结构和治理能力形成重大挑战。城市治理过程与城市化同步发展,是城市研究中的重要课题。此外,城市治理内容和结构的不均衡现象突出,城市治理是治理理论①在城市治理实践中的展开。城市治理的内容大致包括秩序维护和权利保障两方面②,城市治理与治理理论一脉相承,即秩序基础上的权利优先,作为一定时空范围内要素之间相对稳定的结构状态,秩序是任何社会正常发展的基础。

城市化改变城市原有的社会结构和利益配置状态,我国城市治理过程与城市化同步的特点,决定建立公平和可持续的社会结构和利益配置格局是城市治理的核心任务。城市研究并非仅对城市构造及各要素的机械物理研究,对城市中人的主体地位的确认并保障其权益是城市治理法治化研究的根本目的。城市治理在内容上涵盖宪法与行政法、刑法、民商法、环境资源法等法律部门,具有广泛性、复杂性和综合性特点,也增加了城市法学科定位的难度。我国城市治理中的纵向关系显然更需要公法学的规范。因此,城市法学可归入狭义公法学范畴,主要是指宪法学和行政法学,不包括广义公法学上的刑法学、诉讼法学等。行政法学的动态宪法属性及其在城市规划和治理中的组织与技术优势,城市法学可以作为行政法学研究的一个方向。

城市经济学、城市社会学和城市建筑学等新兴交叉学科都取得丰富研究

---

①　根据全球治理委员会的定义,治理是各种公共的或私人的个人和机构对共同事务进行的共同合作管理。参考王晶、曹杰:《全球治理研究的文献综述》,《当代经济管理》2017 年第4 期。

②　秩序维护是由城市执政党组织、城市政府、非政府组织以及广大城市居民等多元主体通过自治及调解、仲裁、复议、诉讼、信访等途径来预防和化解各类矛盾,保持城市良好的秩序;权利维护是指维护城市秩序的基础上由城市执政党组织和城市政府向城市居民提供教育、卫生、医疗、环境生态、劳动就业、食品药品安全、社会保障等方面的公共服务,使其各项权益得到充分实现。参考邢咏、李忠义等:《加强权利保障 维护社会秩序》,《人民法院报》2017 年 12 月 28 日。

成果,开创城市经济政策、城市社区自治和城市建筑规划等研究领域。但城镇化不仅仅等同于经济发展、社会自治和空间建设,不能忽视其中的"法治"因素,为城镇化提供足够理论支撑。中国的城市化有着更为复杂的过程,城市法学研究有其特定功能和应用前景。从城市历史、结构、功能、过程等角度分析治理与发展路径。"城市法学"及其基本范畴是一项综合性到学科交叉领域。城市的产生与发展推动城市理论研究的繁荣,形成城市规划学、城市经济学、城市政治学以及城市社会学等主要的城市理论领域。法学在现代社会科学中的重要地位、现有城市法研究的分散零碎以及城市治理法治化的实践,要求建立"城市法学"这一新的城市理论研究范式。城市法学坚以权利为导向,同时在相关领域注重义务配置的本位观。在学科定位上,城市法学作为公法学的一个分支,可将其作为社会治理法的一个内容或方向;知识体系上,则凸显城市法学的综合性,构建法学和非法学融贯的知识框架。对城市法学的思考,筑基于城市化带来的社会变迁之上。推进城镇化的过程中,原有价值观念、利益关系、政府职能、府际关系、治理结构和政策导向会受到冲击,要求法学为现实提供对策研究和理论说明,结合城镇化的实际,从完善国家治理体系、提升国家治理能力的高度,构建本土化的城市法学。

(二)城市秩序

秩序的基本含义,是等级、次序、规则与条理。从系统论的角度,城市是复杂系统,城市秩序是使复杂系统条理化的规则。从制度经济学角度,"秩序是指符合可识别模式的重复事件或行为。它使人们相信,他们可以依赖的未来行为模式完全能被合理地预见到。如果世界是有序的,复杂性,从而知识问题,就会被减弱,而各种经济主体也更能够专业化,制度有助于促进秩序的形成。"①哈耶克认为,秩序是各种要素之间极为密切的相互关系所形成的一种事态,我们可以从对整体中的某个空间或时间部分所做的了解中,学会对其余部分做出正确的预期,或者至少是学会做出可能被证明是正确的预期②。城

---

① [德]柯武刚、史漫飞:《制度经济学》,韩朝华译,商务印书馆 2000 年版,第 182 页。
② 高全喜:《法律秩序与自由主义》,北京大学出版社 2003 年版,第 83 页。

市秩序主要指城市发展的规律法则,包括城市的基本形态、内在逻辑和结构关联,具体从形态层面包括城市的形制、分区与核心结构;生态层面包括城市的规模、城市内外、对自然环境的处理方式;人文层面包括城市的制度、文化与空间伦理;生活层面包括城市从公共空间到私人空间、以及不同功能空间的组织安排;区域层面包括城市等级序列、城市职能分工与协作以及区域性设施建设与环境保护模式①。城市秩序分为两类,一类是在城市长期发展经验中形成的自发秩序,是经过实践检验被城市接受的规则集合;另一类是国家意识形态以规划设计生成,通过法律、法规制定、以及权威部门和专业机构规划、建设、实施。本文关注的是第二类城市秩序,即城市空间秩序后的法治层面,城市空间结构受发现者、积累者和控制者的影响②,秩序必须有资源和体制的保障,并遵循利益格局和权力结构空间观。中国传统城市空间表现形式是人文秩序,西方古典城市空间表现形式是科学秩序③,当下中国城市探索的是符合新时代需要的城市空间秩序。

地理学家穆卡达西在《关于区域知识的分类法》中,以嵌套等级体系分列出城市、城镇和村庄,城市总体等级体系有全球、国家和区域有几个层面,每个城市在不同层面等级体系中都能找到位置。不同层面的城市等级体系的研究侧重点不同,全球层面的研究重点在于世界经济的兴起、融入全球经济体系过程中的空间模式;国家层面的研究主要关注城市发展历程中的空间表现形式;区域层面的研究重心,偏向城市空间中的本地联系④。城市是经济的空间表现形式,国家层面的城市等级体系及变化反映该国的经济地理分布状况,也表现了经济发展的历程。克里斯塔勒则认为,中心地的互补区域会形成一个六边形,以 K 值表示高级中心地所服务的低级中心地的数目,不同的 K 值将塑造不同的六边形结构,在市场最优化结构中,强调消费者出行距离的最小化;在交通最优化结构中,道路将高级中心地与低级中心地联结起来,网络将更加

① 田名川:《当代中国城市秩序研究》,天津大学 2013 年硕士学位论文,第 11 页。
② 陈忠:《城市意义与当代中国城市秩序的伦理建构》,《学习与探索》2011 年第 2 期。
③ 朱文一:《秩序与意义——一份有关城市空间的研究提纲》,《华中建筑》1994 年第 1 期。
④ [英]约翰·伦尼·肖特:《城市秩序:城市、文化与权力导论》,郑娟等译,上海人民出版社 2011 年版,第 42—43 页。

有效率;在行政最优化结构中,每个低级中心地都在高级中心地的边界内。任何城市都可能从属于不止一个城市地区的引力范围,范围就像是磁场蔓延,把相对小的居住区和城市区吸纳进来。城市发展中存在被称作城市棘轮(urban ratchet)的临界人口规模,当人口大于25万人的临界值,城市能够自我维持,如果小于临界值,短暂经济繁荣后将转向衰落①。城市等级体系并非静止不动,居民、观念、商品和服务持续流动,是不断变化的系统②,城市地区人口移动分三个阶段,第一阶段,工作机会、公共服务和教育条件吸引人口到中心城市;第二阶段,随着财富的增长和交通条件改善,城市等级体系向下行③,部分人口从大城市搬到郊区;第三阶段情况较为复杂,郊区化仍在进行,同时出现从郊区到城市中心区的移动,反城市化在农村地区也有可能发生。城市等级体系因此发生结构性变化,当商品和服务的供应向上层移动时,城市体系被稀释,表现为公路的铺设和汽车的使用,商品供应沿着等级体系向上移动,消费者不再依赖较小的城市中心,中心地系统开始被稀释,但如果对小汽车的过度依赖,区域公共交通不发达或者过于昂贵,上述进程的发展将变得困难。当市镇和城市之间的时空距离缩小,城市网络就会发生收缩;随着交通和通讯设施的发达,城市网络中的距离将被拉近,时空意义上,即城市系统收缩。此外,电信和互联网的发展突破了传统距离,以及向心性、可达性,信息流空间、物流空间的发展,对城市等级体系产生的影响是颠覆性的,并改变城市发展路径,以及区域内城市间的关系,中心地体系产生一定的局限性,当今复杂的城市体系与中心地六边形巢状体系存在明显差异,中心地理论假设中的孤立、引力型、不重叠的市场区域被打破。业之间横向与纵向的分工合作催生专业化中心,上述变化,在"城市网络"范式理论中最早被涉及和论证,对新型区域城市体系组织结构进行阐释,城市网络模型注重在网络中城市的节点功能,诸多城市在网络当中形成柔性的交互环境,节点之间不再是相互替代的职能关系,而呈

---

①　[英]约翰·伦尼·肖特:《城市秩序:城市、文化与权力导论》,郑娟等译,上海人民出版社2011年版,第57页。

②　例如城市等级体系中向上移动,即农村向城市移动,是出于城市化和工业化进程中的社会的最主要的人口再分布形式。

③　即所谓的反城市化过程,指城市等级体系向下移动,搬到脱离大城市影响范围的地区,不仅是郊区化的延伸,也是对于传统上主导地位的农村向城市转移运动的逆转。

现出分工与互补关系,城市关系在于提供具有差异性的产品。城市网络阶层体系提出协同性的世界城市网络、专业化国家城市网络和专业化区域城市网络。空间组织模式转变,城市节点从传统中心转变为信息转换器,从传统金字塔型的组织形态,演变为结构扁平化的去中心、通达性、共享决策的网格式组织,通达性的本质是城市与其他城市接触和联系的范围与质量,协作逻辑、治理逻辑强于支配逻辑、控制逻辑①。

城市增长的公共政策因素。企业是劳动力市场需求的主体,也是城市增长的重要因素。不同的城市公共政策对企业选址影响较大,在包括公共服务政策在内的其他条件相同的情况下,高税率城市的就业增长率低于税率较低的城市。商业区位决策分为城市间区位决策和城市内区位决策。商业活力对纳税义务的弹性,是纳税税率的单位变化率所导致的商业活力变化率。城市内区位决策的弹性较大,因为企业在都市区内的流动性比都市区间的流动性高。城市区域内不同区位间的替代性高于城市区之间的替代性②。另外,公共服务政策,尤其教育和基础设施对区域商业发展有显著的正向影响。而税负提高的影响效应取决于额外税收如何配置,当额外税收用于本地公共服务投资,如基础设施、教育或公共安全,将提高城市的吸引力,并推动就业增长;当额外税收用于贫富差距再分配时,税收的变化会降低城市的吸引力及城市就业的增长率。城市发展中提供的特殊补贴与激励计划,包括特殊税收减免政策吸引企业,或获得政府担保贷款,或政府对土地利用和公共服务新开发项目③给予补贴。土地所面临的问题是,它具有不可再生性。城市从郊区到市中心过渡的过程中,初期土地价格上涨缓慢,有时还会下降,但最终会以指数形式上升,接近中心时,建筑物的高度将以指数形式增加,因此市中心的建筑

---

① 汪明峰、高丰:《网络的空间逻辑:解释信息时代的世界城市体系变动》,《国际城市规划》2007 年第 2 期。

② 经验结论表明,首先,制造业企业比其他类型的企业更关注税收差异;其次,大都市区对资本征收较高的税率,会驱除资本密集型产业,吸引劳动密集型产业。参考周文编著:《城市经济学》,中国人民大学出版社 2014 年版,第 43 页。

③ 如通过购买土地,平整土地并修建道路和市政管线,再卖给开发商,使开发商能以较低成本获取并开发这块土地。但研究表明,特殊政策的影响效果并不显著,企业的运营效率并不会有显著提高。

物高于周围的建筑物。土地与建筑物高度的关系,也会对城市空间秩序发生重要影响①。而交通工具的革新,汽车与公路运输的普及,为城市就业人员从市中心向郊区迁移创造了条件。物流货车的使用,使制造业企业受益于城郊地区较低的工资水平,并且不用承担较高的运输成本,许多企业因此转移到城郊地区。当制造业企业的运输从以火车和轮船为主,转向了以卡车为主时,便不再依靠城市中心的铁路和港口,而是转向更易到达城际公路的地区。现代城市中,制造业企业经常集聚交通枢纽和环城公路附近,以便更容易地利用洲际交通系统。

五、《雄安规划纲要》与城市法学体系

城市法学是研究以权利和义务为作用机制的行为规范体系,应对快速城市化出现或可能出现的城市治理问题。城市法以城市执政党组织、城市政府、社会组织以及城市居民等主体在城市治理活动中形成的各种社会关系为调整对象。城市治理中的社会关系包括执政党和政府,在实施城市管理中与其他主体之间形成的领导关系、管理关系、服务关系及指导关系,也包括执政党、政府与城市居民在城市治理中形成的平等合作关系,以及社会组织、城市居民的自我管理、自我服务关系。城市治理中社会关系、作为社会治理主要方面的秩序维护和权利保障,呈现多样化和复杂性,因此城市法的知识体系是全面而宏观的。城市治理主要通过调解、仲裁、复议、信访、诉讼等途径维持良好秩序,也需要通过向城市居民提供教育、卫生、医疗、环境、生态、劳动就业、食品药品安全及社会保障等方面的公共服务,上述治理领域和服务领域,涉及行政法、经济法、民商法、环境资源法等法律部门。城市是由人口、地理区域及经济、政治、文化以及社会等要素构成,城市法学学科性质上归属法学,但城市法学的知识体系显然并不局限法学,地理学、经济学、规划学、管理学、政治学、社会学

---

① 要素替代性的一般影响是,提高写字楼企业的土地竞价租金额。靠近市中心时,土地价格将以递增的速度上升,土地价格的迅速上涨又激励更多的要素替代,结果造成城市中心附近的高层建筑越来越多。如果要素替代能降低生产成本,企业愿意进行要素替代,以此提高支付土地租金的能力。参见周文编著:《城市经济学》,中国人民大学出版社2014年版,第60页。

等是城市法学知识体系中的组成部分。因城市法学公法特点突出,需要行政法学、城市学及城市治理的知识体系和研究方法的结合①。

《雄安规划纲要》是雄安新区规划建设的基本依据,以此科学构建城市空间布局。雄安新区实行组团式发展,选择容城、安新两县交界区域作为起步区先行开发并划出一定范围规划建设启动区,条件成熟后稳步有序推进中期发展区建设,划定远期控制区为未来发展预留空间。坚持城乡统筹、均衡发展、宜居宜业,形成"一主、五辅、多节点"的城乡空间布局。起步区随形就势,形成"北城、中苑、南淀"的空间布局,统筹生产、生活、生态三大空间,构建蓝绿交织、疏密有度、水城共融的空间格局。雄安新区定位首先是疏解北京非首都功能集中承载地,功能定位是绿色生态宜居新城区、创新驱动发展引领区、协调发展示范区、开放发展先行区、贯彻落实新发展理念的创新发展示范区。与单中心结构不同,雄安在空间布局上是组团式的规划定位。因此规划初期,需要合理确定城市规模,以资源环境承载能力为刚性约束条件,科学确定雄安新区开发边界、人口规模、用地规模、开发强度。坚持生态优先、绿色发展,合理控制用地规模②,严守生态保护红线,严控城镇开发边界,严格保护永久基本农田,加强各类规划空间控制线的充分衔接,形成规模适度、空间有序、用地节约集约的城乡发展新格局。同时,统筹区域协调发展,加强对雄安新区及周边区域的管控,划定管控范围和开发边界,建设绿色生态屏障,统一规划、严格管控,促进区域协调发展。按照《河北雄安新区规划纲要》(以下简称"《纲要》")"第十章　保障规划有序有效实施"中明确指出,制定配套政策法规和技术规范,创新体制机制,强化政策保障,做好与周边区域规划衔接,加强新区及毗邻地区管控,促进协调发展,加强组织领导,保障规划有序有效实施,确保一张蓝图干到底,研究推进新区规划条例立法,建立新区规划委员会制度。完善规划编制体系方面,新区规划纲要是编制新区各级各类规划的准则和指南,是指导新区建设发展的基本依据,以规划纲要为统领、以控制性详细规划为重点、以专项规划为支撑,形成全域覆盖、分层管理、分类指导、多规合一的规划

---

① 朱茂磊:《论"城市法学"及其基本范畴》,《城市学刊》2017年第6期。

② 规划论证后认为,雄安新区蓝绿空间占比稳定在70%,远景开发强度控制在30%,启动区面积20至30平方公里,起步区面积约100平方公里,中期发展区面积约200平方公里。

体系。按照把每一寸土地都规划得清清楚楚后再开工建设的要求,结合建设时序,深化细化控制性详细规划、修建性详细规划及各类专项规划;建立规划法规体系方面,依据国家有关法律法规和本规划纲要,研究推进雄安新区规划条例立法,按照创造"雄安质量"的要求,制定雄安新区规划技术标准、雄安新区规划建设管理技术规定等建设标准和技术规范;畅通公众参与渠道方面,开放编规划,健全规划公开制度,鼓励引导各领域专家和公众积极参与,在后续规划编制、决策、实施中发挥作用;统筹安排规划实施时序方面,根据相关阶段建设目标,制定规划实施方案和行动计划,启动重大项目建设,确保新区建设顺利进行。可见《规划》对刚性约束机制的强化和法定权威性,规划纲要与相关规划经批准后严格执行,任何部门和个人不得随意修改、违规变更,确保一张蓝图干到底。

美国经济史学家亚历山大·格申克龙探索了后发地区实现经济增长的有效途径,美国社会学家列维从现代化角度将后发优势理论具体化,纳尔逊认为后发技术水平的提高同其与技术前沿地区的技术差距成正线性比例,即所谓的"均衡技术差距",列维指出须处理好三个战略问题:控制结构问题、资本积累问题、心态问题。后发优势论的核心观点是,借鉴经验,选择最适合自己的道路,少走弯路;引进先进技术、设备,跨越不必要的发展阶段,特别是技术;精神力量方面,容易形成民族合力①。美国学者列维提出国家现代化进程中的后发优势②主要表现为,后发地区对现代化的认识要比先发地区对现代化认识丰富;可大量借鉴先发地区成熟的计划、技术、设备及组织结构;后发地区可以跳越先发地区的一些必经技术发展阶段;先发地区的发展水平已达到较高阶段,可使后发地区对现代化前景有一定的预测。雄安的后发优势或称为白纸效应,在于未来财富再分配的效应,是雄安新区这一战略决策带来的政策效应。雄安新区作为继深圳经济特区和上海浦东新区之后又一具有全国意义的新区,财富再分配效应必须理性对待。只有当雄安新区依靠工商业经济发展,培育了产业高端和高端产业,有了创新驱动发展的新动能,和对抗虹吸效应的

①　方忠:《国外后发优势理论研究回顾及述评》,《中国矿业大学学报》2009 年第 2 期。
②　[美]亚历山大·格申克龙:《经济落后的历史透视》,张凤林译,商务印书馆 2009 年版,第 88 页。

城市引力。财富再分配效应,可以视作一种政策效应。但一个新区不是靠政策所能发展起来的。相比于深圳特区和上海浦东新区,政策优势和政策刺激的作用都在衰减。深圳特区启动的时候,也没有的财富分配效应,靠的是市场创富效应。雄安新区需要的是持久的市场创富效应,而不是眼前的财富再分配效应①。雄安新区目前开发程度低,意味未来充裕的发展空间。京津冀协同发展的大格局下,雄安新区使区域内河北一极有新的强支撑点,以及全面深化改革的试验窗口,承接北京疏解的非首都功能,破解大城市病,能够高度聚合政策性优势,吸引市场资源,使河北洼地全面创新发展。雄安新区发展思路不是既有的城市发展路径,而是补齐河北城市群散、弱、缺乏极化效应短板同时,撬动区域固化的发展格局及路径依赖,提升京津冀区域竞合效果。雄安新区体制机制创新的区域效应体现在,新区建设时将环保生态理念嵌入规划建设的每个环节和步骤,摆脱先污染再治理的覆辙;此外,新区建设和发展中贯彻"以人为本"理念,避免新区规划时期的"房价先行",不走土地财政和房地产主导的城市发展老路。重点发挥市场在资源配置中的决定作用,更好发挥政府作用,保障主体机会平等、公平竞争。创新发展,推进体制机制的改革,离不开政府与市场关系的理顺和深化改革。

　　雄安新区一揽子规划包括总体规划、起步区控制性规划、启动区控制性详细规划及白洋淀生态环境治理和保护规划等。新区规划范围涉及河北省雄县、容城、安新 3 县及周边部分区域。雄安新区规划建设以特定区域为起步区先行开发,起步区面积约 100 平方公里,中期发展区面积约 200 平方公里,远期控制区面积约 2000 平方公里②。雄县、安新和容城三线调研中的情况是,容城县只有板正大街和金台路两条主要街道,路面上几乎没有出租车。容城的经济支柱是传统纺织业和成衣制造,人口只有 23 万。金融机构数量方面,雄安三县除有农业银行等少量银行分支机构外,没有券商机构,保险分支机构

---

①　依据当地统计数据,2016 年雄县、安新县和容城县三县合计 GDP 仅 200 亿元,还低于 2016 年百强县最后一名安宁市的 GDP272.87 亿元,经济基础和发展水平可谓薄弱。

②　深圳总面积 1996.85 平方公里,上海浦东新区总面积 1210.41 平方公里,雄安新区总面积规划上已经超过前两者,雄安新区目标定位是长江以北拥有国际影响力的绿色、智能和宜居宜业的现代新城典范。

匮乏。目前国家对安新县的整体规划已发生重大变化,因此现存产业、框架协议的履行存在很大不确定性①。

从大历史观的角度,从京津冀协同发展过程当中如何建设世界级城市群的高度,站在把握世界城市发展规律的这个高度来决策,雄安新区绝非传统工业和房地产主导的集聚区,创新驱动将是雄安新区发展基点,要进行制度、科技、创业环境的改革创新。雄安新区构建的精简、高效管理机构,能够实行扁平化管理,统一管理,能获得高效率、高质量的公共服务。先谋后动、规划引领,规划严格执行。要用新的体制,新的理念,新的方法来从事规划建设②。雄安的优势是一张白纸,重新规划的难度小。但这些因素只是新城建设的一个必要条件。党中央、国务院对雄安新区的战略定位和发展要求,对于高起点规划、高标准建设雄安新区具有重要意义。从有利于有效缓解北京"大城市病",探索人口经济密集地区优化开发新模式;有利于加快补齐区域发展短板,提升区域经济社会发展质量和水平角度。以《雄安规划纲要》为指导,建设成为绿色生态宜居新城区、创新驱动发展引领区、协调发展示范区、开放发展先行区,打造贯彻落实新发展理念的创新发展示范区。

协同发展不仅能够解决北京非首都功能有序疏解问题,同时能够带动河北区域发展,补上经济发展的短板,对河北雄安新区的规划建设,从规划到实施,从顶层设计到具体落地,都有明确的思路和要求。河北雄安新区是推进京津冀协同发展的战略举措,是历史性的战略选择,是千年大计、国家大事,要坚持用最先进的理念和国际一流水准规划设计建设,经得起历史检验。基本公共服务均等化是有序疏解北京非首都功能的重要前提。公共服务水平高的地方更具吸引力,有更多的获得感,围绕"人"这个核心因素,充分提高基本公共

---

① 现有扶持政策有,比照《关于发挥资本市场作用服务国家脱贫攻坚战略的意见》,为雄安新区及周边地区企业挂牌、上市开辟"绿色通道"。为首次公开发行股票并上市的企业,"即报即审、审过即发";对在"新三板"挂牌的企业,"即报即审、审过即挂",减免挂牌处费;对发行公司债、资产支持证券的,"专人对接、专项审核、即报即审"等。

② 国家批准的新区并非只有深圳和浦东,其他新区也在长足发展。但创造奇迹的是深圳和浦东,除了自身努力之外,外部条件的优越是其他新区不能比拟的。深圳成立于改革之初,是中国改革的窗口,给予深圳的政策包括立法权是其他地方没有的,深圳吸引香港、东南亚及世界制造业落户,经济实力迅速增强,并辐射珠三角地区,深圳成为创新之城。浦东奇迹与金融中心地位,与上海的中市经济中心地位和中央金融政策倾斜有关。

服务水平,发展社会事业,配套优质教育医疗等资源,提高对疏解北京非首都功能高端人才的吸引力。此外是城市的智慧化治理,数字城市与现实城市同步规划、同步建设,适度超前布局智能基础设施,打造全球领先的数字城市。建立城市智能治理体系,完善智能城市运营体制机制,打造全覆盖的数字化标识体系,构建汇聚城市数据和统筹管理运营的智能城市信息管理中枢,推进城市智能治理和公共资源智能化配置。要根据城市发展需要,建设多级网络衔接的市政综合管廊系统,推进地下空间管理信息化建设,保障地下空间合理开发利用。改革开放新高地。改革开放作为雄安新区发展的根本动力,总结吸收我国改革开放 40 年来的经验成果,对符合我国未来发展方向、对全国起重要示范带动作用、对雄安新区经济社会发展有重要影响的体制机制改革创新先行先试,率先在重要领域和关键环节取得新突破,在推动高质量发展的指标体系、政策体系、标准体系、统计体系、绩效评价和考核体系等方面取得突破,形成一批可复制可推广的经验,为全国提供示范。保障城市安全运行。牢固树立和贯彻落实总体国家安全观,以城市安全运行、灾害预防、公共安全、综合应急等体系建设为重点,构建城市安全和应急防灾体系,提升综合防灾水平。从历史进程看,传统社会治理体系属于简单范式①。由于利益关系的复杂性和信息化的高速传播,现行的简单社会治理范式面临挑战。社会治理结构从金字塔型(科层制)的简单范式向网络结构型的复杂范式转变,政府需要有治理复杂社会的能力。

　　"扁平化结构"②概念由管理学家德鲁克提出。随着信息社会和信息化的发展,社会结构和组织结构逐渐呈现出扁平化特征,在网络组织中,权力呈现分散化和均等化趋势,权力距离缩短,对权力的诉求逐渐上移。科层制治理结

---

　　①　简单治理范式的特点是,基于工业时代的科层化组织结构、一体化的职能作用和指令化的控制机制。参见[美]彼得·德鲁克:《后资本主义社会》,傅振焜译,东方出版社 2009 年版,第3 页。

　　②　德鲁克在研究美国福特公司和印度英国殖民当局的组织结构时发现,这两个组织中的若干中层机构,只有信息传递功能,没有决策功能,而且随着传递层次的增加,信息传递效率会递减,如果技术手段能够解决信息传递功能,凡是没有决策功能的组织层次可以删除。德鲁克的"扁平化结构"思想影响了公共管理学界,成为 20 世纪组织变革的动力之一。参见[美]彼得·德鲁克:《后资本主义社会》,傅振焜译,东方出版社 2009 年版,第 17 页。

构中,金字塔底部的社会成员,需要逐层向上反映自己对权力的诉求;在网络结构中,处于网络边缘的社会成员,寻找最短的路径,直接向网络中心节点反映自己对权力的诉求。社会治理实践中,这个挑战表现为越级信访增加。传统科层金字塔演变为"上下"和"左右"交织在一起的网络化结构时,这种结构性的改变影响决策形式和决策过程。权力分散化带来多中心格局,科层制的治理结构中,"上下"之间的互动最重要,其他的互动可以忽略;网络型的治理结构中,"左右"之间的互动和"上下"之间的互动一样重要。权力均等化趋势催生多层级自主性,垂直集中决策已不足以应对普遍化的水平互动,决策的商议过程逐步取代单一的行政命令。网络结构中各成员存在正向的互相激励,也存在负向的互相掣肘。在国家治理涉及经济社会的诸多领域,需要吸纳多元力量的参与,通过社会成员的协作提升协同水平。网络成员之间互相依赖增强,适应动态变化间接控制的挑战,社会力量的协作达到空前高度,才能解决复杂矛盾。全球化发展解除市场壁垒,信息网络的兴起消解了社会成员之间许多固有的疆界,社会治理中的"跨界"主要体现在围观、评论、监督的广泛性。当社会治理结构转变为复杂范式以后,社会治理结构可以认为是由节点(社会成员)和关系(人际联系)构成的网络,呈现非线性关系,人际关系网络的两种类型是无尺度网络和有尺度网络,具有信息交流的人际网络一般是无尺度网络,在无尺度网络上发生的社会现象遵循幂律规则,即 80/20 原则。有效的社会治理结构,能够有效地处置突发事件和危机事件。在一个无尺度的社会网络中,突发事件或危机事件,符合两个幂律规则,即 80% 的社会治理事件属良性和沟通处理范畴;80% 的社会治理事件发生在社会网络的边缘,即社会基层,两个幂律定律,阐释了基层治理是社会治理的关键,与基层日常生活相关,处于社会治理资源和比重有限的末梢,是相对容易参与、也容易有效治理的领域。网络化的治理结构催生双向互动,能把信息化带来的挑战,转变为新型的社会治理机制,包括职能部门开通政务微博、社会公共政策征求网络意见、通过网络对焦点事件进行监督等。复杂范式的社会治理,以网络化结构为组织运转基础,重视对环境的适应性功能,通过分权化和学习进程协作,采用创造性的方法和创新型路径进行协同,克服异常冲突和综合性矛盾。构建良性社会治理秩序,信息时代面对复杂问题背景下,多中心治理、多层级治理、多维度治理的整体性社会治理结构是雄安新区城市协同发展的道路。中国城市化浪潮是在理论不足的情况下勃兴的,城市建设是综合性、长期性和系统性工程,只有城市科学指导城市化才能够减少和避免弯路。

从现代文明的观点来看,决定一个城市的地位或者说品位的最重要指标,是其可以为聚居于此的人们提供什么样的公共设施、公共服务、公民权利义务上演的平台以及城市人口精神与心理舒展的理性空间。支撑这个平台和空间的是制度、是法律、是围绕法的精神展开的具体生活。法治是跨越时空界限的共同城市精神,是所有世界城市治理建设的选择。法治城市是现代化国家的重要组成单元,基本含义是指在城市实行依法治理,确立法律在城市社会调整体系中的核心地位,实现法律对城市社会关系的全面调整和控制。创建法治城市是贯彻依法治国方略的基本要求,是实现城市科学发展的根本保障,是建设品质之城的重要指标,是加强和创新社会治理的内在需要,是依法行政公正司法的客观要求。法治城市是理想社会状态,是在法律文化基础上的良好法律制度,覆盖整个社会经济、政治、文化和社会各领域并保持理性运行富有城市地方特色的社会文明状态。

城市空间是国家地理的重要组成部分,因而优化城市治理结构是完善国家治理体系的重要一环,强化城市治理能力是提升国家治理能力的重要组成。城市权力结构和城市治理结构的论域在 20 世纪 90 年代转向探讨城市治理,两大论域实现融合。权力观和城市治理理论之间的联系,是建立集权政府的传统区域主义和倡导引入市场竞争机制的城市公共选择理论,秉持社会控制模式的权力观。政治权威有效论认为,凭借自上而下的行政命令,政府可以有效地治理城市;市场治理有效论认为,凭借价格的指示功能,资本可以自发地调节利益关系并实现均衡,但政府失灵和市场失灵的潜在风险,决定单独依靠政府或市场都不能有效地实现城市治理。政府、市场和社会既存在竞争,也存在合作,关键在于建立扩大合作、引导竞争的保障机制。社会生产模式的权力观和新区域主义认为,实现经济发展和社会治理需要市场组织和社会力量的广泛参与,即社会控制模式的权力观,认为在资源高度分散的现代社会,为促进经济发展、实现城市治理,政府、市场和社会有必要建立非正式合作关系。雄安驱动下下的法治城市建设,首先,树立整体性治理,塑造法治城市的法治精神;其次,增强法治权重,有立法权的市坚持科学立法、民主立法,建立完善的与国家法律法规相配套的地方性法规,使城市工作有法可依,法治城市要求法治政府,政府法治,才有可能实现城市法治化;第三,结合当地实际,建立和完善法治指数等法治指标评估体系,将依法治理的内容具体化和量化,增强可操作性,让法治真正内化于市民的日常生活,成为城市的基本素养和市民的生活方式,以法治惠民促进发展成果群众共享。法治城市建设是法治国家、法治政府、法治社会有效推进的基石。

第二章　城市规划法学的理论与实践

一、城市规划

（一）城市规划的法学内容

城市规划纳入法律框架，与社会、经济、政治、技术和生态环境结合，是现代城市规划的核心。现代城市规划是法治的规划，法律是城市规划发展的重要来源。在城市规划的理论知识、观念体系、思维模式与行为配置等方面，建构法学框架。城市规划法治化体现为规划法规体系、规划编制法治化与规划治理法治化。立法使城市规划及执行法定化、制度化和规范化，城市规划建立在法理权威基础上，城市规划所代表的合法利益获得保障，也避免城市力量的冲突与重组，给既定的城市规划带来的影响。改革进程中，城市化高速发展的同时，城市规划也发生制度性发展，形成以《中华人民共和国城乡规划法》（以下简称《城乡规划法》）为核心的城市规划法法律体系。对城市规划法发展的理解，不仅是法律、法规的制定这个形式标准，更需要对其产生、演变机制及过程进行实质性判断。城市规划理论及实践中，规划法存在实施和适用的难题，具有"宣言法"的性质，规划法律体系与城市发展和建设的要求存在距离。城市建设活动与城市规划立法目的中，以城市规划进行控制和管理的要求之间发生了悖离，包含两个层面的问题，一是法条本身缺少实质的城市规划法所具有的功能，二是即使存在城市规划法实质功能的法律规范，并不意味着转变为行动中的法①。因此，对我国城市规划法基本状况认知的重点不是在于是否

---

① 李冷烨：《城市规划法的产生及其机制研究——以德国和美国为中心的标志性考察》，上海交通大学 2011 年博士学位论文。

有名为"城市规划"的法律、法规的制定法形式标准,更需要关注实质意义上的城市规划法治运行状况及效能。

　　城市规划不仅是专业行为,更是社会行动。城市规划在建立理论与实践、事实与价值之间的联系过程中,其专业价值系统必然会与政治、法律发生关联。快速城市化的进程,是人口和产业重心集中到城市的过程,城市土地等资源成为社会转型中利益重新分配的核心领域,核心在于这一过程中资源使用上的秩序和规范,协调公共利益和个人权利之间、个人权利之间的关系。对城市规划法律以立法关注为出发点,重点在制度本身的建设。但如果将关注仅仅限于当前制度和理论本身,缺乏从整体发展过程、城市规划法之外的总体法治环境和发展阶段考虑,缺乏对于制度和社会需求、制度发展的功能变化、理论和实践之间的互动等,立法可能成为机械的移植。例如城市群发展的进程改变了城市土地的使用方式,人口相对密集的城市,不同用途、性质和规模的土地使用区分度很大,对公共设施有着更高的要求。原有的法律制度在新的社会环境下呈现出新的问题,土地使用范围及方式成为城市权益冲突的原因,国家功能变化,法律规定需要调整,需要针对土地权利的界限与公共限制。

　　城市规划法学是对城市规划行为过程本身的认识,是一种本体研究,即将其作为对一种社会活动或者通过法律的治理现象考察,并不需要特别关注这一行为所处理的具体内容和对象,而是集中在对行为本身的解释上,并希望找到一种规范性的描述。这一研究的经验和实证基础是城市规划的事实经历。城市规划不应只是被简化为一项处理空间的技术,成为方便政府治理的设施,而应当在社会治理的层面找到基础,社会活动和制度建构的共同作用为城市规划提供了政治与法学基础,需要在相对封闭的城市规划理论体系与相对开放的城市规划社会活动之间建立对应关系,城市规划在制度层面为实现治理法治化提供了实践场所,在制度化框架下,价值取向影响着人们提出问题的顺序、研究的逻辑起点及解决问题的方法,而从根本上来说价值取向决定于主体的法治态度。鉴于主体价值、行为规范和学科严谨的需要,需要明确法治是城市规划行为过程的基本内涵。人们往往将城市规划专业活动视作城市规划的唯一内容,将广泛参与下的城市规划视作城市规划与社会其他活动之间的互动,在城市规划专业实践与城市规划社会活动之间做了不必要的分立。城市规划并非是脱离政治和意识形态而存在的,它是以完成治理者对社会进行秩序规范、赋权及约束为目标的。政治逻辑、法治逻辑、商业逻辑、行政逻辑和治理逻辑在城市规划领域实现高度的契合,促使现代城市规划成为治理与调整社会关系的政策工具。不管城市规划的专业实践在"技术诠释政治"上如何有所作为,城市规划既不能代替政治也不能抛开治理。能够很好地将城市规划全部过程纳入研究视线的,是基于治理视角的城市规划观。城市规划之所以被看作是一个治理过程,是因为它反映了错综复杂的权利与权力网络,以及在这一网络中普遍存在的策略妥协、协商交换。从治理的工具到运行过程、提供对话和表达的平台和渠道,城市规划作用的加强体现在治理能动性和对治理权力的运用、治理过程中权利义务关系平衡与配置过程中。

对公共利益的维护构成了城市规划的合法性和价值基础。事实上,城市规划是一个选择价值、维护价值、分配价值的治理过程,因而法治治理的特征体现在城市规划思想和城市规划的运行架构中,直接决定处理社会关系、政治关系和经济关系的方法和实施的效果。例如城市土地的利用,需要承担的社会责任、法律上的意义等,概括而言即法律为了城市公共利益的建立,以及维护公共秩序,要求土地使用接受由此产生的限制。土地使用需要与公共设施、公共福利的供给相匹配,以及各块土地使用之间的相互协调,直接影响公共利益和公共秩序的形成及变化。就此而言,城市规划的合法性问题,不是一项私权利问题,而是涉及共同体成员、具有明显公共特征的问题。城市社会生活越来越依赖于国家的积极活动,尤其是更加依赖于国家提供的公共产品和服务,这种需求的增加也决定了国家对于社会生活干预的加大。在土地问题上体现为,土地的开发尽可能满足公众对于公共设施增长的需求,因此需要治理过程中,为实现公共设施的充分供给,对土地使用权力进行规范和限制。例如,根据土地使用的情况规划道路、公园、广场、游乐场等公共设施,划定公共设施土地,提供土地保留和征收依据;根据现有公共设施的状况,对土地开发的时间节点进行规划,从公共设施的供给侧和需求侧两个方面,解决开发和公共使用之间的矛盾,维护土地在城市化条件下的公共利益。

　　城市规划过程是权利的表达,对权利关系的调整,构成了城市规划过程的实质性内容,得到利益相关的广大市民支持,城市规划权威才能持续存在,社会成员的接受广度及程度,是这一权威的形成过程,城市规划也因此具有公共特性,并能够在一定程度上承担社会教化的功能,使公众认识到社会的价值以及通过什么样的途径、方式有效表达,在共同规范的形成中发挥效用。从获得合法性的角度看,制度规范的城市规划,在政治上获得合法性,专业规范的城市规划,则在专业理性上获得合法性;专业权威的获得根本上依附于制度化的政治合法性,即城市规划的本源来自它的治理动力及能力。公共利益在复杂的利益整合过程中得以实现,治理法治化过程本身为城市社会公共利益的形成确立基础。城市规划专业实践不具有整合社会价值的作用,作为法律制度安排的城市规划才具有分配和整合价值的治理功能。公共利益的治理作用远甚于现实作用,城市规划过程本身是寻求社会公共价值的过程,为共同体成员提供寻求公共价值的渠道,这项公共价值既是社会价值的一个组成部分,也是社会价值在规划领域的具体体现。

　　城市规划过程划可以分为获得信息、认识、决策和执行四个步骤,以上步骤又可以合并为两个阶段:第一是城市规划决策阶段,通过治理行动和沟通产生共同遵循的法益原则、行为规范和刚性拘束力;第二是城市规划实施阶段,通过行政管理和法治互动执行规划决策,实施行为,促成决策目标的实现。城市规划治理法治化过程及整体制度的推进,显示城市规划法在形成过程中关注的公共福利问题,以及规划以构建为主形成的给付功能,最终以制定法的形式确认公共利益和公共秩序,并且在现代法治的框架下,对权力形成一定的约束,实质意义上的城市规划法,产生于土地使用中法律所划定的建设自由以及土地使用权利的行使问题,城市化过程中的权益冲突,催生实现公共福利或公共目的的私权平衡,重塑法律限制与权利或自由之间的关系,设置新的公共秩序,公共性目的转化为法律要求和法治形式,在国家建构与社会力量推动下形成城市规划法律体系。财产权利和国家任务都发生深刻变化,无论是财产权社会性义务还是动态财产价值的强调,都代表财富作为市民社会权利的载体在法律上的出现。财产权的社会义务,强调财产和人的关系不仅仅是所有者和物之间的民事关系,还包含所有者和社会福利与物之间的关系。因此,社会福利要求对财产权形成必要的限制,并保障这种限制的正当性。城市规划法治的重要特征,就是形成对土地使用不均等的限制。计划经济体制下,我国城市规划作为项目建设的具体命令,依附建设项目对土地利用发生作用。改革开放之后,城市规划针对出让方式获得使用权的土地,转变为依据土地用途、容积率、建设密度等指标控制式规划。目前,城市规划针对有偿出让方式获得使用权的土地,已经部分转向为限制,有偿获得土地使用权转变为由法律保障的"招、拍、挂"公开竞价出让方式,土地使用权的受让者不确定,土地上的建设项目相应也是不确定的。《中华人民共和国物权法》(以下简称《物权法》)要求包括"工业经营性用地"在内的经营性用地以及同一土地有两个以上意向用地者的,应当采取招标、拍卖等公开竞价的方式;根据《城乡规划法》第38、39、40条的规定,以出让方式获得国有土地使用权经过以下涉及城市规划的程序为,编制控制性详细规划、根据控制性详细规划提出出让地块规划条件、签订包含规划条件的出让合同、领取建设用地规划许可证、符合控制性详细规划和规划条件者获得建设工程规划许可证。城市规划(控制性详细规划)编制脱离具体的拟建项目,不再随项目落地而形成拟建项目土地使用的控制,而是成为独立的对于未来不确定土地使用的规制。因此,城市规划在以出让方式取得国有土地使用权的土地上,基本形成对于未来土地使用的涉地的限制。从规范层面看,以划拨方式获得土地使用权的,部分仍然需要国家的批准和审核的前置要求,批准和审核之前需要进行选址意见书的审批。使用权划拨的土地上,仍然存在由选址、布局和设计构成的项目建设式规划。这种围绕项目建设对土地形成的附随规制的规划模式,直到今天仍然是我国的土地开发和城市建设的主要类型。可见,在我国形式上统称的城市规划的实质上已经发生分化,围绕项目建设编制规划继而对拟建项目选址土地使用的产生限制与无涉于确定项目对于未来土地使用的规划限制并存的状态。因此,比照前文归结的城市规划法产生的标志看,基于实现公共福利或私权平衡等公共性目的,我国城市规划部分已经形成了对于未来土地使用的限制。

一般而言,城市规划不仅以法律形式明确规定规划限制的具体内容,同时,设置规划程序对规划行政权的行使及边界进行调整,即由法律决定和主导土地使用及其承载的权利义务关系①,相比之下,虽然《城乡规划法》有关于城市规划编制和审批的规定,但依然主要是行政层级的控制和调整,《城乡规划法》在关于审批的行政内部层级要求上作了小幅修改,但经同级人大或其常务委员会审查同意的程序却未保留,这使得规划权在审批环节的限制被更加限定在行政内部控制之中,并且相对于具体严格的层级上的程序性要求,对于如何审批和同意则是没有内容上实质性的规定。虽然系列规范使规划法中详细规划的内容明确和具体化,但也反映了内容的不确定和程序的随意,以部门规章甚至通知、意见的形式即可增减规划内容,法律设定规划对土地使用的限制内容不甚明晰,甚至取决于规划行政,行政裁量的幅度和界限不清,土地使用规划限制的法律约束不足。《城乡规划法》在法律层面明确了来自外部的规划权控制即规划制定中的公众参与程序,但该规定属于相对原则,停留在象征性参与的层次,可操作性有待提高。当然,我国城市规划从对拟建项目土地使用的命令部分转变成为未来土地使用的限制,同时不限于危险防止的公共性目的的存在和扩展,规划限制的内容和制约也逐渐得到法律的确认,城市规划法律体系从形式意义向实质意义转变。

　　城市规划决策及过程,契合在城市利益和权力的竞技场中,决策分析通过提高政府获取信息的质量,受价值观、制度、规则和政策偏好的影响,决策分析的目的兼具意见一致以及对城市利益的分配,达到改善治理的目的。不能忽视非正式规则对城市规划决策过程的影响,例如以城市其他领域的决策权换取对空间资源分配的影响,这种交换更多是通过非正式合作实现,遵循利益交换原则,体现决策参与者的宏观调控和治理协调能力。明智的政策分析常常将决策分解成是有步骤和衔接的连续过程,以决策韧性影响和治理社会,而不仅仅是决策本身,讨价还价、协商与合作是城市规划治理的核心,城市规划的参与过程成为利益协商和分配的过程,城市规划不仅仅限于对城市的空间利益分配,更涉及广泛的其他社会领域的利益分配,城市规划不再只是专业领域的活动,而成为社会性的治理活动。

---

　　①　例如德国《建筑线法》中规定的异议程序,美国《标准州规划授权法》为代表的州授权法,对区划委员会的区划准备程序和市镇的区划条例,必须制定程序规范。另外,德国行政法院审查和美国的司法审查制度均在司法程序上形成整体规划法律体系上对行政权的约束保障。

（二）城市规划的权利义务关系

城市规划是对一定时期内城市的经济和社会发展、土地、空间布局以及各项建设的综合部署具体安排和实施管理①。各项规划类行政许可是落实城市规划的重要环节。目前多数城市规划行政主管部门向社会公布的"权责清单"，涉及城市规划许可的行政行为，总体来说包括规划选址许可、建设用地规划许可、建设工程规划许可和规划验收许可几类。

城市规划执行过程包括政策过程的延续和对实施行为的管理两部分内容。城市规划行政许可作为对专业设计理念上的城市规划的实施和管理手段，贯穿整个建设项目过程，根据现行法律、法规的规定，如果建设项目需要有关部门批准或者核准，选址在城市、镇规划区内，用地为行政划拨，需要申请领取选址意见书。其中"需要有关部门批准或核准的建设项目"主要指列入《国务院关于投资体制改革的决定》中事关国计民生的重大建设项目，按照《土地管理法》第五十四条的规定，此类项目通常为国家机关和军事设施，城市基础设施和公益事业设施，国家重点扶持的能源、交通、水利等基础设施。这些项目涉及公共利益，投资较大，建设方一般为国家机关和事业单位。

为了从规划上对建设项目加以引导和控制，充分合理利用现有土地资源，避免各自为政，无序建设，同时为项目审批或核准提供依据，在建设项目可行性研究阶段，项目审批或核准之前，需要规划主管部门核发建设项目选址意见书。根据1998年原住建部发布的《城市规划基本术语标准》（GB/T50280-98）中的"选址意见书"（permission notes for location）指"城市规划行政主管部门依法核发的有关建设项目的选址和布局的法律凭证"。建设项目选址意见书内容通常包括申请单位、项目名称、用地位置、建设用地和附道路用地、绿化用地面积、土地用途、建设规模、用地范围坐标及附图等。

规划行政主管部门核发的意见书上载明，本选址意见书是城市规划行政主管部门安排具体建设项目用地位置及规模的初步意见，供土地、发改和环保部门办理用地预审、项目可行性和环境影响审批等用，不作为土地所有权、使

---

① 安建:《中华人民共和国城乡规划法释义》，法律出版社2007年版，第34页。

用权等权利的凭证,仅供申请单位办理建设项目审批等前期工作使用。有效期通常为一年,意见书中的地块并不一定是项目最终的划拨用地,有可能会另行选址。如果建设项目用地是通过公开出让所得,就无须申请选址意见书,按照《城乡规划法》,通过有偿出让方式取得土地使用权的,出让地块必须附具规划主管部门根据控制性详细规划提出的规划条件①,规划条件要明确规定出让地块的面积、使用性质、建设强度、基础设施、公共设施的配置原则等相关要求。因此,通过有偿出让方式取得土地使用权的建设项目本身就具有与城乡规划相符的明确的建设地点和建设条件,不再需要城乡规划主管部门进行建设地址的选择或确认。对于划拨用地项目,建设单位在项目获批并取得划拨用地书后,方可持包括选址意见书在内的文件向规划主管部门申请建设用地规划许可,该部门根据控制性详细规划核定建设用地的位置、面积、建设范围等,核发建设用地规划许可证,确认准备划拨的地块可以进行怎样的建设活动,之后才可申请划拨用地;对于出让项目,则是在出让合同签订后,土地使用权人持建设项目的批准文件和合同,向规划主管部门领取建设用地规划许可证。《城市规划基本术语标准》中将"建设用地规划许可证"(land use permit)定义为"经城市规划行政主管部门依法确认其建设项目位置和用地范围的法律凭证",该项行政许可的重点在于授予行政相对人在具体地块进行一定规模建设的权利和义务;将"建设工程规划许可证"(building permit)定义为"城市规划行政主管部门依法核发的有关建设工程的法律凭证",该项行政许可是授予行政相对人按照具体的工程规划设计进行建设的权利和义务。

城市规划公共行政包括对政策实施过程的协调和管制,是城市政府管理地方的手段。维护公共利益这一问题上,政府所提供的公共服务更多地依赖于市场,城市规划公共行政与社会力量共同对城市社会和空间环境管理的过程即是城市规划领域的治理过程,不以个人利益对侵犯公共利益或权威对社会生活的侵害为代价。学者们称这种政治和行政的结合为"建立在治理和善治理论(Governance Paradigm)范式基础上的公共行政",这种公共行政提供了

---

① 城乡规划法要点解答编写组:《城乡规划法要点解答》,法律出版社 2007 年版,第 77 页。

一种谈判的逻辑,各方通过谈判实现共同产品,这一共同产品可能是一项规划(Plan)、一项集体行动战略或公共政策某个问题的解决方案。作为专业实践的城市规划与作为社会活动的城市规划,是两种不同的本体感受,以此为业或与以此为利益表达途径,反映了城市规划复杂的社会特征。由城市规划研究者形成的群体,有可能成为城市规划共同体过程中的利益集团(Purposive Group),并不完全以物质和经济收益为追求。城市规划理论与实践之间存在的裂隙,很多情况下并不是理论不能指导实践,而是理论建构过程脱离了实践,理论研究者不是组织工作中的一部分,同时实践者也未契合理论建构过程中。因此,为了在城市规划理论与实践之间构筑具体的、历史的理解,对城市规划理论与实践的探讨,可以归结为对城市规划法治的探讨。

城市规划是一个以公共为取向的社会活动。城市规划的参与者以组织和单位为主,并不依赖广泛的个体参与。在城市规划政治过程中,起决定性作用的组织是以地方政府行政机关为主导的政府公共组织,它是控制和解决城市空间矛盾的重要机构,也是各种利益关系,尤其是围绕着城市空间资源所展开的各种利益关系冲突与协调的产物。由于与城市规划的政治过程对应的是一个边界非常模糊的、有很多权力分享者的决策网络,因此,通过代理机构参与和组织化参与是最有效和最规范的行动方式。我国城市规划政治过程中的组织受到政治——行政双重网络的控制,即以政府为中心形成的政治关系网络和以执政党为中心形成的政治关系网络,两大政治关系网络相互交错,这种组织关系模式被称为"政府政治模型"。城市规划政治过程中的组织性团体有三大类:政府公共组织、企业市场组织和非政府公共组织。政府公共组织又分为两类:一类是直接参与的政府公共组织,包括地方政府(包括立法和司法机构的广义组织)、地方政府行政机关(主管城市规划的和利益相关的机构)、地方政府一级的党组织;另一类是影响性参与的政府公共组织,包括上一级政府、上一级政府行政机关(主管城市规划和相关机构)、下一级政府、下一级政府行政机关(主管城市规划的和利益相关的机构)等。非政府公共组织主要有事业单位、社会团体和自治性社区组织。"交易的制度性成本"反映了在城市规划的政治过程中各种类型的组织之间权利不对等和资源互赖性特征。以城市空间和土地资源为载体获得财富的企业市场组织虽然被称为"利益集团"。当前语境下,事实上并不存在政治学规范意义上的利益集团,类似利益集团这样的概念,仅被视为学术研究的规范分析因素而存在。

　　不论城市规划政治过程中的结构化关系如何在组织或群体之间建立,个体的参与仍是最基本的构成。参与城市规划过程常常带有自身的社会属性,感受和偏好决定行为特征。在组织背景、职业背景和自身的社会背景这三个因素的作用下,个体由于在政治环境、文化背景、知识结构、理论素养、专业技能和心理素养等方面不同,形成不同的角色认知和行为模式。城市规划政治过程中典型的个体模型是经济人,基于组织背景的要求,在必要的场合和问题上表现为行政人;在需要维护他人利益或者公共利益的时候,成为具有利益偏好和立场的政治人,扮演价值承载者的角色,代表一定的利益和价值取向。城市规划过程的参与者都存在有作为组织成员的角色认知与作为社会生活的角色认知之间的冲突。城市规划职业化对于个人的强调与制度对于职位的强调,增加个体的角色冲突感,即不仅在职业角色上要回答怎么做的问题,而且在制度角色上要回答做什么的问题,而这两个问题有着本质的区别。城市规划来源于政府行为,城市规划是不断适应制度的结果,城市规划的价值受到制度环境的影响。政府有广义和狭义之分,作为执行机构的政府是其狭义概念,包括立法、司法、政党等内涵在内的政府是其广义概念。城市规划理论与实践在行政层面的统一。城市规划理论与实践的双向互动,客观上使城市规划专业超越技术并对实践后果进行反思。理想的理论建构是理论研究和实践合作完成的,由不同角色认知过程产生。理论涉及对实践的新认识,理论源自不同的原始假设,这些假设涉及对于国家和社会关系、人与社会关系,以及人本身属性的不同界定,法学对城市规划理论研究的影响,分为制度构建层面、组织和个体层面两方面。城市规划制度构建目的,是将国家层面的政策目标具体化,对规划目标进行分解,反映在阶段性目标中和依据空间对事权和责任的划分。社会权力分配并不是城市规划的直接目标,但权力分配常常是城市规划过程的间接结果;法学对城市规划组织和个体行为的影响,在于组织目标、个体目标与城市公共利益之间的关系,组织行为与个体行为的契合在于参与的广泛性,人们对社会生活产生影响,追求公共目的的过程也是权利诉求与表达的参与过程,不局限于授权模式中的参与,还包括对应为行为的讨论的意见和见解,保障信息对称,提高参与效率等问题需要从程序和法律上明确。

二、整体性治理视角下的城市规划

(一)城市整体性治理

整体性治理理论和实践,是为解决竞争性治理所面对的政府部门功能和服务的碎片化问题①。整体性治理理论是英国学者佩里·希克斯提出,是对20世纪初传统科层制政府以功能为导向,导致政府职能重复分散的批判。强调以公民需求为治理导向,以信息技术为治理手段,以协调、整合、责任为治理机制,跨越组织功能边界,在政策、规章、服务、监督四个方面,对治理层级、功能、公私部门关系及信息系统等碎片化现象进行协调与整合,提倡整体政府②建设实践,在不改变现有管辖边界或不设立新的"超级机构"的情况下,通过协调或整合现有各自独立组织或机构的行动,从分散走向集中,从部分走向整体,从破碎走向整合,为公众提供无缝隙、非分离的整体性服务,充分体现国家治理的包容性、整合性。对于推进城市治理体系和治理能力现代化,具有一定借鉴意义。

治理主体以整合、协调两种方式进行协同。治理主体的整合在政府架构及政府运作层面的表现是,一方面,将分散的专业化组织整合成集中的整体性组织,政府组织与其他组织建立良好合作伙伴关系;另一方面,以"公共道德"

---

①　20世纪70年代中期以来,针对传统官僚制结构僵化及公共服务供给效率低下的弊端,西方国家先后开展以"政府再造"为主要内容、以分权化和市场化以及民营化为工具的"新公共管理运动",然而"新公共管理"在推进政府治理模式变革同时,暴露出不少缺陷。传统科层制的不足、对新公共管理运动的反思以及信息技术带来的数字时代的来临和网络型社会的崛起,是整体性治理理论产生的时代背景。

②　澳大利亚是最早响应整体性治理的英联邦国家,通过引入整体性治理理论,发挥信息技术作用,打造整体政府。《澳大利亚联合政府报告》中对整体政府的定义是:横向上,对国家安全、科学、统计、环境、区域发展、就业等领域进行革新,实现组织间跨部门合作;纵向上,行政领域主导地位,实行统一财政管理体制。澳大利亚整体政府实践,体现为政府内部建立伙伴关系,整合自身资源;对外建立协同关系,拉近与服务对象之间的距离;建立中央链接(Centre link),同一系统集结多种社会服务项目,提供一站式服务。

和"凝聚文化"建设促进政府部门之间的合作。治理主体的协调则在社会沟通及利益层面进行：一方面，运用跨部门沟通的方式与机制，促进各个部门之间良性互动；另一方面，协调各部门之间的利益关系，减少组织间冲突，为跨部门合作奠定基础。以合作管理模式实现政府有效管理的目标，是整体政府建设的重要内容。合作管理模式要求在政府部门之间、政府与社会组织之间建立合作关系和责任共担机制，共同面对问题、分析对策，协商解决问题，提供社会服务①。整体政府建设，实际上是新公共管理向整体性治理的转向②。确认协调问题是公共部门绩效低下的硬伤，并解决政府部门"碎片化"问题，主要内容包括，排除相互冲突甚至有破坏性的政策环境；联合使用资源、实现成果共享；促进同一政策领域中不同利益主体之间协调、协作；为公民提供无缝隙服务。整体政府建设很大程度上依赖信息技术发展，信息网络技术的支持，是政府整合的前提。整体政府建设强调治理主体的整合与协调，推进各个公共管理主体协同合作。

整体性治理的基本特征有，强调政府功能的整体性、以公民需求为基本理念、强调治理责任的重要性。整体性治理的目的，是使政府各部门之间、不同层级的政府之间能够协调统一，强调政府组织体系整体运作过程中的整合性与协调性；整体性治理立足有效回应公民的合理需求，以社会治理问题为导向，形成良性社会治理结构，优化政府职能，整合政府部门，解决社会公共问题，治理目标下行，回应公共服务需求，解决民生问题；整体性治理将政府价值落实在政府的责任而不仅仅是绩效。政府对结果负责的有效性处于最高地

---

①　2010年，澳大利亚政府签署《全国性协议——携手合作》，明确政府与社会组织协同合作原则和各自责任，立足该协议建立多角度、多方位、多领域的全面协作框架，共促社会、文化、公民、经济、环境大发展。澳大利亚把政府公共部门与私人企业、社会组织的合作作为外部动力，推动政府内部改革。政府向社会放权，给予社会组织和团体更多权利和机会参与政府管理，在公共服务、环境保护、社会治理、市场监管、网络监管等各个方面，推动政府改革创新，促进政府职能有效实现。

②　新公共管理引入竞争机制的同时，忽视了部门之间的合作、协调，造成"碎片化"的制度结构；同时，政策制定不能充分考虑公共服务具体运行环境，导致执行缺陷。尽管新公共管理改革能部分解决部门间利益冲突、职能重叠、各自为政等问题，但从整体政府建设各环节看，忽视跨部门信息共享与协同，很难达到整体性治理预期目标。整体政府建设需要信息网络技术搭建政府管理服务平台、改善政府内部业务流程。

位,评价实现责任有效性的标准是政府输出的公共产品,确保程序和效率与这一目标一致,强调公共利益和政府的责任导向,在政府运行机制上,以整合为主,强调治理主体的整体性,形成治理层级、功能的整合。培养政府的治理意识,以结果为导向来保证政府对城市治理负责。面对由于分权带来的政府碎片化及治理结构的混乱,整体性治理为政府改革提供新的视角和启示。从结构角度上,整体性治理是对政府的运作进行有意识的组织设计和结构优化,以实现组织更好的合作,更好地实现组织目标;从制度合法性上,我国的单一制政体,要求地方各层级的政府要和中央政府保持一致,需要整体性政府以及推进整体性治理;作为治理理念和实践,整体性治理为实现良法善治的实施,提供理论支撑。适应国家治理主体多元化要求,协同治理,加强政府部门间协调合作,发挥社会组织、公民个人在治理中的积极作用,形成治理多元主体协同合力。坚持党在多元主体协同治理中的领导核心地位是前提和根本;回应协同治理主体多元诉求。公众利益诉求充分表达,是决策的重要基础;厘清协同治理主体责任边界是要求。协同治理主体包括政府、企业、社会组织、公众等方面。对政府而言,治理过程是政府的"管理"与"服务"并重的转变过程;对非政府部门而言,治理是被动管理到主动参与的过程。信息技术条件下的协同治理,需要重构治理主体之间的新型合作关系,完善多方协同治理机制,实现协同治理的制度保障。政府对社会组织是积极培育与依法监管的平衡,为各类社会组织提供公平准入的机会。社会组织优先在社会领域发挥作用,满足政府职能难以有效覆盖的具体、特殊社会需求。从制度、体制、机制方面拓展多元主体协同治理参与国家治理渠道,拓宽协同治理参与渠道,推进协同治理有序进行。构建协同治理长效机制。协同治理强调多元主体参与、共识导向、协商决策、跨域跨部门合作,尤其强调治理过程中政府与社会组织的协同,形成党委领导、政府负责、社会协同、公众参与、法治保障的多元参与、协商治理长效机制。将协同治理纳入制度化轨道,在各种具体公共事务管理与公共服务制度安排中体现协同治理理念,健全协同治理运行机制,规范协同治理运行方式。

技术信息化角度看,整体政府又可称为网络政府,是以信息网络技术为支撑的政府形态。缺失信息技术而仅实施行政管理体制改革,难以实现政府整合目标①。结合城市治理实际,在推进治理体系和治理能力现代化过程中,适应信息时代社会发展规律,以信息化治理为动力,建立全面覆盖、联通共享、动态跟踪的统一治理信息系统,实现对治理信息的锁定、跟踪、分析、整合、存储,提高治理的科学性、有效性;发挥电子政务对城市治理的促进作用。建立高效的电子政务统筹协调机制,制定电子政务管理办法,涵盖建设、应用、管理、评价的全流程闭环体系。健全公共基础信息资源共享机制,消除信息壁垒,畅通沟通渠道,辅助科学决策,公开权力清单和运行流程,对行政事项运行的权限、条件、方式、程序、时限实现全流程电子化监管,使监管更加透明、更有针对性。运用大数据分析的规律性结论,形成系统完备、科学规范、运行有效的制度体系,保障治理的科学性、战略性、长远性、系统性、有效性原则,提高治理决策的民主化、科学化②。整个公共机构或部门中,由于各部、委与执行部门(局)缺乏合作的决策机制,陷入了碎片化治理的困境。整体性治理则依托信息技术的优势,通过建立一个跨部门的把整个治理机构联合和整合起来的治理结构。克了政府机构、组织内部的部门主义倾向以及各自为政的弊端,又调整社会与市场的横向关系,并可以充分发挥政府战略协作和统筹服务的功能与作用,构建起一种政府与市场、社会通力合作的运转协调的治理网络。整体性治理修正了新公共管理所倡导的过度分权导致的多头等级结构的弊端,提倡综合的组织结构及其体制机制,将其建立在官僚制等级和分工的基础之上,强化了中央政府对政策过程的调控能力,为跨部门联系、协调与合作,提供便利条件。

　　整体性治理策略框架与城市政府跨部门、跨层级公共事务治理具有高度契合性。随着城市化进程加快和纵深推进,城市居民对于美好生活的需求、公共服务的数量需求和质量要求俱增。城市各级政府及其所属部门的

----

　　①　澳大利亚、新西兰整体政府建设强调信息技术的运用,利用信息数据库,掌握全面整体信息,优化政府决策,提高公共服务质量。澳大利亚借鉴英、美、加等国实践经验,在法制建设、组织结构、标准设定、能力发展等方面,走出了一条独具特色的以信息化推进整体政府建设的路子。为了鼓励、支持政府各部门在提高效率、效力的创新模式中共享知识、技能、资源,澳大利亚政府建设整体政府跨部门信息管理服务平台,适应了国家治理信息化要求。据《联合国电子政务调查报告》,2016年澳大利亚、新西兰电子政务发展指数分别居全球第二位、第八位,利用信息技术提供公共服务的意愿与能力居世界前列。

　　②　史云贵、周荃:《整体性治理:梳理、反思与趋势》,《天津行政学院学报》2014年第5期。

公共服务供给及其有效性,超越原有各级政府及其部门职责和能力的范围,多种跨地区、跨部门的公共服务供给问题交叠丛生,需要调整政府间关系,探究如何"按照传统的自上而下的层级结构建立纵向的权力线,并根据新兴的各种网络建立起横向的行动线"①,在具体公共服务领域建立协作与协同关系。

整体性治理以问题导向、问题解决为核心,目的是减少不同政策之间、不同服务项目之间的冲突或重叠,实现资源为城市公众的有效服务。打通城市各级政府及其部门的公共服务职责边界,解决城市政府公共服务职责和供给碎片化或缺位、以碎片化供给回应碎片化需求等问题②,改善无序及低质量的公共服务供给。整体性治理需要克服的不是专业化而是碎片化,碎片化难以实现公共服务的有效供给,而且可能导致公共服务供给的空间非正义性。走出碎片化的困境和改变城市现行公共服务供给方式,需要加强治理主体、责任主体之间的协调与有机整合。构成城市政府公共服务的治理理念、组织结构、运行机制和技术系统的整体性治理框架,包括政府组织结构的联合、政府组织运行机制的整合,也包括制度方面政府体制、法律规范的内容、文化和价值的形成。使城市治理从传统以部门和行政区为导向,转变为以公共服务问题和资源为导向。推动城市政府间的公共服务职责明确及合理分工,实现城市整体资源的优化配置、社会效益最大化。

(二)城市群区域规划整体性治理

区域有两个基本含义,一是指土地的界划、地区,二是指界限、范围。不同学科对"区域"概念有不同的理解,根据区划的性质和地域属性不同,可以把区域分为自然区、经济区、行政区和社会区。地理学把"区域"作为用某项指标或某几个特定指标的结合,在地球表面划分出具有一定范围的连续而不分

---

① 罗婧、桑玉成:《权力向上 治理向下:关于整体性治理的一种视角》,《学海》2018 年第 3 期。

② 城市政府协作履行公共服务职责和为居民提供公共服务面临的现实困境,主要表现为价值整合的碎片化、资源利用和配置以及行政权力结构的碎片化、政策制定及其执行等体制机制上的碎片化、电子政务信息的碎片化等维度上的问题。

离的地理单元,地理学的指标是自然区,即自然特征基本相似或内容有紧密联系、能作为一个独立系统的地域单元;经济学把"区域"理解为一个在经济上相对完整的经济单一地方,经济区是经过经济区划划分出来的地域单元或者根据社会经济发展和管理的需要而划分出来的连片地方;政治学将"区域"看作国家实施行政管理的行政单元,对应的行政区是为了对国家政权职能实行分级管理而划分出来的地域单元;社会学把"区域"作为具有人类某种相同社会特征,如语言、宗教、民族、文化等的聚居社区,社会区是以民族、风俗、文化、习惯等社会因素的差别,按人文指标划分的地域单元①。区域合作的概念在经济领域被广泛使用,主要是指由于区域资源差异以及其他要素享赋差异,不同地区、不同利益主体为了实现优势互补以获得更大的经济利益和社会利益而实施合作的行为,除了过程上表现为合作各方的协商、对话和谈判,空间上表现为不同区域间的要素流动,包括人员的流动、物资的流动、资本的流动、信息的流动等。合作治理,是政府为了达成公共服务的目标而与非政府的、非营利的社会组织、私人组织、普通公众开展的广泛合作。合作治理排除政府中心主义的取向,合作治理模式有三个特征,一是主体多元化,包括政府、其他社会公共组织;二是公共权力的多向度与分散化,公共权力分别授予不同层级的地方政府、社区、公民组织;三是治理机制综合化,单一的行政治理机制扩展为市场治理机制、公益治理机制等。

区域治理被认为是应对政治决策过程复杂性不断增加的一个理论框架,区域合作治理的基本法理。区域合作治理,是指区域内各方主体基于公共事务和发展问题,依据一定的形式,将资源在地区之间重新分配组合,获得最佳社会效益和经济效益的活动。城市圈、城市群内的各地方资源享赋、发展基础和经济特征有别,区域内各地方充分发挥主导作用,实施"软法"与"硬法"融合的区域合作治理。通过法治保障机制就生态环境、经济发展和公共事务进行协商与合作治理。以区域行政规划为顶层设计,以区域行政协议、区域行政协调、区域行政指导等多种治理机制,获得治理目标及效果。规划内容融入

---

① 崔功豪、魏清泉、陈宗兴编著:《区域分析与规划》,高等教育出版社 1999 年版,第 11 页。

"新区域主义"①关于区域功能整合、网络化治理、一体化发展、制度创新等理念,基于新区域主义的治理范式,具有高度规范性②,根据"从政府到治理"的范式转换,通过特定的政治过程,治理主体扩充,主张多元治理和多级治理(multi-level governance system);公共行政去中心化,区域发展过程中,突破传统政府单一主导的方式,构建合理的参与机制与互动网络;重塑政府—社会关系,实行政府、社会组织、公民社会、私营部门的联合治理(joined-up governance),形成嵌入式发展的新模式。法学具体形态的构建服务于所讨论的问题。法学研究大致可分为内部视角和外部视角,前者采取规范性与确定性的进路,研究法律体系的内部融通与法律规范在司法中的具体适用,形成法教义学;后者对现行法秩序采取前瞻的价值预设,研究法律体系与外部社会结构的相互作用,形成社科法学。即便涉及法治的实质层面,但社科法学作为松散的"方法共同体",碎片化的研究无法与法治实践完全嵌合,需要统合式的研究体系,形成"规范"与"经验"之间的递推过程(recursive process),基于"问题"而非"方法"。鉴于单一理论解释复杂多变的法治动态系统的不明确,且法治概念并非价值无涉,法治理想型之间的对立,使理论拓展面临"明希豪森困境"③,

---

①　新区域主义是为了更好的解决区域公共问题,由区域内地方政府、非营利组织和市场主体所构成的治理主体及其组织形态,包括各主体在治理区域公共事务过程中共同遵守的治理理念和制度设计。新区域主义理论建构始于西方学者对上个世纪70年代末以来,基于"第三意大利""硅谷"为代表的"新马歇尔产业区"出现的背景,以及新技术革命和市场化体制推动下的经济时空变化,以创新、竞争能力为取向,对区域经济崛起、复兴持续关注。参考刘祺:《理解跨界治理:概念缘起、内容解析及理论谱系》,《科学社会主义》2017年第4期。

②　该规范性来自区域代表民主治理、良好的公共管理和有效的发展政策所固有的治理框架假设。

③　德国法哲学家汉斯·阿尔伯特认为,任何科学的命题都可能遇到"为什么"的追问,直至无穷递归,或在相互支持的论点之间循环论证,或以某个"教义"或"信条"终结追问,此即为"明希豪森困境"。明希豪森三难困境是知识论中的一个思想实验,用以表明任何论证都是不可能的。当论证某一陈述时,这一论证的前提亦需要论证;而对这前提的论证,其本身亦有进一步的前提需要论证。因此,对任何论证最终有三种可能性:循环论证、无穷倒退、终止论证,这三种可能性都不够理想,称为三难困境。在当代知识论中,融贯论接受循环论证,无穷主义接受无穷倒退,基础主义接受终止论证。德国哲学家雅各布弗·里德里希弗·里斯提出,卡尔·波普尔则称其为"教条主义、无穷倒退、心理主义"的三难困境。1968年,汉斯阿·尔伯特在所著的《批判理性论》中引用波普尔,并提出"明希豪森三难困境"这个名称,其中明希豪森是一位小说的主人公,他曾在受困沼泽时拉着自己的辫子尔逃出了沼泽。

但法治建设的文化根基与历史属性,无法脱离阶段性的前瞻设置,无法完全去理论化或者价值中立。城市法学研究中,倡导实验主义的知识发生及产生路径,在法治建设的理论预设阶段,采取"未完全理论化"①态度,即仅预设包含若干原则的"框架性目标"(framework goal),此目标是非终局性且可解释的,其细节可以根据实践反馈予以修正,形成调和理论与实验效果、价值论证与技术工具的、建设性而非解构性②的知识生产路径,打通法学知识与社会系统的隔离③,以实践塑造法学与社会结构关系。

法治建设、法律体系是共性与个性、普遍性与特殊性的辩证统一。"区域法治"概念及理论体系构建,基于央地关系合理调整并法治化的时代背景。除了行政区划内部的具体法治实践外,强调以妥善解决社会公共问题为目标的规则之治,这项规则除了国家强制力形成的纵向法律体系,也是区域内政府、社会团体协商基础形成的共识规则体系。区域法治的正当性和实践的结构性支撑。依据区域特色实行法治化治理,是既有法治规范共性又有地方特色的法治治理模式。作为法律实验的区域法治治理方案选择,采取统合模式,保障地方发展成果同时,有效维护法制统一。区域特征在于跨行政区划、并在经济、政治和文化等方面具有共同性或区域性问题的地域共同体,从概念内涵的角度,法治发展的渐进性、区域发展的不平衡以及区域规则共治要求,是区域法治的逻辑证成,单一制国家结构形式与法制统一前提下,不同区域的治理主体有不同的法权需求。从类型化的角度,理论诠释即不同区域及治理模式下所实施的法治模型,以及如何有效实施的法治范式;从解决社会问题和发现法律传统文化起点的角度,区域法治是一个中国法治的问题,理论界出现与

---

①　Cass R.Sunstein, Adrian Vemuele, The Morality of Administrative Law, Harvard Law Review, vol.1924, p.131(2018).

②　法学理论对"法学——社会结构"关系的态度,有两种常见类型:批判理性型和工具理性型。前者是曼海姆描述的"漂浮型(free-floating)"知识群体,游离于既有社会价值和秩序,认为对社会结构作出价值评判是法学的主要任务;后者是萨义德所描述的"冷漠型"知识群体,退缩在狭窄的专业领域,追求对既有社会结构客观还原式描述,认为法学应避免价值判断。

③　借鉴哈贝马斯的商谈理论,规则的合法性,无论在道德意义还是技术层面,除了普遍法规的形式,更具有保证力的,是通过商谈的意见形成及形成过程中的交往形式。参考[德]尤尔根·哈贝马斯:《交往行为理论》,曹卫东译,上海人民出版社2004年版,第10页。

"区域法治"类似的讨论,如"先行法治化""地方法制""地方法治"①等,关于央地关系的研究具有较强启发性,可视为"区域法治"的前期理论。"先行法治化"②的代表观点,认为中国的地区差异较大,教条式的法制统一原则在适用方面的可行性程度低,东部地区在其经济与社会"先发"基础上,可率先推进区域法治化;同时,以灵活方式在中央和地方之间划分财权与事权,通过先行法治化方式,减少法治转型的社会成本,商榷观点则认为,"先行法治化"即"违法转型",存在法治藉政治权力来实现,以及以教条反对经验的谬误。"地方法制"论代表性观点认为,应"侧重从'地方'的角度观察和研究法治问题。……法治的重要问题之一就是在中央与地方之间合理地分配权力资源,解决这个问题的关键,在于如何认识和看待地方各级国家机关的作用。这并不是说中央国家机关的法制化问题不重要,而是当前中国地方国家机关的法制化问题更为突出"③,而"地方法治论"的核心观点则提出在地方层面使用"法制"概念不妥,认为"有论者还提出用法治与法制两个概念来区分在中央与地方在法治建设中的不同角色,主张在中央层面使用法治概念,在地方层面使用法制概念。因此,地方法制主要是指地方在国家法治原则的统一指导下实施宪法法律的各种规则和制度的总和。此类观点从逻辑上说似乎清晰界定了中央与地方在法治建设中的不同角色,但代价是抹杀了地方法治对于国家法治建设的诸多重要功能"④,上述关联概念、观点和命题的讨论,证实单一制国家结构下,地方法治实践的多样化与理论论证的合法性,现代治理实践的实验主义倾向,框架性目标取代孤立理论,强调法治评估体系实验数据,以及法治实践的结构、方法与目的等层面的理论架构与实践张力。推动法治表达从价值判断、思辨型向法治实施效果的逻辑转变,构建"以效果为导向"的法治建设目标设定,功能定位力求避免机械的形式主义,也能反映区域共同体中的差异性,以法治实践构建法学话语语境,突出理论前瞻性和法治实践的本体论

---

① 徐祖澜:《纵向国家权力体系下的区域法治建构》,《中国政法大学学报》2016 年第 5 期。
② 孙笑侠:《先行法治化:"法治浙江"三十年回顾与未来展望》,浙江大学出版社 2009 年版,第 52 页。
③ 葛洪义:《"地方法制"的概念及其方法论意义》,《法学评论》2018 年第 3 期。
④ 黄文艺:《当代中国法律发展研究》,吉林大学出版社 2000 年版,第 8 页。

立场,探究化解不同法治类型分歧的中立评价体系。

行动中的法,即要求规则体系能够在商谈中达成并有效实施,前提在于商谈主体的理性诉求与自主性表达。区域结构是深层次问题,内涵与价值高于的行政区划。区域法治不仅是局部地区法治建设的问题,更是在国家整体性治理的基础上,区域法治自我发展能力的空间与保障。厘定央地共治与赋权区域治理构成区域法治的法理基础,赋权区域治理,避免区域法治成为区域经济发展的工具,彰显区域法治的主体性功能,推动法治国家的整体性治理。区域之中,作为重要生活方式之一的法律,构成地方性知识,即区域法治的基础价值。当法律作为一种生活方式,法治才能在根本意义上实现。从法律人类学的视角,法律是特定的语境下的本土资源,法律知识的地方性意味着有效的治理模式应关注民众的需求与偏好,法的普适性存在民众认知上的偏差;在地方利益高度分化状况下,国家整体性治理的效率保证,对当地居民的偏好、需求与舆情,应掌握更多有效信息,合理制定可操作法规,因此,区域法治是建立在地方的差异性和认同基础上的法治模式。法律与社会文化的关联,构成法律的地方性,但并非固化的地方性,而是以合作道德为基础、内在蕴含开放的法律观①。区域经济一体化并不完全依托市场的自发秩序,而是通过公权力推进。一方面体现为国家与社会的关系,即公权力对市场的影响;另一方面表现为公权力之间的关系,即国家的内部组织结构形态。区域一体化取得成效,但治理体制存在困境。首先是法律供给体系,缺乏地方性法律的支持,缺少有效的利益协调机构;其次是主体困境,包括政府、公民、企业、非政府组织的区域合作治理主体的多元化特征不明显;第三是利益协调问题,城市群或区域同时并存地方政府,各地之间的政绩竞争难以避免,或为各地利益封锁资源与市场,存在显性或隐性的地方保护形态,给城市群区域治理增加难度。区域合作治理的困境,根本原因在于作为区域合作主体政府,未能转变以权力为中心的意识,以及充分调动区域内利益相关主体的主动性、搭建平等参与协商讨论的治理平台,实现从科层制到网格化的区域合作,才能有效实施联合治理。区域

① 表现在法律关系上,即采用行政合同与行政指导的柔性方式实现政府职能,政府提供基本公共服务并构建供给渠道,增加制度内外监督政府的设置。

法治问题,惯性思维上认为是一种横向联合,是为区域经济一体化发展提供法律保障,实际上,区域法治与区域经济的启动和运行方式,有着很大区别。区域经济一体化发展主要依赖市场经济条件下,各种资源的优化配置;作为市场经济制度保障前提的区域法治主要依赖政府推动,包括中央政府,也包括并无隶属关系、管辖区域有别且权限层级不同的各级地方政府。区域法治的可行性受限于中央与地方权限划分的制度安排。此外,区域法治强调建立和发展法治系统工程,包括立法、执法、司法以及共建共治共享各环节。从地方与地方的横向关系看,区域法治主张地方的竞争,更趋向契约型的合作协商,共同问题的解决达成一致,并以法律形式确认与保障,通过协商形成的主体间性①规则来治理,提高共同问题应对的针对性与效率,合理使用行政资源。从中央与地方的纵向关系看,区域法治基于地方的联合,意味着地方力量的扩大,地方立法权的扩容。离开了主体间性,无法确认规则的遵守,不能形成规则意识,也不能从"规则意识"发展出"原则意识"、分化出"价值意识",无法为规则的正当性提供辩护。西方主体性哲学将理性确立为人的最高本质,使该时代的法治表现出形式理性与实质理性的统一,19 世纪主体性哲学发展为实证主义,理性仅指形式理性,法治也是高度形式理性,20 世纪主体性哲学进一步发展为经验实证主义和实用主义等,但这一时期泛化了的法治,没有走出单一形式理性的窠臼,战后主体间性哲学的发展重新统一理性概念,价值不再是先验的而是可经验的,法治在更高层次上实现形式理性与实质理性的统一②。契约型区域法治的理论论证已经得到证成,但从立法角度看,还囿于法律授权不明确,法律位阶、协议主体、内容、形式、执行力不明朗的状态。单一制国家中,中央立法是国家整体利益的代表,它与区域特定利益之间是有差别但合作的关系。《中华人民共和国立法法》(以下简称《立法法》)已经以法律保留的方式,对中央专属的立法事项进行了列举,对于剩余权力,可以进一步明确规定"中央立法优先",形成央地关系法治化的基础。区域法治的公共政策及法

---

①　童世骏:《没有"主体间性"就没有"规则"——论哈贝马斯的规则观》,《复旦学报》2002年第 5 期。

②　吴建红:《西方法治观的嬗变:从主体性到主体间性的考察》,《学术论坛》2006 年第8 期。

规落实包含规划价值、规划目标、规划策略等城市规划内容。城市规划是实现公共资源合理分配的有效方式①,也是城市发展的行政干预手段,具体过程中,以城市规划相关政策与法规为指导或依据,并满足导向功能、控制功能与协调功能。城市规划干预注重维护公共利益,制定符合城市发展的公共政策是城市规划建设的基础。规划政策属于城市公共政策中的一部分,以公共政策和法规作为依据的城市规划,能够以最小利益冲突获得对公共利益最大程度的维护,两者之间具有统一性。

公共政策导向以及城市治理过程中,治理内容主要有,形成治理体系、公共政策、法律法规体系和监督体系。城市规划是政府行为,同时也是一种公共干预手段,通过干预达到秩序治理目标,维护城市公共利益,此过程中发挥治理作用;城市规划属于系统性工程,具体规划中需要考虑城市发展过程的财政收入、税收和投资效益等综合因素,制定符合城市规划要求的公共政策;城市规划治理需要行政机关以法规为基础,做出行政决策、规划编制和规划治理等,法规是政府行政治理中公权力行使的依据;城市规划治理需要监督体系保证,建立行政监督、群众监督、法律监督以及舆论监督体系。城市规划治理现阶段存在的问题主要有,城市规划治理主体不明确、城市规划效果不确定、城市规划与社会治理之间的衔接。在明确城市规划治理相关要求前提下,规范城市规划的法治路径及程序。"在现代国家增加的行政控制和服务中,城镇规划是引起最多诉讼案件的行为之一。"②城市规划相关案件占据行政案件较大比重,一方面是正在进行的城市化建设,另一方面是城市规划在编制、实施过程中缺乏有效法律控制。城市规划的政策性、法定性、主体多元、综合性、变动性等特征,成为对公民权益影响较大的行政行为。城市规划治理中存在的问题,主要是城市规划立法、城市规划编制、城市规划实施三个方面,例如城市规划法律规范之间的冲突与矛盾;城市规划编制方面重规划管理轻私权保护;

---

①　城市规划公共政策一般包含以下要求:由政府或规划机构机构提出并制定;目的是为保证城市公共利益或达到城市发展公共目标;旨在解决公共问题,尤其是城市发展公权与私权中的利益,解决不同个体之间的利益冲突;城市规划公共政策实质是策略、计划安排、行为准则。参考夏锦文:《区域法治发展的法理学思考——一个初步的研究构架》,《南京师大学报》2014 年第1 期。

②　[英]威廉·韦德:《行政法》,徐炳译,中国大百科全书出版社 1997 年版,第 85 页。

缺乏程序性规定或规划程序法定性不足;城市规划实施过程中效力不足、实施过程中随意变更;城市规划许可忽视第三方利益等。城市规划的行政法规制,是在行政法层面完善城市规划,包括科学配置规划权力、明确信赖利益保护原则、加强城市规划程序控制、发挥主体在城市规划中的作用、完善法律救济途径。具体包括明确规划主体权限,统一主管部门;控制规划主体的规划裁量权。并通过行政复议、行政诉讼、行政赔偿、行政补偿等完善法律救济途径。

城市的发展与城市规划之间有着密切关系,城市规划表现的是国家政府机关对城市建设的干预,是在综合多项因素后,根据城市未来发展趋势,以公共政策为导向,按照一定的规划要求进行建设。城市规划作为有效的行政干预手段,目的是解决城市发展过程中的问题。城市规划属于系统性工程,在具体实施过程中,需以城市发展现状为基础,根据城市未来的发展方向、不同工程建设的部署以及相关基础设施的合理布局等按部就班进行。城市规划并不是简单的处理好城市的建筑布局,工程建设中的经济性、社会要求、土地利用布局以及城市未来发展趋势等均属于城市规划的研究范畴,城市规划不仅是城市管理的理论指导,也是实现城市可持续发展的必然要求。

城市规划决策中,需要重视区域发展评估在城市群空间发展研究中的应用。雄安新区所在的京津冀城市群,是我国的政治、文化中心以及北方经济的重要核心区,同长三角和珠三角城市群相比,京津冀城市群的发展面临两项重要问题,一方面是经济发展整体水平有待提高,另一方面是资源过度集中于核心城市,区域发展不平衡的问题比较突出。近年来,京津冀城市群被确定为我国新型城镇化发展规划中需要重点优化和提升的区域。随着中共中央政治局2015 年 4 月 30 日审议通过《京津冀协同发展规划纲要》,京津冀城市群的协同发展,上升到了国家战略层面。空间布局方面,《京津冀协同发展规划纲要》确定了"功能互补、区域联动、轴向集聚、节点支撑"的布局思路,明确了以"一核、双城、三轴、四区、多节点"为骨架的区域空间发展格局。可以看出京津冀城市群内部的空间关系对区域发展的重要影响。对城市群区域内部的综合集聚度和联系度进行分析,主要用于确定多重评价因子的关系比例,以构建城市群综合集聚度和联系度指数,来衡量城市群中各城市的相对地位和关联程度。京津冀范围内部整体呈现出中心强,南北弱的态势,东西向联系强于南北向联系,北京、天津、石家庄、唐山和秦皇岛传统较为发达的区域之间联系度最强;河北北部地区在引力模型和空间流的城市联系度中均表现出了较低的水平,区域联系有待加强;河北南部地区中的邯郸、邢台和衡水间的内部联系相对较高,但却形成了闭合的联系组团,整个南部地区与其他京津冀地区联系度较差。

三、雄安新区城市规划的立法配置

(一)规划的法治属性

城市规划即行政规划总体概念范畴下的内容。城市规划与行政规划是种属关系,行政规划作为城市规划的上位概念,即行政主体在实施公共事业及其他活动之前,综合地提示有关行政目标,事前制定出规划蓝图,以作为具体的行政目标,并进一步制定为实现该综合性目标所必须的各项政策性大纲的活动①。城市规划是行政规划的下位概念,即人类为了在城市的发展中维持公共生活的空间秩序而做出的未来空间安排。各国对城市规划的定义没有根本上的分歧。我国学界和立法基本采用《城市规划基本术语标准》(GB/T 50280 — 1998)的定义,该标准将城市规划定义为"对一定时期内城市的经济和社会发展、土地利用、空间布局以及各项建设的综合部署、具体安排和实施管理"。从学术史梳理来看,城市规划是建国初期,在借鉴苏联经验的背景下,新中国城市规划工作的专业名词,采用了既不同于中国本土的传统文化,也有别于西方概念的创新翻译方法②,作为总体概念的城市规划(City Planning),是指关于城市与建设的计划、步骤、性质、规模、布局、控制、策略、管理和实施等方面

---

① 姜明安:《行政法与行政诉讼法》,高等教育出版社 2002 年版,第 73 页。

② 按靳君达先生的口述资料,"城市规划"的内涵可从三方面理解。首先,这项工作是国民经济计划在具体城市中的落实;其次,究竟怎么落实,要用科学的方法进行设计,以总图形式表现;此外,城市规划是一项综合性的工作,需要区分主次。参见李浩:《术语定名"城市规划"专业名词之来历》,《城市规划》2017 年第 8 期。联系当前的城市规划,尽管历史变迁,国民经济和社会发展规划依然存在,国家对于城市规划的各项政策要求仍较突出,早年翻译中对城市规划三重内涵的解读,迄今仍未过时,反而更具启发价值。

的综合称谓。

行政规划是行政主体为实现特定的行政目标而对未来一定时期内拟采取的方法、步骤和措施依法作做出的具有约束力的设计和规划。行政规划也被称为行政计划①，行政计划以及基于行政计划而展开的计划行政，是现代行政的主要特点之一。目前国内对行政规划研究及其基本内容、理论框架还处于初始阶段，基本名称存在争议即表现之一。本文偏向采用"（城市）行政规划"的称谓，即将雄安新区的城市规划置于"行政规划"这个总体框架与前提下分析②。首先，当前立法实践及行政管理中多采用"规划"用词，如《中华人民共和国城乡规划法》（以下简称《城乡规划法》）中的各种规划、《中华人民共和国土地管理法》（以下简称《土地管理法》）中的土地利用总体规划、《中华人民共和国环境保护法》（以下简称《环境保护法》）中的环境保护规划等，本文以雄安新区城市规划立法配置为内容展开分析，为避免文本与实践中的名称混淆，采用"规划"一词。

基于国家战略性区域协同和城市群规划的政策目标需要，具有预期与创设性的行政规划，因其单方性、灵活且富有张力的裁量性，而作为政府的重要治理手段被广泛适用。行政规划、区域规划裁量成为现代政府行为中较为复杂的现象，也是行政法治实践中突出的问题。实践中，行政规划被视为行政机关的内部规范，缺乏具体法律依据也可以制定，成为通例。但事实上，很多行政规划并非仅限行政组织内部有意义，行政规划无论是否直接针对或约束相

---

① 目前行政法学界一般采取折中的方法，普遍认为行政计划就是行政规划，二者无本质区别，但在具体使用时以其中一种名称为主；此外是称为"行政规划和计划"，应松年教授在主持的《中华人民共和国行政程序法专家试拟稿》中采用此名称；第三种情况是称为"行政计划"，陈新民教授在《中国行政法学原理》中将此类行为称为行政计划，同时这也是德国、日本以及我国台湾地区《行政程序法》中的立法实践和理论研究中的称谓；第四种情况是称为"行政规划"，例如北京大学公法研究中心拟订的《中华人民共和国行政程序法（试拟稿）》中采用的即是"行政规划"的表述。

② 受我国台湾学者观点的启发，认为根据台湾地区的有关"法律规范"，行政法学上的行政规划一般偏向于"一定空间与土地利用的计划"，而不是泛指所有行政机关所拟定的各种计划。该观点的优势在于，一方面缩小了在行政规划研究初期的理论研究范围，回避了泛泛研究的理论缺陷；另一方面将研究重点放在与公民私权利密切相关的"空间与土地利用规划"上，从公民权利保护的角度将行政规划放在行政法学的研究范围之内，城市规划即为典型的"空间与土地利用规划"。

对人,均作为指导社会生活和调整社会关系的依据,发挥作用。对行政相对人而言,行政规划具有与行政立法以及其他行政行为同样的效能。行政规划是关于未来的蓝图,是目的与手段、政策与技术、预测与选择的综合机能体,因而具有不同于传统行政处罚、行政许可等典型行政行为的特征。现代行政规划的功能决定了规划裁量贯穿行政规划的全过程,行政规划的制定和实施过程涉及多元利益的调整,同时在具体内容上呈现专业技术设计和政策判断,以上属性决定了行政规划在编制和执行中的广阔裁量空间,行政规划的制定机能是一种基于行政机关规划裁量权形成的权能,实践中被称为"第二立法权"或"第四种权力"。有学者认为,行政规划的盛行,具有破坏依法行政原理,将现代行政的性质变为"依规划行政"并促成行政权强化的倾向①。

(二)规划裁量

规划裁量概念,最早源于德国《建筑法典》中赋予行政机关的"计划高权"②,其后在德国联邦行政法院的判决中发展出计划裁量的概念,主要关注行政机关在拟定行政规划时的裁量空间,即规划者形成规划的空间范畴及程序。实践意义而言,行政规划即规划裁量的过程,行政规划权即规划裁量权。规划裁量是行政裁量的一种,但与一般行政裁量有所区别。二者在权力行使上,均须有法律法规授权,方具有正当性,二者区别体现于利益衡量范围的不同,行政裁量针对个案中具体的公益与私益进行权衡比较,规划裁量权衡的利益范围则更为宏观、复杂和多元。有学者以规划法的规范构造为前提,认为规划裁量有自身独特的法律个性③。有学者将行政规划的性质,归纳为"政策性行为说""立法行为说""具体行政行为说""机能说""分别归类说""内部行为与外部行为说""拘束性与(指导性)非拘束性说"等多种表述④,认为行政裁量理论并不能完全适用规划裁量的实践。一般认为,行政规划裁量,是行政机关在法律的框架内,就拟定规划、变更规划以及执行规划中有关规划的目标、

① 杨建顺:《日本行政法通论》,中国法制出版社 1995 年版,第 28 页。
② [德]汉斯·沃尔夫:《行政法》,高家伟译,商务印书馆 2002 年版,第 33 页。
③ 贾茵:《行政计划及其法律规制研究》,中国政法大学 2016 年博士学位论文。
④ 应松年:《当代中国行政法》,中国方正出版社 2005 年版,第 43 页。

手段和内容等所形成的判断、选择和作出正当决定的权力,主要包括形成规划的裁量权、变更规划的裁量权以及执行规划的裁量权①。受行政规划的属性决定,规划裁量呈现如下特点:一是规划内容的复合型,规划裁量包含目标、手段两方面的裁量。二是规划过程的综合性,规划裁量涉及拟定规划、变更规划及执行规划过程。行政规划在一定时间段内是后续行为的参照和依据,如城市的总体规划确定后,对后续建设规划及相关行政行为,如行政许可、行政征收、行政强制等,具有不同程度的拘束力。

　　受行政规划自身属性局限,加之已有行政规划立法不够完善,实践中较多行政规划游离于法律的控制之外,从制定层面看,行政规划立法缺乏统一性和确定性。当前关于行政规划的立法分散于各个单行的法律、法规和规章中,缺少统一的行政规划程序法指引,导致城市规划立法在立法目的、规划性质和形式、编制规划的基本原则、规划程序、规划管理体制及法律责任与救济等方面标准不统一,同时,涉及行政规划的法律条文表述极具抽象性,行政规划的规则相对具有更大的开放结构,意思中心被限定较小,造成法律概念及表述的不确定性。从实施层面看,行政规划裁量即便通过技术处理,使不确定的法律概念被确定化,但充满弹性和抽象的法律概念也会导致裁量空间过大、裁量标准不一,使规划裁量走向任意。以《城乡规划法》为例,第三章"城乡规划的实施"中所规定的"妥善处理""统筹兼顾""优先安排""因地制宜"等不确定性条文,可操作性不足,何谓"妥善处理",何为"优先安排"等,具有很大的裁量空间。行政规划制定法上的缺陷以及规划裁量行为的运行现状,不仅为完善相关规划立法提供了空间,也为行政规划基准制度的构建提供必要性和可行性。近年来,我国各地推出的行政裁量基准,就是旨在法律规定的空间内,依据立法者的意图以及行政法上的基本原则并结合执法经验,通过设定更为细化的裁量权行使规则和标准加强对裁量权的规范和控制。尽管目前这种裁量基准主要集中在行政处罚领域,但就"行政自制""细化规则"和"补充法律"的原理和功能,完全可以适用于行政规划的裁量领域。行政规划是政策性的

---

① 刘立正:《行政规划的法学研究——以拘束性规划为视角》,浙江大学 2011 年硕士学位论文。

规划蓝图,其法律规范构造更加抽象,因而制定更为明确、细化和可操作的行政规划裁量标准,以规范行政规划裁量范围、种类、幅度,具有特殊的意义。规范和控制行政规划裁量的具体标准,虽然有别于一般的行政裁量基准(如行政处罚裁量基准),但它应当是全部行政裁量基准制度的重要组成部分。近年来,各地编制大量的城市设计,但实效性普遍较低。城市设计技术规范化工作需要从"设计导向"转型到"管控导向",并通过与法定规划的多层次衔接、规范化的城市设计成果转译和城市设计实施管理程序等,提高城市设计在规划建设中的实效性。耗费大量财力物力编制的城市设计成果,理应充分反映到实际的建设活动之中,获得城市设计的实施效果。

城市设计实施中面临的法定地位、编制规范、实施程序等困境,从城市设计技术角度总结,假设城市设计在非法定规划的状态下运行,合法性与有效性无法保障,实践中可能出现建设开发过程中,用城市设计任意调整、取代法定规划,以及城市设计与法定规划缺乏有效衔接,成为可有可无的参照内容,难以在实际建设中实施。此外,城市设计编制标准的缺失,导致设计成果差异很大,缺乏基本技术规范,内容过于细致或泛化,或缺乏对应层次城市设计工作重点,或与法定规划衔接时,缺乏可操作性,无法有效将设计成果转换成具体管控内容。城市设计如果没有明确可依照的审批标准和执行程序,缺乏法定的强制性和行政的实效性:城市设计成果就面临被随意调整,或者束之高阁;城市设计内容没有融入现行的城市规划实施程序中,设计意图被反复消解,与土地出让、建设工程规划许可之间缺乏有机联系和约束作用。实践中通过"技术规范化"①的途径,治理城市设计不规范问题。从各省市制定的城市设计技术管理文件可以看出,地方规划主管部门进行城市设计管理的重点在于对编制内容的框定,而非运行机制的建构,重设计成果,轻实施过程,反映出对城市设计认识的偏差。规划衔接方面,与法定规划衔接不畅。多数规划主管部门意识到城市设计与法定规划衔接的必要性,但改进的技术方法不统一,随

---

① 2010年以后江苏、福建、北京等地城乡建设主管部门,已经意识到因制度缺失而对城市设计工作造成的不利影响,陆续出台地方性的城市设计技术管理文件,建章立制。但经过实践,技术文件虽然在提升城市设计地位、明确城市设计内容等方面发挥一定作用,但在保障城市设计实施、提高城市设计可操作性方面仍然存在不足。

意性较大,部分与总规、控规同步衔接,部分单独与控规衔接,部分未明确具体的衔接内容,部分衔接内容与法定规划内容重复或矛盾;规划成果方面,重设计内容,轻管控引导①,例如对要素的组织、设计和布局等,因为缺乏明确的管理界限,实际操作中具有较大的模糊性。规划落实方面,实施执行程序不明②,技术管理文件中对于公众参与、监测、评估等环节的表述,停留于概念层面,不具备实际操作的可行性。因此,城市行政规划和规划裁量,应有设计导向③到管控导向的观念转变,对城市设计实施的社会基础、产权辨析、基础设施和发展动力,尤其对基于规划管理和导控前提的城市设计实施路径认知不足或不全面。管控导向的思路强调把控城市形塑过程的重要性,为城市建设提供起码的准则而不是最高期望,研究城市空间发展的客观规律,充分考虑市民的实际需求,理顺编制、审批、实施、评估等程序,通过适度的城市规划干预,解决城市环境品质的实际问题,由目标到手段,再到形态的全局性认知逻辑。良好的城市设计并非设计者笔下浪漫花哨的图标模型,而是一连串的城市行政过程,城市形体通过这个连续的过程来塑造。管控导向的城市设计技术规划,突出与法定规划的多层次衔接,就目前已经形成的以城镇体系规划、城市总体规划、控制性详细规划为主体的法定规划层级编制体系,匹配健全的规划管理、编制和审批流程,以法定规划为基础,将城市设计内容有选择、渐进融入法定规划,形成立体化编制架构,在维护法定规划秩序和权威性同时,有效发

---

①　十二部地方性城市设计技术管理文件共涉及编制内容 46 项,其中仅 13 项为包含"划定""分区"和"控制"要求的管控性内容,其余 33 项都为设计性内容。

②　以现有城市设计技术管理文件为例,16.7%的省市没有明确城市设计的实施手段与方式;41.7%的省市提出了城市设计需要纳入相应地块的规划条件,但不涉及具体内容规定;41.7%的省市明确了地块规划条件中的城市设计内容,探索作为建设用地和建设工程管理的依据,成效不一。城市设计"是什么""可以发挥何种作用"并"通过何种手段来实现"等问题,各省市规划主管部门仍处于摸索阶段。

③　受早期建筑学者如西特(C.Sitte)和沙里宁(E.Saarinen)的影响,认为城市设计就是设计建筑,把城市当作是放大的建筑,或某种人工的产品,过度强调城市设计的美学价值,关注与视觉感知直接联系的物化形态,城市设计过程局限于从"规划任务书"到"规划图纸"的设计构思和蓝图绘制,造成城市设计难以落实和落地。随着政治制度、经济关系、文化观念的不断革新,城市设计的内涵与外延都发生变化,以欧美发达国家为例,已不再局限于单纯的物质形态设计,更多是以公共政策的形式逐步介入到国家和地区的规划体制构建之中。不在于保证最好的设计,而在于保障不产生最坏的设计。

挥城市设计在规划建设中的作用。同时,各地城市规划存在差异性,以及现实治理关系的复杂性,需要结合各地实际,进一步深化和细化。

四、"先行先试"立法模式:雄安新区城市行政规划的视角

(一)"先行先试"立法模式理论

"先行先试",是国务院批准地区城市成为综合配套改革试验区背景下,推促改革目标与任务有效实现而形成的制度创新。综改区①自 2005 年上海浦东新区被首次确定以来,数量不断累积和增加,"先行先试"是综改区改革的重要支撑政策。从立法角度而言,"先行先试"是指各综改区可以根据中央的授权,在本区域内就有关改革事项率先立法,制定地方性法规及规章,以立法手段先行保障综改区的改革发展。立法层面的保障对改革落实具有重要作用,湖北等地出台的地方性法规《全面深化改革促进条例》等,立法目的在于"确保重大改革于法有据,实现立法与改革决策相衔接……破除利益藩篱,对各类改革主体的职责在法律上予以明确,确保改革在法治轨道上推进"②。综合配套改革符合改革纵向深入的要求,以及改革横向多样化、配套化的要求;意味着改革责任上升为法律责任;综合配套改革符合渐进式的发展思路,即由点到线再到面的发展,避免因政策的局限性和试验的风险性而形成扩大性损

---

①　改革试验区名称处于变动微调的状况。其演变历经国家综合配套改革试验区、全国统筹城乡综合配套改革试验区、城市圈"两型"社会建设综合配套改革试验区、综合配套改革试验区、国家新型工业化试验区、国家资源型经济综合配套改革试验区、综合配套改革试验区、国家金融综合改革试验区、国际贸易综合改革试点、农村改革试验区、国家特殊教育改革实验区、全面改革试验区等等,综合改革试验区与具体结合不同城市、地区、行业情况两个特点,较为突出。从起点看,国家综合配套改革试验区,是区别于 1980 年代的经济特区,除具有"经济开发区""经济特区"、农村综合改革试验区的内涵,还涉及社会经济生活全方位改革,是一项以全面制度体制建设的方式推进改革的系统过程。试点地区所面临的体制机制问题能代表本地区的普遍性,并有较强的组织领导、较好的工作基础,具备相应的发展潜力和承受能力。本文为便于分析,采取综改实验区这个类型概念。

②　聂希斌:《"重大改革于法有据"寓意"先立后破"》,《检察日报》2015 年 3 月 11 日。

失。从时间上看,各区建设处于起步阶段,立法可借鉴资源有限,应坚持法律保留原则、法律优先原则及责任政府等基本原则。贯彻法治原则,地方性改革才能获得制度保障。

"先行先试"是国家赋予综改区全面深入改革的一项特殊政策,其作为制度创新和综合配套改革中的亮点,蕴含改革的创新性与主动性,最大限度节约改革成本的同时,分担改革的风险。对于"先行先试"的内涵、性质,目前界定包括三个领域,一是从行政管理学的角度界定;二是从经济学的角度界定;三是从法学角度界定。对"先行先试"性质的法学界定主要代表"试错权"①说、"良性违宪行为"②说和"法律关系"③说。"先行先试"的基本特征是试验性、概括性和执行性,包括阶段性、策略性和区域性等特征。"先行先试"政策中,国家对地方授权的内容具有宏观指导性、灵活性和不确定性,政策内容方面概括、弹性,以便地方根据改革目标实现的需要做出调整;同时,适用范围的区域性、地方性特点突出,授权范围一般限于本辖区,只能是该地方先行试验④;此外,政策效力有待定性、风险性特点,"先行先试"政策的效力处于待定状态,改革试验成功后经过授权机关或最高权力机关正式确认后才能认定其效力,试验阶段效力具有不确定性,试验地区必须做到"风险可控",因此,综改革试验区"先行先试"基本秉持"封闭运行、风险可控"原则。"先行先试"政策运行机制具有相对自主性,授权机关一般不干预试验区的治理,只有超越授权范围或明显违法、违宪,授权机关才进行干预。有学者分析认为"先行先试"本质是中央向地方让渡部分职权,将"先行先试"定义为一种中央向地方让渡的"特殊权力"。这种"特殊权力",既是上位法缺乏时的一种先行规定权;也是上位法存在时,对法律法规的变通规定权,使其在综合配套改革试验中能够拥有更多的自主权,有利于地方对改革试验进行探索⑤。这种授权,实际赋予改

---

① 吴汉东、汪锋、张忠民:《"先行先试"立法模式及其实践——以"武汉城市圈""两型"社会建设立法为中心》,《法商研究》2009 年第 1 期。

② 郝铁川:《论良性违宪》,《法学研究》1996 年第 4 期。

③ 刘能:《先行先试权探析》,《福建法学》2010 年第 1 期。

④ 例如,国家允许重庆市建立"土地交易所"进行"地票"交易,该政策仅限于重庆市范围内改革试验,对其他综改实验区均无此项授权,目前也不得模仿推广。

⑤ 王诚:《改革中的先行先试权研究》,法律出版社 2009 年版,第 47 页。

革者在推行改革措施时"试错"的权力。还有的学者将"先行先试"是一种法律关系,其法律关系主有学者认为"先行先试"是一种法律关系,从主体、客体、内容等法律关系的要素入手进行了论述。将"先行先试"视为一种法律关系,其法律关系主体是具有隶属关系的授权人和被授权人,法律关系的内容包括授权人和被授权人的权利和义务,法律关系的客体是被授权人根据授权所做出的试验、探索行为。本文认为,法律关系是被法律规范所调整的,以权利和义务为内容的社会关系,其形成必须有明确的主客体和内容,但"先行先试"①在上述三方面是不具备的,即使将主体理解为国家和地方,但客体和权利义务的具体内容依旧表现非常抽象,无法明确界定范畴;同时,从目前掌握的资料看,国家的正式文件中并新一轮改革探索,"先行先试"是出现频率最高的政策性词汇。从引导功能而言,基于渐进式改革的特征,赋予全面创新改革试验区域不同层面、领域的先行先试权;从承载功能而言,能否把先行先试政策用足用好,是检验全面创新改革试验区域是否走在前面的重要标准。此外,先行先试权不同于具体的政策待遇,它赋予地方一定的自主权,给予地方"活学活用"的发挥空间。授权"先行先试",即在系统性、整体性、协同性的统筹前提下,把政策效用最大限度发挥,最广层面上让更多人享受该政策带来的红利。可见,从事实层面国家赋予综合改革试验区的"先行先试"并不具法律意义,从文件精神而言,不能解释为国家与实验区之间形成"先行先试"的法律关系。

立法模式是立法机构制定、修改、废止法律所遵循的基本体制和程序,也是一项立法标准。目前对"先行先试"研究的相关成果,集中在"先行先试"政策法治化和法治保障方面。"先行先试"政策立法的模式,从立法介入的时间点选择先行先试立法模式;从法律调整的范围上选择基本法和单行法相结合的立法模式;从法律规范的内容上选择促进型立法模式为主、管理型立法模式为辅;从立法权限的分配上选择地方立法为主,授权立法为辅的立法模式。根

① "先行先试"一词经历从媒体用语到文件用语的过程,最初运用于媒体报道中,因为该词汇高度体现改革特征,逐步被正式文件采用,如《国务院推近天津滨海新区开发开放有关问题的意见》《国务院关于进一步推进长江三角洲地区改革开放和经济社会发展的指导意见》及发改委公布的《珠江三角洲地区改革发展规划纲要(2008—2020)》等文件中,目前看属于政策用语。

据不同的标准,立法模式可以进行类型化。立法模式根据立法权配置体制的不同,可以区分为集权型与分权型;根据立法程序可否参与,可以划分为民主型与官僚型;根据立法内容与目的是否服务于人民,可以区分为管制型与服务型;根据立法与社会需求的契合程度,可以划分为追赶型与回应型。① 具体立法模式有,1.法律供给模式。有学者②认为"先行先试"属于法律试行的立法模式,从供给—需求分析,该立法模式属于诱致性的法律供给模式;从成本—收益分析,"先行先试"立法模式具有淘汰性和反思性,在立法过程中能够统合所有的主、客观因素,及时对社会需求进行反映,通过对立法资源的整合,将立法对社会改革的指引作用最大限度发挥出来,最终实现强制性及诱导性的制度变迁。2."先行先试"立法模式。有学者③认为,"先行先试"立法模式结合了"变革性"立法模式和"自主性"立法模式的优点,既可以实现"立法先行",又可以统筹"试错先行",是目前先行先试立法模式的"较优安排",鉴于单独采纳"追赶型"立法模式或者"回应型"立法模式无法满足当前改革的立法需要,只有"先行先试"立法模式可以做到这一点。3.立法法体模式。有学者④认为立法模式包含立法目标模式和立法法体模式。立法法体模式,是指法律法规表现方式的具体形态,主要有统一法典模式、单行法立法模式和混合立法模式,并以立法类型和法律形式来界定和分类。4.集权分权模式。有研究者⑤通过分析和归纳影响立法模式选择的因素、立法模式属性和类型,提出我国综合配套改革试验区可选择的立法模式有集权分权模式,具体是先行采用区域上级主导立法模式、积极探索其他立法模式两类。我国单一制的国家结构形式决定了"先行先试"立法中应采用集权分权模式,以维护国家法制统一原则,但综改区有不少跨行政区域,此类地方立法,可采用区域上级主导立法模式、积极探索其他立法模式的方法,这是一种地方层面的集权分权模式。从对建国后立法模式的选择和变迁研究,可概括为"变革性立法"模式,但随着社会

---

①　江国华:《立法:理想与变革》,山东人民出版社 2007 年版,第 102 页。

②　王彬:《"先行先试"立法模式的经济分析》,《山东警察学院学报》2010 年第 1 期。

③　吴汉东、汪锋、张忠民:《"先行先试"立法模式及其实践——以"武汉城市圈""两型"社会建设立法为中心》,《法商研究》2009 年第 1 期。

④　郑清贤、叶知年:《福建涉台地方立法模式的思考》,《福州大学学报》2013 年第 1 期。

⑤　李忠义:《我国综合配套改革试验区的立法研究》,福建师范大学 2012 年硕士学位论文。

社会经济发展,立法模式出现向"自治性立法"的变化①,国家综合配套改革试验区"先行先试"在法学上首先是立法先行,在现阶段即地方立法先行。

(二)"先行先试"立法依据

"先行先试",从法学视角看,是自 2005 年来被纳入为国家综合改革实验区的地方,根据国务院或者国家发改委的授权,在授权的范围内,就本行政区域内的改革事项,先行规定的立法活动,为国家的改革提供经验和借鉴。先行规定即上位法没有相关规范性法律文件,下级机构先行制定,存在两种情况,一是制定该规范性法律文件属于本级机构权限范围内,只是根据改革需求要求而创新,但这种创新并未突破《立法法》规定的权限;二是本级机构在此次改革中制定的法律文件,已属"良性违法",是否有效,取决于《立法法》的法律保留原则衡量结果。总体而言,分为依职权立法和授权立法两类。依职权立法,是地方各级人大及政府依法律法规的相关规定,按法定程序制定、修改或废止其职权范围内的法律规范性文件的活动,属于一般地方立法的范畴;授权立法,是指一个立法主体将本属于自己的立法权授予另一个能够承担立法责任的机关,而由被授权的机关根据授权要求所进行的立法活动。依职权立法在我国立法中占有重大的比例,是立法常态,授权立法则是"先行先试"的典型。如果将"先行先试"定位为授权关系,即应符合一般授权理论的要求,要有明确的授权表示,国家应该有法律文件或者规范性文件的出台,这些文件中说明授权的主体和对象,授权范围和授权时间等,但从第一个实验区上海浦东到后期的实验区审批过程,国务院并未对"先行先试"的性质做出说明②,国家层面对"先行先试"定性为授权关系没有明确主张和明示依据。在将"先行先试"定性为国家政策更为合适的前提下,作为新一轮的国家政策,"先行先试"是改革中的一项政策,授权关系是处于该政策之下的。对"先行先试"的内容

---

① 代表观点有秦前红、刘志明、胡静等学者。

② 山西省委省政府在宣传"先行先试"时有如下的表述:"山西国家资源型经济转型综合配套改革实验区是建国以来中央赋予山西最大的综合性政策,……实验区建设事关我省全面建设小康社会目标的实现,事关全省人民福扯,是我省的'一号工程'。我们认为,实验区的灵魂是先行先试,最大政策是先行先试。……"。

分析,有宏观和微观两个不同角度。宏观角度是从一般概念分析,可将其分为先行规定权和变通规定权。微观角度情况较为复杂,各个实验区的探索方向不同,具体授权内容依据国务院对实验区改革方案的批复①。

1."先行先试"立法模式在《立法法》中的体现

立法模式属于立法形式,包括立法内容、价值导向和立法技术等系统范畴,立法须受制于客观条件与主观偏好,并保持两个维度之间的平衡。从类型学角度,立法模式并不拘泥于某种定式,可以大致将立法模式分为"追赶型"与"回应型"两类,前者根据立法者的主观判断,进行超前立法或者滞后立法,实践中,超前立法居多,滞后立法较少。后者是根据社会的实际需求而进行的科学立法。前者具备高度的适应性,可以快速适应社会变迁,突出立法主动推动和顺应形势演变的功能,完成制度转型中的跨越式发展,主观性强、风险大;后者呈现稳定与安定性,在渐进式改革中促成良性制度因素的积累,客观性强,但制度创新需要立法引导与保障时,往往力不从心。平衡两种立法模式的"先行先试",以适应性价值为核心的"变革性立法"和以安定性价值为基础的"自治性立法"结合,是较优选择。

从同时态角度看,现行《中华人民共和国立法法》(以下简称《立法法》)第72条第4款、第6款和第82条第1款、第4款中,将修订前包含三种类型(省、自治区的人民政府所在地的市、经济特区所在地的市和国务院已经批准的较大的市)的"较大的市"统一纳入"设区的市",使地方立法权的制度设置更加协调一致,与行政区划制度紧密结合;同时保留先前"较大的市"的地方立法权,效能上对"设区的市"立法权取得、行使范围和溯及力做了明确和约束规定,保证法律秩序的稳定。《立法法》在地方立法的类型、主体、权限和效力等级等方面划定基本法律界限,整合了之前散见于其他法律当中的地方立法权规定,在一定程度上巩固并完善了地方立法权扩容的法律依据,维护了社

---

① 综改区的授权围绕改革中心进行。上海浦东新区、天津滨海新区、深圳市、武汉和长株潭城市圈、重庆和成都市、山西省、沈阳市及厦门市获得综合授权,但不意味着授权没有边界,上海浦东和天津滨海的授权重点在于利用沿海优势对社会主义经济体制进行探索改革;重庆、成都的授权重点在于探索社会体制和公共事务改革和统筹城乡发展;武汉城市圈和长株潭城市群的授权重点在于能源资源节约和生态环境保护。不论综改区还是专门区,授权立法的重点鲜明体现改革方向。

会转型期的法制统一,防治地方立法权过度扩容。客观上收紧了地方立法的权限,并作为一项长期的立法政策。

从历时态角度看,《立法法》修订前后,对"设区的市"和"较大的市"这两个地方立法单位及其关系变迁,应有准确认识。有学者认为,赋予地方立法权只应是特殊历史条件下的一种权宜之计,长期存在将会导致一系列弊端出现,因此"应当逐渐将地方立法权收归中央";而"立法法却将本已太分散的立法权进一步分散"①,分析这种设置缺陷的原因,在于赋权地方立法主体未能统一;支持者中代表性的意见认为,从"宪法政策"、地方分权视野以及主权理论等角度,论证地方分权的必要性,说明立法权下放到地方,才能有效促使国家迈上正确的法治建设道路,并说明"地方分权、权力下放并未导致'地方割据'的危险,相反,地方立法起到很好的示范作用,为中央立法提供了丰富的立法经验。"②制度是构造人们在政治、社会或经济方面发生交换的激励结构,制度变迁决定了社会演进的方式,制度的运行存在一定的成本,制度成本对于资源配置的效率具有重大影响,内在规则和外在规则体系对于制度成本有关键影响。关于地方立法的制度构建与"条块"竞争逻辑,以"制度竞争"逻辑分析,在资源流通环境下,资源会自动涌向制度成本较低的一方,制度优势就会转变成一种资源优势,这种激励结构促使制度成本较高的一方致力改进制度构建以降低运行成本,同时,督促优势一方继续完善制度以保持优势,制度之间形成竞争态势,确保资源配置向有效方式改善。地方立法权是制度竞争的重要表现形态,"条块"格局一方面形成纵向的制度竞争,即中央与地方立法的优势互补,在确保法制统一的前提下,通过放权、试错等路径,使地方立法在立法资源方面实现优化配置,通过设定地方立法权的方式,提升中央与地方的法治化水平。以省级地方权力机构作为"政策规制和政策实施之间的空间谱系",自上而下的权力传递是增量过程,中央通常是概括地明确政策的总体目标,具体实施和执行留给地方,在此过程中,地方有足够空间理解和解释中央政策和法律,并通过制度筛选和信息反馈等方式,反向影响中央决策,因此,维护法制的统一和

---

①　周旺生:《立法学》,法律出版社 2009 年版,第 99 页。

②　肖金明:《创新和完善地方立法权制度——兼谈地方人民代表大会制度的完善和发展》,《理论学刊》2014 年第 11 期。

权威,权力传递链条的法治化与程序化是关键,即落实在地方立法权的规制。其次,法律有地方性知识的一面,立法所指向的社会关系在具体语境下,其是否需要立法、何时、以何种方式立法、具体内容等信息高度分散,地方在具有信息优势,使制度运行成本更低。第三,从偏好层面看,处于直接管辖的地方政府对于民众的偏好更为敏感。使法律作为"活法"发挥功效,最后,地方立法成本低、风险小、易推行,通过试点试错机制,向中央立法转换,为中央立法提供驱动。地方立法试验机制和上升渠道是划定中央与地方立法权限的一种可能方式。

2. 从地方立法权配置的角度理解"先行先试"

从地方立法权的权属界定可见,地方立法权"收与放""保守与积极"等趋势,与国家改革战略布局基本同步。法治国家的立法权配置,关联以事权和财权为中心的国家治权分配,也关联不同层级、行业和对象的各方利益表达。地方立法权涉及中央与地方、不同层级地方间的纵向关系,也涉及地方体制和同级地方间的横向关系,始终处于纵向和横向两项维度中。单一制结构国家,立法结构在纵横两项维度上仍然存在张力。

关于中央与地方权力关系的划分模式中,地方立法权占据重要位置,具体形态各异,并随着国家建设和发展需要不断调适。例如单一集权制的法国,20世纪80年代的地方改革,赋予地方制定自主性条例以及对法律条例进行"实验性减损"的地方立法权。单一分权制的英国,各地普遍拥有在英国议会明确授权范围内就各自职权事项制定地方性法规的"一般立法权"。合作型联邦制的德国,在有国家性质的各州在一定领域内享有自治权,同时,联邦拥有广泛的"排他性立法权"。竞争型联邦制的美国,各州立法与"联邦集权"之间形成二元结构,州际之间的立法竞争也较为明显。主要国家不同类型的立法模式,表明关于地方立法权的理解,具体到主体界定、权限范围、权力运行等问题,虽与国家结构形式有关,但并非必然因果关系,而是随国家发展需求不断调适。地方立法权中的"地方"与"立法"是可能发生变动的,地方立法权的收与放是各国通例。地方立法权的权属界定是学术问题,对地方立法权收放与扩容体现在各地方的立法实践。实践中,对地方立法权的调适源于改革激发的地方发展需求,并与国家的改革战略保持同步。

国内深圳市取得并扩大地方立法权的实践较好诠释地方立法权扩容与改

革的关系,也为不同时期围绕地方立法权所进行的争论提供素材。地方立法权扩容需求源于改革所激发和推动的经济社会发展需要,立法权下放是经济分权的结果,也是进一步深化改革和完善中央地方立法权力构造的重要环节。不同改革阶段的目标函数和面临的约束条件不同,其所需要的改革策略也有所不同,在以财政激励为导向的经济分权改革之后,改进地方治理和绩效评估的短期机制,需要借助地方立法权扩容所提供激励。这使各地能够以法治转变地方治理方式,并在客观上发挥立法"试验田"作用,从而"上下并举"共同推动法治国家的建设。

改革攻坚期和深水区,《立法法》将地方立法权下放到"设区的市",在国家层面以地方立法权扩容方式明确回应各方争议。立法实践充分证明,在保证法制统一前提下给地方以适当分权的必要性,但在地方立法权的扩增范围、幅度、进度、立法质量等问题上仍然众说纷纭,《立法法》修改在扩大地方立法主体范围的同时,通过限定设区的市的立法范围、对其立法权的行使方式实施省级管控等为地方立法权设定限制,以严格限定地方立法客体的基本范畴等"有放有收"的制度设计,管控地方立法权。《立法法》将设区的市的立法范围限定在"城乡建设与管理、环境保护、历史文化保护等方面的事项",这一规定基于对扩大地方立法主体可能带来的立法失控问题进行预控的合理性,但扩容主体与立法客体的不完全一致,地方性事务远不止上述列举的三个方面内容,还包括诸如地方预算决算监督、科学教育事业、社会医疗保障、基层社会治理等重要且迫切的事项①。明确"地方性事务"范畴,应结合理论分类和概括性标准,就立法事项的"重要程度"以及立法事项的"影响范围"来确定。以实现地方发展方式由财政激励型向地方法治竞争发展,不仅提供权力预设和制度可能,更需要约束条件来确保该激励机制。

3."先行先试"法律规范存在问题

(1)缺乏专门针对综合配套改革的法律文件

到目前为止,除国务院批准的综合配套改革总体方案外,全国人大只

---

① 城乡建设与管理、环境保护、历史文化保护等方面的事项,从实践层面看,宜做类型理解,而不是事项理解。

做出授权国务院暂停实施上海自由贸易区有关法律的决定文件,其余为国务院各部门支持改革的促进措施,没有一部专门针对综合配套改革的法律文件。缺乏针对综合配套改革的概念、性质、法律结构的统一规范性文件。

（2）综改地方立法进程迟缓,立法内容泛化

各综改试验区都在不同程度上进行了相应的立法,最多的天津滨海新区的规范性文件只有17份,最少的温州只有1份,可见,各地的立法保障活动都是滞后于改革发展的进程,现有的法律文件也普遍存在着立法内容较为宽泛空洞,缺乏实际的可操作性。例如《关于促进和保障浦东新区综合配套改革试点工作的决定》中,上海市人大常委对浦东新区的授权是概括性授权,不符合现代授权理论的"一事一授权"的原则;《武汉市城市圈资源节约型和环境友好型社会建设综合配套改革试验促进条例》从科技体制改革、资源节约体制改革等9大方面进行了相关的规定,但每一方面的法律规定都还是停留在原则性规范。同时,综合配套改革试验区之后所有的立法文件都称之为"先行先试"的立法文件,并没有依据其各自被确定的改革重点和特色进行,笼统的将所有的政府行为和改革行为均称为"先行先试"。

4."先行先试"立法保障的原则

（1）政策法治化理念

"先行先试"政策是国家赋予地方先行进行改革试验的一种特殊的政策,但目前国家并没有赋予其法律上的意义,使得"先行先试"政策在实践过程中面临着很多法律上的风险。"先行先试"政策法治化理念包含静态和动态两个方面。从静态层面来讲,"先行先试"政策的立法保障必须做到及时立法、维护法制统一,在地方立法的活动中,严格按照其法定权限、遵照法定程序,来确保"先行先试"立法活动及其立法内容的合法性。从动态层面来讲,"先行先试"政策立法保障及时的关注政策的实施和变动情况,对于随着改革的不断深入而显现的"先行先试"政策的实施效果,通过立法将试验成功的改革经验用法律的手段加以确认,使其可以在今后的改革中不断完善和发展,逐步走向法治化。综改区"先行先试"政策的核心在于改革创新,处在立法的空白区域。

（2）"先行先试"立法特色

1."非同质化"问题

"非同质化"立法,指各地方根据自身的发展战略和立法规划,在地方立法权扩容的政策激励下,挖掘并定位其独特的区位优势,以立法的形式将该优势内化为制度构建,通过建立正向激励结构实现区位优势与制度建构之间的良性互动。地方立法权的存在形态和运行方式不仅受制于央地关系的分权结构和中央与立法的权限范围,也与各地方之间和地方内部的立法构造密不可分。后者在很大程度上决定了地方立法的不同策略、范围和内容等,形成多层次、非同质化的立体立法格局。区位优势正是地方特色的重要内容,也是针对性和操作性的落脚之处。这种优势可能是基于气候、土壤、资金、技术、劳动力等生产要素的经济产业优势,或基于较完备的法律制度、较先进的立法技术、较开放的政策许可等制度因素的政策法律优势;也可能是较低的犯罪率、成熟的纠纷解决机制、透明的行政司法程序等治理优势;或是交汇的交通枢纽、沿海的深水良港、临边的边境贸易等地缘优势。

区位优势与地方立法之间通过激励结构和反馈机制形成良性循环。处理好立法和改革的关系。第一,立法体现改革精神;第二,肯定成熟的改革成果,对尚不成熟但确有需要立法的可先确定改革原则并预留改革空间,尚无实践经验的暂不规定;第三,对经实践证明不能适应改革发展,甚至会对改革形成阻碍的法律法规,及时加以修改或废止。当前立法与改革呈现两种新情况:部分规定不能适应改革要求或落后于顶层设计;部分领域因实践经验不足、立法时机不成熟等原因存在立法空白。针对前者,应完善立法体制机制,先依靠政策指导,"立、改、废、释"并举,使立法适应改革和经济社会发展需要;针对后者,应经探索和实践,全面权衡后立法。试验型立法是为改革试验而制定,应明确试行法和暂行法的试验要求,明确与现行法之间的适用关系。试验性立法应规定试验评估程序,对立法试验进行实时评估。此外,还应处理好基于试行法与暂行法形成的法律秩序的后续问题,处理好试验法与正式立法间的衔接关系。当前立法应当从经济领域向社会、民生领域的转变,应更注重多元化和地方特色,不求千篇一律,而要因地制宜。

2. 选择性立法问题

地方立法权有助于焕发地方积极性,但同时也带来以下问题:首先,基于地方对立法的偏好,立法主体增加会带来立法数量的增加,使得法制内部的协调统一受到挑战。其次,重复立法问题可能会增多,照抄上位法的现象会依然存在。再次,选择性立法可能出现,行业利益固化嘉盛,如处罚条款在地方立法中可能增加较快,增加公益事业投入的条款则不会有明显增加。改善选择性立法根本在于加强人大对立法的主导、提升科学立法理念,而主要不在于地方立法主体的扩大。立法如何坚持"非同质化""有特色"的原则。一方面是依照法定权限,进行创制性立法。包括对属于地方性事务的立法,拓展地方立法的空间,增强地方立法的自主性和特色;另一方面是依据本地的具体情况和实际需要进行先行性立法,以填补国家立法的空白和缺位,先行立法是地方立法有特色原则的直接体现。

立法作为一种意志选择活动,应当遵循科学性的要求,从实际出发,注意和尊重社会活动中的各种规律。立法中人们并非没有自由选择的余地,但要尊重立法所解决的社会问题的发生背景,尊重法律贯彻实施所需的社会条件,在作出立法选择时应注重制度的价值正当性、制度的连续性、利益的均衡性等。立法理性的重要性不仅体现在对国家权力意志的强调和承认,更体现在对国家权力意志的防范和规训。如何通过一种制度结构和方法技艺的有效结合,最大限度释放国家理性的创造性威力,同时限制权力过度膨胀,这是将宪法层面的立法权限划分同技艺层面的立法预测、立法完善的分析讨论相结合的原因。

3. 行业(部门)立法问题

处于立法焦虑的时代,应回归经典重新审视相关问题。葛兰西在认识"市民社会"时,将目光从经济领域转向文化领域,将法律看作维护和巩固一定文明样式的工具,认为每个人都是社会中的立法者,都是建构法律秩序的力量,这一思想在当下依旧富有启发性。

《立法法》修改后,行业(部门)立法的弊端被放大。因此,建立和完善委托第三方参与地方立法的工作机制具有重要的理论意和应用价值。"立法至上"背景下,需要更多考虑立法的责任,在立法决策过程中规避风险。对于科学民主立法,既要在规律性、哲学理论上研究,也要关注社会治理和社会需求的博弈,寻求社会需求与科学民主立法的结合点。科学立法应符合社会发展规律,法律从社会实践中来,标准的确定务必要符合地方实际。粗放性立法技术与多头立法领导体制形成的制约、配套法律法规滞后影响立法的实施效果。需通过有针对性的立法加以解决。立法机关通常把法的体系和立法体系合二为一,将内部结构和外在形式相融合,大部分学者则是关注了一个方面忽视了另一方面,与立法机关的认识有差异。构建完整法律体系除了以立法的方式,司法的作用同样需要重视。针对上述问题,提出如下建议,一是要注重法律规范之间的协调性,减少法律审查的阻力。二是合理设置法律内部结构体系,保证法律内部的统一。三是开展重点领域的立法,引领推动改革。四是推动立法的民主性,广泛听取专家公众意见,尤其是当事人群体的意见。五是规范地方立法权建设,加强监督规范,加强立法队伍的建设。

4. 立法能力建设问题

通过立法权的适度下放处理好改革与立法的关系,避免改革于法无据或者改革先行而立法滞后的现象。因此,地方立法观念的提升和更新在《立法法》修改后显得尤为重要。有学者对立法行为进行实证分析后,认为城乡建设和管理、环境保护、历史文化保护、社会管理和经济管理等五个方面的立法需求与城镇化背景下的人口结构和经济结构变迁具有较高相关性。这一发现有助于描述社会经济诸因素与地方立法需求之间的关联,并为科学设置设区的市立法控制机制提供参考。目前立法能力建设存在的突出问题有,第一,行政机关主导地方立法现象依然存在。第二,立法的地方特色有待进一步增强。第三,立法信息公开和社会参与不够。第四,区域立法合作相对较少。第五,创新性立法仍显不足。

《立法法》没有规定设区的市立法中批准制度的报请批准程序和审查程序,没有详细规定审查内容和审查后的处理方法,应通过省、自治区人大立法进行完善。省、自治区人大在立法时应坚持"不抵触原则"并发挥地方的主动性和积极性。遵循"不抵触"原则的前提下,重视实现地方特色和可操作性。需要重视的是立法能力建设问题,深化改革"差别化探索"的立法引领。首先,地方立法体现的也是国家的意志,地方要认识到立法的权威及其规范和引领作用,要重视提高立法的质量;其次,地方立法不是越多越好,地方立法应以地方问题为导向,体现地方特色;最后,加强地方立法并无不妥,但要警惕法律万能主义,防止事事都有立法,避免过多的立法产生过高的行政成本。另外,就立法概念、体系、价值取向三个方面的逻辑困境。将该矛盾冲突化解在合法性审查的立法批准阶段,把立法问题中的价值判断问题转化为程序性问题提前消解,或可作为一个可行方案。提出如下建议:第一,从源头上加强立法决策与改革决策的衔接协调;第二,统筹配置立法资源,建立中央与地方立法互动机制;第三,更好地发挥地方立法作用,体现立法适应改革、引领改革。第四,提高引领性立法的质量,提升立法实效。

五、雄安新区主要城市规划法治化

(一)白洋淀流域规划法治化

1. 白洋淀基本情况

白洋淀是华北平原最大的浅水湖型湿地,经过多个朝代的改造和治理,特别是清代千里堤的修建,形成现有基本格局,该流域生态环境变化,对维持华北平原生态平衡和雄安新区的建设具有重要意义。以白洋淀为核心,从历史、水资源、水质、生态及社会生产系统等多个角度论述白洋淀的变迁及发展趋势,探讨白洋淀环境生态与雄安新区建设的内在联系,雄安新区防洪工程体系建设和白洋淀环境生态系统在功能上相互制约,在规划布局上融为一体①。白洋淀及其周边具有独特的环境生态特征。雄安新区的建设基于区域的环境生态,形成区域水城相融、蓝绿互映、生态宜居和城乡一体化发展格局。以白洋淀为核心,从历史、水资源、水质、生态及社会生产系统等多个角度对白洋淀的变迁及其趋势分析,探讨白洋淀环境生态与雄安新区建设的内在联系。白洋淀的塑造,除堤防外就是入淀河道的变化。清代千里堤的建设把

---

① 程伍群、薄秋宇、孙童:《白洋淀环境生态变迁及其对雄安新区建设的影响》,《林业与生态科学》2018 年第 3 期。

储龙河引入白洋淀西南触角,中华人民共和国成立后又把唐河、清水河从西北触角改为从西南触角入淀。白洋淀上游的主要洪水下泄通路为西南到枣林庄枢纽,实际加大淀区及周边洪水威胁。因此,大幅提高白洋淀区域的防洪标准,以适应雄安新区建设,如只把着眼点放在枣林庄枢纽的改造则存在较大弊端,对构建适应雄安新区要求的防洪工程体系需要进行更深入的研究①。白洋淀水利枢纽的格局形成后,发挥作用的基础是水利控制工程对白洋淀水量的调控。白洋淀的社会作用和主要功能变化的因素中,最重要的是入淀水量,其来源于上游流域的降雨产生的径流,主要受上游对径流调控与利用的影响。

　　白洋淀定义为浅水湖型湿地,具有极其重要的环境生态价值,而雄安新区的建设对白洋淀环境生态质量也提出了更高要求。湿地主要功能是对水质及随水流进入湿地的污染物较强的处理能力,但这种能力的发挥受水文地质环境及生态状况的影响,白洋淀地理环境、入淀水量及其过程、水质变化及生态资源的开发利用等促成白洋淀生态的变化。白洋淀生态系统中主要动植物包括浮游生物、底栖生物、鱼类及水生植物等。白洋淀污染是明显的带状分布,控制减少随上游河流入淀的污染物数量,是白洋淀流域治理的关键,包括主要河流的清淤并规范排河污水口的设置②、提高城镇污水集中处理标准③、减少白洋淀上游流域对水量的消耗④、提高公民环保意识⑤。随着雄安新区建设的推进,白洋淀生态系统功能及发展方向有根本的变化,即逐步减轻对白洋淀生态系统生产利用的强度,减少影响生态平衡的人为干扰,提高白洋淀生态系统的塑造能力,为营造雄安新区良好的生态环境发挥主导作用。

　　雄安新区的建设不仅改造以白洋淀为核心的环境生态系统,更主要的是

---

①　程伍群、薄秋宇、孙童:《白洋淀环境生态变迁及其对雄安新区建设的影响》,《林业与生态科学》2018年第3期。

②　由于地下水位埋深加大,平时随污水口排入河道的污水渗漏,使污染物沉积于河床上,会被汛期洪水夹带入淀。

③　在污水处理厂下游建设人工湿地,把深度处理后的中水作为河道径流的水源。

④　加大农药化肥施用的控制力度,有效减少面源污染。

⑤　包括既不向河道扔废物垃圾,也不向街道雨水口倾倒废水和垃圾。

融入这个生态系统。雄安新区核心区所处的位置地理高程,基本与邻淀底部一致,历史上是洪水的蓄滞洪区,淀内村庄、四周的容城县城、雄县县城等高程基本一致,基于文化、水环境及景观和谐,应垫高核心区建设地表高程,有利于构造与白洋淀相通的水系格局,维持地表与水面的高差。核心区以外临近淀区的规划,还应考虑超标洪水的滞蓄及排泄等问题。白洋淀生态系统的修复及健康与平衡将成为雄安新区成功的重要标志。明晰雄安新区面临的防洪形势,加强新区防洪工程体系研究的同时充分考虑历史因素的影响;白洋淀水量保障包括生产生活等用水,上述域社会生产、生活过程造成的,在加强治理的同时应注重生产与生活的调整与变革①。随着《河北雄安新区规划纲要》(以下简称《纲要》)等一系列治理政策的出台,白洋淀的修复和治理全面提速,将成为全国湖泊治理的样板工程。

白洋淀是平原"浅碟式"湖泊,自身调蓄能力有限。尤其是春季,白洋淀蒸发量大,渗透量也大。多年来,白洋淀上游修建大中型水库143座,在疏浚河道的同时,基本拦截了上游来水,入淀流量逐年减少,白洋淀的"干淀"现象频发。近年来,由于地下水严重超采导致平原地区水位下降,包气带逐年增厚,土壤蒸发散失量大,致使降雨形成地表径流的过程损失过大。降水的不确定性和高蒸发量及水的渗漏成为影响白洋淀水位的重要原因。同时,白洋淀缺乏稳定的水源,所属大清河水系为资源性缺水地区,加之自然干旱,使得白洋淀的天然径流量很小,跨流域补水未能满足白洋淀充足的水量供应。再加上流域上游修建的水库截流了大量的入淀水量,淀区及周围工农业用水量的增加,引淀水量逐年增多,蒸发量加大,白洋淀的入淀水量逐渐变小。按照规划,新区用水总量控制在6.5亿—7亿立方米左右,白洋淀已建立起多水源补水机制,与此同时,节水被摆在了突出位置。白洋淀山前平原有约1400万亩农业用地,农业是第一大用水行业,占到总用水量75%,目前水资源开发利用率约为127%,浅层地下水埋深从20世纪80年代初期的6米下降到目前的25米左右,年均超采9亿立方米。节约农业用水为重点治理方式,以建设节

---

① 程伍群、薄秋宇、孙童:《白洋淀环境生态变迁及其对雄安新区建设的影响》,《林业与生态科学》2018年第3期。

水型农业为目标,山前平原实施大规模节水灌溉,调整种植模式,适当退减灌溉面积,实施地下水超采区综合治理。杜绝大水漫灌,推广喷灌等先进节水技术,使新区成为全国高标准节水农业、生态农业发展的示范区。由于历史原因,白洋淀地区有偿用水的机制还未能有效建立。建立用水的市场机制是重要的一环。20 世纪七八十年代,白洋淀流域工农业迅速发展,淀中村人口急剧增加,人工养殖星罗密布,各种点源、面源污染物不断增加,使白洋淀的生态环境受到威胁,面对 300 多平方公里体量的 V 类水,白洋淀及以上主要污染物入淀量根据规划,需削减 80% 以上,淀区水质达到 III—IV 类,治理难度大,若采用传统排污标准,即使全部实现环保达标,但污染总量依然会超标。因此,雄安新区及白洋淀上游地区应实施更加严格的排污标准,根据区域排污总量上限,按照行政区域或行业进行分解。保定位于雄安新区上游,白洋淀 8 条入淀河流全部流经保定,保定的河湖状况直接影响白洋淀水质,由此开展系列专项整治行动,全面取缔非法入河排污口,实施河道功能湿地建设和河道底泥无害化处理,完善农村雨污收集管渠,推动农村厕所生态化、无害化改造,杜绝污水直排入河入淀;同时,围绕水生态系统的建立,植树造林领域,开展千年秀林工程,建设环白洋淀绿化带、环新区绿化带,新区绿化工程和白洋淀上游规模化林场试点项目建设规划。从生态系统的整体性出发,统一规划、统一实施。实施白洋淀退耕还湿、农村小微湿地建设项目,扩大湿地面积,恢复湿地生态系统稳定性,保护淀区独特的自然生境和景观,保持淀区湿地生态系统完整性,建设人与自然和谐共生的试验区和科普教育基地。为切实改善雄安新区及白洋淀流域水环境质量,河北省政府办公厅《雄安新区及白洋淀流域水环境集中整治攻坚行动方案》提出,围绕雄安新区及周边地区、白洋淀及其外延连通水系等重点区域,产、城镇生活、农业农村等方面污染源整治为重点,加大对入淀河流、黑臭水体、纳污坑塘等整治力度,削减入河入淀污染负荷,推进雄安新区及白洋淀流域水环境质量改善,以活水打造完整的水生态系统。坚持节水优先、空间均衡、系统治理,以河道水生态修复、水环境治理和防洪安全为主线,截污控污、生态修复、增水添绿、堤防建设等系统治理,治理农业面源污染,专项整治纳污坑塘,科学清除围堤围捻,建立常态化生态补水机制,努力推动白洋淀水面恢复。

2. 白洋淀流域生态环境整体性规划

（1）望淀规划

现代城市规划诞生于近代工业革命时期解决伦敦的公共卫生问题。治理城市病，给城市居民创造一个美丽宜居的生活家园，始终是城市规划的根本目的。合理有序安排好生活就业、交通出行、休闲游憩是一个规划的基本要求。城市病蔓延，根本在于过去过于注重城市的经济发展功能，忽视城市作为生活家园的基本属性，雄安规划是一次规划本源的回归。千城一面的症结，在于规划忽视了城市自身的特点。地处华北平原，拥抱白洋淀，是雄安的特质。雄安新区规划是在对这一特质的深刻认识基础上开展编制工作，基本原则是，处理好城淀关系、立足平原建城、坚持区域协同发展。雄安新区规划要成为今后中国城市规划的标杆，关键是贯彻纲要所体现的规划内涵。例如，坚持新发展理念。规划要回应时代诉求①，雄安没有可以照搬的规划方案，只有可持续和不断深化的规划理念与思想。富于城市弹性和高标准的雄安新区的规划是前所未有的挑战，是为中国未来的城市规划提供范式。规划的先进性在于空间、发展方面，给未来预留，使城市富有弹性，治理白洋淀，以倒逼机制形成生态规划与治理的示范价值。白洋淀本身对区域发展，设置了环境的容量要求。具体规划中，水城相融、蓝绿互映的典型方案，包括"望淀"规划，即城与淀分开，中间留出适度空间，白洋淀周围形成广阔的生态环境保护区，在城里看得见水，但不一定在水边居住，整个城市跟白洋淀应该保持一定的距离。突出淀边利用的规范性、科学性和严谨性，可以合理利用淀边资源，但不一定以住在淀边的方式利用。规划中应首先治理白洋淀村落传统居住模式，白洋淀村落基本有两种，一是淀中村，和外界联系都是通过坐船出行，完全在淀里；二是淀边村，即居住在大堤上，因为地势比较高，不会受洪汛的影响。但不论淀边村还是淀中村，对白洋淀都会造成污染。有些村规模比较大，生态治理移民搬迁是治理途径之一，其次实改变现有的生产生活方式，例如改善环境基础设施，处理好生活垃圾与污水；利用水面进行养殖、种植的生产方式退出，发展旅游、文

---

① 这是雄安新区能够与深圳特区、浦东新区在大历史观上相提并论的价值。面向未来，改革创新是时代赋予深圳、浦东和雄安的历史责任。雄安新区规划是新时代起点上的规划，与深圳和浦东不同，雄安发展的基础更好，但难度也更大。

创等自然负荷小的生产方式,总目标是降低白洋淀水体的负担。村庄环境整治工作中,河北省自 2013 年开展农村面貌改造提升行动以来,每年确定一定数量的村庄重点推进。区别于其他地区仅着重单个村庄的做法,河北省安新县环白洋淀地区的 45 个村作为省级重点村,强调区域整体改造,从连片整治的规划实践出发,针对河北省白洋淀地区生态敏感性问题,分析保障生态为前提的村庄整治内容、重点和策略,提出环白洋淀地区村庄连片整治的规划措施,在开展村庄分类前提下,区分整治深度,引导村庄撤并,从整治环境卫生、改善生态环境角度,提出垃圾收运、污水处理等设施建设模式与形式,从完善设施配套、促进共建共享角度,拟定不同层级村庄公共服务配置标准,以及不同类型村庄的供水方式,从塑造乡土风情、彰显特色风貌的角度,规划保护原生绿化水体景观风貌、分片引导建筑风貌。

以市政、交通、规划标准、绿色生态、美丽乡村专项工作营的方式,对新区规划建设的关键领域集,共同提出解决方案。雄安新区是在四个综合规划的基础上,河北省同步委托国内相关机构开展 55 个专题研究和专项规划,初步形成雄安新区的规划体系,全方位保障规划编制推进。与其他城市的规划不同,雄安新区的规划最大特点是需要多方位的探索[①]。逐一摸清现状,明确工作方向,形成具体工程措施,保障新区各项规划建设稳步推进。另外,加强对绿色、创新、智能等重点领域的深化研究。针对绿色生态、创新发展、智能城市等领域展开全方位的研究,不仅在空间上落地,围绕规划建设推进,提出明确的规划管控和实施要求。重点领域按照分步走的原则,制定实施路线图,确保规划落到实处。加强对规划可实施性的系统性安排。城市规划是一项系统性工程,雄安新区规划在加强专业领域创新的同时,注重系统集成和建设实施的整体谋划。规划既要考虑为未来发展预留空间,更要为当前稳步推进实施提供支撑。规划坚持生态优先、绿色发展,统筹生产、生活、生态三大空间,构建蓝绿交织、和谐自然的国土空间格局。国土空间格局是雄安新区开发和保护的总体框架。践行生态文明理念,尊重自然、顺应自然、保护自然,顺

---

① 例如加强对重大支撑性工程的先期落实。针对水资源和能源保障、防洪和地质安全、区域交通基础设施等雄安新区规划建设的支撑性工程,相关部门和规划机构围绕新区规划目标,同步推进相关工作。

应新区自然特征,雄安新区的淀水林田草作为生命共同体进行统一保护、统一修复。通过植树造林、退耕还淀、水系疏浚等生态修复治理,强化对白洋淀湖泊湿地、林地以及其他生态空间的保护,确保新区生态系统完整,蓝绿空间占比稳定在 70%。以资源环境承载能力为刚性约束条件的绿色发展,"以水定城、以水定人",严格控制建设用地规模和人口规模。推进城乡一体规划建设,不断优化城乡用地结构,严格控制开发强度,新区远景开发强度控制在 30%,建设用地总规模约 530 平方公里。合理控制人口密度,突出节约集约,促进城乡建设用地高效利用,新区规划建设区按 1 万人/平方公里控制。

　　新区起步区所在的位置,是华北平原地势最低的地方,防洪方面的规划具有针对性,一方面防洪,另一方面是防涝。防洪规划包括围堰、修大堤、垫高城市到洪水位以上。流入白洋淀的河流有 9 条,如果这个区域普降大雨,可能出现洪涝。而历史上,白洋淀本身的水量是不断变化的,缺水时期导致白洋淀形成旱地;持续降雨又形成洪涝。白洋淀称为淀,和湖有很大不同,即水量更小,与自然变化的联系更密切,生态系统更为脆弱,遇到极端天气后的水体变化更大更剧烈。防涝方面是规划确保本地降水能及时排出,排不出去也会被淹。防洪和内涝两方面需要平衡。改造自然的防洪思路已不能有效解决防洪问题,基于现代防洪理念编制城市防洪规划,合理利用土地、强调雨洪资源化利用、重视滞蓄洪区的规划、河道治理采用生态型河道、采取防洪非工程措施等,而平原河网地区城市防洪规划方案评估,是模糊多目标多准则的行政决策,客观上影响因素众多、情况复杂多变,目前防洪规划方案评估方法存在不足,因此需要分析城市防洪规划方案影响因素,建立评估指标体系,尝试将粗糙集和信息熵理论①相结合,构建基于粗糙熵理论的平原河网防洪规划方案,粗糙熵的防洪规划方案在保证稳定性的同时,也具有较高的精度,能为城市防洪规划

---

　　①　粗糙集理论和概念格理论是波兰学者 Z.Pawlak 和德国学者 R.Wille 提出的数据分析工具,近年已在机器学习、模式识别、决策分析、过程控制、数据库知识发现、专家系统等领域得到成功应用。粗糙集理论是继概率论、模糊集理论、证据理论之后的处理不确定性的数学工具。知识约简算法是粗糙集理论的核心内容。参考胡寿松、何亚群:《粗糙决策理论与应用》,北京航空航天大学出版社 2006 年版,第 50 页;参考罗党、王洁方:《灰色决策理论与方法》,科学出版社 2012 年版,第 11 页。

方案的评估提供指导,城市洪灾的成因是多方面的,除受地理地形、气候条件等许多自然因素影响外,也受到人类活动等人为因素影响,包括城市不透水地面增多、城区降水增多及绿地、植被减少,排洪能力差,水体面积减少等,是城市内涝加剧的主要原因,为减轻和预防洪水给城市居民带来不安全影响,应做好防洪规划,规划除考虑提高防洪标准、加快建设城市防洪工程并保证质量、增加地面覆盖度、改善生态环境、妥善管理防洪设施外,应考虑风险与脆弱性、减少地面沉降及建立现代化防洪体系。

科学编制城市防洪规划,需要综合考虑各方面因素。现状情况分析、防洪规划原则、防洪规划标准及城市防洪体系确定等方面,是城市防洪规划编制过程中的主要因素。城市防洪规划原则强调城市防洪规划与流域规划、城市规划、排水规划的相互协调关系;城市防洪工程布局,是防洪工程与河流、地形的关系,蓄滞洪区的作用及河道两岸不同防洪标准等方面。城市普遍存在的严重雨洪问题,现行规划体系中涉及雨洪控制利用相关规划的欠缺户有局限,是城市开展雨水控制利用专项规划研究和编制中的困境,建议将城市雨洪控制利用专项规划纳入城市规划体系,并在城市更新、改造和新城建设中应用。白洋淀是大清河系中下游防洪的最后一道防线,所处的地理位置,决定了它在流域防洪中的重要地位。白洋淀的防洪安全直接关涉京、津、冀地区的社会经济发展,也关系到京广、京九、津浦铁路和其他交通通讯干线及华北、大港两个油田等重要设施的防洪安全。因此规划中建议对白洋淀与上游水库群防洪联合调度进行研究,联合调度方案为保护白洋淀周边、下游重要城镇以及交通通信干线防洪安全,具有重大现实意义。根据白洋淀所在的地理位置,确定白洋淀在流域防洪中的地位,总结白洋淀上、下游防洪工程体系的防洪现状,根据白洋淀流域 63.8 和 96.8 洪水过程①,总结白洋淀以上流域入淀洪水的规律;通过流域内各控制站长系列降雨径流资料,根据各水库的常规调度方式,设计出库洪水过程线,进行河道洪水演进计算,扣除河道洪水入渗损失量之后研究入淀口处不同系统山区和平原区入淀洪水遭遇问题。采用数值分析法对白洋淀

---

① 模型是一个综合的区间优化体系,体系内参数的不确定性表现为概率分布函数和区间数值两种类型,应用于白洋淀的长期水质管理系统中,在不同违反环境约束风险的水平下产生区间解,同时为决策提供决策选择。

进行调洪计算,明确了白洋淀的防洪能力较低,为了提高白洋淀的防洪能力,提出了白洋淀和上游并联大型水库群进行联合调度的措施,通过对各水库进行预泄调度和实时控泄调度,利用水库的防洪库容适当增加拦蓄水量,减少白洋淀周边淹没损失,对白洋淀枣林庄泄洪闸运用进行分析,采用模糊优选理论对预泄风险分析,确定王快、西大洋、龙门和横山岭水库的最优预泄流量。基于白洋淀的重要防洪地位及面临的问题,从工程措施和非工程措施,提出白洋淀的防洪减灾对策①。从规划角度,基于首都功能延伸区的分区概念,对首都周边区域及核心城市的空间关系分析,结合白洋淀地区的发展现状,规划白洋淀地区未来的总体定位和生态优先、极核带动、产业转型及扩大开放的空间发展战略。依据白洋淀水资源状况、湖沼学特性和水体使用功能情况,提出白洋淀在社会经济发展中的环境问题及环境管理规划。规划决策应根据经济和水环境污染物容量,对系统稳定性的约束选择正确的决策方案,并产生使系统综合效益最大化的土地分配方案和行业规模分配方案,即权衡经济效益、环境约束违背风险以及流域级别的水质管理三者关系。采取组团式布局,让城市发展富有弹性,有结构上的灵活性,能够适应各种可能。如果采用单一结构,城市发展不到那么大,结构是残缺的,组团式布局如果每个组团不大并相对独立,组团内部有住宅区、有产业区、有公共服务设施,能够发展好每一个组团单位。雄安新区在空间规划上是组团式的,这种布局本身可以为快速建成创造条件,也给未来应对不确定性保留充分的弹性。组团式就是多中心,与典型的单中心结构城市不同,每个组团单位的规模大概是二三十万人,占地二三十平方公里,相当于一个小城镇的规模。在每个组团内部,又细分为若干空间单元。每一层空间都注重功能混合、自我平衡,改变城市单一功能的发展,而不是有些城市工业区与居住区隔着十几公里,发展十几年,还是连不到一起的孤岛。规划雄安②的空间布局上,尽量减少人在必要的生活、工作之外的其他负

---

①　杨鹏、杨高升、顾浩威:《基于粗糙墒理论的平原河网防洪规划方案评估模型》,《水电能源科学》2015年第9期。

②　公布的《河北省雄安新区规划纲要》贯彻了新的发展理念,规划内容体现了对新区发展的综合引导,规划体系既贯穿了各个层次,又有大量专题专项支撑,注重城市设计,是按照一张蓝图干到底的要求开展编制工作,是雄安新区规划的重要特征。

担。在每个组团,甚至空间单元内部,让各种功能充分混合,就业、生活、公共服务都能兼顾到。当然,这种平衡不是绝对的,只是在一个比较小的空间尺度里满足人们工作、生活的基本需要。

编制规划过程中,如何处理好城与淀的关系是一项关键问题。规划的核心原则是不能"因城废淀",实现城淀的共生共荣。以保护和修复白洋淀生态环境为城市规划建设的先决条件,坚持"城水林田淀"一体规划,坚持人与自然、城与白洋淀和谐共处的设计方针。城淀关系是雄安新区规划建设的核心问题。白洋淀是华北平原上常年积水的最大淀泊,湿地特性突出,淀泊风光独特,具有重大的区域生态价值和景观价值。在新区规划中既要保护好,也要利用好白洋淀,首先是要保护好白洋淀的生态功能。规划中坚持"禁入淀、慎临淀、宜望淀"的城市建设基本原则。城市开发建设行为不能蔓延到淀内;临淀地区不搞大规模、高强度的城市开发,应结合白洋淀的优美生态景观,点状布局休闲旅游观光等功能;城市集中建设区域通过城市设计的方法,从视觉景观、可达性等方面加强淀区与城区的联系,借鉴传统造园手法,使城淀之间相互应和、相得益彰,体现中国传统文化的自然观。雄安新区整体空间格局上强调虚实结合,以白洋淀为生态核心,在北侧适宜城镇建设的区域紧凑布局城市空间,南侧严格保护生态环境,体现自然郊野特色,美丽乡村和特色小城镇错落其中,在新区整体层面,形成"北密、中疏、南稀"的建设控制原则。淀北的起步区是新区未来的主要城市建设区域,在起步区空间布局上,基于现状建设条件和城淀关系,形成"北城、中苑、南淀"的基本格局。"北城"指在起步区的北部地区布局城市建设组团,组团之间由绿廊、林带、水系和湿地隔离,在保证城淀自然脉络的连通基础上,避免城市规模无序扩张,防止形成"摊大饼";"中苑"指中部地区尊重地理脉络,利用地形地貌景观,塑造的空间意境,营造湿地与城市和谐共融的特色景观,形成人民共享的城市苑囿;"南淀"指在南部临淀地区,严格控制城市建设,结合白洋淀生态修复和环境治理,打造人与自然和谐共生的城淀关系①。城市空间格局突出礼序乐和,秩序规整而灵动自然,体现起步区城市建设的中华风范;环境景观强调城景应和,凸显清新明

---

① 杨保军、蔡如鹏:《雄安规划是一次规划本源的回归》,《中国新闻周刊》2018 年第 16 期。

亮、蓝绿交织的淀泊风光;建筑设计坚持古今融合,展示多元包容、传承文化、面向未来的创新风尚。强调严谨细致做好单体建筑设计和管控。通过对不同地区建筑空间组合设计的引导,塑造多样化、有活力的建筑空间环境,并针对新区的住宅、文化、教育、科研等建筑类型提出空间组合与风貌设计指引。雄安新区作为新建城市,有条件从根本上避免环境污染、房价高企、安全韧性不足、公共服务水平不均衡等"大城市病"的出现,为克服城市病起到借鉴。例如从城市空间结构上,改变传统单中心结构为多中心、组团式结构,分散城市中心区过度集中的交通压力;城市功能布局上,改变简单功能分区,强调功能混合、职住平衡,避免产生"大进大出"的潮汐型、钟摆式交通,从规划角度避免城市交通拥堵。雄安新区将来交通规划,形成以轨道交通为骨干,公共交通为核心,步行和自行车交通为主体的绿色交通出行结构。重点提高公交系统效率,使公交服务水平接近甚至超过私人小汽车,引导和鼓励居民出行摆脱对私人小汽车的依赖。在公共服务方面,规划以提供完善的公共服务设施,营造有活力的生活圈为目标,避免出现公共服务供给不均、使用不便等问题。构建"城市—组团—社区"三级公共服务设施体系,按合理服务半径下的实际服务人口完成设施配置,形成多层次、全覆盖、人性化的基本公共服务网络。为提升公共服务水平,规划明确引入京津优质教育、医疗卫生、文化体育等资源,增强新区的吸引力①。在环境保护、住房保障、城市运行安全等方面,使新区的群众能够享受到高品质的城市生活

不同城市都会因自身自然地理、人文环境的不同要采取不同的规划。在充分理解和分析城市自身特质的基础上,开展规划编制,是城市规划工作的基本要求。千城一面的症结就在于规划忽视了城市自身的特点。地处华北平原,拥抱白洋淀,是雄安的特质。雄安新区规划是在对这一特质的深刻认识基础之上开展编制工作,处理好城淀关系,立足平原建城,坚持区域协同发展。没有可以照搬照抄的规划方案,只有可以延续和深化的规划理念和思想。高质量发展需要一个高标准的长远谋划,要能够深刻理解世界发展潮流,能够给出从工业文明走向生态文明的中国方案。这不是一次规划、一个规划能够解

---

① 杨保军、蔡如鹏:《雄安规划是一次规划本源的回归》,《中国新闻周刊》2018 年第 16 期。

决的问题,一张蓝图干到底,核心是通过规划把新时代的发展思想贯穿雄安的整个发展过程。雄安新区规划在编制过程中系统整合过往规划实践中用地功能混合、公共交通引导、邻里生活圈等成熟做法,奠定城市长远发展的基本框架。

(2)白洋淀流域整体性治理规划

流域碎片化规划治理体制,是当前流域水资源短缺、水生态破坏和水污染加剧等水安全问题突出的制度根源。整体性治理正是针对公共治理碎片化和政府责任模糊化的困境提出的治理模式。它强调以公民需求为导向,以协调、整合和责任为机制,运用信息技术对治理层级、功能和公私关系进行整合,推动政府治理"从分散走向集中,从部分走向整体,从破碎走向整合"①,流域水资源短缺、水生态破坏和水污染加剧等水安全问题突出,与工业化中后期的经济发展阶段以及粗放型增长方式密不可分,但流域科层管理②碎片化体制是制度根源,也是江河流域乱占乱建、乱排乱倒、乱采砂、乱截流等诸多现象,以及流域生态环境恶化等问题形成的深层次因素。

流域科层治理体制的现实困境凸显了整体性治理的实践价值。整体性治理不是一组协调一致的理念和方法,而是一个伞状概念,是解决公共部门和公共服务中的碎片化问题及加强协调的相关措施。河长制③实行流域纵向行政分包、区际协调、跨部门协作和公众参与,是流域生态环境整体性治理的探索

---

①　英国、澳大利亚、加拿大、荷兰、美国等先后运用整体性治理理念进行大规模的政府再造,旨在解决环保、金融危机、抢险救灾等诸多跨部门、跨区域甚至跨国界重大复杂而棘手的民生问题。整体政府成为政府改革的新趋向,对深化流域管理体制改革和提升生态环境治理能力具有重要启示。

②　流域生态环境管理体制从无到有,经调整和变革,逐步形成以水利、环保为主,农业、林业、国土等多部门参与的分工协作、共同治理的格局。这种按照自然资源单项、单要素的职能管理格局,与流域生态环境服务整体化供给的要求形成矛盾,造成相关职能部门在流域水资源、水环境、水生态、水安全监管职责边界模糊不清,不同层级政府之间以及内部职能部门,在流域生态服务供给中拥有各自地盘,不同部门具有各自独立的职能区域和政策空间,以及该领域的行政执法职能。

③　2016年12月,中共中央办公厅、国务院办公厅印发了《关于全面推行河长制的意见》,标志着我国河长制由地方试点探索上升为国家顶层设计。河长制即由各级地方政府党政负责人担任该级政府管辖区域内河流湖泊的"河长",负责水资源保护、水域岸线管理、水污染防治、水环境治理的机制体系。

实践。作为一项完善水治理体系、保障国家水安全的制度创新，不是对现行水资源管理体制的否定与替代，而是升级和补充，即在没有完善跨区域协调机构和河流流域行政边界存在的前提下，通过协调和整合机制，实现流域生态环境服务的整体供给，回应公众的生态环境服务需求。行政分包整体性治理，实现了流域治理层级的整合，一个流域往往流经多个行政区，一个行政区也通常包含多个流域。目前河长制主要在省域行政区范围实施，形成不同层级河流的行政分包管护机制，流域管理与行政区管理有效衔接，河长制下，跨省区市的省级河流由省级领导担任河长，跨县（市、区）行政区的市级河流由流域所经的设区市政府领导担任河长，跨乡、镇行政区的县（区、市）级河流通常由所在县（区、市）级政府领导担任河长，乡级河流分别设置乡级河长和村级专管员。形成省、市级河长——县级河长——乡级河段长——村级（居委会）专管员的四级河流管护体系，县级、乡级河流分别形成三级、二级管护体系，江河湖泊行政区分段包干治理和地方各级政府河流管护覆盖。河长制由各级党政领导兼任河长、负责辖区内河流治理的制度。流域水环境防治责任不再只是环境保护局局长的职责，而是由兼任河长的地方党政领导承担第一责任。河长制落实情况纳入地方政府政绩考核体系以及中央环保督察的工作范围；同时开展省以下环保监测监察执法垂直管理改革试点，省级环保厅（局）上收环境监察职能，建立新环境监察体系，解决地方保护主义对环境监测监察执法的干预，强化地方政府官员履行环境监管职责。地方各级党政领导兼任河长，旨在推动其承担"、组织领导相应河湖的管理和保护工作的责任，河长办公室具体承担协调、监督、引导、督查、沟通等作用，而不替代现有涉水职能部门的工作。各级河长通过区域水资源管理委员会或者跨部门联席会议制度，解决部门之间转嫁问题、政策目标与手段相冲突、服务遗漏等问题。现代信息技术的广泛运用，政府部门的信息资源共享，突破信息孤岛，有效提升流域环境治理效率。流域治理的公私关系整合面，即鼓励公众参与环境治理，聘请河道专管员和民间河长，承担基层环境教育、劝导、巡河、晒河、清理河道垃圾、发现污染及时上报等职责；完善对涉水违法行为的管控机制，利用网络平台实行有奖举报制度，降低政府部门的执法成本，形成政府、企业和社会协同参与江河治理。

　　河长制是混合型权威依托的等级制协同模式。存在纵向分包治理成本分摊不均衡、横向功能整合面临掣肘、公私合作程度低等内生困境①。流域治理的跨域特征带来的问题，超过了涉水部门单个主体的治理能力，形成流域治理的协同失灵和碎片化问题。河长制跨部门协同可以较好地解决协同机制中责任机制的权威缺漏问题，短期内成效明显。通过横向层面和纵向层面的协调，提高协同效率。以权威为依托的等级制纵向协同的基本特征没有改变，将面临能力困境、组织逻辑困境和责任困境等挑战。提升流域生态环境整体性治理能力，以深化河长制改革为突破口，明晰流域分层治理的权责利，流域环保机构整合，拓展流域治理公私合作。根据《中华人民共和国水法》规定，实行流域管理与区域管理相结合的水资源管理体制，实践中出现重区域管理轻流域管理问题，河长制没有明确中央政府在全国性大江大河的治理责任，而侧重加强地方各级党政领导负责制，客观上强化流域属地管理原则，弱化大江大河统一管理统筹协调机制，江河干流被切割多段管理。一级流域及部分区域性河流设立流域管理机构，大多数河流只有水文监测机构，缺乏综合性流域管理机构，缺乏公众参与治理决策平台。省域范围内，相关文件规定"省级河长负责指导实施跨设区市流域保护管理和水环境综合整治规划"，但各级河长面临能力困境，难以承担专业性强的指导工作。从政府纵向关系看，地方党政领导兼任河长，只是增加具体分管的工作，承担更细化的环保职责，一旦行政职务变迁，流域河长更换频繁不利于稳定治理。政策执行成本分摊机制方面，存在责任逐级向下分摊问题。流域治理功能整合上存在较多制约，党政领导、部门联动是河长制的执行着力点，核心是党政领导负责制为核心的责任体系。各级河长开展跨部门资源整合，面临着协调能力有限、角色的多元责任冲突和跨部门功能整合的制度约束。河长制是一种特殊环保问责制，是既有的环保问责制在水资源保护领域的细化规定，落实切入在区域经济社会发展总体框架。根据相关法律规定，各部门职能和政策目标存在差异，法定职能交叉和责任边界模糊的领域很难通

---

　　①　任敏：《"河长制"：一个中国政府流域治理跨部门协同的样本研究》，《北京行政学院学报》2015 年第 3 期。

过河长制来解决①,目前没有触及流域水污染防治体制的整体性治理变革,是在不突破现行权力配置的前提下的协商整合机制,属于政府单边治理机制的范畴,政府与市场、政府与社会公众的权利义务规定不明确。因此,提升流域生态环境整体性治理能力的现实路径,是以深化河长制改革为突破口,统筹推进水利改革攻坚,构建符合整体性治理要求的现代水治理体制机制,明晰流域分层治理,实现水资源综合管理的目标②,通过立法对大流域管理机构赋权扩能,赋予财权和资源调配权,统筹负责流域环境管理与治理。省域范围内,按流域设置环境监管和行政执法机构试点,形成以流域统一管理为基础、不同层级政府分层治理的体制机制。依托大数据,构建流域上下游水量水质综合监管系统、水环境综合预警系统,建立上下游联合交叉执法和突发性污染事故的水量水质综合调度机制等,实现跨区域跨部门水质信息互通。由流域综合管理机构牵头,组织研究建立全流域调查评估指标体系和技术方法指南,全面评估和跟踪流域生态环境的现状和风险,主导编制流域生态环境保护规划③。各级河长按照流域水环境功能区划、水资源管理红线控制指标体系和监控评价体系,落实辖区内江河治理的责任。

　　流域生态环境治理,不仅需要全面推行排污许可等末端治理措施,且需要采取区域生态空间管控、增加水环境容量等源头防治措施,以污染总量控制倒逼产业转型升级。并在国际化大城市、国家中心城市、地区中心城市、大城市、中等城市、小城市、微型城市和农村形成城市群的完整体系上进行流域治理整体性规划。推进流域生态环保机构整合,树立生命共同体系统观念,推动流域整体性治理,由跨部门协商为主的机制性整合,向以大部制为主的体制性演进,重组职能相近或交叉的涉水环保机构。整体性治理目标之一,即能对横向

───────────

　　①　例如环保法律规定,环保部门负责企业排污总量许可,水利部门负责企业入河排污口设置,行政首长也无法协调两个部门的法定职能,这客观上造成不少河流接纳的污水总量超过其纳污能力,区域水功能区限制纳污难以经行政协商来落实。

　　②　1992年的都柏林水环境国际会议,提出四个指导的“都柏林原则”,其中第一项原则即指出,淡水是一种有限而脆弱的资源,对于维持生命、发展和环境必不可少。倡导实行水资源统一管理,可持续发展原则转变为可操作的具体行动。

　　③　王东、赵越、姚瑞华:《论河长制与流域水污染防治规划的互动关系》,《环境保护》2017年第9期。

结合失灵的问题干预或调整①。生态保护领域将现有体制划分为自然资源监管、生态保护与污染防治监管两类部门是最可行的方案。前者统一承担农、林、水等各种自然资源用途管制，承担山水林田湖统一规划、保护和修复。后者按照"源头严防、过程严管、后果严惩"的原则，承担全过程的污染防治，实现流域生态环境保护的综合化和专业化。目前各地成立生态环保综合执法部门的做法为我国流域生态环保机构整合奠定了实践基础。整合水利、国土、环保、林业、安监等部门在生态环境领域的行政处罚权，成立生态综合执法局；同时建立生态环境执法司法联动机制，公检法三家分别设立生态侦察大队、生态检察室和生态审判庭，强化司法衔接、延伸执法链条，实现生态环境防治一体化。拓展流域治理公私合作的领域。建立覆盖流域空间、防治全过程的公私合作机制，从区域性干流延伸至支流、湖泊、水库等水域，包括流域水资源保护、水污染防治、水环境改善、水生态修复等领域，建立稳定的公私合作机制和社会共治模式，建立河长制智能管理平台，加强信息及时、准确公开，开放社会公众参与环境治理决策、协商和民主监督以及志愿服务。推动流域生态环境第三方治理，采取政府和私人合资共建、合同外包或托管、BOT、TOT、捆绑或供排水"一体化"、会员制等公私合作模式。探索将流域生态环境治理与精准扶贫开发机制有机结合，改革和完善流域生态环境治理的低价中标机制，探索按效付费考核等机制，确保环境供给质量提升。按照行政区域排污总量目标控制，以声誉机制约束企业经营行为，完善企业自主排污激励约束机制②。

（二）雄安城市地下空间规划法治化

城市化快速推进的背景下，城市化相伴的是人口急剧向城市集中，公共设施、土地资源、生态环境等面临压力，城市中心区的地表土地利用达到极限，城市地下空间规划、建设和开发发挥重要作用，较多发达国家和发展中国家把对

---

① 碎片化政府可细分为功能性碎片化和体制性碎片化两种类型。前者可以通过跨部门信息资源共享、沟通协调等机制创新来解决，后者则必须依赖政府组织再造才能见效，生态环境保护大部制即为典型表现。

② 黎元生、胡熠：《流域生态环境整体性治理的路径探析——基于河长制改革的视角》，《中国特色社会主义研究》2017 年第 4 期。

地下空间开发利用作为解决城市资源与环境危机的重要措施、实施城市土地资源集约化使用与城市可持续发展的重要途径，内容彰显适度、和谐和可持续的生态理念。我国城市地下空间规划立法，生态保障方面的内容有较大成效，也存在一定不足。基于城市地下空间规划中，生态系统及保障的特殊性，从保障生态信息公开、强化公众参与的深度、建构集中行使地下空间规划权制度、完善生态责任体系等方面尝试立法改进，厘清城市地下空间开发中行政规划权力的生态界限①。当前一些大城市的地下空间开发利用程度非常高，在城市发展中的重要性已为人们所广泛认知。与此同时，大城市的地下空间成为稀缺资源。基于城市地下空间规划的重要性，优化利用有限的地下空间资源与科学、合理的规划，成为法律调整的重要对象。《中华人民共和国城乡规划法》和原建设部《城市地下空间开发利用管理规定》均规定了城市地下空间规划的内容，总体来看，上述法律规定得比较简略。城市化到一定程度，地表空间利用随着城市的扩建已经逐渐饱和，为有效解决人口增加带来的交通拥堵和环境污染问题，更好地建设城市，合理规划利用地下空间，建成城市立体空间发展格局，将为解决上述问题的路径。城市地下空间实践方面，伦敦、巴黎、东京等城市有着地下空间较为成熟的经验②，国内许多城市已进行初步探索，但由于法律、政策、技术等原因对地下空间规划的未来发展形成一定限制。地下空间理论研究方面，国内相关研究多见私法领域③，集中讨论空间权是否是一项新型物权，能否从传统物权中独立以及空间权属的界定问题，地下空间开发利用过程中的地面塌陷、产权纠纷等问题的民事关系等，地下空间的征收、

---

①　郭庆珠：《城市地下空间规划中的生态导向及其立法保障——以行政规划权的"生态界限"为核心》，《理论导刊》2014年第9期。

②　例如日本的《大深度地下公共使用特别措施法》，为深度地下空间利用的法治化铺平道路。日本因其土地资源的相对匮乏，政府高度重视地下空间实施从专项规划入手，逐步形成系统的规划。日本的建设省为了抑制地下空间开发中的无秩序性，推行有计划有次序的开发，指导制定了《地下空间指南》该指南对县政府所在地及人口在30万以上的城市，又外加地下基础设施规划和地下空间规划。在开发策略方面，比较突出的特点还表现在地下空间规划体系的建立并完善，逐步协调与城市其他规划的关系。致力于解决地下空间规划的各种问题。瑞典、丹麦等国家的城市进行了广泛的地下空间规划，对地下空间的使用情况不断进行公共数据的采集，同时，为未来的地下设施发展制订了空间预留政策。

③　例如王利明教授的《空间权：一种新型的财产权利》等经典理论和成果。

审批出让及管理等行政法方面的研究成果尚未系统化,因地下空间引起的纠纷,集中在民事领域,典型的如业主与开发商对住宅小区地下车库是否列出公摊面积的争执。但最高法院发布的第 21 号①行政指导案例,说明行政法领域,地下空间开发利用也存在诸多争议。人防工程是国家主导并由《中华人民共和国人民防空法》进行法律规范的工程,由开发商实施开发,由国家进行强制规定。因此,地下空间的开发利用是公私法交融的领域,地下空间利用过程中的行政法问题不断增多。有学者针对现阶段地下空间规划与利用过程中的有关问题,提出建立与地面规划相协调、从总体规划到详细规划行政的统一体系②,围绕我国城市地下空间规划工作的发展历程、经验与教训、性质与任务、原则与思想、理论与方法、标准与管理等问题,旨在为城市地下空间资源开发利用的规划工作提供科学思想与技术路线③。我国城市地下空间规划法制建设经历从无到有、由专项立法向综合立法的转变。但目前法律体系零散、立法理念落后和技术规范缺失等问题,制约着城市地下空间规划法制建设的发展。为促进城市地下空间有序发展,优化土地资源配置,应采取统一立法模式确定生态文明的规划理念,及时出台技术导则。法律制度方面,涉及地下空间问题的法律多散见各领域,《中华人民共和国城乡规划法》《中华人民共和国建筑法》《中华人民共和国人民防空法》《中华人民共和国电力法》在部分法条提及城市地下空间的利用,并未详细地规定地下空间利用过程中的审批、许可等方面的事项。城市地下空间规划、建设时须考量的重要因素之一是生态问题,地下的生态环境系统相对比较脆弱,具有不可逆性,相对地表的开发利用,这个问题更应予充分重视,地下空间本身是环境实体和自然资源,相比地表设施,地下环境很难恢复到修建地下设施之前的状态,地下空间规划尽可能避免

---

① 第 21 号案例,行政指导案例的基本案情是:内蒙古省内秋实地产开发公司在呼和浩特市内,没有按照《中华人民共和国人民防空法》《人民防空工程建设管理规定》相关条文规定修建防空地下室。呼和浩特市人民防空办公室(以下简称人防办)于 2008 年 9 月 10 日,向此房产公司送达了《限期办理"结建"审批手续告知书》进行告知。最终人防办在次年 6 月决定征收其建设费 172.46 万元。法院维持了人防办做出的征收决定,房产公司虽在后期提起上诉,但呼和浩特市中级人民法院于驳回上诉,维持原判。

② 邵继中、王海丰:《中国地下空间规划现状与趋势》,《现代城市研究》2013 年第 1 期。

③ 束昱、彭芳乐等:《中国城市地下空间规划的研究与实践》,《地下空间与工程学报》2006 年第 12 期。

或减小对地下生态系统的改变或破坏。

城市建设的基本构成,是城市地下空间开发利用和城市地表开发,符合生态城市建设的理念要求,改进城市地下空间规划立法中的生态内容。首先,结合城市地下空间规划建设的特点,规划编制生态信息公开,扩大信息公开的范围,保障信息公开的有效性,强化公众参与,落实城市生态正义和城市地下空间的生态保障,《中华人民共和国城乡规划法》体现为"规划草案"的公开,第26条第1款规定,"城乡规划报送审批前,组织编制机关应当依法将城乡规划草案予以公告,并采取论证会、听证会或者其他方式征求专家和公众的意见。公告的时间不得少于三十日。"该规定对于城市地下空间规划的制定确有约束,除此之外,其他关于城市地下空间规划的专门立法中,缺乏具体规定;同时,城市地下空间的规划及过程中的生态保障,从信息公开有效性的角度,除了公开规划草案外,应提前或同时公开地下空间规划编制依据的基础资料(涉及国家秘密、商业秘密等的除外),因为规划草案中的生态内容,专业性和技术性较强,如果信息量单薄,公众并非专业技术人员,对地下空间的认知能力有限,可能造成理解上的困难,此外,地下空间开发具有隐蔽性特点,公众很难具备理性的认知。当前包括《中华人民共和国城乡规划法》在内的城市地下空间规划立法,基本没有公开基础资料的规定,基于地下空间开发及其生态保障的特殊性,有必要立法确定地下空间规划编制基础资料公开制度,并应由规划编制机关主动公开,不需要利害关系人申请前置程序,公开的基础资料主要有与城市地下开发相关的勘察和测量资料、气象资料、城市环境资料、城市地下空间利用状况资料、城市市政公用设施资料、城市交通资料等,此外,根据《中华人民共和国环境影响评价法》做出的环境影响报告书应公开,供公众查阅、监督。为保证信息公开的有效性,城市地下空间规划编制机关应对上述资料进行说明。

城市地下空间规划不仅强调技术性,同时也是社会建构的产物,公众参与有助于监督规划权力的运行、规划利益的平衡,强化公众参与尤其是规划制定前的环境影响评价,使规划内容更具科学性。根据《中华人民共和国环境影响评价法》第11条的规定,只有对"可能造成不良环境影响并直接涉及公众环境权益的规划",才"应当在该规划草案报送审批前,举行论证会、听证会,或者采取其他形式,征求有关单位、专家和公众对环境影响报告书草案的意见。"地下生态系统比较脆弱,出于强化保护的需要,所有城市地下空间规划、针对该地下空间规划做出的环境影响报告书,都宜认定为"可能造成不良环境影响并直接涉及公众环境权益的规划",有利于公众参与监督和检验。其次,建构集中行使城市地下空间规划权制度。借鉴德国的规划确定程序①,多个行政机关事权集中于规划机关,集中规划事权,避免政出多门,有助于生态系统性的维护和统筹协调。立法确定集中行使城市地下空间规划权制度,由一个行政机关编制地下空间规划草案,涉及其他行政机关职权的,可征求其意见,报请规划编制机关的上级机关批准后,规划实施包括实施许可、确认、处罚等及规划修订等相关职权。避免分散行使规划职权,以及城市地下空间规划建设中导致的矛盾、冲突。第三,明确城市地下空间立法中规划主体的责任。现行法律较少有因生态原因被追究规划责任,从可行性、操作性角度,需从生态承载力角度完善相关规定,例如因生态承载力评价失误,导致城市地下空间规划建设可能造成生态系统损害的,应该责令规划编制及审批机关及时采取补救措施,并对相关责任人员予以行政处分等罚则,以及整体完善责任体系。第四,立法确定城市地下空间规划建设生态补偿制度。生态补偿以保护生态环境,促进人与自然和谐发展为目的,根据生态系统服务价值、发展机会成本、生态保护成本,运用政府和市场手段,调节生态保护利益相关者之间关系的制度。通过税费政策、政策倾斜、财政补贴、技术支持、向地下开发受益方征收水资源费和生态保障基金等方式,对城市地下空间规划建设区域内的利害关系人进行补偿。城市地下空间规划在城市空间形态发展及地下空间利用中起着核心作用。城市地下空间规划理论和体系是合理、高效开发城市地下空间的重要保证。

作为国土空间立体开发示范区的雄安新区,规划方面地上、地下同步。在2017 年完成新区重点地区总体规划工程地质调查、起步区地热调查、土地质

---

　① 德国的规划确定程序,是指当规划涉及多个行政机关职权时,可由一个行政机关编制规划草案,对于涉及其他行政机关事项的,可通过听证或其他方式听取有关行政机关的意见,在听取意见后形成的规划草案报请规划确定机关裁决,裁决后得以确定的规划在实施的过程中再涉及前述其他行政机关职权而需要它们核准或同意的,得以免除。

量调查等工作支撑基础上,新区总体规划编制针对地下空间、资源利用目标层位,组织调查地下 0 至 10000 米范围内土壤层、工程建设层、主要含水层、地热储层、深部探测层的地质结构和地质参数,建立不同空间尺度四维地质模型。地质调查利用 4 年时间,开展雄安新区"空间、资源、环境、灾害、文化"综合地质调查,地下 0 至 200 米主要开展水土质量、地下空间和浅层地温能等调查评价;地下 200 至 600 米开展水文地质调查;地下 600 至 6000 米开展地热地质调查;地下 6000 至 10000 米将调查深部构造特征和大地热流,了解深部地热热源和输热通道。地质调查是雄安新区实现地上、地下一起规划的必要步骤。绿色生态宜居新城区、创新驱动引领区、协调发展示范区、开放发展先行区四大定位基础上,雄安新区同时担负生态文明建设先行区、新型城镇化建设实践区、创新国土空间开发新模式等多项任务。雄安新区规划建设地下管廊式的基础设施,把城市交通、水电气、城市灾害防护系统等都放到地下,把地面让给绿化和人的行走。按照上述思路进行规划的雄安新区,是用全新的城市规划建设方法与思路,探索城市功能组织的全新模式。是在有限的地理空间内,对地上、地下进行综合考虑的前瞻性、系统性土地开发。其实践结果,对于如何提升我国城镇土地集约使用率和土地承载能力,有着重要的示范意义。过去,城市地表空间的规划,需要考虑包括城市运行效率、城市外观和城市生态等多方面因素,雄安模式则是将城市功能有机地分流到地下,减少城市功能的互相干扰,有利于提升城市运行效率。

　　对于雄安新区地下空间的结构布局,中国地质调查局建议,雄安新区地下空间分浅层(埋深 0 至 26 米)和中深层(埋深 40 以下)两个层位规划开发。浅层地下空间上部作为仓储购物、生活娱乐、停车场和民防工程等建设空间,下部可作为综合管道、地下交通等建设空间;中深层地下空间上部作为地下交通、物流通道等建设空间,下部作为储水管廊、特种工程等战略基础设施建设空间。同时,雄安新区规划建设过程中,实现将包括交通系统在内的更多城市功能分流到地下空间的最大难点,在于如何在相对封闭的地下空间内,设计出能够与地上质量相当的,以防火防灾为重点的逃生和安全系统。国土部发布的《关于加强城市地质工作的指导意见》(以下简称《意见》)提出,将以地质调查为基础,科学统筹地上、地下空间资源开发利用,并纳入土地利用规划。

鼓励工业、仓储、商业等经营性项目，按照"谁投资、谁受益"的原则，以政府和社会资本合作（PPP）的模式合理开发利用地下空间。基于地热资源的自然优势，雄安将打造地热利用全球样板、建成多要素城市地质调查示范基地、为雄安新区规划建设运行管理提供全过程地质解决方案。城乡规划一经批准就具有法律效力，必须严格执行，但城镇化和城镇发展是一个长期的历史过程，城镇体系规划也是一个动态的发展过程，影响城乡发展的因素也在不断发展变化，这就要求城乡规划编制机关必须时刻关注规划的具体实施情况以及城乡的发展变化，适时对城乡规划进行必要的调整和修改。为维护规划实施的严肃性，《城乡规划法》对规划修改条件做了严格规定，当出现下列五种情况之一时，可以依法对省域城镇体系规划、城市总体规划、镇总体规划进行修改：（一）上级人民政府制定的城乡规划发生变更，提出修改规划要求的；（二）行政区划调整确需修改规划的；（三）因国务院批准重大建设工程确需修改规划的；（四）经评估确需修改规划的；（五）城乡规划的审批机关认为应当修改规划的其他情形。同时，对规划修改必须遵循的原则和程序以及因规划修改调整给当事人造成损失的补偿等问题都做出了明确规定。这一系列规定削减了规划实施过程中修改的随意性，是规划决策客观、公正、民主的有力制度保障措施之一。另外，对规划的修改，特别强调了在修改规划过程中对相关利害关系人的利益保护问题，如《城乡规划法》第48条规定，"修改控制性详细规划的，组织编制机关应当对修改的必要性进行论证，征求规划地段内利害关系人的意见，并向原审批机关提出专题报告，经原审批机关同意后，方可编制修改方案"，第50条规定，"经依法审定的修建性详细规划、建设工程设计方案的总平面图不得随意修改；确需修改的，城乡规划主管部门应当采取听证会等形式，听取利害关系人的意见；因修改给利害关系人合法权益造成损失的，应当依法给予补偿"。《城乡规划法》第48条对公众参与机制的规定，对贯彻城乡规划公开化的原则明确规定，有关城乡规划公开化和公众参与制度的具体措施包括：在规划的编制过程中、规划的实施阶段、修改省域城镇体系规划、城市总体规划、镇总体规划时，论证会、听证会或者其他方式征求公众意见；修改控制性详细规划时，第50条规定"组织编制机关应当对修改的必要性进行论证，征求规划地段内利害关系人的意见"，修改修建性详细规划和建设工程设计方案的总平面图时,"城乡规划主管部门应当采取听证会等形式,听取利害关系人的意见"。

十八大以来,中央对新型城镇化作出一系列决策部署,其中明确要求"统筹城市地上地下建设,加强城市地质调查"①。城市地质调查对城镇化的规划、发展有重要的支撑作用。作为世界城市化加速发展的一门新兴学科,城市地质主要研究地质结构、物质组成、地质过程及其与人类生产实践活动的相互影响。以城市地质调查结果为基础,将地上、地下空间资源开发利用纳入土地利用规划。城市地质调查的主要任务是查明城市地质条件、地质问题与地质资源,引导城市地质资源合理利用,规避城市地质安全风险,全面支撑城市规划、建设和管理。国土部发布的《关于加强城市地质工作的指导意见》提出,到 2020 年完成城市地质调查示范,基本形成与新型城镇化发展相适应的现代地质工作体系,以地质调查为基础,科学统筹地上、地下空间资源开发利用,并纳入土地利用规划。增加土地的开发强度,有利于提高土地利用率。不仅是地下空间的利用,如何将地下资源的开发利用与雄安新区建设生态文明建设先行区的目标定位结合起来,是雄安新区建设的应有之义。华北地区丰富的地热资源,成为雄安新区建设的具体目标之一②。城市地下空间大规模发展是城市建设与经济发展达到一定高度的必然需求,但是如何融入城市空间体系是当前我国城市向更高质量发展的一个难题。当前城市建筑高度与密度的不断上升与地下空间基础的支撑严重脱节,导致城市地面空间十分拥挤,交通拥堵加剧、景观绿化不足、环境污染严重、人性化空间缺失等城市问题。新世纪来临,在我国城市经济建设能力快速提高的背景下,科学合理地进行城市地下空间综合开发与利用对于消解或缓解城市地面空间紧张,提升地上空间环境提供了强有力的支撑。城市地下空间作为城市中潜力巨大的空间资源,能

---

①　李克强:《政府工作报告——2017 年 3 月 5 日在第十二届全国人民代表大会第五次会议上》,《人民日报》2017 年 3 月 17 日。

②　国家层面的地热开发,根据《地热能开发利用"十三五"规划》,到 2020 年,地热供暖(制冷)面积累计达到 16 亿平方米,地热发电装机容量约 530MW,地热能年利用量 7000 万吨标准煤。其中京津冀地区地热能年利用量要达到约 2000 万吨标准煤。雄安新区所在地区,在地热开发利用上早已迈出实质性步伐。在 2014 年,雄县就成为华北地区首个地热供暖代替燃煤的"无烟"城,地热集中供暖面积 240 万平方米,占集中供暖面积的 90%。

够满足地面、地上进一步的空间需求,开发利用城市地下空间,优化城市高密度发展地区的空间环境,建立紧凑型、立体化、高效率的城市空间体系[①],地下空间深入融入城市空间体系,探索城市地上地下空间一体化发展是城市空间体系优化的重要课题。由城镇化数量向注重质量转型,也需要探索城市人口高密度、建筑高密度地区城市地下建筑空间、地下交通空间与地下环境安全空间三者之间的融合途径、法则、模式等问题,实现城市紧凑化、高效化、立体化、复合化发展。需要研究城市地下空间在城市高密度地区的开发特点与开发方式,空间开发属性、空间类型、密度特征,分析高密度地区空间集聚必要性和矛盾性。关注城市中心区、旧城核心区及轨道(TOD 模式)周边高密度开发地区的地下空间系统性开发的需求,引导地上地下空间的一体化开发,有利于实现土地高密度混合开发、地上地下城市空间一体化开发、城市交通立体化开发的发展目标。基于城市地上空间的矛盾性与复杂性,从地下空间一体化开发入手,支撑城市地上空间开发的机遇。基于地下空间在延伸城市功能、建筑空间组合、地下轨道交通与地下停车的空间组合方法及实践,城市地下空间与地上空间融合规划设计。通过地下空间生态化、艺术化、安全化设计实现建设生态化地下空间标准的策略等,以及完善城市地下空间的规划编制体系与设计方法[②]。城市地下空间发展已经成为必然趋势,重点落实在高效利用地下空间功能布局,合理安排地下空间建设时序,与城市总体规划体系科学衔接等问题。依据城市自身的历史、文化及独特的城市形态规划。地下空间有特定性,例如地下结构不易拆除,其建设相对不可逆;地质水文条件等限制了地下空间建设类型、规模及投资;大型地下空间建设具有工期长、风险高投资大、回报晚等特点。因此城市地下空间开发,更强调系统性和有序性。城市地下空间资源开发利用的规模庞大、功能复杂,地下空间科学规划起着关键作用。城市超高密度化发展的今天,地下空间规划编制的必要性和迫切性更加突出,相对于

---

① 我国城市地下空间源于早期人民防空工程的平战结合需求,缺乏最初将地下空间纳入城市空间一体化开发的初始契合期,但未来走向城市地上空间与地下空间一体化的发展方向是一致的。参考万汉斌:《城市高密度地区地下空间开发策略研究》,天津大学 2013 年博士学位论文。

② 万汉斌:《城市高密度地区地下空间开发策略研究》,天津大学 2013 年博士学位论文。

完善的地面空间规划体系,地下空间规划编制缺乏明确规范和标准,规划的编制深度、阶段把握、技术方法等方面还处于摸索阶段。因此,完善城市地下空间规划的法律及规范体系是当前亟待解决的问题。科学预测与控制地下空间开发时序和规模合理布局城市地下空间功能,提高城市运行效率和集约化水平,节约城市土地资源是前提;地下空间的开发不能脱离城市经济和社会发展水平必须结合城市总体发展战略与发展目标,立足实际预测发展规模,布局上适度超前规划,兼顾全面规划和分步实施是基础;注重地下空间与地面各层次规划的内容与指标的衔接,遵循地下空间资源开发的一般规律,同时考虑现有城市格局的现实,将城市地上地下空间作为有机整体综合考虑,突出地上地下空间多种功能的整体规划,重点区域体现城市的规划法治效能,引导城市空间整体协调发展。对于城市把地下空间规划编制归为以城市总体规划为基础的专项规划,基于城市的地下空间与地面空间,同样有复杂性和阶段性,此外,地下空间与地面空间的规划不是割裂的,应统筹制订。城市地下空间规划与城市规划保持层次上的协调性。城市地下空间总体规划确定城市地下空间范围和容量,解决地下空间发展重大问题,协调地下基础设施。城市地下总体规划确定发展目标、方向和内容,空间详细规划根据控制区域内基础设施和公共设施安排建设指标及时序。

地下空间总体规划阶段主要内容包括,收集城市基础资料,研究城市总体发展方向和目标,分析地下空间在城市中发展条件,构建城市地下空间资源适建性评价体系。合理预测地下空间规模,判断城市地下空间整体需求;明确规划期限内,地下空间的功能结构和空间形态总体要求。同时,对地下交通、地下公共设施等地下分设施的规划提出总体发展目标。对地下空间建设时序中的建设安排,管理措施等提出建议,注重与城市地面总体规划,以及交通、防空防灾等专项规划的衔接。地下空间控制性详细规划的主要内容包括,依据城市地下空间总体规划,确定控制范围内地下空间建设的总体规模、规划总体功能划分、结构布局及建设强度等,对控制区域内地下空间的空间权属划分,着重对权属地块地下空间及与公共地下空间的详细指标控制;针对各类地下空间设施系统,进行专项规划控制,包括地下交通设施规划、地下公共空间设施规划、地下市政设施规划、地下防灾规划、地下仓储与物流设施规划等;协调地下空间利用与生态环境保护、地质矿产与历史遗存;结合各地下空间设施系统开发建设特点,对地下空间投资主体、建设模式、运营管理等提出建议。地下空间修建详细规划包括,按照地下空间控制性详细规划规定的功能和指标,结合开发建设目标,确定区域内地下空间规模、规划功能和设计;结合区域历史文脉、自然景观及地质特点,合理规划设计,合理组织车行、停车场、步行线等交通系统设计;设计地下空间的竖向层次,合理组织地下与地面交通,指导各项地下空间建筑工程的后续建筑设计等①。

《城乡规划法》强调把社会公共利益放在核心位置,它对城乡规划基本原则的规定,特别是重视资源节约、环境保护、文化与自然遗产保护等规定,是保障城乡规划中社会公共利益基本构成的体现。对规划确定的各类公共服务设施用地的保护和对总体规划中强制性内容的规定,体现了对社会公共利益基本载体的保护。提出城市的建设和发展,应当优先安排基础设施以及公共服务设施的建设,将促进公共财政首先投到基础设施、公共设施项目中去。强调"先规划后建设"的原则以及对规划实施的有关规定,强化城乡规划的公共服务职能,从制度上明确城乡规划作为公共政策对城乡建设的指导作用。对地下空间的开发利用以及建设工程竣工验收提出规划管理的要求。城市地下空间与地上空间综合开发和利用规划,一是有利于节约城市土地资源,减少和避免城市资源的浪费;二是有利于改善城市交通体系,形成地下空间交通系统,对地面交通体系的有效补充,解决城市交通拥挤问题,改善地面环境;第三是增强城市防灾能力,以城市地下空间规划为基础,构建城市安全保障体系和战略物资的地下储备系统,增强城市安全和韧性;第四是强化保护城市生态环境,例如充分利用城市地下空间规划,把可以转入地下空间的设施转入地下,扩大城市绿地面积,促进城市空间、景观环境改善;第五是有利于地下空间规划中的安全评价体系构建,城市地下空间的规划也须构建相应的安全评价体系。对城市地下空间安全构成威胁的因素主要是火灾、水灾、地震、空气污染、施工事故、爆炸事故、交通事故、地表沉陷、结构损坏、水电供应、犯罪行为等。地下空间规划安全评价是分析地下空间规划各项设施的事故危险性,规划体

---

① 邵继中、王海丰:《中国地下空间规划现状与趋势》,《现代城市研究》2013年第1期。

系是存在安全冲突,危险发生的可能性及其程度,并选择后期规划实施及地下空间建设运营中事故率最低、损失最小和经济效益最优的方案。对规划系统实施后整体运行过程安全程度评价,据此确定地下公共活动行为对规划系统运行状态的适应,为地下空间规划及建设改进提供意见,主要包括危险性的定性评价、定量评价、危险性的比较和安全性建议措施;第六是信息化,数字化的地下空间规划,基于信息化城市地下空间规划规划,把握地下系统的运动状态和规律,调控地下设施关系,实现系统最优化。广泛应用 GIS(Geographic information system)等信息技术,改进智能化地下空间规划过程中所需的地质、现状、条件等诸多数据①,地下空间的规划和审批因信息数字化,使得对规划成果和方案的定量分析、模拟和预测成为可能,促进地下空间规划决策的科学性与效率,提升可实施度。非传统地下空间规划方面,诸如海洋、湖泊及河道的地下空间规划,也应逐步纳入地下空间总体规划。

(三)雄安城市交通规划法治路径

雄安所在的京津冀城市群,是中国的政治、文化中心,也是中国北方经济的重要核心区。京津冀城市群的概念由京津唐工业基地的概念发展而来,包括北京、天津两大直辖市以及河北省的保定、廊坊、唐山、秦皇岛、石家庄、张家口、承德、沧州共 8 个地级市,其中北京、天津、保定、廊坊为中部核心功能区。基于时空圈测度的京津冀城市群分析,是雄安城市交通规划的初步数据实践。我国城市群普遍存在重形态建设、轻实质发展的问题,多数城市群只是在空间分布上相对集中的一群城市。例如京津冀在数据上达到城市群标准,但三地协同发展的规划停留纸面,缺乏合作与协调的僵局在 2014 年初被打破,相关规划布局加速制定。城市群不只是以中心城市为核心、空间上集中分布的一群城市,更重要的是强调城市群在城镇功能定位、产业经济发展方面,能够合作共赢,公共服务和基础设施体系建设方面能够共建共享,资源开发利用和生

---

① 例如采用遥感图像为背景,进行地下空间规划,各种地下管线的资料因数据库的建立与依法合理共享,方便查询;建立地下空间规划信息系统,呈现地下空间规划中项目建成后与环境的协调情况方便评估工程的社会价值、经济价值和技术价值,有助于地下空间规划者准确把握用者、空间、时间三者的关系。

态环境建设方面能够统筹协调。处理好城市群与城市群之间的关系、城市群内部大中小城市和小城镇之间的关系、城市群区域范围内的城乡关系,才能实现一群城市向城市群的质的转变。城市超大或者太小都是不经济的,维持合适规模,有利于产业集聚和资源集中,共同形成城市体,是更为合理的架构,因此规划必须顾及城市的产业结构、自然条件、交通环境等。时空圈的概念用于城市中心可达性的测度,同时包含了时间与空间两个维度,是交通耗时在地理空间上的反应。京津冀城市群内以每个城市为中心的点数据,有研究者以每个城市为单位的时空圈分析,京津冀城市群的"中心城市可达性",代表到城市群内中心城市在 30 分钟内,以 10 个城市为中心,通过高速公路网,各自的时空圈连绵成片,特别是北京、廊坊、天津的交通轴线表征了相互间良好的通达性。将可达性等级与地形相对照,交通时空圈与地形之间的关系明显。对整个城市群内的时空圈按中心城市可达性分级,以 30 分钟为一个等级单位,划分出 1 小时、1 小时 30 分钟、2 小时、2 小时 30 分钟、3 小时、3 小时以上(前后不包含)几个层次,1 小时(不包含 30 分钟)时空圈的人口总量最多,但和面积大有一定关系,单一计算人口密度,则 30 分钟时空圈人口密度最大。基于最短时间的城市服务区分配,比对时空圈人口密度。通过"到达某个城市时间最短"作为服务区分配的依据。由于行政边界的划定,参考了自然地理界线,而地理界线本身就是交通的阻隔线,将得到的城市服务区与原有的行政边界对照,服务区范围与行政边界存在一定的耦合现象,廊坊市位于北京与天津中间的"飞地",基本属于北京市的交通服务区,可见该区域受北京市交通影响更大。基于自驾往返时间的中心城市联系度分析,只包括火车作为交通工具的长途时间数据以及市内短途数据,和自驾相同的方法进行等时圈的分析。结论是承德与张家口与其他城市的交通联系性较弱,因为是火车时间数据,可以发现,等时圈走向是沿铁路进行的。基于长途数据的中心城市联系度与自驾交通方式相同的计算方法,城市群内部,东北与西南联系较为紧密,北京——廊坊——天津联系紧密。唐山在长途交通方式上,与周边城市联系更为紧密。张家口与城市群整体联系较弱。秦皇岛——天津——石家庄之间呈现出很强的联系性,三个城市空间距离实际较远,这得益高铁交通的便利。通过自驾交通与长途交通数据,基于长途往返时间的中心城市联系度分析。京津冀城市群主要发展轴为北京——廊坊——天津。京保石发展廊道与京唐秦发展廊道相比更具交通优势。张家口与承德在城市群内较为边缘化。沧州在铁路运输与公路运输具有一定的优势①。

目前国内诸多城市逐渐认识到公交路权优先的重要性,在公共交通优先实践上有公交专用道和快速公交系统等方式。在实践中,公交专用道的作用不够显著,原因:一、公交路权未能得到真正保证;我国的公交专用道主要是公交专用车道,而不是公交专用道路,与小汽车存在局部或全部混用的情况,公共交通占有的专用路段比例较低,导致公交专用道的速度难以提高;二是交通信号未能给予公交优先;由于在交叉口处公交车和小汽车混杂严重,难以使得公交优先信号发挥作用;三是公交线路重复系数高,公交站点上下车乘客多、占用时间长。除公交专用道外,多个城市还尝试了快速公交系统(BRT),但与此同时也引起了较大的争议,主要有以下几个方面:一是快速公交系统需占用专用车道,挤压社会车辆道路空间,引起社会争议;二是事先未能预留道路空间,致使快速公交系统建设成本较高,部分路段根本无法实施,致使快速公交不成网、不系统,发挥作用有限;三是快速公交系统主要布设于主干路上,作为景观和展示工程,未能充分考虑到客流情况,致使后期运营效果较差。

优先发展公共交通,已成为世界各国应对交通拥堵问题的共识,也是城市交通发展的基本战略。我国城市交通建设以车为本,道路建设主要为小汽车服务,导致公共交通路权缺乏保障,城市交通拥堵日趋严重。保障公共交通的道路优先使用权,是落实公共交通优先发展战略的关键。在公交路权优先实践方面,国内外进行有益探索。例如巴西库里蒂巴,坚持交通和城市一体化规划,采用顶层设计确保快速公交路权,一个中等规模的发展中国家的城市,因其城市布局合理、环境优良、管理措施得当,高效率与低成本兼具的一体化的公共交通系统,库里蒂巴能够成功打造世界上最好的公共交通系统并运行良好,重要原因是从城市规划的顶层设计上确保了公共交通系统的路权优先,并坚持贯彻执行。第一阶段,初期"以车为本"的大马路规划未能实施,却"无心

① 徐凯恒:《城市数据实践:基于时空圈测度的京津冀城市群分析》,搜狐网 http://www.sohu.com/a/131476959_199212。

插柳"为未来公共交通预留了专属空间①;第二阶段,调整城市规划,确立"以人为本"和优先发展公共交通的战略②;第三阶段,贯彻执行1965版城市总体规划,提出道路三元结构③,赋予公共交通专属路权。总结国内外经验,对公交路权优先保障的建议一是转变"以车为本"的交通规划思维,落实"以人为本"理念,逐步从"路网规划"转变为"路权规划",从规划层面保障公交路权优先;二是重视公共交通专项规划,提升其对城市总体规划的影响力,可在城市总体规划阶段实现公共交通走廊的用地预控,并在下一步控详规中落实;三是合理分配公交路权,在部分主干路和次干路上布设公交专用道,服务于长距公交,同时可将有条件的支路改造成为公交专用路;四是优化交叉口和交通信号灯,为公交车辆提供专属待行区和通行信号,进一步保障公交路权优先。《城乡规划法》突出城乡规划的公共政策属性和公共服务职能。城乡规划的任务是要在城乡的发展中维持公共生活的空间秩序,对未来的空间利用做出科学合理的安排。需要就社会、经济、环境和技术发展等要素进行统筹安排的综合性工作,既要依照法律进行,又同时兼具政策性特征。上述原则和指导思想,也体现在交通路网规划中。

　　雄安新区的交通规划建设是一个重要议题。雄安新区将建成高铁纵横穿插、机场南北迅速可抵、快速与高速公路四通八达的交通网络布局。未来的雄安新区交通布局中,公路、铁路和航空规划已有整体设计,部分规划内容已经开始建设。根据规划,大部分交通设施将在2020年前后将投入使用,与雄安

---

　　① 四十年代初,依照法国传统规划思想,库里蒂巴城市总体规划确定城市将均衡的向四周拓展,构建了中心辐射式路网系统,扩展主要交通干道至60米,确保为小汽车提供足够的空间;然而由于财力有限,该规划未能实施,却成功为公共交通预控了足够的道路空间。

　　② 1965年库里蒂巴对四十年代的总体规划做出了根本性的调整;明确城市不再向四周均衡发展,而是沿着五条交通轴线进行高密度线状开发,公共交通将取代小汽车成为城市交通的主体。

　　③ 道路三元结构是库里蒂巴土地利用、道路系统和公共交通的完美结合,其得益于四十年代规划而未实施的60米大道;五条放射状双向交通轴线由三条平行大道组成,两侧大道为单向进出城道路,小汽车和公交车在其上混行;中央道路自身又由3条道路组成,其中中间道路为公共交通专用道路,具有全封闭、可自动控制红绿灯的功能,是库里蒂巴快速公交系统成功的关键。与此同时,库里蒂巴沿五条轴线高密度的土地开发对公共交通系统提供了充足的客源,二者形成了良性互动。

新区的建设规划周期合拍。以解决现代城市病、建设绿色智慧交通系统为目标,从而实现交通规划和布局的集约、高效。除已建成的白洋淀站、白沟站外,另外可以直接服务雄安新区的铁路——固保城际铁路①已开始规划建设,以及京雄铁路、津雄铁路两条新路线,雄安站、雄安东站是这两条铁路中的重要站点。京津冀三地机场实现便捷往来。通过这些铁路路线,可实现雄安新区与周边京津冀地区的 0.5—1 小时交通出行圈,与规划中的整个京津冀地区 1 小时交通圈相吻合。民航、高铁的布局,基本奠定雄安新区的交通布局,近距离出行依然由公路,特别是高速公路来承担。雄安三县目前均位于荣乌高速附近,通过荣乌高速,向西达京港澳高速前往石家庄及以南地区,向东连接大广高速、京台、京沪高速,主干级高速公路已经实现互联互通。雄安新区与周边地区通过高速公路实现 1—2 个小时到达。在新线路鲜有规划建设同时,京津冀地区打通高速公路"断头路"成为重要任务。国家发改委、交通运输部的公开信息显示,京津冀地区确认的高等级断头路有京台高速、密涿高速以及京秦高速三条线路均已建设。雄安新区高铁、高速公路、民航三大交通基础设施将非常发达首先,雄安新区交通规划,立足于解决"现代城市病"的目标,建设绿色智慧交通系统。雄安新区做好综合交通系统的顶层设计,建设绿色智慧交通系统。其次,注重集约高效、职住平衡,建设绿色交通主导的综合交通系统。构建生态城市,实现居住与就业均衡、公共设施和生活设施配套完善、绿色交通主导的综合交通系统。新区内部,交通系统的发展目标,是建设绿色交通主导的综合交通体系。新区以轨道交通为骨干提供通道运输服务,以常规公共汽车交通为主体实现高可达性,以共享单车为补充,建设末端交通绿色、先进、高度智能化的世界一流交通系统。新区周边,实现交通设施和周边用地一体化开发。借鉴国际城市交通发展经验,实现交通枢纽与周边用地一体化开发。雄安新区综合交通枢纽规划建设中,改

---

① 固保城际铁路项目线路起自廊坊市固安县,向南经保定高碑店市、白沟新城、雄县、容城县、安新县,终到保定市与既有京广铁路保定站并站,并修建支线与京广高铁保定东站并站,正线线路全 110.163km,全线共设置 9 个车站。其中的白洋淀城际站、白洋淀南站、白沟站、容城站位于雄安新区的辖区内。通过这一城际铁路,可以从雄安新区便捷到达首都新机场。固保城际铁路规划于 2020 年实现通车运行。

革土地取得与使用模式①、突破单一用地功能制约、实现交通设施和周边用地一体化开发。雄安新区的空间布局形式,要为探索人口与经济密集地区的优化开发模式作出示范。采用组团式布局方案,摒弃单纯功能布局和宽马路、大广场,采用多功能混合、密路网、小街区的宜人生活空间组织。规划方面体现区域协同、城乡一体的理念,在区域层面加强与北京、天津、石家庄、保定的协同发展,在地区层面加强与雄县、安新、容城三地的协同发展,在城市布局、交通、服务②、基础设施上高度协同融合③。

　　贯彻《河北雄安新区规划纲要》(简称《纲要》)及党中央、国务院批复精神,推动京津冀交通一体化率先突破,京津冀暨雄安新区交通建设,在服务疏解北京非首都功能疏解、支撑服务区域协调发展、打造高质量发展样板等方面的重大意义和深刻内涵,精准把握新时代对交通运输发展的新要求。一是在支撑服务疏解北京非首都功能上,着力治理北京交通"大城市病",规划建设北京城市副中心交通体系,加快完善冬奥会等重大活动的交通支撑保障体系。二是在支撑服务国家重大战略实施上,服务扶贫脱贫攻坚和乡村振兴战略,深入推进京津冀及周边地区交通大气污染防治,防范和化解地方政府债务风险,加快运输结构优化调整。三是在推进京津冀三地的交通深度融合和协调发展上,加强三地交通设施统筹布局,全面推进三地运输组织一体衔接,统筹推动三地交通服务水平协调提升,深入推进交通治理体系的协同联动。重点落实在建设快速便捷的区域综合交通网络,确保如期完成雄安新区对外骨干交通路网建设目标;构建便捷安全绿色智能的区内交通体系,遴选一批有条件先行启动的交通任务,抓紧推进落实;综合交通运输体系支持政策创新,深化"放管服"改革,优化完善投融资政策,推进交通试点项目建设,着力推进人力资源平台建设。发挥交通运输基础支撑作用,推动雄安新区交通运输规划建设

---

　　①　2017年9月19号,雄安发布提到,雄安新区征地补偿入股分红政策,政府对农民的征用占地补偿,主要分两部分,一部分是对农民的一次性补偿,一部分是折成"股份",农民每年可以按照一定比例分红。

　　②　河北省人民政府印发《河北省人口发展规划(2018—2035年)》,其中《规划》提出推进京津冀人口协同发展,营造支持雄安新区建设的人口环境。

　　③　董鑫:《雄安规划框架基本成熟交通和生态建设先行》,搜狐网,http://www.csjrw.cn/2018/0104/76993.shtml。

实现的突破,一是建立综合交通大部门管理体制上突破。落实中央提出的要
"实行大部门制"和"建立与国际接轨的城市管理规则和体系"等要求,在现有
"一区一交、一城一交"体制架构的基础上有所突破,加快形成引领未来交通
大部门制改革的样本;二是综合交通运输规划编制上有所突破。依托京津冀
交通一体化领导小组,加快建立规划编制协同工作机制。坚持世界眼光、国际
标准、中国特色、高点定位,充分考虑新区地域特点、城镇发展、产业布局和运
输需求,统筹谋划铁路、公路、民航、水运等各方式发展,强化交邮融合,统筹做
好雄安新区综合交通谋篇布局,为将来建设提供好蓝本;三是完善交通投融资
体制机制上有所突破。加大专项资金支持力度,对符合要求的项目给予最大
可能的支持。探索交通投融资新模式新路径,为新区交通发展提供有力的资
金保障;四是深化交通建设审批制度改革上有所突破。以雄安新区作为进一
步深化交通建设审批改革试点,在实行集体审议、简化审批手续和环节、创新
审批方式等方面大胆探索,加大"放管服"改革力度。结合启动区、起步区规
划建设要求,落实一批现实急需、条件成熟的项目争取近期开工建设;五是地
方交通运输法规体系建设上有所突破。做好雄安新区交通法规体系的顶层设
计,起草一批交通运输急需、条件比较成熟的法规,确保新区交通运输改革发
展稳定;六是着力在绿色低碳及智慧交通体系建设上有所突破。研究"互联
网+交通运输"新业态在新区的应用,构建以电动汽车、新能源汽车为主的公
交车、出租车体系,构建包括步行道、自行车在内的绿色交通系统①。目前,交
通法律、法规相继制定、颁布,基本形成了以公路法为龙头、道路运输、水路运
输、航空运输、管道运输为分支、航道管理、港口管理、船舶管理、船员管理等为
侧重、交通安全法规为保障的"四位一体"的交通法律法规体系,涵盖交通行
业领域的方方面面,搭建了立体化、层级式的"大交通"模式,《中华人民共和
国道路交通安全法》《中华人民共和国海上交通安全法》《中华人民共和国公
路法》《中华人民共和国铁路法》《中华人民共和国民用航空法》以及行政法
规、规章等法律体系。行政规章、地方性法规的细化和助推下,交通法规的操

---

① 交通部:推动雄安交通运输规划建设实现"六个突破",新浪新闻,https://news.sina.
cn/gn/detail-ifyhmpew3612951.d.html? pos=3&vt=4。

作性、明确性有了提高,交通法治的目标建设尚有一些问题亟待解决,一是交通立法尚未形成体系,一些重要的领域存在着法律上的空白;二是已发布的一些交通法律、行政法规内容陈旧,且较为原则,可操作性不强;三是已有的交通方面的规定主要是部门规章,立法层次低,法律效力有限;四是立法质量不高,法律、法规、规章之间协调不够;五是我国交通立法与国内其他行业和国外发达国家以及国际惯例还有较大差距。实现交通法体系的层次分明、体系完整、结构合理、规范协调的目标仍有距离①。交通发展需要有良好的法治环境,法治环境不仅面向交通拥堵的问题,还与社会、经济和生态等各个方面都有关联性。交通科学上著名的"当斯定律"②认为:"在政府对城市交通缺乏有效管理的情况下,新建的道路设施会引发新的交通量,而交通需求总是倾向于超过交通供给。"该定律描述了以下的情况:当人均收入水平达到一定程度并不再成为(相当部分)家庭汽车消费的主要障碍时,必然会出现的一种交通需求和交通基础设施供给之间的竞赛,而在政府不进行管制的情况下,这种竞赛的结果必然是交通拥挤。因此,通过孤立的工程技术手段治理城市交通拥堵问题是不全面的,需要政府的有效治理。政府的介入必然涉及交通参与人的权利与义务安排问题,需要融通交通科学与法律科学的交通法学研究。交通参与人严格遵守现有法律中的道路通行规定,能在很大程度上消除城市交通拥堵的诸多人为因素,因此,有必要利用现有法律资源,完善道路交通安全违法行为执法查处机制,推进城市交通拥堵治理。交通法是一个广义的概念,首先逐步建立交通法体系框架;其次,公交优先、汽车合理调控、绿色交通、节能减排、交通安全保障和低收入人群的出行保障等交通发展中的问题,也亟待法律法规规范和引导;再次,出台"以人为本"的技术规范,改变"以车为本"的技术规范现状。交通法学需要城市学、地理学、环保学等多专业配合。交通法学研究需要通过交通与法律的交叉研究,提出"交通权利"理念,为每个人提供基本的公共交通服务,这是政府实现民生保障的时代需要,也是实现交通公平的最

---

①　张志文、宫坷:《交通法学学科构建的背景分析》,《山东行政学院学报》2012年第8期。

②　美国公共政策与公共行政管理学者安东尼·当斯(Authony Downs)1962年在其论文"高峰期高速公路的拥堵法则"中,分析了高峰期交通拥堵以及交通拥堵与交通平衡理论之间的关系,提出"高峰期交通拥堵的当斯定律"(Law of Peak-Hour Expressway Congestion)。

高形式。实现保障需要一系列的制度调整与安排,这是交通法学研究的时代使命;同时,交通法学研究应当为具体的交通问题解决提供对策研究。交通法学因其交叉性,需在交通政策的提出、验证、评估等方面,充分运用交通科学成熟的政策模型工具,在法治理念的引领下,为交通问题提供科学的解决方案①。

①　吴楠:《交通法学研究初显集聚效应》,《中国社会科学报》2013 年 7 月 15 日。

第三章　城市群与区域治理法治化

　　党的十九大报告指出,以城市群为主体构建大中小城市和小城镇协调发展的城镇格局,加快农业转移人口市民化。改革开放的进程,也是快速城市化的历程。改革红利在城市发展和人口市民化过程中释放,随着大城市的空间发展边界不断拓展与融合,环境污染、交通拥堵等大城市病频发,城市发展的单一路径的边际效应正在递减。城市群成为推进城镇化的主要形态,也是决定未来地区竞争力的核心。城市群①是指在特定地域范围内,一般以 1 个以上特大城市为核心,由至少 3 个以上大城市为构成单元,依托发达的交通通信等基础设施网络所形成的空间组织紧凑、经济联系紧密并实现高度同城化和一体化的城市群体。从全球来看,城市群已成为国家参与世界竞争与国际分工的全新地域单元,决定着 21 世纪政治经济发展的新格局,是世界经济重心转移的重要承载体,更是国家与国家之间竞争的主阵地②。国内城市群建设快速推进,发展格局初步形成。根据国家有关规划,城市群是新型城镇化的主体形态,并明确了东部地区三大城市群与中西部若干城市群的发展重点,突出发展京津冀、长三角、珠三角、成渝、中原、长江中游、哈长等城市群。从发展程度看,长三角、珠三角和京津冀三大城市群发展较为成熟,综合发展水平占有绝对优势,代表城市群发展的较高形态。城市群是决定未来地区竞争力的核心,是区域经济由板块向城市群的转变,各类生产要素和经济活动呈现向中心

---

　　①　目前,公认的大型世界级城市群主要有以纽约为中心的大西洋沿岸城市群、以芝加哥为中心的北美五大湖城市群、以东京为中心的太平洋沿岸城市群等 5 个。

　　②　根据世界银行《重塑世界经济地理》报告,全球一半的生产活动聚集在仅占全球大约 1.5% 的土地面积上。以美国大西洋沿岸城市群为例,面积为 6 万平方公里、占其国土面积 1.5% 的城市群,人口 4500 万,占美国总人口的 20%;制造业产值占全国的 30%,是美国最大的生产基地、商业贸易中心和世界最大的国际金融中心。

城市,以及中心城市周边的城市区域的集聚态势。聚合效应正成为激发转型新动能,激发区域内城市创新和城市命运共同体形成。

城市群又称城市带、城市圈、都市群、城市群或都市圈,是指以中心城市为核心,向周围辐射构成城市的集合区域。城市群的特点反映在城市之间经济的紧密联系、产业的分工与合作,交通与社会生活、城市规划和基础设施建设相互影响。城市群是相对独立的城市群落集合体,是城市城际关系的总和。城市群是在城镇化过程中,在特定的城镇化水平较高的地域空间里,以区域网络化组织为纽带,由若干个密集分布的不同等级的城市及其腹地通过空间相互作用而形成的城市——区域系统。中国城市发展报告(2003—2004)提出"组团式城市群"的概念,其定义内容为组团式城市群是大中小城市"结构有序、功能互补、整体优化、共建共享"的镶嵌体系,体现以城乡互动、区域一体为特征的演替形态。在水平尺度上是不同规模、不同类型、不同结构之间相互联系的城市平面集群,在垂直尺度上是不同等级、不同分工、不同功能之间相互补充的城市立体网络,交互作用使规模效应、集聚效应、辐射效应和联动效应最大化,分享发展红利,实现区域发展动力、区域发展质量和区域发展公平的内涵统一。都市连绵区是城市群的一种具体形态,强调以都市区为基本单元,指若干个数十万以至百万人口以上的大城市为核心,与周围地区保持交互作用和密切社会经济联系,沿一条或多条交通干线大小城镇连续分布的巨型城市一体化地区。城市带和大都市带的含义基本相同,不同的是,城市带强调城市分布的形态,但城市之间不一定存在密切联系,城市群强调城市之间的经济联系及相互影响;组团型城市和城市群类似,尤其在经济联系、功能互补、交通发达方面,但本质区别是前者是分散状布局的城市,是避免交通拥堵和环境恶化建立新区形成的多中心格局;城市群则是多个城市组成的集合体,不会成为一个城市。城市群发展,有利于从多个维度推进一体化,破除行政区划等体制机制障碍,促进城市间互联互通、协同融合的"同城效应"[①]日渐显现。城市

---

① 例如依托互联网开展的共享工厂,在制造业产能总体过剩的情况下,新进入者不用自建工厂,就可以委托现有的产能加工制造。共享工厂将工厂产能商品化,合理分配生产,有利于促使行业竞争转向行业协作。除了交通一体化,城市群探索公共服务、医疗卫生、生态环保等领域的一体化。

间"一亩三分地"意识进一步打破,协同发展渐入佳境。群内外的利益纠葛。我国城市群在推进新型城镇化、缓解大城市病、促进区域协调发展等方面,发挥了积极作用。与此同时,城市群发展中也存在协同发展难点。一方面,城市群内的各城市之间由于利益因素互相博弈,协调机制不健全;另一方面,城市群与城市群之间存在同质化竞争、项目推进协调难、资源错配等问题。都市圈规划、创新合作平台、制度对接等方面的缺乏,成为城市群亟待解决的问题。规划、项目、政策等多个层面,城市群建设面临大量的协调工作。在我国现行的行政体制下,除了京津冀城市群建设由中央直接领导,多数城市群都是各城市平等友好协商。虽然部分特大城市起着龙头作用,但其协调能力与其地位并不匹配①。实践中协调难的,除了跨省域城市群,同省域城市群也缺乏一个强有力的统筹机构。对于市场经济发育较好的城市群来说,在市场主体合作基础上,加强更高层面的协调,处理好政府和市场的关系尤为重要。借城市群建设搞新区建设,不考虑本区域人口的实际流入流出情况,造成资源错配和浪费。多数城市规划仍是人口增长的规划。快速城镇化过程中,一些城市也出现收缩的迹象,因此,城市群建设不能违背人口流动的规律;同时,出于本地利益考虑,道路互通、信息共享等方面、一体化发展意愿方面不同步。城市群规划、平台、制度对接方面的要素缺乏。一是缺乏中间层的都市圈规划②,虽然提出大都市圈的概念,但缺乏小尺度、跨区域、相对精准的大都市圈规划,亟待确立统计意义上的大都市圈界定标准并启动大都市圈规划;二是缺乏创新合作平台,城市群开展多种形式的合作,涉及费用和成本的分摊,很多项目需要持久谈判,有效对接需要创新合作平台,如设置城市群一体化发展投资基金,激励社会资本参与和运营,跨区域重大基础设施、生态环境联防共治等领域是重点;三是缺乏社会类公共服务类的制度对接,实现人的安居乐业,以及社会资源的优化配置和公共服务的均等化③,城市群需要加强医疗、教育和社保等

---

① 在长三角地区,浙江、江苏、安徽和上海三省一市每年都要举办碰头会,共同商议城市协同发展的重大议题,还成立了多个城市协作专家委员会。

② 以长三角城市群为例,如果按26个城市计算,面积达21万平方公里。如果按三省一市计算,面积达35万平方公里。大尺度的空间,使得规划不可能精准精细。

③ 我国的城市群与国外相比,大城市的基础设施和公共服务并不差,但城市群内的三四线城市、小城镇所提供的公共产品质量差距比较明显。解决这些问题,资源共享是关键。

制度的对接。开展这一合作,有利于区域一体化的实现。对于城市病的治理,《2012 中国新型城市化报告》指出:一是科学制定城市规划,二是加强基础设施建设,三是调整城市空间布局,四是完善就业机制。解决大城市人口膨胀与城市规模的矛盾,从建立城市联盟、引导人口合理布局和转变经济发展方式等方面做出努力。新型城市化道路,是在科学发展观的指导下,以统筹兼顾为原则,以民生幸福为方向,以新型工业化为基础,遵循工业化与城市化、农村与城市、人口与城市协调发展的城市化规律,倡导建立政府主导、市场主体、社会参与的城市化机制,着力推进人口、资源、环境协调发展的集约型、可持续的城市化模式。在新型城市化过程中,强调布局上必须科学合理,功能上必须宜居宜业,品味上必须特色鲜明,产业上必须高端化,管理上必须精细化,执行上必须落实到位。通过资源共享,提高中小城市公共服务供给的水平,提升区域的综合竞争力。城市群由于集聚了大规模人口和经济活动,环境污染等"大城市病"日益凸显。在实践层面,我国城市群协同治理体系存在法律法规不完善、协作机制缺乏权威性、社会力量参与不足等问题,因此,需重塑城市群源头控制、开放合作、多元共治的协同治理格局,环境保护治理①领域的协同要求比较突出和迫切,"十二五"期间,国家相关部委对城市群环境协作治理的法规政策密集出台,包括《重点区域大气污染防治"十二五"规划》,要求在京津冀、长三角、珠三角等重点城市群"建立区域大气污染联防联控机制"。除中央和部委层面推出的顶层设计之外,地方政府之间的协作不断深化,城市群建立多层次的城际合作机制,包括完善区域环境监测网络,确定跨界流域监测规范,协同推进水环境质量监控网建设,共享跨界断面水质监测数据。城市群生态环境联防联治效果明显,但目前还是停留未走出"一方治理一方污染,哪里出了问题治理哪里"的困局。部分地方政府之间的协作停留纸面上,没有转化为共同实际行动,以上客观现象②的根源在于行政分割,城市群内部的协调机

---

① 除雾霾外,部分城市群存在酸雨污染,并城市群空间分布上高度重叠,亟待加强和完善城市区协同治理。

② 例如京津冀城市群中,北京市与张家口市怀来县接壤,有 115 公里长的行政边界线。作为京津冀的生态涵养区,怀来县树少的原因除了越往北越干旱少雨之外,造林、护林的财政投入标准也是原因,对保护生态并非不重视,但投入力度差异与财政实力和经济水平有密切联系。

制尚未理顺,协调机构的权威性不足,导致行政主体各自为政,相互掣肘。另外,现有的环境法律法规,尚未明确城市群环境治理的主体和权责,城际协作难以保障,客观上削弱了协作效力。城市群协作治理是基于共同命运、共同发展而进行的跨行政区集体行动,需要对各方利益诉求加以协调和平衡,形成制度化、规范化的协作机制。以绿色城市群建设为例,目前存在的突出问题是,城市群内部环保标准不一,差别明显,政策手段比较单一,强制性手段居多,缺少经济调节性、鼓励性政策,社会参与面不宽。改进方式包括平衡城市群内部环境保护贡献地区与受益地区之间的利益关系;提高协同治理机制的权威性和执行力度,加强执法力度①;发挥市场在城市群资源配置中的决定性作用,提升公众参与,构建多元激励和约束机制②。利益补偿机制以"污染者付费,治理者得利,受益者补偿"为原则,例如城市群下游地区环境的改善,需要上游城市的支持,下游城市与上游城市达成利益补偿机制,将整体提升城市群与流域环境改善的进程。以资源环境产权为核心,完善资源有偿使用制度,对高污染、高耗能的企业征收碳排放税,推行排污许可、排污权交易制度,倒逼城市群内产业转型升级,健全城市群内生态补偿机制。

城市群发展目的,是优化产业的布局,提升生产效率,促进更高效创新。创新具有空间的扩散效应。促进城市创新要素流动,推动产业发展,通过发展城市群,推动区域协同发展,深化城市优势互补,共享自然、人文、社会资源,实现共同振兴。城市群是城市化发展到高级阶段的产物。发展城市群的最大优势在于打破行政藩篱,通过人流、物流、信息流等资源的整合汇集,实现生产要素有序流动与优势互补。《国家"十三五"规划纲要》提出,发展一批中心城市,强化区域服务功能。超大城市和特大城市加快提高国际化水平,适当疏解中心城区非核心功能,强化与周边城镇高效通勤和一体发展,促进形成都市圈。大中城市加快产业转型升级,延伸面向腹地的产业和服务链,形成带动区

---

① 例如治理洛杉矶城市群臭氧污染的过程中,美国建立统一规划、监测、监管、评估和协调的区域大气污染联防联控工作机制。美国东北部几个州联合建立臭氧传输协会(OTC),由各州代表和环保局成员组成,负责制定区域挥发性有机物、氮氧化物减排目标并督促实施。

② 例如环境立法和标准的制定方面,美国为政府、企业、媒体、民间团体提供畅通的参与渠道和监督机制,形成有效的公众监督,推动政府的治理决心和力度。国内城市群情况虽然不尽相同,但治理过程同样需要政府、企业和民众重视与通力合作。

域发展的增长节点。引导产业项目在中小城市和县城布局,完善市政基础设施和公共服务设施,推动优质教育、医疗等公共服务资源向中小城市和小城镇配置。城市群不只是以中心城市为核心、空间上集中分布的一群城市,更强调城市群在城镇功能定位和产业经济发展方面能够合作共赢、公共服务和基础设施体系建设方面能够共建共享,资源开发利用和生态环境建设方面统筹协调。城市群是以一个或多个超大、特大城市为核心,依托现代交通运输网、信息网,在一定区域范围内形成的能够发挥复合中心功能的城市集合体。发展城市群是优化城市功能和布局的重要途径。它能够促进资源要素顺畅流动、高效利用,实现城市合理分工、联动发展,有效解决区域内城市发展不平衡不充分问题,带动整个区域集约高效发展。因此,城市群日益成为新型城镇化的主体形态和现代化建设的重要载体。城市群发展的核心问题就是城市间如何更紧密地联系以及更高效地协同互动。党的十九大报告指出,"以城市群为主体构建大中小城市和小城镇协调发展的城镇格局"。进一步明确了未来城镇化的路径和方向,有利于促进区域平衡、城乡平衡,补齐中小城市和小城镇发展不充分短板。城市群模式中,大中小城市和小城镇协调发展,科学定位各自功能,提升中小城市和小城镇的资源聚集能力、特色发展能力,推动人口和资源要素由大城市向周边城市和小城镇有序转移,共同打造优良的生产、生活和生态环境,实现城市(镇)发展与民生改善同步提升。以城市群为主体形态推进城镇化,能消除城市病、显著提高居民生活质量,拓展城市(镇)发展空间,释放城市(镇)发展潜力,提升城市(镇)运行效率和经济社会发展水平。

新时代,我国城市群建设进程逐渐加快。2018 年全国两会期间,城市群建设成为热点之一。新型城镇化是现代化的必由之路,事关发展全局。新时代的城镇化工作,必须总结借鉴国内外城镇化实践成果、结合我国城镇化阶段性特征、紧扣社会主要矛盾变化,坚持新发展理念,着力推动新型城镇化高质量发展,坚持以人的城镇化为核心、加快农业转移人口市民化,坚持以城市群为主体形态、推动大中小城市协调发展,坚持产城融合、促进城市集约紧凑发展,坚持城乡融合发展、统筹实施新型城镇化战略与乡村振兴战略,坚持深化改革、破除新型城镇化体制机制障碍。新型城镇化聚焦农业转移人口市民化,推动城镇基本公共服务均等化;聚焦增强整体协同性,提高城市群发展质量;

聚焦补好弱项短板,提升城市发展质量;聚焦完善体制机制,推动城乡融合发展;聚焦激发市场活力,深化城镇化关键制度改革。城市群是高度一体化的城市群体,是各个城市有机联合在一起的共同体,城市群是世界经济中心转移重要的承载地,是国家新型城镇化综合区划中主导类型区,主宰并且影响着21世纪世界经济的新格局。以城市群建设引领新型城镇化,城市群建设是解决城市病,防止城市发展陷阱的有效模式。党的十八届五中全会明确提出,牢固树立创新、协调、绿色、开放、共享的发展理念,以创新、协调、绿色、开放、共享的发展理念为引领,以人的城镇化为核心,推动新型城镇化发展。随着城镇化率进一步提高,城市成为当下和今后经济发展格局中最具活力和潜力的核心地区,也是生产力布局的增长极和核心支点。城镇化过程中,存在以中小城市为主的分散型的城镇化和以大城市为主的集中型城镇化两种思路。中国人口基数大、密度高,耕地面积少,集中型城镇化的道路是更为理性的选择。城市群是新型城镇化的主体形态,也是拓展发展空间、释放发展潜力的重要载体。城市不是孤立存在,它与乡村及其他城市有内在联系和共生关系,进一步发展形态是区域城乡一体化的结构变迁过程。城乡及城市之间新的协同关系,在城市和乡村都被纳入更广阔空间和开放系统后实现,协同作用在城乡及城市间产生聚合效应。高密集城市群是庞大的社会经济体系,产生更大的聚集效应。不同于相距较远的松散的城市群或单一大城市,城市群既有集中的优势,也避免过分集中的弊端,经济效益、社会效益和环境效益得到统一,有广泛专业化分工与协作,充分发挥规模效益,降低特大城市的交通拥堵、环境污染等问题。

《国家新型城镇化规划(2014—2020年)》提出,要在全国主体功能区规划确定的城镇化地区,按照统筹规划、合理布局、分工协作、以大带小的原则,发展集聚效率高、辐射作用大、城镇体系优、功能互补强的城市群,使之成为支撑经济增长、促进区域协调发展、参与国际竞争合作的重要平台。以城市群为推进城镇化的主体形态,符合全球化背景下的城镇化规律,符合资源环境承载能力的基本特征。针对城市群存在重形态建设、轻实质发展问题,多数城市群只是空间分布上相对集中的一群城市,优化提升和建设世界级城市群,形成支撑区域发展增长极。按照新型城镇化的要求,提升城市群质量,城市群建设成为全球化网络竞争中的核心节点区域。城市群建设支撑区域空间新框架。城市群是中国新型城镇化的主体形态,从区域和动态视角把握城市群基本问题。城市群在新型城镇化发展中占主体地位,除沿海地区已形成的城市群,还需要在内陆符合条件的地方规划布局新的城市群,强调城市群形成和发展有内在的规律,城市群先是作为空间对现象被学者发现,政府将其作为规划对象进行规划设计。我国国土空间存在区域差异,不同区域的地理条件、区域特点和不同发展阶段,对城市群发展存在根本影响,城市群发展指导需要重点关注,关注城市群空间范围、发育机制、划定标准以及环保、地方特色在城市群发展中的作用。城市群是一个有机体,有着明确的分工、紧密的联系和控制的中枢。对于城市群边界的界定原则,要遵循主体功能区和环境承载力评价,在限制开发区和禁止开发区不能产生城市群。传统中心地理论有局限,网络化、扁平化、整体性思想需要被重视。城市群规划的内容包括空间基底、规划内容和发展动力,需在规划内容中强调空间性、分工合作和政府职能。块状经济和城市合作中,出现多种新的合作方式,城市群形成政府引导和市场主导的城市合作模式,大都市区的规划和小尺度跨区域的规划在未来有着重要的作用。城市化进程处在重要转型期,特大城市为中心的城市区域空间治理是城市化面临的挑战。在这一背景下,城市的区域布局仍将继续调整,大中小城市结合的特大城市地区成为区域城市的主要发展方向。城市群发展虽然受到经济发展及市场规律的制约,规划强调城市的跨区域、跨功能性。城市群建设与区域协调发展。城市群建设中,空间构建是重要环节,制度设计是城市群的核心机制和要素平台,已建设的空间场需要匹配功能。城市群发育的不同阶段,政府的作用不同,在初期阶段作用更大。目前城市群较多是国家推进新型城镇化的政策区,城市群发展基础和前景不同,合理评价城市群的规划引导作用,没有城市群的地方应基于城市现在所处阶段规划。规划引导基于地理条件的约束和技术改变,是动态管理和阶段性的过程,规划应处理好宏观调控、市场机制和基层治理之间的关系。

一、城市群区域一体化发展的法治保障

区域包含三个方面概念,一是地理区域,涉及交通状况,战略位置;二是行政区,涉及郡县治所、军事要塞;三是经济区,涉及重要经济资源、人口资源。地理区域是行政区和经济区的物质基础。施坚雅对中国城市史的研究,探索区域经济与历史结构,因为城市是人类活动的空间投影,是在时间和空间上把人类的精神和物质活动联结为一体的指挥部,各级城市(中心地)通过经济贸易网络联结城乡,把区域构成不可分割的有序整体的不同层次的中枢。区域城市化水平是社会进步经济发展的重要标志,宏观区域学说强调区域整体性,区域发展周期论强调区域差异性。核心——边缘论审视区域内部的差别,等级——规模论侧重区域城市一体化程度的探索①。当代城市体系最重要的发展是城市群的兴起。城市群的出现是生产力发展、生产要素逐步优化组合的产物,发展城市群可在更大范围内实现资源的优化配置,增强辐射带动作用,同时促进城市群内部各城市自身的发展。城市群是工业化、城市化进程中,区域空间形态的高级现象,能够产生巨大的集聚经济效益,是国民经济快速发展、现代化水平不断提高的标志之一。区域一体化发展是城市发展的特征与趋势。区域协同发展要求规则统一,针对各地方不同的实际情况,需要法治保障。区域一体化战略的实施需要法治先行,重视推动区域法治建设的重要性。区域一体化发展进程中,因行政区划分割、地方利益驱动、缺乏立法协调等原因,地方在合作同时也存在竞争。不同的法治水平、社会情况、基础条件等综合因素,可能加剧区域一体化发展中的矛盾,因此协调机制和法治保障是城市区域一体化战略的制度供给。地方政府竞争推动区域法制发展。政府竞争,较多体现为政府推进法治的手段、方法和思维。首先是协调确定区域立法规划,其次是提升区域立法质量,地方立法围绕区域法治建设和保障进行;以及建立区域立法协作机制,落实法治协作。区域内立法服从区域一体化发展要求,立法规划、立法与地区发展实际需求相匹配。地方立法选择有迫切需求的如区域经济、交通网络、社会保障、公共服务一体化等领域,立法规划、立法先行,统一标准,实现立法资源共享,减少地方立法中的冲突。创新区域内地方立法听证制度,形成以政府为主导,企业、行业协会、群众共同参与的多元法治协作机制。区域合作在协议、意向书、区域联席会议纪要等形式的规范化。协

---

①　朴尚洙、任吉东:《近代中国城市史研究之回顾与瞻望》,《城市史研究》2013 年第 1 期。

调区域内地方立法,加强地区法律沟通和合作,形成统一的执法环境。法律监督是法治协作的重要环节,发挥人大在区域法律监督协作中的执法检查功能,消除行政性壁垒、地方保护和市场分割等因素。审查和清理地方性法规地方政府规章,完善法律制度体系。地方经济竞争与区域法制发展密切相关,经济发展关键在于资本、人才和技术的合理运用。地方政府是公共物品和服务的供应方,资本、人才和技术等要素可以视为公共物品和服务的购买方。地方政府积极改善本辖区的法治环境,吸纳优秀资源进入,除了依靠税收优惠和补贴手段,通过法制制度创新,提高竞争能力,此外,政府推动经济发展中的风险规避与化解,责任明确与履行,法治是较为稳妥的方式。区域协同与一体化发展中,行政区隔阂等制度困境,是区域合作的瓶颈。世界级城市群的目标,须完善的法律制度框架指导,通过沟通、协调解决问题,应发挥地方自主立法权的功能,通过区域法治促进区域发展。全球化与地方化并行的背景下,区域合作问题突出,超大城市群的设计与治理给城市治理提供宝贵经验。区域合作具有自主性、共生性、协调性等法律共性,合作模式以地方政府之间行政合作为主,协同立法定位①、法律冲突、资源共享、环境保护、区域合作组织机制②建设、动力机制③等共同问题。区域一体化发展形成多层次、多对象、多目的的区域发展战略和经济板块,传统区域合作规范,无法形成有效的跨区域治理,需要建构硬法与软法结合的混合模式。法规范体系对区域合作的回应有阶段适应性,完善法律规范体系,是推进区域一体化发展和有效实施区域合作的理性选择,时机成熟时,构建软法规制为主的法治体系。网络平台监督和执法的管辖权变革为区域合作、司法管辖制度提供方向,通过网络平台在技术层面上

---

① 城市化发展,导致大型城市集群扩张,既有法律框架在这种发展中已经不合时宜,域外经验中,例如法国的法律都市圈机构,应对城市群新变化,以及 2010 年关于地方行政区域改革的法律改革,2014 年、2015 的立法运动,可视为对前者的补充。都市化超越现有的市政重叠,回应都市化发展的系列立法有远见,也存在职权分配和都市消解问题。

② 德国的"目的团体公法人"是区域合作中理论探讨最多、实践最广泛的一种组织机制,概念类型、法律渊源、组建成立、治理机构、运作管理、变动解散都具有独创性。我国引入这项制度的依据在于:现实存在建立目的团体公法人制度的实际需求;建立目的团体公法人制度所面临的改革阻力相对较小;目的团体公法人制度可以保证区域合作组织应有的权威性和执行力。

③ 实践中的动力机制是区域合作的一个关键问题,京津冀地区是权力推动型区域合作,而长三角地区则则是市场驱动型区域合作,强行推动合作可能缺乏可持续性。

解决区域合作监管与执法过程中的问题。网络交易的整体性、跨区域性等空间特点,传统属地管辖原则难以保证监管和执法的效率。传统属地管辖权分配向平台所在地集中管辖转型,落实整体性原则、行政效率原则、信息获取有效与便利原则,以监管对象区分不同管辖模式。京津冀区域发展形成的地方法治壁垒,成因在于地方利益、立法体制,现行地方立法体制下加强区域立法协作,充分利用地方先行立法权,推动京津冀区域发展一体化。只有京津冀区域法治先行,才能够促进区域一体化。法治一体化的构建路径在于,区域发展整体规划协调的立法协作、保持一致性的地方立法协作、功能互补的地方立法协作、区域内现有地方立法清理。从世界区域与城市群发展的历程可以看出,生产要素的流动汇集与扩散是城市群发展与区域联动的重要内涵,未来城市群地区必将成为我国生产力布局新的增长点,成为城市与区域发展中最具活力和潜力的核心内容。从发展趋势来看,随着经济日益全球化,以城市群为龙头和单元的区域性国际化竞争态势将成为主流。21 世纪是城市群繁荣发展的世纪,经济发展的主要动力将越来越依赖于城市群特别是大城市群,大城市的发展已从单体城市发展向城市群整体发展转变。城市群之间的分工、合作和竞争,决定新的世界经济格局。让城市政府更有动力、更有活力、更有战略、更有特色、更有合力地参与和主导城市群的发展,是保持城市群可持续发展的关键,相应的政治保障和治理体系,成为重中之重。区划治理,是在政府、社会和市场的共同参与下,按照特定目标和原则,对空间进行划分,并基于划定的空间结构,配置相应的管理机构,实现空间高效治理。区划治理是空间治理在城市治理背景下的实践,通过治理理念、空间区划技术及政策工具的应用,提升空间治理绩效。具体运用包括通过区划治理加强基层政府服务①、通过区划治理提升特大城市基层治理水平,区划治理构建最优空间通道和适度空间规模,是改变行政有效,治理无效困局的政策工具。不同类型社会空间区划的增设,包括各类公共服务功能空间,学区、养老服务圈、网格化等,并非行政区划弱化,而是强化统筹能力较强、空间刚性较强的行政空间区划,整合基层空

---

①　2017 年中共中央办公厅、国务院办公厅印发《关于加强乡镇政府服务能力建设的意见》,如何提升乡镇政府服务能力,区划治理无疑是一个重要变量,包括乡镇政府的服务空间和层级划分、基本公共服务设施的空间布局、政府与企业、社会组织共同构建服务平台等。

间单位,避免出现西方城镇化进程中的空间碎片化等问题,影响基层治理效率。基于产城融合、职住平衡对开发区转型的重要价值,社会治理和公共服务职能有所增加,空间尺度进行调整,区划治理作为政策工具,可以较好实现该目标。

(一)城市区域多中心空间战略法治化

尺度政治是对尺度可变性的主观运用,弱势方通过扩大事物的尺度特征,摆脱强势方的尺度控制,强势方阻止这种尺度变化的过程。尺度政治过程中,各行动者的利益是重叠的而非对立的。借鉴 Cox 的依赖空间(spaces of dependence)和交互空间(spaces of engagement)①概念,分析区域城市发展中各行动者的利益和策略,例如为解决发展中的土地紧张等问题,通过连续制度空间的建构扩展依赖空间,降低企业外迁成本,通过向上的尺度跳跃动员上级政府,获得支持并对城市施加影响,同时通过横向联系网络对接,运用下级城市地域权力为制度延伸提供便利,改造低尺度的交互空间,作为增长极带动城市发展,除运用自身权力直接给予合作区优惠政策外,也向上进行尺度跳跃,争取上级政府的支持、资金支持和优惠政策分享;上级政府为缓解区域经济发展的不平衡,将合作区作为低尺度交互空间试验区域,探索可推广的发展模式,除直接赋予合作区地级权限外,还在联系网络中进行协调。该过程中,依赖与交互空间及其关系存在多种特征,并使尺度政治趋于复杂化,行动者常常在多尺度上存在多个交互依赖的空间。为降低企业再地域化成本,城市通过制度延伸在合作区建立新的依赖空间,主要策略为朝向上级政府的尺度跳跃和朝向同级城市的横向网络建构。管制权的延伸,使得分离的地理空间,能够被融合为连续的制度依赖空间,典型表现是,入园企业享受多种与扶持企业同等待遇,包括人才和管理服务等,社会关系的"可替代性"推动企业的转移。为获得新的依赖空间,通过上级尺度和超地方尺度的两个交互空间动员。使合作区建设受到上级政府的支持,同时斜向府际关系的处理,通过在超地方尺度对

---

① 晁恒、马学广、李贵才:《尺度重构视角下国家战略区域的空间生产策略研究:基于国家级新区的探讨》,《经济地理》2015 年第 5 期。

接,如召开对口帮扶工作联席会议,协调管制权力的分配问题。制度安排渗透城市群内不同城市的地域权力,并取决于依赖和交互空间的属性、所掌握的资源、相对权力关系等。合作区同时是交互空间和依赖空间,以合作区为依赖空间,因此不同城市所拥有的地方知识、地方关系等资源成为受委托管理合作区的重要原因;由于不同城市掌握的经济资源或行政、组织等资源不同,城市之间存在分工。因上级政府有行政领导权,因而能够通过多种方式对重大事项进行决策、对不同城市进行协调。空间重叠影响各方对合作区管理权限赋予,但作用明显不均衡,相关地方立法和政府规章,明确给予合作区经济管理权限,从制度上推动尺度上移。行政权限清单将多项经济管理事项委托合作区管委会实施,该制度形态由相对权力关系、依赖空间塑造。对空间重叠的制度协调,更鲜明地体现在复杂的利益分配机制。合作区是依赖空间的一部分,地方享有以财政收入为标志的地方利益。共享合作区这一依赖空间,以合作区作为固有依赖空间的一部分,在原体制下提取一定的土地出让收益,而合作区的征地拆迁以及土地出让收益主要在合作区与所在城市之间分享。

多中心空间战略是城市规划的理想,在现代城市规划理论发展史中具有重要地位。就其理论体系而言,欧洲具有悠久的多中心空间战略传统,多中心的思想渊源可追溯到英国田园城市、卫星城及新城理论,目的是缓解工业革命后人口集聚带来的环境污染、交通拥堵、房价高企等城市病。以彼得·霍尔为代表的学者,提出多中心巨型城市区域论,是欧洲多中心空间战略的现代版,具体概念包括城市网络、多核心大都市区、多中心城市区域等。美国传统的空间发展模式,以大都市郊区化蔓延为特征,近年对环境、能源问题反思,提出精明增长、中心城市外围的边缘城市概念,以及新城市主义主张,洛杉矶学派提出多中心大都市模式。英美在空间结构理论上殊途同归,都体现多中心空间思维,包括现象描述和政策主张。雄安新区是京津冀城市群尺度上发展的中心城市,是不同空间尺度上的多中心空间战略。多中心空间结构,有助于缓解大城市的集聚效率降低即大城市病。城市发展史中,集聚有合理性但不是无限的,单中心集聚过度,形成交通拥堵、环境压力、地价成本上升过快等城市问题,边际成本上升超过边际集聚经济效益增加。多中心结构因其相对均衡的城市规模分布具有降低集聚不经济的潜力①，多中心空间战略卫星城、新城等最初在欧洲应用于实践，只起到截流外来人口的作用，未能产生疏散中心城人口的预期效果。近些年欧洲推出的多中心空间战略，目的在于促进区域一体化建设，缩小区域差距，例如欧洲空间发展远景（ESDP）、欧洲多中心巨型城市区域可持续发展管理项目（POLYNET）、欧洲空间规划观察网络（ESPON）等②。反映了市场发展成熟国家的城市发展规律。多中心理念作为城市规划的理想，理论上优点诸多，但实践表现并不一致，一方面增加理论问题的复杂性，另一方面也需要实证检验，但由于数据获取及问题本身特有的经济绩效与空间结构之间的内生性、空间结构的经济绩效的地理空间尺度要求等，实证研究结论并不一致。

　　理论模型显示，随着人口规模增加和单位通勤成本提高，形成多中心空间均衡的可能性会增大。因为单纯市场力量会使大城市规模错过最优化窗口，增加无效率的规模化，市场个体选择是理性的，但从整体来看，又会产生非理性结果③。市场自身无法实现单中心向多中心的空间转型，政府作用克服市场不足，采取合理空间战略有其必要性。交通与地价是观测多中心集聚效率的两个角度，多中心结构城市在提高交通效率、疏解交通拥堵方面，受职住均衡关系影响，职住均衡与多元功能融合的多中心城市结构，才能有效提高交通效率。多中心对城市地价的影响，理论上认为多个中心有助于降低中心区位的稀缺价值，降低企业土地使用成本，城市平均地价从而下降。逻辑进路而言，多中心城市结构不是简单的低密度分散，而是分散的集中。多中心结城市群的规模互借（borrowed size）效应④，从而不会损失集聚效益，每个空间单元

---

① 孙斌栋：《从通州到雄安：中国多中心空间战略的实践及其现实意义》，《国家治理》2017年第18期。

② 亚洲的东京、首尔等城市形态上具备一定程度的多中心结构，但新城在功能上依附中心城，造成长距离通勤；中国香港和新加坡的多中心格局相对成功，但新城规模偏小，合理的城市规划和有效执行是经验，多中心空间战略及反磁力中心建设，政府作用较大。美国实际没有政府主导的空间战略，但人口空间演化具有规律性，人口趋向大都市区集中，尽管美国人口向都市区集中，但在都市区内部，是中心城向外围副中心城市、边缘城市分散，也是多中心化的过程。

③ ［美］阿瑟·奥沙利文：《城市经济学》，苏晓燕等译，中信出版社2003年版，第18页。

④ ［美］阿隆索、保罗·克鲁格曼等：《空间经济学：城市区域与国际贸易》，梁琦译，中国人民大学出版社2005年版，第52页。

的集聚效益可能不及更大规模的空间实体,但多中心结构下的空间单元,因为地缘临近,可以尺度政治方式,规模互借,在更大地理空间范围内,实现集聚效应和经济发展的规模收益①,多中心城市结构的集聚效应是在多尺度、多指标上的形成,而非传统单一的地理位置紧临。多中心结构的规模互借获取集聚效应的绩效,受城市规模、发展阶段、地理空间、行业功能等因素影响,取决于多种力量的平衡,是对市场自发行为的纠正,政府作用不可缺位。多中心空间结构中的不同空间单元,具有不同的区位特征,能够满足不同产业的功能选址需求,有助于促进专业分工与协作。有助于均衡生产力布局,缩小地区收入差距②,作为规划思想的多中心空间战略,实践表现及效果参差不齐,政府主导不可或缺,因此是一种准行政行为。

　　城市群多中心空间战略的划分尺度一般有市域尺度、都市区尺度和城市群尺度。市域尺度层面,不是完全意义上的城市集聚体,而是政策执行空间单元,也是独特的地理空间单元。单中心结构具有更高的劳动生产率③,小城市发展规模扩大,集聚经济效应显示,因而单中心结构的绩效更好;达到一定规模后,集聚经济的边际效应递减,多中心结构的绩效更佳;城市具备较强的资源动员能力,例如建设城市轨道缓解交通压力,降低集聚边际效应下滑,集聚经济的最佳效应又能获得提升;都市区尺度层面,多中心结构与城市人口和就业的增长无明显因果关系,但对劳动生产率具有显著正相关。多中心结构可以降低平均通勤时耗,与城市平均地价负相关,但因果关系不确定。制约其他经济增长因素之后,多中心结构城市具有更高的劳动生产率,但这一结论适用于较大规模城市,对常住人口 100 万以下的城市并不适用④,城市经济绩效与

---

　　①　例如大城市周边小城市可以因临近大城市的设施包括机场等设施而获益,互联网技术的发展使得空间分离的单元可以信息化渠道紧密联系,虽然地理空间分离,但功能仍然一体。

　　②　欧盟的多中心空间战略目的之一即是促进地区经济增长均衡。

　　③　工具变量结果和异质性分析显示,劳动力规模在 100 万以下的城市,单中心结构有利于提高劳动生产率;劳动力规模 100 万以上的城市,多中心结构具有更高的综合效益;城市劳动力规模达到 280 万以上时,单中心结构又具有更好的经济绩效,但不稳定。孙斌栋、华杰媛等:《中国城市群空间结构的演化与影响因素——基于人口分布的形态单中心—多中心视角》,《地理科学进展》2017 年第 10 期。

　　④　一些西方学者从 2007 年到 2010 年以美国大都市区作为样本研究,国内相关学者则以全国 200 多个地级及以上城市为样本,分别以市区整体、都市区为地理单元展开相关实证研究。

交通成本以及土地成本相关,互联网普及能够增强多中心结构的经济绩效;城市群尺度层面,从多中心—单中心视角,检验城市群空间结构绩效的研究成果少,对城市群的定义和样本选择不同,结论也不一致。有学者选择成熟城市群为研究样本,从形态和功能维度对城市群多中心结构与绩效关系进行计量检验,发现从形态角度,城市群空间结构呈现多中心化的趋势,多中心的空间结构有助于提高经济发展水平;从功能角度来看,除珠三角、长三角和京津唐城市群已经表现出向多中心演变的趋势外,多数城市群呈现单中心的功能集聚特征,未发现功能的多中心与经济绩效具有显著相关性[1]。雄安新区是多中心空间战略的实践,是检验城市规划理想的试验。多中心空间战略是城市规划创造美好城市格局的理想,无论理论根源还是实践表现,政府作用不可或缺。与长三角城市群核心城市对周边小城市具有正向溢出效应不同,京津冀城市群存在大城市对小城市的经济增长抑制作用[2],改变地区差距,需要核心城市正向溢出,雄安新区有助于带动区域增长,减少发展落差,促进一体化。坚持政府引导同时,尊重城市发展规律,政府引领才能扭转集体非理性,这是多中心空间战略的本质,市场和政府边界界定,是亟须深入研究的问题。国家级新区意味空间战略向综合全面发展转变,新区建设注重产城融合与均衡发展、规划布局合理,成为产城融合、新型城镇化建设的示范带动区。注重产业功能区与城区的关系,合理划分城镇建设空间、农业发展空间和生态保护空间,划定城镇开发边界、基本农田保护红线和生态保护红线。国家级新区推行全域空间规划,空间结构组团式拓展,并结合地理环境、历史文化等要素形成地域特色。国家级新区的规划建设起点和标准较高,合理采用新技术和新方法。在土地集约、高效利用及混合使用的基础上,探索适合新形势发展的各类空间布局新模式。新区规划注重生态环境建设与管理,构建可持续的生态绿色网络,新区生态建设要优先于城镇建设、城市建设,生态敏感空间的公众参

---

[1]　侯韵、孙铁山:《中国城市群空间结构的经济绩效——基于面板数据的实证分析》,《经济问题探索》2016 年第 2 期。

[2]　新经济地理学称之为集聚投影现象。

与制度与路径①。雄安新区从城市增长模式向"新常态"下的发展模式跨越。新跨越下的土地利用模式及规划,采用新的视角与新的思路。正向角度看,即创新新区的土地利用模式,对生态、交通、城市特色等问题给予更多关注;逆向角度看,即从风险预防②角度对土地利用模式及规划的研究,为新区的土地利用和开发建设提出针对性方案。提升城市的吸引力是很多后工业化社会城市规划面临的问题。城市提升吸引力的途径并非体现在对利益的让渡,而主要通过环境、制度、服务等提升自信,树立良好的精神形象,是城市核心竞争力的体现。新区发展驱动力选择方面,传统唯工业导向驱动力向产业体系思维③转变。从集聚产业和人口向创新示范、建设示范转变,手段从政府补贴降低成本向政府优化制度和建设环境以吸引人才和企业转变。同时,新区的建设与发展需要时间,国家级新区是由国务院批准设立的以相关行政区、特殊功能区为基础,承担着国家重大发展和改革开放战略任务的大尺度、综合型城市功能区。国家级新区战略使命与时俱进,激发城市群经济发展动力,发挥区域经济增长极的作用。

(二)城市群区域治理法治化

城市群协同发展需要科学规划和合理引导,需要配套体制机制探索,包括确定一批有潜力和特色的重点城市群,作为体制改革的试点,探索有利于城市群健康发展的分层分类体制机制;建立城市群不同层级政府部门间沟通协商机制,设立专门的联系和管理机构并明确相应职能,建立定期或灵活的重大事项通报、应急预警防范等方面制度;建立引导城市群科学发展的绩效考评机制,制定明确的奖惩标准和办法;探索建立科学规范的城市群发展考评指标体系,加快形成及时动态调整和高效反馈机制;从战略和顶层设计层面,探索建

---

① 强化监测与监督,建立数据系统,推动社会参与城市规划与管理,也是联合国《新城市议程》提出"所有人的城市"的发展方向。

② 土地利用和城市规划工作容易陷入经验模式陷阱,但对经验形成的风险缺乏关注,导致城市规划带来的实际问题一再复制,风险预判和分析,能规避这些经验的消极因素。

③ 城市发展初期对工业都异常重视,新经济和新常态的背景下,工业概念已经扩展到与工业相关的生产性服务业领域;对工业培育环境的认识则扩展更多,不仅是价格低廉的土地和劳动力,软环境深刻影响工业这个传统意义上的城市驱动力的发展。

立城市群城市间合理的利益分配、协商和补偿机制,妥善处理整体与局部利益,为城市群可持续发展提供长远体制保障。随着城市群发展配套体制机制的探索和改革,应在每个不同阶段制定分类的针对性政策,一方面促进配套体制机制的优化调整和发展成形,另外一方面也推动城市群的发育成熟和功能完善。一类政策是关于资源利用和环境保护领域,包括征地补偿标准、排污权和碳排放权交易等方面,切实为城市群发展创造集约化资源利用和绿色低碳循环的生态环境保障。一类政策是关于产业发展和布局领域,包括城郊和都市农业发展、工业集中布局和转移、新兴产业培育壮大等方面,引导促进城市群建立产业集群和链条上的关联配套,减少相互间产业重复建设、产能过剩和恶性竞争,提升城市群产业体系核心竞争力。一类政策是关于基本公共服务体系和社会发展领域,包括教育、卫生、文化等领域均等化,公共服务逐步覆盖常住人口,交通、通讯等服务同城化,社会管理、生态环保一体化等方面,为城市群新型社会形态和可持续发展提供坚实基础。2015 年 12 月 20 日至 21 日,中央城市工作会议指出,城市结合资源禀赋和区位优势,明确主导产业和特色产业,强化大中小城市和小城镇产业协作协同,逐步形成横向错位发展、纵向分工协作的发展格局。加强创新合作机制建设,构建开放高效的创新资源共享网络,以协同创新牵引城市协同发展。推动以人为核心的新型城镇化,发挥这一扩大内需的最大潜力,有效化解城市病。要提升规划水平,增强城市规划的科学性和权威性,促进多规合一,全面开展城市设计,完善新时期建筑方针,科学谋划城市发展坐标。加强城市地下和地上基础设施建设,建设海绵城市,加快棚户区和危房改造,推进老旧住宅小区综合整治,推进城市绿色发展,提高建筑标准和工程质量,重视做好建筑节能。要提升管理水平,着力打造智慧城市,以实施居住证制度为抓手推动城镇常住人口基本公共服务均等化,加强城市公共管理,提升市民素质。推进改革创新,为城市发展提供有力的体制机制保障。控制性详细规划指标体系建设、城市发展战略规划、居住区规划中的技术经济问题的规范化,是城市群协同发展机制构建的重点内容。

　　20 世纪上半叶,现代城市规划的发展,追随现代建筑运动展开,1933 年国际现代建筑会议主题为"功能城市",并发表《雅典宪章》,体现现代城市规划的基本认识和思想观点。从对城市的整体分析入手,分解城市活动进行,核心内容提出功能分区,认为居住、工作、游憩和交通是城市的四大基本活动。依据城市活动对城市土地使用进行划分,引导规划科学发展。城市规划的基本任务,是制定规划方案,建立各功能分区在终极状态下的平衡状态。提出,城市要与其周围影响地区成为一个整体来研究,城市功能分区和以人为本的思想。在区域规划基础上,按居住、工作、游息分区并平衡,建立三者联系的交通网,强调居住为城市主要因素。城市规划是空间科学,应考虑立体空间,并以国家法律的形式保证规划的实现。城市与乡村融为一体,构成区域单位的要素。城市应成为构成一个地理的,经济、社会、文化和政治区域的单位,城市依赖这些因素发展。

作为区域性公共产品的一种重要样式,区域法治建设成为区域政府保障市场要素流动性条件有效生成与实现的法治化的制度机制,并对区域政府提升制度化的公共产品的供给能力和效果,提出要求。随着城市化程度的提高,中央政府为有效解决与地方政府共同管理的事项,如环境污染问题、水资源合理使用等问题,发展出符合实际的合作规划执行策略,包括中央协调规划(Centrally Coordinated Planning)、联合规划(Joint Planning)、联合财政(Joint Finance)、结构重塑和法律授权(Enabling Structure and Legal Mandate),重点在协力合作及建立共识①。有学者认为,中国地方政府或权力机关虽具有立法权,但地方立法仅只是对中央立法的确认或具体化,不能违背中央立法精神,不能作为司法裁决的依据,而且不同省份之间、城市之间并不具有联合立法权,县级行政区域也不具有单独立法权,没有办法通过地方法确认区域法治秩序,因此,如果依靠地方立法进行区域法治建设,将面临资源支持上的障碍或实际操作上的难题。区域法治的发展道路演化为地方治理中的创新,"更加需要依靠软法之治发展成为一种法治模型后,再由法律对此予以确认、巩固或复制,从而以区域法治而命名,并成为一种客观存在的法治样态"②,伴随着区

---

① ［德］德林:《政府、竞争与市场》,王宁、李迪译,《国外社会科学》1995 年第 10 期。

② 有学者强调,创新活动常常是地方化的,是各种传统、惯例、社会认同和风俗构成的制度绸密的结果。如果不在社会文化背景下对创新发生的地方考察,就很难恰当地理解创新。在制度接近性的区域,意味着一系列的规范、惯例和行为规则等,它们帮助经济行为者,如个人、企业、公共和私人机构获得有助于交互式学习的组织形式,这使得创新过程发生得更快,并使经济系统更其竞争力。参见［意］罗伯塔·卡佩罗:《区域经济学》,赵文、李飞等译,经济管理出版社 2014 年版,第 98 页。

域法治逐渐到学界和政界的认同,区域政策问题将更多地转变为区域立法问题,以期对区域的联合和发展提供更大预期。区域法治限定为我国主权范围内的一种法治模式,而区域立法指向是我国政权管辖范围内的跨行政区域事项的立法,或称之为区域法制的协调发展,它是指"在国家统一的立法、执法、司法体制下,为满足特定区域发展更为优越的法制环境需要,克服该区域基于不同立法来源和互不隶属关系所导致的法律资源冲突与内耗,达至法律内部的优化组合,所进行的一种因地制宜、与区域经济发展紧密结合的法制建设行为。"①区域立法一方面要维护法制统一的原则,另一方面依托地方立法,赋予地方发展和治理更为充分的空间。《中华人民共和国立法法》在 2015 年重新修订(以下简称《立法法》)。作为规定法律规范效力、等级、制定程序以及冲突解决方式的基本法,《立法法》对原第 63 条进行了修改。以第 73 条对原有"较大的市"的范围,增加"设区的市",进一步扩大地方立法权的范围。除此以外,授予了省、自治区、直辖市的人民政府,省、自治区的人民政府所在地的市,经济特区所在地的市和国务院已经批准的较大的市的人民政府,可以根据法律、行政法规和本省、自治区、直辖市的地方性法规,制定规章的权力,并具体规定了地方政府规章的立法事项。以上立法事项与《立法法》第 8 条所列十项法律专有立法事项。立法剩余权问题上,《立法法》第 73 条将地方性事务主要界定为"统筹推进本行政区域内基本公共服务均等化事务",并指出"较大的市"的地方立法权限于城市建设、城市管理、环境保护等方面的事项。同时,"在国家制定的法律或者行政法规生效后,地方性法规同法律或者行政法规相抵触的规定无效,制定机关应当及时予以修改或者废止"。新时代的城市群区域法治建设与发展,是全面推进法治中国建设、实现法治现代化进程的必然要求。法理型政府推动与社会参与演进有机整合的区域法治发展动力机理,是打造区域竞争优势高地、提升区域发展核心竞争力的法治生态体系。深化全面依法治国实践,建设法治中国,推进国家与区域社会治理现代化,需重视区域法治建设。区域法治是实施依法治国基本方略、推进法治中国建设

①　公丕祥:《当代中国区域法治发展的动力机理——纪念中国改革开放四十周年》,《江苏社会科学》2018 年第 4 期。

的有机组成部分,是在国家法治发展的总体方向和基本要求的基础上,根据区域发展的法治需求,运用法治思维和法治方式实现区域治理现代化的法治实践活动。法治区域的形成与发展,能够丰富区域法治载体,整合区域法治资源,围绕区域法治建设的实际问题,探索建立科学的区域法治建设指标体系和区域法治创建活动考核标准,也是提升区域社会治理能力的有效途径。实现国家治理现代化的总目标,对提升区域社会治理能力提出新的更高要求。推动法治区域建设,有效增强国家法律制度在区域范围内的实施效果,提高法律制度的执行力,是提升区域社会治理能力的关键。优化区域发展法治环境。法治区域把维护社会正义、增进人民福祉作为根本的出发点和落脚点,着力优化区域发展的法治环境,为区域经济社会平衡且充分的发展提供坚实的法治保障。完善党委领导、人大主导、政府依托、各方参与的立法工作格局,实现立法决策与改革决策协调同步,加强地方立法能力建设,表达区域现代化进程的法治需求,充分发挥地方立法权在建设法治区域、构筑区域竞争优势进程中的引领和推动作用。优化区域行政法治环境,以强化依法行政推进区域法治政府建设主线,以深化行政审批制度改革为突破口,严格执法为关键环节,规范区域行政行为,法治文化在培育区域社会立体法治信仰的过程中具有潜移默化的作用,提升区域发展核心竞争力的法治氛围,塑造区域法治生活方式。关注法治的价值功用,认识法治作为一种生活方式的意义,使法治成为区域社会主体日常生活过程的有机要素①。

二、城市群治理体系与区域规划法治

目前学术界关于治理概念内涵②的讨论,主要集中在两层含义:一是治理的多中心和社会导向内涵;二是治理即问题的有效解决。城市群治理这一概

---

① 公丕祥:《当代中国区域法治发展的动力机理——纪念中国改革开放四十周年》,《江苏社会科学》2018 年第 4 期。

② 治理是公共或个人和机构管理共同事务的诸多方式总和,有四个特征:治理不仅是一整套规则,也不仅是一种活动,更是一个过程;治理过程的基础不是控制,而是协调;治理涉及公共部门,也包括其他部门;治理除了正式制度载体外,也包括持续的互动。

念有两层基本含义：一是以城市群为单元的治理，从这个意义上，可以把"城市群治理"作为一个层级嵌在"乡村治理""城市治理""社区治理"等序列治理结构之中；二是以城市群及所辖城市为客体的治理，这层含义强调城市群的党政机构、规划机构和职能部门，在不同层级和职责范围内对城市群中城市和协同关系的治理，即"对城市群和城市关系的治理"。从实践来看，城市群治理主要包括城市群建构、城市群发展与城市群转型三部分内容。城市群建构是治理的最初阶段，是城市群形成过程中的治理。治理研究不仅需要在规范层面上展开，而且更需要在实证层面上展开。社会科学的实证研究方法可以分为四种：实验方法、统计方法、比较方法和个案方法①。治理研究中的实验方法更接近科学的特征，统计方法在治理研究中有一定的可行性，但统计方法限定适用在微观数据容易获得的领域，如经济、社会福利、人口等；对于治理中常见的非量化信息，个案分析更基于田野调查获得研究数据，比较研究针对不同城市群治理的历史文化前提、模式、特征、内在机理等内容研究。首先，城市群治理是系统性思维，治理体系包括秩序系统、授权与权力制约系统和治理方法创新系统；其次，城市群治理是实践性思维，治理本身源于实践，基于丰富的地方性知识，治理研究对治理实践有指导或参考意义，城市群治理研究将知识论与实践论有机结合。城市群治理能力还包含公共服务提供能力和城市公共危机应对能力，这两点内容具有变动性和不确定性，例如，公共服务提供能力在不同历史时期的要求不同，随着生活水平和审美能力提高，人们对公共服务的要求和界定也不同，公共服务提供能力与时俱进，城市治理能力存在效率标准，治理能力符合科学规律和效率原则。

（一）城市治理体系和治理能力建设的基本逻辑

中共十八届三中全会通过的《关于全面深化改革若干重大问题的决定》，提出了"完善和发展中国特色社会主义制度，推进国家治理体系和治理能力现代化"的改革目标，也为城市治理体系和治理能力建设指明了方向。2015

---

① Arend Lijphart, Comparative Politics and the Comparative Method, American Political Science Review, Vol.65.No.3.1971.pp.57-62.

年底召开的中央城市工作会议则明确提出了"促进城市治理体系和治理能力现代化"的要求。城市治理与国家治理既有联系也有区别。国家和省级层面的治理宏观设定了城市治理的框架,是城市治理必须要衔接和融入的治理生态,与国家治理、省域治理、县域治理、乡村治理多层治理结构比较,城市治理面对空间高度压缩、资源和人口高度聚集,有独特的治理对象和目标,需要特定的治理方法和工具,从治理理念、治理体系和治理能力等方面,梳理城市治理体系和治理能力的基本逻辑。

二十世纪九十年代以来,治理概念风靡全球,但没有统一界定。治理指在既定范围内运用权威维持秩序,满足公众需要,在当代中国语境中,治理的含义不同于传统的治国理政和西方的治理概念,我国城市治理,是在坚持党的领导、人民当家作主和依法治国有机结合的前提和基础上,城市的政府、城市的居民以及各种社会组织等利益相关方,通过开放参与、平等协商、分工协作的方式达成城市公共事务的决策,实现城市公共利益最大化的过程①。

治理体系涉及治理主体、治理机制和治理效果三要素,是一个有机、协调、动态和整体的运行系统。党的十八届三中全会提出的"国家治理体系和治理能力"核心是指国家的制度体系及其制度执行能力。对于城市治理体系和治理能力,城市治理体系是指城市治理运行中必然涉及的治理主体、治理客体、治理方法包括治理体制、机制、技术等因素构成的有机整体。城市治理能力不是单纯指城市政府能力,而是指城市治理主体通过整合利用相关资源,采用合理工具和手段,解决城市治理中的问题和实现城市治理目标的能力。城市治理体系和治理能力相辅相成,是城市治理的有机整体和两个基本面向,城市治理体系是城市治理能力形成的前提和基础,侧重城市治理静态构成要素;城市治理能力是城市治理体系有效运转形成的结果,侧重城市治理要素的功能发挥。城市治理体系和治理能力建构有其价值理念和现实需要。城市治理体系和治理能力建构的基本逻辑是:第一,城市治理体系构建以城市治理理念为导引,确保合理、完善和前瞻性。有机、协调、弹性的城市治理体系是城市治理能力的保证;城市治理能力是城市治理体系效能的反映,并通过预警改进城市治

---

① 包国宪、郎玫:《治理、政府治理概念的演变与发展》,《兰州大学学报》2009 年第 2 期。

理体系;第二,城市治理能力应对"城市病"和促进城市可持续发展,坚持问题导向,能解决当前城市化带来的"城市病",坚持使命导向,能主导城市未来的发展,"城市病"和城市发展从当前和未来两个维度给城市治理能力提出需求。城市治理理念分为目标取向和手段取向,目标代表城市治理的价值取向,手段取向代表工具选择。城市治理的目标应该是让市民的生活更美好,城市治理理念的目标是"以人为本",法治思维、全局思维和精准思维分别从城市治理的法律起点、整体协同和"靶向治理"明确城市治理理念。法治思维是公信力基础;全局思维是城市多因素复杂治理的统筹思维能力;精准思维则是实现城市治理精细化。概括而言,是人本治理理念、依法治理理念、系统治理理念、智慧治理理念的统筹。城市的本质及功能基础是人,城市最终目的是使人民过上更好的生活,实现更全面的发展。以人为本是城市治理最根本的理念。2015 年中央城市工作会议提出要"坚持以人民为中心的发展思想,坚持人民城市为人民",体现这一要求。以人为本作为城市治理的根本理念有思想源泉和政治与政策共识。形成从政府到市民的决策环贯穿城市治理体系和治理能力建设的全过程。法治则是文明的表征和现代社会的核心价值。2014 年,中共中央通过了《关于全面推进依法治国若干重大问题的决定》,强调要"加快建设社会主义法治国家""坚持依法治国、依法执政、依法行政共同推进,坚持法治国家、法治政府、法治社会一体建设"。"依法治城"、依法治理的理念贯穿于城市治理的主体、客体和方法中,治理主体要有法律授权,对客体进行治理要依法开展,采用的治理方法要具有合法性。城市问题的解决和城市发展不能违背法律的要求,城市治理的制度、体制、机制、技术须符合法律的规定。没有法治就没有城市治理现代化,城市治理的权力直接来源法律,作为人民意志体现法律文本中;城市治理的权力运用依照法律,法律规定了城市治理行为合法界限、治理主体设定权力范围和边界,此外,软法治理在城市治理中勃兴,软法"指那些效力结构未必完整,无须依靠国家强制保障实施,但能够产生社会实效的法律规范"①。治理具有治理主体多元化、治理依据多样化、治理方式多样化等特征,治理的依据包括立法,以及保障实施的规则,包括硬

---

① 黄学贤、黄睿嘉:《软法研究:现状、问题、趋势》,《公法研究》2012 年第 1 期。

法和软法。软法治理在城市社区治理、环境治理、区域合作治理中有着广泛应用。系统治理理念是统筹考虑各种治理因素,综合施治。政府治理、市场治理和社会治理是现代国家治理体系中三个最重要的次级体系①。城市治理是国家治理的一部分,是与中央层面国家治理相对应的地方层面国家治理。因此,城市治理的重要次级体系包含政府治理、市场治理和社会治理。其中政府、市场和社会既是治理主体又是治理客体的相关者,主客体关系不是对立的,形成城市治理的主客体及关系的系统模式;此外是城市内部治理要素系统,城市治理是多要素聚合系统工程,系统治理要求城市治理立足城市发展阶段,尊重城市发展规律,统筹城市全局。习近平总书记在中央城市工作会议上的讲话指出,要求城市建设和发展要统筹空间、规模、产业三大结构,统筹规划、建设、管理三大环节,统筹改革、科技、文化三大动力,统筹生产、生活、生态三大布局,统筹政府、社会、市民三大主体,很好地阐释了系统治理理念的内容;以及城市治理外部环境的系统理念,城市治理将城市视为相对稳定而又始终开放的系统,城市治理必须考虑与国家治理、区域治理的关系,以及横向、纵向政府间关系对城市治理的意义,城市治理要考虑城市的非城市区域,按《城乡规划法》等法律、政策精神,城市治理被定位为城乡合治模式下的区域型建制而非城乡分治模式下的市镇建制,系统治理理念下,城市提出推进新型工业化、新型城镇化、农业现代化、信息化同步发展的战略,贯彻城市治理方法的系统理念,系统选用城市治理方法,注重城市治理方法的系统性影响,从制度、体制、机制和技术全面优化城市治理方法,形成城市治理方法体系。智慧治理理念,在于依托新技术、汇集众智实现精细治理,现代信息技术是智慧治理的技术基础,数据时代使智慧治理成为必然,而作为技术基础为智慧治理提供可能,可以前瞻城市问题和城市治理规律,选用和调整城市治理的方法,实现城市治理方法弹性化,增进城市治理的效果。技术是经济社会变革的重要动力,和治理变革的助推器,技术结合相应制度等要素,才能更好发挥正向作用,智慧治理认为技术服从理念、价值等因素,结合治理中的技术和理念、制度、体制、机制,强调城市治理在上述方面全面实现智慧化深度融合,城市规划、建设、管理和城市治

---

① 俞可平:《中国的治理改革(1978—2018)》,《武汉大学学报》2018 年第 3 期。

理决策、执行和评估等有机结合,创新体制机制和管理模式,实现城市治理制度、体制、机制和技术更新,以及城市治理模式的动态调整,构建弹性、可持续的城市治理模式,精细治理是城市智慧治理的要求,粗放治理浪费资源、贬损治理公信力、拉低治理绩效,智慧治理则从公共利益出发,对相关治理要素及关系合理评估,采取科学的治理方案。城市精细治理,要求城市治理体系精密、治理主体和客体精准有效、治理手段精确、治理成本可控、治理绩效精准。

　　国家治理体系理论可为城市治理体系构建提供参考。有学者认为,国家治理体系是由政治权力系统、社会组织系统、市场经济系统、宪法法律系统、思想文化系统等构成的有机整体。有效的国家治理涉及"谁来治理,如何治理,治理得怎样"三个问题,分别对应治理主体、治理机制和治理效果等国家治理体系的三大要素①。城市治理体系的制度背景框架严格限定在上述国家治理体系之中,重视城市治理主体的研究维度,一定意义上城市治理主体与城市治理体系有交叉领域,治理客体、方法和主客体关系的研究同样重要。城市治理体系的运转逻辑,是治理主体以一定方法治理客体的逻辑,即谁来治理、治理什么和如何治理的有机结合,三者分别对应城市治理的主体、客体和方法。治理不是单向度的管治,强调多元主体的参与和协同。城市治理是公共部门、私人部门、第三部门、普通公民的合作治理,应树立系统治理理念,依法确立政府在城市治理体系中的主导地位,依法保障社会和公民的参与权,创新应用有利于多元主体协同的技术,形成良性有序的城市共建共治共享。城市治理的客体分为两类,一类是城市问题,即城市运行、发展过程中的问题和矛盾,该维度上的城市治理是被动应急型治理,当前,城市治理亟待解决的问题是资源短缺、交通拥堵、环境污染、城市贫困、社会风险增多、公共服务不足、基础设施不足等问题,另一类是城市使命,即城市的长远发展目标及规划,包括优化城市的生产、生活、生态布局,调整城市的空间、规模、产业结构等,创建明日之城等。城市问题和城市使命,均要依法进行,考虑系统性、关联性和利益相关方利益,避免治理碎片化,以制度创新、机制改革和技术支持,保障治理绩效。城

---

　　① 张伟:《推进国家治理现代化的三条主线——治理主体、工具、客体研究》,《中共云南省委党校学报》2015 年第 4 期。

市治理方法,是联接治理主体和客体的桥梁,包括方法形成和方法组合两方面内容,一方面根据依法治理理念,严格依照国家和省域已有的法律和法规,同时审慎、充分利用设区市的城市立法权,形成城市治理的法律方法;另一方面根据系统治理和智慧治理理念,整合制度、体制、机制、工具,集成治理工具,实现治理方法的科学选择与有机组合。

中国共产党是中国特色社会主义事业的领导核心,"党管城市工作"是城市治理能力建设的根本与核心。在中国共产党领导下,城市治理能力建设体现为城市治理体系的理论构成、城市动员能力、城市管理能力、城市发展能力和精细治理能力等内容。城市动员能力基于主体协同的多方参与,是城市治理主体自我动员和动员其他治理要素参与治理的能力,强有力的城市政府是城市动员能力的保障。根据目前政府职能定位,城市政府能力包括政府管理能力、市场监管能力、经济调控能力①、社会治理能力、公共服务能力、交通治理能力、环境治理能力、风险应对能力等;相当数量和社会责任感的企业②是城市治理的重要参与者。企业除了依法经营、依法纳税、提供就业和保护职工权益外,主动参与公益事业和社区建设等城市治理活动,是回馈社会,履行企业的社会责任。社会组织和市民是城市动员必要的社会资本,社会组织因非营利性和非政府性,在城市治理中发挥公益、高效和灵活作用,市民是城市的主人,是城市治理的参与者,理性、宽容、责任、参与等公共精神,是治理协作的重要基础。各主体的协同能力,是城市动员能力有效发挥的要求。城市治理主体形成合力效果,提高治理主体间协同能力,实现城市治理中的协同行动和协同增效,才能使城市动员能力实际发挥治理效用。城市管理能力建设,坚持问题导向。针对城市化快速发展带来的资源短缺、交通拥堵、环境污染等"城市病",提高城市管理能力基础性工作,一是要法治思维和法治方式管理城市,提升城市法治化水平,突出的城市问题进行立法,在城市管理中依法行政;

---

① 发展型国家中,强有力的政府及其政策是经济社会发展的重要动力。在中央总的货币政策调控下,地方调控能力主要通过地方财政政策进行。

② 经过新公共管理的洗礼,企业成为公共治理的重要主体,是城市治理的重要竞争性因子。国内也有不少企业参与到城市运营的实践中,如万科、金茂、绿地等房企近年都表明,要从开发商转型成为"城市运营商",并与不少城市政府开展城市治理的实质性合作。

二是用系统思维管理城市,提升管理综合性,进行系统治理和综合治理;三是借助科学的管理工具,提高管理效率。借助大数据、物联网和云计算等技术,实现城市管理的精细化和精准化。城市发展能力主要由前瞻能力和动态调整能力构成,城市发展要有长远眼光,城市空间规划方面,考虑未来城市发展的边界,实现生产、生活、生态三者的优化布局;城市系统要素调整方面,考虑各要素间的匹配度,整体上实现空间、规模、产业三者的结构协调;城市发展动力方面,结合改革、科技、文化动力,打造可持续发展的城市。城市发展随着发展环境和城市要素变化动态调整,及时修正发展方向,有效应对发展风险。城市治理中强调精细化,拒绝经验化、粗放式模式,要求治理的理念、制度、手段和技术精细化。城市精细治理能力要求制度供给的完善、治理结构的系统化和治理体系功能耦合,各个治理单元精确、高效、协作。智慧城市的基础和表征是智能化,在智慧城市建设中,政府治理的智能化、公共决策的智能化、公共服务的智能化、社会管理的智能化、市场监管的智能化等,能有效推进城市治理精细化,也是城市精细治理能力的构成要素。城市的精细治理能力需要"循证治理"①和"整体治理"②结合,强调城市治理要素之间的整体协同,精细化与整体性的有机结合。智慧城市建设能够打通"数据孤岛",解决"数据割据",为"循证治理"提供完整的证据链条,还能够通过流程再造,推动城市问题的解决,从部门政府走向整体政府,从碎片化治理走向整体性治理。城市精细治理能力的目标,是在实现城市治理的决策、执行、监督和评估等方面有证可循,在数据治理基础上实现整体治理。

(二)城市群基层治理的行政选择

国内行政法学领域从 1983 年使用"行政行为"概念,含义有最广义、广

---

①　城市精细治理中强调"循证治理"是对医学诊治思维中"循证决策"的借鉴,它强调城市治理决策和行动要具有较为明确的"证据",不能盲目进行。物联网、大数据、云计算等技术的进步为整体上实现循证治理提供了基础。在智慧城市中,治理主体能准确、便捷、及时地找到并定位城市问题所在的节点和"痛点",实现"靶向治理"。

②　整体治理主要着眼于政府内部机构和部门的整体性运作,主张从分散走向集中,从部分走向整体,从破碎走向整合。整体治理是针对碎片化、条块分割治理的一次革命,有利于打破部门主义、区域主义的权力割据和势力范围,实现政府各层级、各方面职能的有机协调,建立协同政府。

义、狭义和最狭义四层面说,其中狭义说被行政法学界普遍认可,即行政行为是行政机关或法律、法规授权的组织,依法实施行政管理,产生直接或间接的法律效果的行为。与狭义概念相关,选择性行政可以大致分为两类,一类是积极选择行政行为,即行政机关依法实施行政管理、并在法律尚不明确或缺乏具体规范的领域,有策略选择处理行政事务,产生直接或间接法律效果的行为;另一类是消极选择行政行为,行政机关在实施行政行为时,没有遵循法律、法规、规章及公序良俗、道德规范等相关规则,并产生不良后果的行为。选择性行政研究受到关注,但对选择性行政的实质与构成,没有取得一致。围绕公共性与行政行为的动机,可以分出以下两类,第一类是效率导向行政行为,行政行为以效率为导向,有助于 GDP 及政府税收增加,但公共性下降;第二类是公权力人格化的问题,即消极选择性行政都行为的后果,并违背公共性的原则①。选择性行政本身是一个复杂的概念,也形成条件复杂。完善编制和充足资源,是行政行为开展的前提,刚性条件的缺失将为选择性行政行为提供发生契机,明确政府职责,因事设职,提高基层行政部门的事权与财力的匹配性,是减少选择性行政行为发生的基本措施。上述"行政行为"狭义说为我国行政法学界所普遍认同,即行政行为是行政机关和法律、法规授权的组织依法实施行政管理,直接或间接产生法律效果的行为。基于"选择性"所包含的"取舍"含义,积极选择性行为,即行政机关依法实施行政管理并在法律尚不具体规范的领域有选择性策略处理事务,直接或间接产生法律效果的行为;消极选择性行政行为是行政机关在实施行政行为的时候并没有遵循相关的规则,包括法律、法规、规章及普遍认可的公序良俗、道德规范,并产生不良的后果,可见,选择性行政是中性概念。行政机关做出"选择性行政"行为的模式,基于几个因素,一是存在待处理的事件,二是只存在一个独立行政机关,不存在上级或者平行部门,三是对行政机关行为做理性假设,能选择可计算的最优结果,四是行政机关具有充分的回应性,会充分考虑行为给社会带来的影响并受公众期望影响,五是政府处于主动或被动两种状态,主动状态下行政机关较少

---

① 樊明亚、赖声利:《论行政行为的代表性》,《社会科学》2007 年第 10 期。

接受社会的压力,被动状况下行政机关完全暴露在社会压力之下①。行政部门自身资源不足情况下,可能出现较为复杂的选择性行政动机,是行政机关对自身能力做了充分评估后的做法,具有一定的策略性,表现形式包括完全不执行或选择性执行,前者是行政机关处理公共事务的能力不足,只能接受不作为的方式,最终表现为部分执行或者形式上的执行②。学术界对于"政府组织在多大程度上能够发展成为韦伯式的科层制组织"的讨论,从瑞典学者罗斯坦提出的"干部制组织"③整体性描述中能够获得一定的理解,这也是解释"高速经济增长与政府质量不高并存悖论"的关键因子,以身份理论为依据,该问题的讨论可以囊括从组织、制度等宏观、中观层面到微观形态的身份层面。现实中的政府组织比罗斯坦的"干部制组织"复杂化和多样化,对于不同层次、类型、任务情境下组织中的身份区分的实证研究,有学者概括为是在包含"任务特征——组织模式与身份认同——绩效"④的分析框架下展开,获得对当前政府组织的运作与治理模式的重构与解释,以此促进城市群治理体系和治理能力发展。多种因素叠加作用下,区域内府际合作成为跨界治理的主要方式。

党的十九届三中全会通过《关于深化党和国家机构改革的决定》,赋予省级及以下机构更多自主权,强调"基层政权机构设置和人力资源调配必须面向人民群众、符合基层事务特点",表明调适原则将主导新一轮的机构改革。有学者分析认为,基层事务的复杂性以及"面对面"的行政环境,如何塑造基层机构,基层机构如何适应一线行政的挑战。完整的组织系统可以称作"组

---

①　石绍成:《选择性行政及其治理策略》,《北方经贸》2013 年第 12 期。

②　行政部门资源有限时的理性选择,是尽量用当前掌握的资源,处理好能处理的事件的一部分,且这一部分对于整个事件而言,具有最大效用,例如绿色能源标志和免检制度,一定程度上是建立在政府部门公共事务能力、资源或技术标准不明确基础上的权宜选择。

③　特征是以特定的理想信念、方针政策引导自身行为,而不仅只是在法定的职责规范和特定的激励机制约束、引导下作为;与其他成员之间有共享权利义务的价值观体系,形成长期、互惠的同志式关系,而不只是基于政府雇佣形成的同事关系;不仅仅服务于群众,同时承担着更为重要的引导和说服群众的责任。参考 Bo Rothstein, The Chinese Paradox of High Growth and Low Quality of Government:The Cadre Organization Meets Max Weber, Governance.Oct2015, Vol.28 Issue 4,pp.533-548.

④　**魏姝**:《干部制组织还是科层制组织———一个基于身份理论的"原教旨"分析》,《南京社会科学》2018 年第 1 期。

织",组织的构成单位称作"部门";结合各种组织类型的核心特征,组织类型分别有控制部门、支持部门、专业部门和兜底部门①。控制部门主要包括领导机构和协调机构,主要功能是控制各部门的组织活动;支持部门指获得控制部门授权,掌握组织资源的分配的专业职能部门;专业部门包括专业职能部门的主体和窗口单位,具体执行组织的核心业务;兜底部门负责处理"剩余事务"②。兜底部门不属于组织内核,不承担组织常规的、重要的专业职能,只承担看似不重要却又是承担的非常规和非专业的职能,行政资源普遍不足又事实上拥有自由裁量权。兜底部门是政府机构中独特的组织类型,为重新解释基层机构及其运作逻辑提供可能。兜底部门因积极回应环境挑战,承担诸多剩余事务,保证组织内核免受干扰,是其他部门得以专业化、正式化的前提。因此,兜底部门③是从工作界面概括出的新型组织类型,兜底部门通过正式行政与非正式行政相结合的行政子系统,保护其他政府机构不受环境不确定性的冲击。

城市基层治理中,纳入城管执法事项范围内的行政事务,可归入剩余事务,剩余事务有依据的处理程序,实践中,这类程序往往是低效或被搁置,多数事项因为缺乏执法手段,难以处置④。执法机构的现场控制能力严重不足,直接影响处置的效能。由于剩余事务过于细小琐碎,事项源自市民的生活习惯,不好确定法律界限,即便相关法规列入执法事项,也难以类别化,增加执行难度。事项本身处于在合法性模糊,定性职能也不掌握在城管部门手中,无法采取有效法律措施,并增加了行政成本。剩余事务具有复杂性,看似单独事项,实际包含诸多事项,处置过程中,处置某一事项,连带出现更多需要处置的事项。多数剩余事务具有历史遗留问题特征,很难通过先行法律法规平息争议,事务本身属于争议议题,社会公众达成共意。同时因行政职权的交叉,部门之间不容易形成清晰明确的职权划分。造成的后果是,兜底部门所处理的事务

---

① 吕德文:《兜底部门的运作逻辑》,《南京社会科学》2018 年第 4 期。

② 吕德文:《剩余部门:理解城管工作的一个视角》,《云南行政学院学报》2016 年第 1 期。

③ 吕德文:《重新认识城管部门》,《中国党政干部论坛》2016 年第 1 期。

④ 按照《行政强制法》等相关法律规定,城管部门只具有对经营物品和工具实施暂扣的权力,并不具有对行政相对人实施人身限制的权力。其结果是,一旦行政相对人不予配合,执法冲突就在所难免。

与别的部门发生交叉。基于相对集中行政处罚权的定位,以及新设部门的历史事实,在交叉职能的部门竞争中,城管起到兜底作用,模糊的、零碎的、不易处理的事务归置于城管部门,被新产生的或被别的部门所抛出,成为城管部门兜底的事务①,事实上是一种事务。包袱事务的产生一方面源自城市发展,市民需求和市政职能增加,未来得及确定为市政职能,又不得不处理的事务;另一方面,包袱事务本身是专业化的部门设置制造的结果,新生的、难以处置的事务划入专业化程度还较低的弱势部门。城市治理中的包袱事务通过开放空间进入兜底部门,部门作为一个行政机构,具有将部门职责固定化、专业化和规范化的倾向,具有封闭性特征。在包袱事务的处置过程中,兜底部门调适这一矛盾的方法,分不同情况。就现场执法而言,以时间换空间的即时处理,避免包袱事务的复杂性,延伸出其他需要连带处理的问题,强调一线行政人员的自由裁量权,依靠经验进行处理;或者以空间换时间通过转移处理现场,将处置转移到可控的空间环境中,处置技术上强调专业化、制度化的处置流程,体现一线行政的灵活性与策略性。基层执法单位是科层组织体系,建立完善的控制、支持、专业和兜底等部门体系,包袱事务难以处置,除任务本身细小琐碎、难以分类定性等原因外,还在于产生具有偶然性,城管部门街头行政子系统需要有效管控组织环境②。行政执法人员在执行中,具有较大的自由裁量权,行政子系统充分运用其自由裁量权,突破科层行政约束,建构基于一线行政有效运作的社会网络。城市法中的社区营造概念与国家控制的城市规划概念初期是相互对立的,以社区对抗城市,以营造对抗规划最初由地方居民、地方团体提出,当下社区营造被法律吸收。区域合作除了政府之间的合作之外,很重要的一个立足点,即人的问题。经济改革加速了城市发展,各地政府面临的市容、卫生等城市环境问题越来越多③。一些城市率先设立环卫监察大队来维持城市的脸面,该做法被仿效,环卫监察大队即城管前身。随着城市机构的完善,环卫监察大队被取消。但城市管理方面的问题却依旧存在,为解决日

---

①　吕德文:《剩余部门:理解城管工作的一个视角》,《云南行政学院学报》2016年第1期。

②　具体做法是,构建了基于一线执法的社会网络。城管部门的街头行政虽然主要接受科层制的指令,如城管街头执法也主要依据市长热线及网格系统。

③　吕德文:《重新认识城管部门》,《中国党政干部论坛》2016年第1期。

益突出的城市管理矛盾,城市城建局下设城市管理监察大队,以城建局委托执法的形式,行使市容管理等方面的职权。1992 年,城建局统一归属建设部,各地城管监察大队成为建设部下属的执法队伍。城管的权力随着城建部门的强势扩张也不断扩大;1996 年,《中华人民共和国行政处罚法》颁布,严格限制各行政机关的处罚权;1997 年,以《行政处罚法》实施为契机,北京市经国务院批准后,开展城市管理综合执法试点工作,北京市宣武区成立全国第一支获得法律授权的城市管理监察大队。根据当时国务院法制办的批复,宣武区城管大队有五个方面 94 项行政处罚权,涉及市容、园林、无证建设、违法占路及无照商贩管理等五个方面;2015 年 12 月 24 日,《中共中央国务院关于深入推进城市执法体制改革 改进城市管理工作的指导意见》出台,城管改革顶层设计呼之始出,各个省区制定城管改革方案。

　　地方政府行为的研究文献中,兜底部门和控制部门一样被当作"基层政府"加以阐释,与专业部门一样,都被当作一线行政部门进行分析,关注自由裁量权和政策制定能力①。政府治理的有效性看,每一种政府机构都不可或缺;且得益于相互之间的高效协调。地方治理实践中,具有兜底部门特征的政府机构很普遍。除了城管部门,道路运输稽查、环保执法、农业执法、卫生执法等行政执法机关,都有兜底部门性质。如果兜底部门不处置,剩余事务就很可能涌入各个专业职能部门,影响科层组织的效率。兜底部门通过正式行政与非正式行政相结合的行政子系统,在组织边界构建自己的组织网络,保护组织内核不受环境不确定性的冲击,以此提高组织合法性和组织效率。从城市治理体系的角度上看,边缘行政子系统是城市治理体系的有机组成部分,行政子系统的有效运转依赖于城市治理体系的调整。更为复杂的包袱事务处置,则需要更为复杂的部门协调系统。兜底部门通过建立街头行政子系统,实现了其实际运作与组织正式结构的"分离"。与一般的"分离"不同,街头行政子系统并不仅仅指半正式行政从正式结构中分离出来的单向过程,还指半正式行政被组织结构有效吸纳的反向过程。通过对半正式行政人员的规训、自由裁量权的内部控制以及组织合法性和组织效率的双重目标实现,兜底部门在保

---

① 吕德文:《兜底部门的运作逻辑》,《南京社会科学》2018 年第 4 期。

持半正式行政的运作机制的同时,也充实了其正式组织结构的内涵。上述问题,是城市基层治理中的普遍现象,也是较为常见的城市治理中的选择性行政行为方式。行政机关的行为是在一定制度框架进行的,法律、法规、行政规章等对行政行为进行了限制,但并不是制度规定能完全将行政行为固定,因此有行政裁量权范围,行政裁量权是选择性行政的重要依据之一,依法行政要求对行政机关的行政行为进行限定,但是现实情况多变,又要求行政机关拥有一定的自由裁量权;动因是影响选择性行政的要素,更多涉及价值取向,公共性以及行政行为的动机,基本有效率导向、公权力人格化问题。政府处于主动状态时,选择性行政更多是相对于规制性而言的,在规制性原则、制度之外的行为,称为选择性行政。选择性行政本身是复杂的概念体系,降低发生概率的措施包括,完善组织的编制与充分的资源配置,基层行政部门的事权与其他资源配比失衡,是消极选择性行政行为产生的重要原因;明确政府职责,职责界限不清消极选择性行政行为产生的原因,因事设职、加强制度建设适当控制自由裁量权。区域内户籍人口与外来人口比例呈倒挂分布。辖区内违法建筑、群租、无证照经营等社会管理乱象较为普遍,给社会管理工作带来挑战。受条块管理体制的影响,存在职能交叉、权责不清问题,部门间缺乏联动机制,执法力量逐年膨胀,但社会管理效果却并无明显改善。城区社会管理主要还是依靠突击式、运动式的整治方式,缺乏长效制度化的管理机制,反复陷入整治、回潮、再整治、再回潮的惯性循环。需要对城乡基层治理过程中政府职能部门内微观层面的联动机制、运作过程及其治理逻辑研究,从微观层面阐述联动治理在基层的组织形态、运作过程及其治理逻辑。

基层治理中另外一个突出问题,是基层治理中的信访管控困境,是在信访问责的压力下,基层政府对上访实行严格管控,执行属地管理、分级负责、谁主管、谁负责的信访原则,以期达到息访或零上访,但各方行为互动逻辑出现变异,基层政府管控力度越大,越容易出现策略性的信访投机行为,从而导致越管控,信访越多的管控困境。各级信访机构,作为各级政府的行政性附属机构,根据国务院《信访条例》规定,对于信访问题,只有"受理权、交办权、转送权、协调权和监督权",没有问题的"处理权"。《信访条例》赋予信访机构三项新的职权,即"提出改进建议权、行政处分建议权、完善政策解决问题建议权”，但没有直接处理的权限。在不可能扩大信访机构职权和人员的条件下，不论基于何种理由、不论上访问题是否合理，要查清信访问题的事件原委、证据真假、是非曲直，并在此基础上作出信访问题是否合法、是否合理的判断，并进一步作出处理意见和决定，对于信访机构来说，复杂、琐碎的地方性上访问题，须要一定的人力和时间保证，才能辨析清楚和公正裁决，这只能依赖问题发生地和问题解决地的基层政府。信访事件经过自下而上又自上而下的来回，查清事件并解决问题，还得依靠基层政府。由基层政府的行政行为引起，且基层政府有能力解决的问题，应该归基层处理，但很多问题，基层政府没有能力解决，如历史性遗留的老民办教师待遇问题、复转军人安置问题、土地征用补偿标准问题等，基层政府特别是乡镇政府，不得不采取投机性应对策略，信访管控困境与基层治理结构转型相关。依据法律和政策规定，按照程序和标准，按规则治理，构建依法行政、按规则办事的基层政治生态和良好行政环境。社会组织和公共舆论成为监督公共权力的制度性力量，基层各负其责及协同治理中，建构“自治负责、分散压力”的多元协同治理体系，是基层治理的法治之路。城市法治政府建设区域发展不平衡的状况亟待重视地方法治政府水平不断提升，但是区域法治发展不平衡的状况需要引起高度关注①。城市法治政府建设的制度体系相对完备，政府决策相对规范，法律实施效果较好，行政复议和行政诉讼运行良好，在城市法治政府建设方面具有典范意义。

（三）城市社区治理

社区不是一个区域概念，也是国家与公民社会关系的重构。作为基层治理的社区治理，是城市社会治理现代化②的重要内容，是理念、结构、制度、方法配套变革的系统工程。居民自治是社区治理的中心内容，学术界的研究视角主要有制度视角、权力视角、文化视角、公民社会视角、资源视角，简化为三

---

① 法治政府蓝皮书：《中国法治政府评估报告》（2017 年），社会科学文献出版社 2017 年版，第 66 页。
② 百年现代化道路，经历两个方面的重要变化，一是社会结构的变化，农业文明向工业文明转变，乡土社会向城市社会转变；二是治理方法的变化，社会控制由军事方法转向行政方法。近代以来的各种变革，围绕国家和社会的现代化中心任务展开。

个分析范式,即国家中心、社会中心、市场中心。制度、权力视角大归结到国家中心,强调国家正式制度的作用;文化视角、公民社会是社会中心,关注社会和居民的自主性;资源视角接近市场中心,推崇经济实力和市场机制的作用,此外,还有统合视角和折中视角①。治理技术作为基本事实和重要变量,是任何一种分析范式均要考虑的,忽略治理系统的技术变量,可能导致治理目标扭曲;片面理解治理技术,注重科学技术或硬技术(technology)忽视社会技术或软技术(sociotechnics),会产生对治理技术的误用,技术是治理的客观要求,是处理人与人、人与自然关系的方法体系、知识体系的理性产物。社会治理达到预期目标,同样需要理性化的治理技术。现代高度分化和复杂结构下,良好治理需要技术理性。城乡基层治理依托国家建设宏观背景,城市治理不同于乡村治理,城市行政机构集中,是行政中心,在农业社会是生产权威性资源的集装器。乡村治理关系到农业立国的政府财政资源保障,城市治理关系到国家机器日常运转的安全保障②。城市治理中的居民委员会,定位是自治组织,社区工作增加了居民自治元素,特定时期,基层组织承担政治化功能。随着城市建设推进,基层自治组织承担越来越多的行政性事务,逐渐带有行政化色彩。单位制建立起来以后,居民委员会成为单位管理的补充,行政职能有所减少,社会性有所增强,工作方式是民间经验方法与行政方法的混合。市场化改革使单位制解体,居民委员会再次承担大量社会管理和行政服务的任务③。作为基层治理主体的单位制衰落,城市社区治理方法从经验方法到行政方法过渡,目前仍以行政方法为主。行政方法在社区表现为类似行政机关日常运作流程,以计划、执行、检查、监督、惩罚等手段,依靠类行政化方式运转,政府以购买岗位等方式向社区派驻工作人员,与居民委员会结合,承担基层政权建设和公共服务职能,居民委员会社区专干时期,主要业务是行政事务,行政方法

---

①　石磊:《软法视域下发展社区协商民主的策略探究——基于济南市的经验》,《行政与法》2018 年第 9 期。

②　曹宇:《后单位制时代社区治理的维权模式与行为分析》,《北京社会科学》2019 年第 1 期。

③　为适应形势,从 20 世纪 90 年代中期开始,城市基层社会管理体制改革和探索拉开帷幕。上海模式、沈阳模式、江汉模式等社区管理模式先后出现。这些模式之间虽有差异,但都是以行政职能下沉为改革方向。

成为社区专干和居委会的主要工作方法①。行政方法的广泛使用,形成了行政化社区,居民委员会和社区工作站,甚至一些社团,在组织架构、人事管理、工作制度、工作方式、资金来源、工作导向等方面呈现行政化特征。行政化方法通行有现实根据。社区建设初期的"路径依赖"和"近邻效应",社区建设没有经验可循,实施中央主导、地方行动策略,借鉴和采用行政方法,是较好的选择,同时,维稳压力和公共服务普及,是行政方法沿袭的主要因素,社区作为基层治理前沿,承担大量维稳任务,对基层而言,行政方法的垂直指挥、统一行动和行政强制特点,最有利于秩序维护,此外,政府职能转变,社会管理和公共服务通过社区进入社会,强化基层行政手段和行政资源的使用,用行政方法应对行政考核,也成为基层政府与社区组织的合意。自上而下的政权建设逻辑、维稳逻辑、公共服务逻辑,使社区实际承担基层政府工作的运转职能,社区组织成为基层政府完成任务的依托,基层政府与社区组织在行政资源、行政力量、行政方法方面形成共识与合作意愿。行政资源及方法,提高了社区的行动能力和影响力,社区组织乐于接受,行政方法也是社区工作者理性选择的结果,寻求稳定、可靠的工作和收入,与政府保持一致并迎合政府工作方法,甚至跻身公务员队伍的优选职业预期。但行政方法和行政社区,不符合国家对基层治理的要求。国家对基层治理的预期,是保持居民委员扎根群众、动员群众的优势,成为群众路线的日常践行者②。以民间身份做政府治理的事,以社会化方法实现国家目标,是政府对自治组织的期待,居民委员会权限、职能上存在一定的模糊空间,行政与社区边界的模糊,正是居委会的优点。"按照居民委员会的复合功能定位,它的边界条件恰恰是没有边界,复合功能的兼容性也正是这一组织区别于其他社会组织的重要特征。"③居民委员会的复合性,通过

---

① 例如政府部门与社区自治组,实行等级—命令制、责任—包干制、科室对口制等;社区内部管理,实行人事档案管理、公文运转、行政会议、行政处罚等制度;社区组织与社团和居民关系,实行视察慰问、帮抚救助、包片联户、行政督查等制度。

② 从居民委员会建立时起,国家一直在防止而不是鼓励其行政化。1954 年的《中华人民共和国居民委员会条例》到 1989 年的《中华人民共和国居民委员会组织法》,以及 2000 年中办 23 号文件、2010 年中办 27 号文件等,都在强调居民委员会的社会身份,以及政府组织与居民委员会之间的指导关系。

③ 戴雯洁:《城市社区治理中存在的问题与对策研究》,《法制与社会》2018 年第 24 期。

行政化技术和方法来实现,这个悖论也是社区建设的难点。以社会化方法实现治理目标,激发社会活力,是基层自治组织的使命。行政方法的常规化,使社区的社会身份隐没,行政化方法和行政化社区使国家对社会的整合停留在悬浮状态,国家治理对社会的影响止于少数精英。行政方法引起对工具理性带来的失衡问题。考察城市治理方法演变过程,新中国城市社区治理的演变经历以下阶段,一是建国初期到单位制的经验主义治理模式,治理基础依托邻里社会资本治理的优势。二是单位制以后的社区建设治理模式,借用行政管理方法,治理的基础是国家权威和政府资源,具有效率优势,目前社区总体特征是行政化,城市社区由硬件建设转为功能建设①。能有效解决可能出现的社会疏离、社会失序、社会失控等城市安全方面的问题,充分发挥社区居民自治组织的社会服务能力、培育其他社会组织并使其充分发挥公益效能,积极引导社区精英参与社区治理,为社区普通居民提供充分参与社区治理的平台是社区治理结构应具备的基本功能。从治理含义看,社区治理本质是在社区场域,政府、企业、社团、居民等相主体通过协商合作,共同解决社区问题的过程,参与程度与规则、技术等设置相关。城市社区建设由精英治理转向大众治理,行政化方式因权力和资源集中容易形成基层强人治理。城市大众治理依靠制度化和专业技能。城市社区建设由老群干转向职业社工,社区建设不仅体现为物的变化,更重要的是人的变化。社区工作凸显专业性,是实现服务居民与组织居民相结合、居民自我赋权与自我增能相结合的专业性、职业性工作。社区建设需要加快社区工作者的专业化建设,形成控制为导向的行政方法转向参与为导向的社会技术方法。社会技术是软技术,具有规范性、系统性、主体间性、可操作性、规律与价值统一性等特点。专业社会工作引入基层治理,提升主体行动能力,减少治理成本,减少治理中的两极风险,提高治理的合法性,对治理技术的运用需要社会干预,政府购买专业服务即干预的形式。立足于社会工作专业知识和专业技术方法,以社区场域的多种组织和社会资源为基础,以社会技术为主的治理机制,多方主体平等合作的直接目标。专业化治理

① 2000年以来,城市社区基本解决无场地、无人员、无经费的三无问题,功能建设成为城市社区建设重点。

的柔性方法,使国家权力借助技术深入到社会内部,提升国家权力向社会渗透的效率和合法性,社会在与国家互动过程中,通过技术反馈和运用,增强对国家的影响力。治理技术的运用,为国家和社会创造新的交互作用的基础结构。社区治理的专业化,需要政府主导,改革政府体制,建立整体性政府,避免社区政策的非连贯和碎片化;创建与各级城市政府组织对接的社会工作指导机制,社区治理纳入专业体系;创新政府与社会关系模式,建立公益创投、购买服务等机制,突出合作中的平等契约关系;实现政府向社区的赋权增能,提高居民自治意识和能力。合作治理框架下,治理结构是解决社区治理动力的关键,在这种结构下,治理不但涉及政府,也涉及非政府组织的参与,过程转向双轨道,城市社区的治理结构形成,体现为政府从直接行政干预场域退出,从直接影响变量转变为环境影响变量,通过公共服务购买的形式推动社区发展。社区将治理能力视为获取政府资源的基础条件,因而支持政府对基层社区的培育,社区治理能力提高,政府在社区实现治理效果得到提升,为社区活力的激发提供空间,社区协作运行与基层治理效果同向。

三、城市群突出问题治理法治化

工业化和城市化构成现代化的两大主旋律,互为因果关系,在工业化的中前期,工业化是因,城市化是果,有企业家投资的地方,就有人的聚集,就有城市。工业化发展需要城市化的基本条件,包括人力资本积累、高品质城市空间,工业化的后期,城市化是因,工业化是果。城市化和工业化当中,城市化成为主动力,工业化是被带动的。城市立法结构与此相适应。城市规划是城市各项建设的综合部署,合理的城市规划是现代城市发展的前提,科学的城市规划能使城市内部结构合理配置、功能放大。城市规划重视现代城市发展的基本要求和理念,包括产业发展对基础设施的要求;以人为本,城市规划满足经济服务、社会服务和公共服务的要求;以现代信息设施装备城市的公共服务系统,城市能够快捷、高效提供公共服务;从区域角度研究城市,走出城市规划仅仅是建筑规划的误区,并重视城市发展与环境的协调。城市规划反映现代城市化高速成长的需要,包括城市公共产品的提供,公平基础教育和社会保障;

城市流动人口的基本生活和发展需要,流动人口对公共住宅的需求等。城市人口的聚集应该通过产业发展增加就业机会来实现,而不是通过城市规划超前、城市面积扩大和城市人口增加,追求虚无的城市化。从生活的共同体角度来看,城市是为人服务的,需要优先解决的是城市公共空间的开放与公共资源的共享问题,城市规划、城市建设与城市治理同步。现代社会的复杂性,自然资源领域面临资源耗竭及生态环境灾害、人体健康威胁等诸多不确定风险,上述不确定风险,提出自然资源地域差异化的立法需求、确定性及统一性,并强调权力运行合乎规则的法律治理。《立法法》授予设区的市立法权,以及明晰地方立法与中央立法关系的,在理念层面,以不抵触为外在界限,以差异性和地方性为内在要求的地方立法特色,实际上是在既有程序内部争取最大限度的结构性优化,吸纳科学知识、公共治理等竞争性工具进入法律秩序,在实践层面,城市立法能否实现功能,还需深入观察。即便对于有较长立法经验,处于关键层级的省级地方性法规制定主体而言,其立法成果的特色立法在量与质层面都有待提升;现有的立法特色凸显内容虽覆盖立法目的、原则、行为模式、法律后果等多种规范要素,但分布结构尚不合理,创新驱动下的原创性不足,有特色实施性细化方式的运用有待优化;经济与自然地理环境影响地方特色立法的关注视角,在支持性法律政策环境下特色立法的意愿增强,立法技术精进以助力立法特色凸显的空间较大。在当前的法治发展阶段,经济发展水平与自然地理环境相对固定的背景下,充分利用重视生态文明建设,鼓励地方环境立法的支持性背景,凸显地方性法规立法特色。在这一过程中,不应过度强调依赖空间有限且操作难度高的创新方式,应着力立法技术的提升,重点采用有特色的实施性立法的方式。

(一)城乡二元化的法治治理

从城市规划角度处理流动人口与工业化的关系,法治领域和公共服务领域,即农业转移人口市民化问题、户籍治理法治化问题和流动人口智力问题。大量的城市流动人口是影响城乡发展的重大问题。工业化就是大量人口从农村进入城市从事高效产业的过程。如果大部分人员都从事高效产业,工业化实现在即。现在大量人口仍从事着低效的农业劳动,有待于我们在未来的城市化进程中把大量的农村人口吸纳到城市中,提供公平的公共服务,提高其素质,使其参与到工业化的核心产业中,而不是徘徊在城市化和工业化的边缘。流动人口稳定也是拉动城市内需、促进城市经济发展的主要途径。对城市消费拉动是提供一定规模以上企业新建和发展的机会。农村居民进入城市会拉动服务业和制造业的发展,促进产业结构升级。改革开放以来,我国的城市化水平不断提高,根据《国家新型城镇化规划(2014—2020年)》(以下简称《规划》)统计数据,随着城市化率的提高,我国常住人口城市化率与户籍人口城市化率的差距也越来越大,常住人口与户籍人口城市化率的差距不断拉大,反映相当比例的农业转移人口并未融入城市社会、不能享受市民待遇的事实,也说明过去的城市化进程实际更多地关注其经济和政治效应,侧重于将土地、房屋、劳动力等资源向城市集中,相对忽略"人的城市化"问题。作为对"人的城市化"问题的回应,农业转移人口市民化是新时期改革与发展的重要议事。市民化侧重将符合条件的部分农业转移人口纳入城市户籍,解决教育、医疗、工作、住房等市民待遇问题,但受城市自身发展的限制如交通拥堵、空气污染严重等城市病,通过市民化解决的人口数量比例是有限的。市民化意味着农业转移人口被赋予市民身份,但在长时期的观念、制度和实践中,二者身份定位差距凸显是客观的。大量农业转移人口成为制度性排斥的边缘化群体,进入城市但并没有真正融入城市社会,反而在城镇内部出现"新二元结构"和"城市病"。与此同时,农村留守儿童、妇女和老人问题也日益凸显,这无疑给经济社会发展和治理秩序建构带来了诸多风险与隐患。基于此,党和国家适时提出"推进农业转移人口市民化"的发展战略,以期"让广大农民平等参与现代化进程、共同分享现代化成果"。如何协调城市环境、人口与经济发展三个方面,很多城市把解决方法归为控制城市人口。控制人口的关键要追求聚集经济。从整体上看,中国城市聚集发展严重不足。另外,中国设市标准不合理,需要简化、降低和统一设市标准。中国城市土地市场结构不合理是导致大城市盲目扩张的主要原因:城市人口工业土地和商业土地不在同一市场竞争,工业用地的低价导致大量低效率工业向大城市聚集,低质量的劳动力随着低效率的企业一同进入。控制城市人口应通过产业结构升级和城市规划来实现,两手同抓;通过生产要素在同一市场上竞争优胜劣汰的经济手段和通过设定城市增长边界控制的行政手段。户籍制度改革,最重要的问题是户籍对应的公共服务,尤其是农民工子女就学和住房问题。城市治理和户籍管理结合,实现对城市人口规模的控制。但维护社会治安,分配社会资源不是户籍的功能。城市治理问题的解决方案。在寻找一个对策过程中带来其他的问题,违法建筑的产生原因复杂,最初是解决城市居民的安居问题。不适合以严格城市规划法评价历史遗留问题。疏导与零容忍结合,对违法建设类型化,拆迁费用的问题按照法律规定,由违法者承担,增加其违法成本。户籍制度改革一种方式是直接给户籍,另一种方式是剥离公共服务和户籍的关系,先给一些没有户籍也能享受的公共服务,直到公共服务和户籍制度脱钩,取消农业与非农业户口的差别,建立城乡统一的户口登记制度。户籍改革最重要的问题是户籍对应的公共服务,尤其是农民工子女就学和住房问题,这是入户满足的两个互补条件。户籍改革根本上是土地制度和公共财政制度改革,土地制度改革是核心,逐步开放土地制度,人口流入地城市郊区的农民,在给政府缴纳部分公益事业与基础设施用地、缴纳部分出租屋收入所得税前提下,给外来流动人口盖出租房,这些税收还可以为农民工子弟就学提供财源,保障性住房逐步退出市场,拉动经济增长,增加就业,降低城市房地产泡沫。第二,尊重人口城镇化的规律性。大中城市、特大城市不过度限制,通过有效改革加强公共服务,激励地方政府配套吸收农民工子女入学的专项转移支付。以居住证为载体,建立健全与居住年限等条件相挂钩的基本公共服务提供机制。居住证持有人享有与当地户籍人口同等的劳动就业、基本公共教育、基本医疗卫生服务、计划生育服务、公共文化服务、证照办理服务等权利。改革措施和相应的政府公共服务投入跟着人口走,人口流动有就业的地方,地方应对应进行户籍改革。对具体的人的管理的放松,但通过设立国家中心城市、国家经济特区,政府把空间管理、社会管理作为主要任务。北京迁出批发市场,迁出附加值低的企业以及污染企业,是空间管理政策的具体实施。通过空间管理,间接管理经济与社会。城市空间的分配和占有,决定城市的规则和秩序。治理空间分配需要有序且公平,但由于资本的无序性,使理想化的分配方式被削弱。因此,政府有形之手必须介入空间管理。

（二）城市设计及治理法治化

城市化需要城市治理体系来持续推进。城市设计又称都市设计（urban design），普遍接受的定义是"一种关注城市规划布局、城市面貌、城镇功能，并且尤其关注城市公共空间的一门学科"①。相对城市规划的抽象性和数据化，城市设计更具具体性和图形化②，城市设计复杂性，在于以城市的实体安排与居民的社会心理的相互关系为重点，通过对物质空间及景观标志的处理，创造物质环境，既能使居民感到愉快，又能激励其社区（community）精神，并能够带来整个城市范围内的良性发展。城市设计的范围或规模，依据整个城市三度空间架构的制定，到地区内外部空间的安排，不但处理建筑物个体与个体间，也处理个体与群体间相互的关系。在城市整体发展过程中，城市设计扮演着联系上下，包括城市计划与建筑设计和协调整体的重要角色。城市快速地发展、蔓延的时候，城市面临生态危机，在规划领域出现倡导"反规划"和逆城市化现象。逆城市化是普遍规律，当超过50%的人口已经在城市，城市出现众多的问题，交通的拥堵、恶劣环境、空气污染、水污染，食物安全等一系列问题，城市病爆发。郊区化是一种自由选择的结果，也是城镇化到一定阶段的普遍规律，高铁和互联网使之可能发生并缩短时间距离。国内的逆城市化具有独特性，即郊区化运动不是蔓延式的，而是跳跃式的。高铁加速区域交通系统，构成了基础设施的整体格局。农村将从生产空间成为消费空间，对农村生态系统有新的价值判断和新的认识，导致新的城乡关系建立。因此对农村和它的生态系统，进行全面的价值评估，评估是从完整的生态系统来认识乡村。目

---

①　城市设计一词，1950年开始出现。查理士·埃布尔拉姆斯（Charles Abrams）认为城市设计是一项赋予城市机能与造型的规则与信条，其作用在求城市或邻里内各结构物间的和谐与风格一致；乔拿森·巴挪特（Jonathan Barnett）认为城市设计乃是一项城市造型的工作，它的目的在展露城市的整体印象与整体美。富兰克·艾尔摩（Frank L.Elmer）认为城市设计是人类诸般设计行为的一种，目的不外在将构成人类城市生活环境的各项实质单元，如住宅、商店、工厂、学校、办公室、交通设施以及公园绿地等加以妥善的安排，使其满足人类在生活机能、社会、经济以及美观上的需求。该定义为富兰克·艾尔摩所确定。

②　二十世纪中叶后，实务上的城市设计多半是为景观设计或建筑设计提供指导、参考架构，与具体的景观设计或建筑设计有所区别。一条街道弄巷的改善，一栋历史建筑物或地区的保留、维护，以及一个纪念碑、一棵树的设计安排，都可包含在城市设计的范围内。

前面临的挑战是乡村的土地制度、城市规划建设或乡村规划建设的方法和指导思想、社会治理结构。城市规划和治理问题上,由城乡二元规划制定与实施模式,转为城乡一体规划模式;由强调国家意志、政府权威,转为注重治理正式权威和资源同时,更关注民意需求;由过去重点强调技术过程,转为更注重法律过程;在强调国家利益保障的同时,更注重多元利益之平衡。结合限购与空间管理的实践与理论背景,对城市空间会有新的认识。随着城市化成为社会演进的主要趋势,从对人的直接管理转向对城市空间的治理。雄安的设立,是新城市空间的建立,即打破原有的空间竞争模式,提供新的空间供给办法,比如房屋只租不售,空间的拥有者为国家或者集体。空间供给模式与城市安全是核心要素。雄安创造新的空间管理模式,通过空间治理实现社会公平、产业要素聚集和城市发展活力,形成新的空间生产模式。作为一种新型的治理范式,精细化治理是对传统粗放式、经验化治理模式的反思、批判和超越,代表着城市治理现代化的基本方向,是未来我国城市治理和发展的主导性策略。从国家治理的历史情境和发展脉络看,缺乏"数目字管理"的传统,粗放式治理的行政文化使得城市精细化治理发育不足①。从现实的生态环境分析,城市精细化治理所需的信息技术、财政资金和人力资本支撑均相当匮乏,城市基层社会"强行政弱治理的格局,制约了精细化治理。城市精细化治理对于秩序和确定性的偏好,以及对数据治理和指标治理的迷思,使城市治理陷入秩序唯美、数据崇拜和技术决定,构建以人为中心、极具包容且富有弹性的城市治理模式,需要城市治理的整体性发展方向。城市作为各类要素资源和经济社会活动的聚集地,在现代国家治理体系中居于至关重要的地位。改革开放以来,伴随着城乡关系在政策、制度层面的结构性变革,利益矛盾与社会危机有向城市空间转移与积聚的明显趋势,城市治理创新成为国家治理现代化的重要支撑。精细化治理是社会治理现代化的发展方向,也是推进我国城市治理现代化的关键举措。国内学术界对精细化治理内涵的界定多元。有学者从"技术、服务"维度、"政府、社会"层次解读,认为精细化治理是政府职能转变和社会治理转型两个层面的统一,精细化是推动治理转型

---

① 唐皇凤:《我国城市治理精细化的困境与迷思》,《探索与争鸣》2017 年第 9 期。

的机制性策略①。有学者从宏观层面解读,主张对治理精细化的理解应该从微观视野转向宏观视野,认为精细化治理就是从社会治理领域中公共权力的结构、运行和主体关系的维度来研究社会治理精细化、实践社会治理精细化②。有学者主张对精细化治理进行综合性理解,认为精细化治理首先是一种治理价值观、一种治理理念;其次要把这种价值和理念贯穿到宏观的权力结构、中观的运行机制构建和多元主体关系的厘定中;最后是把精细化的理念、原则落实到微观实践中的具体制度、措施、操作手段和治理技术之中,达成高效能、强回应的治理效果③。有学者认为,城市精细化危机管理是在国家治理观的引领下,以城市精细化管理的方式和手段推进城市危机管理的模式。城市危机管理具有时间、空间和机制三个维度,其中机制维度是城市危机管理的关键。由于城市辖区人口规模和密度大,城市结构复杂,外部环境也更加复杂,一旦出现突发公共事件,放大效应明显,易催发次生事件甚至事件链。因此,风险长效防范机制也是城市危机管理中的关键环节。针对我国城市危机管理机制中的问题,应构建风险防范机制、市场化机制、社会参与机制、应急产业发展机制和区域大联动机制④。精细化治理是秉持精细化的理念,通过精巧的制度设计、细致的过程推进和运用精微的治理技术,实行基层治理从传统的一体化、一元化、整体化、结构化向多元化、差异化、个体化、体验化的转变,由被动回应转向主动适应,达成治理的精准、精细目标。传统城市治理受到粗放式管理思维的影响,惯于运用笼统而模糊的处理方式,管理浮于表面,标准化程度较低等,精准化管理和精确化服务程度较低。随着城市化进程的快速推进,我国城市社会日益多样化、动态化和复杂化,精细化治理是城市经济社会可持续发展的内生性需求。城市精细化治理是一个具有相当模糊性和内在张力的系统。城市精细化治理作为一项复杂的社会系统工程,其内涵需要从

---

① 赵孟营:《社会治理精细化:从微观视野转向宏观视野》,《中国特色社会主义研究》2016年第1期。

② 陈晨:《城市治理精细化转型路径分析》,《中共珠海市委党校珠海市行政学院学报》2015年第1期。

③ 吴晓燕、关庆华:《从管理到治理:基层社会网格化管理的挑战与变革》,《理论探讨》2016年第2期。

④ 宗传宏:《城市危机管理中的精细化与长效防范机制》,《上海城市管理》2017年第6期。

理念、制度、政策、技术、行动等层面进多维度综合解读,其内在构成要素包括,服务为先的治理理念、治理主体的多元化和协同化、治理手段的数字化和智能化、治理标准的规范化。城市治理精细化是城市治理的标准化、制度化和规范化水平提高的过程,也是制度执行力提升的过程。城市精细化治理的方式从重视经验和定性分析转变为重视科学和定量分析,城市治理体制从被动反应式、运动式和人治式转变为主动化、常态化和法治化,城市治理精细化的动力来自规范权力运作和提升政府治理能力的目标,增加城市治理体系的开放度和包容性①。作为一种新型的治理范式,精细化治理是对传统粗放式、经验化治理模式的反思和超越。城市精细化治理需要先进的信息技术支撑,有利于纠正城市基层社会强行政弱治理的传统格局,提高精细化治理,同时提升社会治理的专业化、职业化水平,使城市精细化治理获得足够的人力资本支撑。

(三)平衡城市权利义务的治理空间

应对城市化问题的过程中,法律内容发生变化在 19 世纪后期②。19 世纪后期,随着人口在城市的聚集,都市问题发生,政府的公共权力超越一般警察权的范围,介入设置土地使用秩序和城市设施建设等领域③。法律对城市化问题的介入,最直接的体现是设置城市规划制度,从基本安全、消防、卫生、美观和舒适等因素出发,综合性地对土地的开发设置公共限制。法律上对私权领域的公共限制,遵循消极警察规制及民法相邻关系的各项制度。20 世纪 70 年代开始,发达国家在对应上述城市化和城市型问题的过程中,法律自身的功能和内容更新和变化,由消极警察规制走向积极促进城市空间秩序形成。德

---

① 唐皇凤:《我国城市治理精细化的困境与迷思》,《探索与争鸣》2017 年第 9 期。

② 在此之前,涉及城市土地等事项方面,法律基本植根于自由主义基础上的建筑自由观念,土地所有权人对于自己所有的土地拥有建筑和变更的自由,建筑自由当然地存在于宪法上的财产权保障的内容之内。例如布鲁士一般州法的规定体现这些法律原理,只有当为了保障安全、消防、保健卫生和美观的目的时,财产自由才受到(一般警察权的)建筑规制。

③ 例如 20 世纪初期如英国 1909 年颁布《住宅城市规划法》,尤其是颁布 1932 年《城乡规划法》之后,美国在 1893 年芝加哥世博会后,尤其是在 1909 年华盛顿第一届全国城市规划会议之后,德国 1875 年的布鲁士《建筑线法》及 1889 年《住宅法》之后,建立起了的综合性土地使用制度就体现了这些特性,以此为开端直至上世纪 20 年代为止。

国、法国和英国三个国家在土地利用法律制度方面确立"无规划则无开发"①的原则。法律自近代而现代,在应对城市化过程中发生的诸如因土地问题而生成的生活、环境、居住等问题同时,自身也发生着内在变化和重构,现今形成从实现公共性的角度规范都市空间的发生及其使用的一系列法律制度,称为都市法的法律领域或类型,都市法所关注的核心事项,即都市空间。建构城市的秩序制度,以及解决城市主体利益纠纷,难以回避都市空间视角。人口的聚集和社会关系的密切联系,法律内在结构也产生变化,土地作为城市中,人们共同生活空间的物理基础,服从于市民生活的共同性而构筑的法律秩序。都市空间治理应法治主义的要求,在利益的判断和形成上,更加需要法律确定公众参与的程序,以上变化形成对城市问题研究中,法律基础从土地法转为现代性质的都市法。

社会空间是针对城市社会地理与人文地理研究的分析性概念,旨在描述特定时空中的社会互动、集体决策、力量博弈、意义建构等空间权利义务关系。微观层面包括建筑、邻里、房屋供应和街道;中观层面涉及乡镇、城市和城乡失衡;宏观层面包含国家和世界范围的组织、策略。空间构造即社会生活的结构化,适应不同的社会制度和秩序模式。城市综合体支撑着众多不同的生活方式,城市生活是这些关系所反映的多样性的总和,在社会表现出碎片化的状态下,身份认同是治理法治化社会空间形成和运行的要素。农业转移人口并没有与城市人口同等的公民待遇;城乡之间、地域之间、普通地方与民族自治地方的社会空间也存在很大差异,这些因素叠加,呈现出渗透又阻隔的多元社会空间。基于传统社区的信任、人情与脸面的持续性存在、习惯的力量,构成城市流动人群城市空间秩序的基础,形成城市内的二元结构和社会空间的二元化。城市化除了要考虑人口、空间问题外,还应考虑经济、社会和文化涵义②。

---

① 这项被称为现代法律的原则颠覆了"无禁止即自由"的近代法核心规范。德国联邦宪法法院在 1981 年 7 月 15 日的一份判决,明确地判定土地所有权中不包含需要经许可或批准才能行使的水利使用权。此美国自上世纪 80 年代起,土地法律制度也发生了被称为"静悄悄的革命"变化,土地由"商品"而成"资源",因而须接受更多更为全面的公共规制。即使至今在土地利用规制方面仍保持传统法律原则的日本,也在本世纪初开始对"最小限度限制原则"进行重新研究和定义。

② 屠启宇:《国际城市发展报告蓝皮书》,社会科学文献出版社 2012 年版,第 77 页。

作为城市新移民的"农二代",将面临更严峻的就业选择、身份定位、平等诉求、价值目标、环境感知问题等。需要通过农业转移人口的公民化,消除城市内的二元结构和社会空间的二元化,化解城市化进程中的可能风险,促成一体化、治理法治化的社会空间①。上述客观现实涉及权利义务的平衡问题,是一个复杂的"公民对国家、公民对群体和群体对国家的过程"②,并产生不同的社会交换模式。"有限交换"③模式基于自我利益考虑,履行或承担义务同时,获得相应权利,对等实现形成的互惠行动。赋予最低限度的同等公民权是法治的基本要求,"有限交换"模式是社会发展的重要动力,结构平衡即不同群体间权利义务的公平分配,以及功能平衡即权利义务规范设置的合理性与整体效能都不可或缺;"总体交换"④模式基于他人利益考虑,在履行或承担义务时并不要求即刻或对等地回报权利,如为公共福利而纳税,承担社会保障、环保和可持续发展的义务和责任等,以群体或社会为目标形成普惠或单向受惠的交换行动,实质是强调优势地位者的义务和对弱者的最低权利保障。对平等参与和最低生活保障等最低限度,普遍认为应采取团体主义倾向的"总体交换"模式,公民身份是授予的唯一标准,是权利义务平衡模式的选择。按照宪法设定的普遍性公民身份参与,也能享有与当地居民同等的最低生活保障。基于中国的特定历史文化、政治经济状况与国情现实,学者们认为实际上是"有限交换"与"总体交换"兼有的混合模式。目前农业转移人口市民化的人均公共成本约为 13 万元,而且地区差别很大。如果不能够分摊成本、合理区别、进行"有限交换"平衡对待,就会给一些城市或地区带来沉重包袱、压力甚至冲突,阻碍城市化和一体化治理空间的形成⑤,对流动农业转移人口在目标城市最低限度以外的其他公民权部分,如在保证一定基数和底线基础上的养

---

①　马长山:《农业转移人口公民化与城市治理秩序重建》,《法学研究》2015 年第 1 期。

②　邓吉祥:《环长株潭城市群农业转移人口市民化的空间特征与成本分析》,《安徽农业科学》2017 年第 36 期。

③　车艳秋:《以人民为中心的新型城镇化的内涵和路径研究》,《经济研究参考》2017 年第 58 期。

④　邵杰:《公共治理视阈下我国农业转移人口市民化路径研究》,青岛大学 2017 年硕士学位论文。

⑤　潘家华、魏后凯:《中国城市发展报告:农业转移人口的市民化》,社会科学文献出版社 2013 年版,第 99 页。

老、保险、医疗、就业、住房、教育、公共服务等,应按照承担义务和责任的范围或幅度,对等享受合理范围和幅度的权利。采取渐进城市化方式,农业人口可以在城市与农村之间自愿流动。社会分层化挑战基层社会治理。户籍制度被认为对社会分层和社会流动产生结构性的影响。社会分层对高等教育公平性也有影响。近年来城市社会空间成为社会利益群体的焦点领域。针对社会结构的快速分化,人口的年龄结构、素质结构和家庭结构等急剧变化,治理需求结构也日益复杂。从城市现代化背景及当下深水区改革的形势与任务来看,市民化战略更侧重于阶层定位,应进一步加强其法律定位。城乡二元体制逐步破除,城市内部二元结构矛盾逐步化解,全体人民共享现代文明成果,有利于维护社会公平正义、消除社会风险隐患,有利于促进人的全面发展和社会和谐进步①。以人为本,统筹推进户籍制度改革和基本公共服务均等化,促进人的全面发展和社会公平正义,使全体居民共享现代化建设成果,市民化战略是化解问题的正确方向,但目前是一种经济布局和阶层归属并不是法律定位,农业转移人口从失衡的、制约经济发展的二元结构要素,转为均衡的、促进生产要素优化配置的动力引擎,从边缘化的弱势农民阶层,转化为被包容的、享受均等公共服务的市民阶层。只有确立法律化的权利,基于法律身份的公共参与、生活交往和阶层流动机制,才能逐渐化解。市民化战略立足城市的物质生活层面,重心在于解决就业、教育、医疗、住房、社保等重要的生存发展问题,城市治理进程中,使农业转移人口从公共决策边缘走向平等协商,需要制度和实践中落实法律身份,积极参与社区决策、自治管理、表达诉求和保障权利,促进多元协商、实现治理秩序。市民化战略是一种策略性选择,缺少根本性的制度安排。农业转移人口市民化战略主要限于顶层设计和政策推进,没有上升为规范层面的制度建设。市民化是一种分列式方案,需要推进一体化布局。消除城乡鸿沟、实现城乡一体化发展是解决问题的根本。《规划》做出"推进城乡统一要素市场建设"和"推进城乡规划、基础设施和公共服务一体化",并通

---

①　例如在城市房屋拆迁过程中,公民私有财产权主要包括土地使用权、房屋及附属物所有权、预期收益权和其他相关权利。公民的上述财产权能否得到全面合理的补偿,是确保城市房屋拆迁平稳实施的关键因素。而现行拆迁立法没有区分"商业拆迁"与"公共利益拆迁",实际上已经违反有关公民财产权保护的条款及征收征用条款。

过"完善农业转移人口社会参与机制"来"建设包容性城市"等重要安排。强调农业转移人口在城市治理结构中的参与、社区归属和阶层定位,也提出整体治理框架下的、城乡一致的身份归属和权利定位,城乡之间的人口流动和城乡一体化的法治建设,与消除身份差别、维护权利平等的治理秩序要求一致①。2011 年初,全国人大提出中国特色社会主义法律体系已经形成,有学者提出将从"立法"转向"法律实施"②,城市化进程工业化建设目标、以动员为动力的背景下推进,发展经济的目标、市场需求的导向、人口自发性流动的特征,呈现城市化演进逻辑。城市建设与发展,离不开农业转移人口给城市创造的红利,城市化进程转向基于治理能力现代化的法律性构架,实现城市治理机制与秩序构建,实现国家治理体系和治理能力现代化的总目标和治理法治化的社会空间。治理法治化的社会空间,需要按照法治的逻辑的治理机制与法治秩序。

对"半城市化"转移的农业人口,最低限度以外的公民权部分可能与城市人口有所差别,不同地区之间有所区别,这项权利缺失和利益落差通过承包地、宅基地和住房等福利补偿。有学者指出,"当前的体制性城乡二元结构已由过去对农民的剥削性结构变成了保护性结构"③,是避免城市贫民和走出中等收入陷阱的保证。通过对农业转移人口的最低赋权和平衡性权利义务配置,农业转移人口公民化,是促进社会成员在城市权利义务上的公平分配,构建基于公民角色、权利与行动的治理空间,促进多元治理机制生成和法治秩序实现。身份构建与社会秩序的困境已成为世界性问题。吉登斯指出,大城市已经成为困扰整个社会的诸多问题的集中体现,按照德怀尔所说的公民身份"三角凳"④——民事(法律)权利、某种水平的福利权利(社会权利)和政治权利(选举权及参与政治过程的权利)赋权,从而"使公民身份对给定社群的所有成员具备实质意义",并"保证即使是最贫穷的社会成员也能融入并参与社

----

① 郑毅:《农村转移人口市民化的法律保障机制构建》,《贵州农业科学》2014 年第 2 期。
② 郑鹏程、陈力:《法律认同内在意蕴的生成逻辑》,《沈阳师范大学学报》(社会科学版)2018 年第 4 期。
③ 贺雪峰:《农民为什么不愿进城落户》,《人民论坛》2016 年第 30 期。
④ 马长山:《农业转移人口公民化与城市治理秩序重建》,《法学研究》2015 年第 1 期。

会"。建立起立足普遍公民角色基础上的平权参与、多元治理、协商机制和公共决策制度构架,确立起全社会的制度认同和规范内化,新一轮全面深化改革从管治走向治理,建立国家治理、政府治理和社会治理机制。国家治理能力的现代化、政府治理的法治化,社会治理的自主化,都离不开公共参与。通过对农业转移人口的公民化,城市治理秩序也才能更加稳定持续。双向构建的法治进程中,发挥民间规范的秩序构建作用,这种"法律多元主义的一个结果就是在法律程序内部增加了参与法律制定的机会。"①形成多元规范协调互补、国家与社会平衡互动的法治秩序,通过"国家—社会"关系,来描述、分析和引导转型期国家与社会相分离的状态与进程。学者们采取的路径基本是国家与社会之间平衡合作、双向构建的良性互动论,"政府主导与公民自主相结合"或者政府与公民"双向自主构建模式",反映了中国法治社会构建的特殊性和超越性,核心点仍在于国家构建中的方向和路径问题,双向互动关系一直占据主导地位。"共建共享型"法治的主导理念与基本原则,立足法治建设路径视角,共建共享型法治,不是简单的策略转换,而是既有继承性和实质性变革的创新过程。首先体现权力制约、权利保障、自由平等、公平正义、司法独立、正当程序等映法治发展规律的普遍性原则,同时立足其自身属性和目标取向,共建共享型法治理念包括共享发展理念和法治底线。十八届五中全会再次强调并落实到指引改革发展的"五大理念"之中。共享发展的理念,体现在法治建设上,有丰富、具体的指向和内涵,以制度公正为基础,以权利平等为起点,主张政府、企业、公民互动与合作,各主体参与法治建设、分享法治成果、获得法治保障的均等机会。人民群众是改革发展成果的创造者,也是改革发展成果的享有者,共同建设是全体社会成员的共同责任,共享发展成果是人民群众的应有权利。共建共享型法治首先是法治,其次是共建共享,必须遵守法治基本理念、原则和程序,秉持权力制约和权利保障,坚持程序正义和法治底线,最大限度释放均等的政策红利和发展机会,提供公正的权益实现渠道和制度保障。城市治理是国家治理体系的重要组成部分。城市问题是当下中国社会结构转

---

① ［日］千叶正士:《法律多元》,强世功、王宇洁、范愉等译,中国政法大学出版社 1997 年版,第 33 页。

型过程中的核心问题之一。经济发展和社会变化背景下,城市作为现代社会中的经济增长器正在催生都市奇迹,城市内部非均衡发展成为典型特征,给城市治理带来新的挑战。城市治理的趋势是构建以人为中心、有温度的城市,服务型治理和治理型服务结合,形成协同、可持续发展。

(四)基于大数据的城市群治理

未来城市研究和建设的价值是可持续城市。随着城市智慧化加速,对于城市形态的影响加剧,商业、交通、工作、教育等多领域的形态和模式都发生变化。未来城市空间形态主要表现为智慧化和效能化,即网络化的空间结构和紧凑化的空间形态,需要改进空间形态的把握和规划设计。在技术层面,进行城市间过节点间关系研究视角的转变,城市网络理论区别于传统城市结构和规模的研究,主要解释城市间的横向关系,按照城市影响力、服务半径和专业生产职能,重新规划交通规划、综合设施配置。单中心特大城市发展带来很多城市问题,从城市群到大都市区转换,研究大都市区网络化空间结构的形成路径和发展演变尤为重要,构建网络城市是提升城市治理体系和治理能力现代化的重要举措,是解决大城市病问题,推动城市转型发展,提升城市治理体系和治理能力的集中体现。网络化空间结构是大都市区时空演化的高级阶段,是多中心、组团式、网络化、集约型的新型城市区域。网络化空间结构建构的两个基础是节点和联系,节点是网络城市构建的基础,同时包括交通、基础设施等实体网络联系及信息、金融等虚拟网络联系。城市中节点的地位不再取决于规模和等级,而以节点的特色功能和网络中的控制作用决定,通过多个网络节点的联系和相互作用,形成网络化的空间结构。网络化空间结构具有以下特征:多节点、扁平化、均衡性。依托交通枢纽,节点城镇嵌入全球网络体系,承担着更大区域和国际化的功能,形成对外联系的开放系统。网络城市不再是城乡分离模式,农村地区不仅承担着农业生产功能,通常还承担着科技研发、总部办公、文化创意、休闲旅游、养老服务等新型功能。改变传统单一城市蔓延的模式,网络节点与绿色基础设施协同发展,拥有人与自然共生的生态环境。打破垂直型的城市治理体系架构,减少管理层级。通过对话、协调以及正式及非正式的多方合作平台,构建更为扁平化的治理格局,不以级别和规模分配资源,而把资源向有发展条件的具有潜力的网络节点投放,城市治理面临合理利用人工智能的挑战。技术创新迅速与经济增长缓慢之间存在矛盾,社会老龄化和人口爆发性增长并存,就业困境对社会经济增长也造成影响。面向未来的城市治理,需要正视问题基础上,推进城市健康、协同和可持续发展。解决发展失衡、治理困境、数字鸿沟及分配差距等问题,服务于包容性增长和可持续发展目标,促进网络空间与现实空间的深度融合。

依据不同类型的海量数据和信息时代城市群治理方向,为城市与区域研究提供新的数据密集型的研究范式,从基于大数据的城市群问题挖掘、城市群战略定位、城市群边界界定、城市群空间结构优化等方面,针对城市群治理,通过健全数据共享的软环境,明确主体单位,完善技术体系搭建等,运用政务数据和新数据多元融合,进行城市研究。例如城市动态人口的评估与预测,动态人口的总量测算、人口的综合分析及预测模型。运用大数据针对人口的时间、空间分布,人口年龄结构,人口活动和人口联系,职住分布,重点地区人口活动情况等全面分析。针对目前在规则标准、参数质量和政府人口数据综合治理方面存在的问题,建立新老数据融合的长期机制、实时模型与城市治理政策的互动机制。城市社会治理既是地域概念又是公共管理范畴,特大城市功能集聚带来了城市社会治理更大的挑战:社会分层化挑战基层社会治理,人口集聚及多元化挑战空间治理,城市功能过度集聚挑战社会服务,信息和资源集中挑战技术和管理。特大城市社会治理在未来要实现四个突破:第一是模式突破,实现三社联动升级;第二是空间突破,聚焦社区单元和社区综合体;第三是服务功能突破,进行社会服务跨区域合作和管理;第四是技术突破,建设智慧社区和智慧政务。城市社会治理概念有两层含义,首先是一种城市地域空间治理的概念,为了谋求城市经济、社会、生态等方面的可持续发展,对城市中的资本、土地、劳动力、技术、信息、知识等生产要素进行整合,实现整体地域的协调发展;其次是公共管理概念,城市治理基于主体间利益博弈均衡的诉求,进行关键因子的制度创新和长效机制建设,以建立治理的多元化和利益均衡机制。特大城市社会治理有其自身特点,是城市治理的有机组成部分。精细化管理城市,根本在于提升管理和服务水平,达到城市管理的精细化。城市信息系统的信息共享和信息服务水平的提高,对城市的精细化管理非常重要,包括大城市随迁老年人口的社会融入等新问题,城市治理应面对不同人群的需求,根据不同群体的城市内部和外部的社会支持状况寻求治理策略。社区治理是城市治理的一个重要维度。当前社区治理的三种模式,政府管理、居民自治、政府和社区居民合作治理之间,存在沟通不畅等问题。社会化媒体为解决这一问题提供帮助,通过电子政府的形式,建立城市网络公共服务平台,利用社会化媒体的大数据资源监管和服务。大数据所提供的社会感知与传统遥感结合,有助于城市治理研究,从地理空间大数据中挖掘价值模式,建立规律性模式与地理规律间的关联关系。社会感知框架以人、地、时的耦合关系为核心,城市结构研究方面,通过社会感知反演地理环境框架,对城市功能空间结构进行分析,在街道研究方面,对传统面状单元分解,对城市街道不同维度的特征分析,ICT(信息通信技术)设施的建设是大数据研究的重要基础与数据来源。包括以 ICT 基础设施建设、基于智能家居的城市能源管理、市政设施的维护与管理①。城市规划需要在城市数据的基础上,对城市建设与管理提供决策支持。发展智慧城市对城市的经济转型、居民生活方式变革、环境保护和社会管理具有重要的战略意义,智慧城市建设应高度重视差异定位,注重区域特色激发智慧城市发展活力,以市场需求引导项目建设。大数据、数据活化、数据挖掘等数据管理、应用与分析技术在智慧城市建设中具有核心作用。作为虚拟城市与实体城市融合的智慧城市所面临的风险,主要来自实现的基础,即物联网和云计算技术等,智慧城市建设需要对可能的风险进行预警。特大城市功能疏解背景下信息和资源集中化问题的提出,基于智慧城市建设和社会需求导向的公共大数据,强化社区自治和社区服务功能,夯实社会治理的基础。

---

① 从数据共享带来新的生活方式与城市空间的变化方面,如停车场 APP 应用大数据进行停车管理、智慧家居与智慧课堂的结合、自动驾驶系统、智慧公司的新工作方式等。

第四章　城市传统空间治理

一、城市更新中的空间治理

（一）城市更新

随着城市化进程的加快,对旧城区进行改造更新并进行适当的扩建具有现实可行性,由于老城区无法满足现代城市多元化的需求,为保持旧城区的功能地位和提高城市的整体环境品质,,完善城市功能,必须对出现的问题进行研究,通过详细规划设计进行更新。城市更新是个实践问题,治理机制创新和法治化方面,城市政府需要在改造和更新城市的同时消除空间隔离、实现城市共生。随着国家对特大城市、超大城市永久性开发边界的划定,城市空间发展的硬约束逐步形成,原有摊大饼式的城市发展模式难以为继,城市面临规划建设用地总规模的零增长。城市建设已进入城市发展的新阶段,即从注重物质空间的增量时代,进入全面发展的存量时代,城市更新已从城市扩建、迁建向城市保护与发展、向城市空间价值提升转化,向生态、绿色、人性化、智能化发展。基于西方城市更新的历史和经验,我国城市更新主要定义为城市"新陈代谢"的过程。在这一过程中,更新途径涉及多方面,既有推倒重来的重建,也有对历史街区的保护和旧建筑的修复等。很多城市问题显现,例如历史街区的特色与地方文化在城市改造中的快速消失。从城市的保护与发展角度,城市形成有机更新体系,注重城市建设的综合性与整体性,城市更新进入不宜快跑的城市建设新时期。城市更新不仅考验建设者拆平重建的魄力,更需要处理复杂的城市发展、文化脉络、社会价值等关系,需要平衡经济、文化、民生之间的利益关系。城市更新的目的,是对城市中衰落区域进行拆迁、改造、投资和建设,以全新的城市功能替换功能性衰败的物质空间,使之重新发展和繁荣。一方面是对客观存在实体,如建筑物的改造,另一方面是对生态环境、空间环境、文化环境、视觉环境、游憩环境等的改造与延续。城市更新的另一个目的是历史风貌和城市记忆的延续。文化的传承和发展本身是社会进步的内核。城市更新的着力点转变,从物质改建转向为城市服务、空间形象和产业拓展,城市更新成为城市创新发展的增长点,不再只是解决住房生计问题的空间移位,而重视对城市整体的空间价值提升。新的城市更新理念下,各参与方的角色、更新的模式也发生转变,地方政府角色从完全主导地位转为引导,资本类型从公共资金投入转变为资本合作模式的多样化。更新模式从大规模片区开发转为微更新模式,由产业开发转为存量运营的思维模式。有序实施城市修补和有机更新,解决老城区环境品质下降、空间秩序混乱、历史文化遗产损毁等问题,恢复老城区功能和活力,探索保护引领的复苏新路径,以改善民生、环境优先和永续发展为基本取向,全面提升建成区的环境品质,城市遗产与城市其他部分有机整合,保持生活空间的丰富性和多样性,推动未来城市的可持续发展[①]。2010 年 5 月 13 日,国务院颁布《国务院关于鼓励和引导民间投资健康发展的若干意见》,指出"鼓励和引导民间资本参与政策性住房建设,参与棚户区改造"。政策引导为众筹融资参与城市棚改,自下而上的进行棚改提供先决条件,同时政府简政放权,从公共服务的前沿退到二线,研究政策和规划引导,建立面向全社会的参与机制,掌握社会各方的改造意向,避免市场运作下开发商对改造地区利益的最大榨取,有助于缓解社会矛盾,满足社会利益的需要;保证公众获得实质利益。对于居民自发的居改非现象,制定制度进行规范,疏堵并举实现与城市更新的整体目标一致;统一规划引导,对棚户区现状评估,发掘棚户区现有的历史文化和传统风貌资源,整合与周边的资源配置,明确功能定位,以保护性更新为主,引入战略新兴产业、特色产业。城市棚户区众筹改造的可行性、必要性与地方立法机制,即明确"创新土地开发方式。按照存量补地价的方式,支持现物业权利人或者现物业权利人的联合体、

---

　　① 周静瑜:《城市更新:从城建到空间价值提升的实践》,《建筑设计管理》2018 年第 8 期。

依据规划重新取得建设用地使用权"①。通过众筹模式,引导公众参与,随着互联网融资的兴起,通过互联网平台发布或者线下的物理传递进行筹款,众筹模式分为捐赠、借贷和股权三种,相较于传统融资模式,众筹更为开放,依靠融资的广泛性、公开性、低门槛、效率高、风险低等特点筹集项目启动资金,也能通过集体的智慧,令决策更加合理②。由功能城市向文化城市转变,政府引导自下而上的保护性更新。通过统一规划,加强管理,政府投入少量资金对基础设施修缮,依托周边的商业文化环境,形成一定的集聚效应。在规划引导下,由社区和居民作为发起人,对建筑业态进行维护,出租房屋获取租金,原有建筑形态得以保留。实现以低成本的改造模式,保留了原建筑形态、城市肌理,又保持原有的土地所有权不变,调动各利益主体积极性,在空间形态改善、历史保护和缓解社会矛盾方面,实现公共利益还归于民。棚户区改造关键是各方利益的再分配,引导众筹融资参与棚改,避免传统改造的封闭和不透明,为民间投融资进入公益项目提供可能;强化城市规划的指导作用,整合资源,多元化改造方式实现资金平衡,回归棚改社会利益高于经济利益的本质,是基层联合治理的典型事例。

城市更新属于城乡规划行政行为中的一类。城乡规划是政府为实现城市、集镇和乡村未来社会经济发展目标而进行的各项建设活动的安排。规划是面向未来的一种指引,政府需要根据现实基础条件的变化,在保障公益的基础上对原有规划作出改变。但对因信赖原有规划而安排了自己生产生活的利害关系人来说,城乡规划的变更可能会使其处于利益和法益受损。城乡规划变更,改变规划区域内土地的用途,随着土地征收或征用等后续行为的实施,

---

① 2015 年 5 月上海市出台《上海市城市更新实施办法》规定。

② 国内城市棚改众筹模式较为成功的案例。由于年久失修,福建柘荣县双城镇溪坪街老街的改造最初采用政府包办方式。然而,群众对于大包大揽的改造方式缺乏信任,导致改造停滞不前。政府决定采用"政府统一规划配套,市民自主开发建设"的众筹模式,由政府统一规划、统一立面,建设基础设施和公共设施,市民按照规划引导,在分配到的土地上,自主筹资建设自己的住宅、店面等高附加值房产。对于政府而言,一是,省去了开发商、招投标等第三方费用;二是,优化了居民原有的居住环境;三是,凸显了老街传统风貌,提升了老街的商业价值,激发了老街的经济活力。对于居民而言,有了建设自己家园的自主权,调动了参与积极性,从而实现建房成本降低、工期缩短,质量更加得到保证。

可能会导致规划区域内的个人、组织的财产权利遭受损害,即使土地征收或征用等后续行为尚未发生,变更规划也可能会影响规划区域内乃至相邻地块内居民的利益。因此,在城乡规划变更的情形下,有必要适用信赖保护原则,对政府随意变更规划的行为加以规制,增加利害关系人对法律状态的可预见性。信赖保护原则产生于给付行政盛行背景。社会法治国时代,创造合乎正义的社会秩序、保障国民生活成为政府的职责。行政机关与社会成员之间形成相互依赖的关系,诸多行政任务需要社会成员的协助完成,信赖保护原则的产生顺应限制行政便宜主义的需要。信赖保护原则的实质,是为人民对政府的信任提供保障,适用于授益性行政行为。城乡规划目的在于保障城乡土地、空间资源的公平分配,属于授益性行政行为范畴。城乡规划作为行政规划的一种,必须具有确定性,行为做出即具有不可变更性,未经法定的事由和法定程序,不得随意改变已经生效的城乡规划。规划的变动性反映行政目标和公共利益的要求,确定性代表法秩序的稳定和信赖利益①的要求,城乡规划变更中,信赖保护原则的适用需要更多考虑利益衡量的问题,兼顾规划持续性的信赖与规划的弹性。信赖保护的成立需要有信赖行为,即利害关系人因信赖行政主体的先前行为而对自己生产生活做出一定安排,包括作为与不作为,城乡规划变更时,如果信赖基础为具体行政行为时,要求利害关系人有具体的处分行为,如根据规划的指引进行了投资,若信赖基础为具有抽象性质的规划时,推定利害关系人具有信赖行为。规划行政中,规划的变动是常态,法律只能对部分信赖而提供保护,通过利益衡量来确定私人信赖利益是否值得保护是必要的。城乡规划变更中,利害关系人基于对违法的规划行为而产生信赖时,权衡信赖利益与公益以决定是否提供信赖保护。当信赖利益大于或相当于变更规划所体现的公益时,信赖保护成立,否则信赖保护不能成立。除了实体保护,程序保护是行政主体在改变其行政行为之前,应当赋予具有正当信赖的利害关系人以知情权、参与权和请求权来维护自身利益。程序除具有促进实体正

---

① 由于规划本身具有预测性和前瞻性,规划可能会因预测错误或必须配合时势的变化而作必要的修正,对于规划的变更通常应该具有相当程度的认识,因此信赖保护的程度也会有所降低。这涉及信赖保护原则在规划划行政领域适用的修正问题,不能改变城乡规划中贯彻信赖保护原则的本质要求。

义的工具价值外,还有独立于实体而存在的价值。对正当信赖给予程序保护,能让利害关系人有机会充分表达自己的意见,促使行政主体能够听取和考虑,并合理选择,使其信赖利益损失降低到最低程度,程序保护关注的是规划变更决定做出方式的合法性,而不是决定本身的正确性。尽管利害关系人被赋予了提出意见的机会,但其意见要获得采纳和重视则有赖于实体原则的适用,否则程序保护的效果会被虚置①。我国《城乡规划法》第 48 条、第 50 条对城乡规划变更中的信赖实体和程序保护有相应规定,但信赖损失补偿的适用范围狭窄,仅限于修改修建性详细规划,修改其他城乡规划的补偿须以规划许可证的颁发为前提。同时,没有对补偿的范围、标准、方式明确规定,导致信赖损失补偿缺乏可操作性。程序方面,征求利害关系人的意见以及如何处理利害关系人的意见,无明确规定。信赖的实体保护与程序保护是相互依存的。没有实体保护,利害关系人不能继续享有已经取得的利益,缺失程序保护,不利于实体保护的最终实现。城乡规划的可诉性,需要根据城乡规划不同的内容和阶段判断,符合具有处分性、达到适合司法审查的前提。信赖保护的救济请求权,根据不同的情况,赋予利害关系人存续请求权、规划执行请求权、过渡措施和补救措施请求权、补偿请求权②。城市治理中,公共利益与个人利益在实际生活中存在冲突,但公共利益与个人利益在整体上是一致的。承认公共利益与个人利益在本质一致性的前提下,才有协调公共利益与个人利益的可能。公共利益与个人利益的一致性表现为,公共利益和个人利益在一定条件下可以相互转化。当公共利益被法律确认变为权利之后,转化为个人利益。当个人利益受到侵害,具有经济秩序或社会正义的普遍性和典型意义时,转化为社会公共利益。因此,公共利益与个人相互依存和促进。公共利益源于个人利益,又以个人利益为归依,个人利益失去公共利益的依托,就不能独立存在。大多数情况下,追求个人正当利益的行为往往有利于公共利益的增加,促进公

① 季晨溦、肖泽晟:《论信赖保护原则在城乡规划变更中的适用》,《南京社会科学》2017 年第 2 期。
② 季晨溦、肖泽晟:《论信赖保护原则在城乡规划变更中的适用》,《南京社会科学》2017 年第 2 期。

共利益的行为也能实现个人利益①。

（二）结构性矛盾与城市更新治理

　　城市更新治理与房地产交易矛盾治理联动并行。房地产市场由三个市场层级构成，包括国家垄断的土地一级市场，开发商、购（租）房者、房产经纪与房贷机构等参与的二、三级市场。在二、三级市场，已形成房产出售、租赁、买卖以及抵押等多种交易形式，参与主体多，交易关系复杂，遭遇政策环境变化或交易主体违规，利益关系失衡易引发群体维权行动。有学者②认为，房地产市场的矛盾主要是宏观政策调控中促经济增长与保房价稳定这一双重目标之间的矛盾，矛盾主要发生在多变的政策与客观市场机制、市场供与需、供求结构不合理与社会公共资源分配不均衡、二手房存量市场与中介市场之间；有学者③侧重关注市场利益主体之间的博弈关系，发现中央与地方政府、地方政府与金融企业、地方政府与购房者、开发商与购房者、金融企业与开发商、金融企业与购房者等各主体之间的矛盾，构成房地产市场利益主体矛盾系统，认为地方政府与开发商之间的矛盾是主要矛盾，地方政府是矛盾的主要方面，高昂的房价与居民收入的巨大反差是房地产市场的主要矛盾。既有研究选择宏观的结构功能视角，侧重从房地产市场参与主体、政策安排及住房属性等结构性要素之间的关系归纳。从矛盾层次上看，这些矛盾都是行业性的主要矛盾而非具体矛盾；从矛盾形成上看，这些矛盾是房地产市场长期"结构化"的结果，已成为普遍的客观存在；从矛盾治理上看，这些矛盾的消解须依赖于长效机制的建构而非短期的经济利益调节。此类矛盾称为城市土地治理及房地产市场的"结构性矛盾"④。吉登斯的结构化理论认为"结构"具有二重性，即"结构既作为自身反复不断组织起来的行为的中介，又是

---

①　石佑启：《私有财产权公法保护研究——宪法与行政法的视角》，北京大学出版社 2007年版，第 7 页。

②　陈伯庚：《房地产市场宏观调控长效机制探寻》，《住宅产业》2010 年第 11 期。

③　张永亮、吴冰心：《中国房地产市场利益主体矛盾及协调机制》，《生产力研究》2014 年第9 期。

④　王郅强、张晓君：《"结构性矛盾"与社会治理体系的构建》，《行政论坛》2017 年第 2 期。

这种行为的结果"①,结构性主要指向时空关系中的社会再生产,二元论中的个体与社会共同渗入在时空向度上得到有序安排的社会实践中。通过对具体市场交易的行动过程与发生机制分析,考察交易行动中相关规则与利益的变化,发现更微观的矛盾冲突关系。当前商品房买卖、房屋租赁及房产经纪服务等,已成为司法诉讼的高发地。就这些矛盾纠纷的生成诱因与发生机制来看,直接源于微观市场交易的失范②,由市场交易失范而引起的矛盾纠纷称为市场的交易性矛盾,该类矛盾以市场交易具体行为为基础。市场交易性矛盾的类型与特征是,交易主体市场地位的不对等、市场交易信息的区隔、市场交易行为的延滞,在当前房屋预售制度、信贷政策的客观约束下,房屋的建设、销售、交付与消费等环节相对分离,交易链跨越较长时空;市场交易关系的多重复合性,房屋买卖已超越单一的商品交换,加载户籍、教育、就业及社保等多重关系,这些附加关系甚至决定交易行动;市场交易规则的地方性,在因城施策的调控模式下,各地都制定实施了一些地方性政策,成为决定当事人交易的关键因素。市场交易场域的规定,形塑交易主体差异化的行为与行动策略,不同发生机制作用下,交易性矛盾表现为市场风险型交易矛盾、欺诈剥夺型交易矛盾、止损避险型交易矛盾、失衡补偿型交易矛盾。我国房地产市场本质上仍政策市,不但要接受行业发展波动和市场竞争风险的考验,而且要面对政府调控等突生力量的强制干预。商业竞争、政府调控等外部干预导致交易情势发生变更,发生不可归责于当事人双方的事由,造成交易条件变化,无法继续交易产生的矛盾称为市场风险型交易矛盾,该类矛盾具有明显的突发性与不可控性;市场强势方使用欺诈手段,剥夺弱势利益行为引发的矛盾纠纷称为欺诈剥夺型交易矛盾。具有较强的主观性与隐蔽性,利益侵害事实既已形成,利益受损方处于被动承受状态;违背诚信交易原则,利用法律自由裁量空间单方面采取止损避险行为,不管是否给对方造成利益损害,由此引发的矛盾纠纷称为止损避险型交易矛盾,该类矛盾具有明确的主观性;借维权之名行利益补偿之实

---

① ［英］安东尼·吉登斯:《社会的构成:结构化理论纲要》,李康、李猛译,中国人民大学出版社 2016 年版,第 126 页。

② 包括交易主体行为失范,违法违规行为;相关规范空缺、模糊或失效而难以有效管控具体交易活动。

引发的矛盾纠纷,为失衡补偿型交易矛盾。矛盾形成受闹大逻辑驱使,表现较强投机性。城市土地治理及房地产交易治理中,针对交易性矛盾的诱发风险点多、诱因复杂,房地产市场是政策市,市场交易链长,兼有资金密集与关系密集的结构性特征①,关系密集表明市场中行政权、产权、物权及债权等多重权利关系,与户籍、教育、社保及就业等多重利益关系叠加,权利关系复杂的脆弱市场结构,宏观调控嵌入催生主观风险是主要矛盾源。产业创新以及金融创新开始成为新的市场风险源。互联网的"众筹买房"、经纪人的"首付贷"等金融创新,以及养老、旅游与物流地产等新业态和引进 PPP 新模式等,形成新型,进一步加大风险化解难度。市场矛盾如果抛给政府与社会,集体行动维权成为涉众型的矛盾纠纷,地方政府风险防范容易转化为刚性结构矛盾。上述问题,以城市空间的结构性权利义务关系分析,即涉及社会再生产过程里反复涉及的规则与资源,行动者通过社会实践再生产出其行动得以发生的前提条件即结构。吉登斯认为,社会系统的制度化特征在时空向度上稳定下来就具有结构性特征,日常生活由例行化的时空延展建构。时空延伸程度最大的社会实践活动是制度,涉及跨越时空关系反复循环使用的规则与资源,结构化理论中的规则不同于形式化的规定,指的是日常生活里的例行常规,一方面涉及意义的构成,另一方面涉及行动的制约。资源是行动在社会再生产中具体体现的理性要素,包括配置性资源和权威性资源。规则和资源都有基础结构性,再生产过程可能催生某种支配性结构即权力。因此,权力不是一种压迫性的外在结构,只能导致矛盾、冲突和分裂,相反,权力是实现某种结果的能力和手段,孕育在人的能动性中,作为一种能动的权力观,融合约束和促动两层意涵,前者强调结构的制约作用,后者强调结构的使动作用,不能将个体悬置于时空情境之外,而要考虑个体互动的例行化特征,从而理解跨越时空范围的社会再生产过程,理解社会生活的时空构成。结构化理论与经验研究的结合,在于两种分析路径,在制度分析中,结构性特征被视为社会系统周而复始再生产出来的特征,因而需要考察结构性约束的具体过程;在策略分析中,关注行动者在构成社会关系时以哪些方式利用结构性特征,关注行动者的话语意识与实践

① 王郅强、张晓君:《"结构性矛盾"与社会治理体系的构建》,《行政论坛》2017 年第 2 期。

意识。旨在探讨人的行动与行动中的自我的性质及其与社会制度的互动关系的结构化理论,旨在解释能动性与结构如何以内在关联的方式弥合在社会实践中,共同建构制度化的时空秩序①。依据结构性理论,对城市更新及地方政府土地财政中的结构性风险和城市空间权利义务关系的分配,城市土地及房地产交易矛盾的发生逻辑是,因快速城市化的动力来自地方政府,房地产业是城市空间拓展的主力军。按照列斐伏尔的空间生产和城市权利理论,城市空间生产实质上是地方政府权力、市场资本与居民等各种力量之间,围绕空间利益进行互动、冲突与斗争的过程。地方政府权力以同质化的抽象空间控制居民差异化的生活空间,巩固管制基础;市场资本与权力组成城市增长机器,土地抽象成具有交换价值的空间,通过挤压与隔离城市居民的生活空间来获得利益;城市居民为捍卫生活空间和城市权利,通过建构对生活空间的感知与想象,对抗抽象空间,以集体行动改变现有权力格局。空间生产的基本矛盾,是抽象空间与生活空间、交换价值、使用价值、资本利益与居民城市权利之间多重叠加的矛盾②。调控权力内卷化造成的市场调控失灵和政府科层体制运作功能失灵,过密型调控和行政发包制与锦标赛制的运作逻辑,地方政府重发展轻监管,重经济效率轻社会公平,是诱发交易性矛盾的体制根源。城市增长联盟模式加剧城市空间生产中使用价值与交换价值悖离,城市增长联盟模式所谓经营城市活动,表现为以资本驱动持续扩大土地来源合法性,以城市空间设计主导城市规划,拉高城市空间交换价值,低收入群体的保障性空间需求悖压缩和排斥,加剧空间价值对立,引发城市空间冲突。基于城市空间生产与空间价值再分配带动的城市权利重构过程,治理逻辑是构建权利平衡的城市空间新秩序,重构市场交易结构的权利义务关系,改革城市增长联盟的运作机制,规制市场参与主体的交易行为,构建居民多层次城市权利诉求的保障机制,规范政府权力与产业资本运行和市场调节机制。进入存量改革阶段,有增长无发展的模式不符合人民对美好城市生活的向往。中央更加关注民生幸福与人的城市化,注重住房居住属性与社会功能,重视市场在配置资源中的决定作

---

① ［英］安东尼·吉登斯:《社会的构成:结构化理论纲要》,李康、李猛译,中国人民大学出版社 2016 年版,第 126 页。

② 姚尚建:《边界控制中的城市权力》,《探索与争鸣》2015 年第 6 期。

用。以增长为核心的城市增长联盟模式,必须改革创新运作机制,厘清地方政府权利边界,打破权力庇护下的分利机制是关键,全面落实法治政府建设要求,约束地方政府以土地为垄断的经营性行为,国有土地使用权市场化运作,改善地方财政收入的土地依赖;强化地方政府在住房保障供给、市场调控与监管方面的属地责任;转向以土地、住房的功能与结构配比等目标,引导供给端的产业资本投向,以合理的住房供给结构引导需求端市场交易选择,以市场机制调节微观交易行为。针对交易合同陷阱防,补充协议与条款约定模糊,违背全面风险提示与风险共担原则。加强合同补充协议、条款的审查与评估,发布风险提示,监督从业人员充分履行风险提示告知义务。地方政府结合社区综合治理严格落实租赁登记备案规定与信息公开,针对城市出租房与流动人口,落实网格化治理责任,以共建共治共享原则,构建居民城市权利诉求的保障机制,城市权利,是居民能够参与城市空间生产并占有、使用城市空间,满足生活需要的权利。不同的城市化阶段,城市权利有经济权利、社会政治权利、文化生活权利及生态环境权利等维度。对于后发城市化,共时性的多维度城市权利问题,当前突出表现为城市户籍、教育、社保及就业等政策共享,及平等政治参与等方面的诉求,社会弱势群体、新市民群体表现更为突出。当城市公共资源与空间利益出现不公平分配时,权利诉求难以保障,成为引发空间矛盾的导火索。针对居民日益增长的多层次城市权利诉求,基层政府、企业、社区及其他社会力量共建权利实现的社会治理机制,多元主体多节点嵌入宏观社会治理系统,形成矛盾纠纷的多元化解机制。落实房地产市场长效调控建设,严控地价、租购并举、强化地方市场监管责任,城市户籍、教育等政策协同改革,加强供给侧改革,突出保障社会刚需政策导向。

　　立项多而开工少,成为拆除重建类城市更新的突出问题,完善拆除重建中建筑物区分所有权限制规则的法律体系,构建和完善相应司法程序,对建筑物区分所有权合法限制,将城市更新实践与物权法理论结合探索,力求根本上治理城市更新困局。很多城市通过地方立法①,授权城市更新项目可协议出让,

---

　　①　如 2012 年的《深圳市城市更新办法实施细则》,2013 年的《深圳经济特区城市管理综合执法条例》等。

城市更新对象全覆盖,城市更新申报及实施主体产生,均充分发挥市场的配置作用,综合整治、功能改变、拆除重建三类更新模式,但随着拆迁进程中政府退后,仅通过市场配置推进的拆迁工作常常停滞不前,市场主体(开发商)在申报批准后,要真正拿到城市更新项目实施主体资格,需要与所有业主签约完成。即可市场主体只有与100%的被拆迁人签订搬迁补偿安置协议后,才有可能被确认为城市更新项目的实施主体。城市更新项目的开发商在投入大量人力物力后,已经取得城市更新项目拆除范围内建筑面积占总建筑面积法定以上,且权利主体数量占总数量法定以上的房地产权益,也会因为个别被拆迁户拒绝签约,无法成为城市更新项目的合法实施主体,以旧住宅区的拆除重建为甚,已签约、甚至搬迁的被拆迁人长期无法回迁,造成新的社会不安定因素。在没有签署拆迁补偿安置协议的情形下,拆除重建类城市更新实施主体根本无法通过司法或行政途径对不同意拆除重建的业主实施救济①。城市更新项目的实施者只能在涉及城中村、旧屋村的城市更新项目中,以村集体所属的股份公司股东表决通过,并将已在工商局备案的股份公司章程为作为依据提起民事诉讼,要求拒绝签订拆迁补偿安置协议的村民,即村集体股份有限公司的股东执行股东会的决议;或以村集体土地范围内的宅基地属村集体经济组织所有,村集体经济组织有权依照法律规定收回集体土地为由,达到强制拆迁的目的②。《中华人民共和国物权法》(以下简称《物权法》)第76条规定,业主对建筑物及其附属设施进行改建、重建的,可按双三分之二通过进行,该条规定宽泛,操作性不强,缺乏救济措施。司法实践中,在没有签署拆迁补偿安置协议的情形下,权利人无法通过司法或行政途径对不同意拆除重建的业主实施救济。区分所有建筑物拆除重建面临的法律困境是,建筑物区分所有权限制的规定过于宽泛,且不具有指导和操作性,而地方政府对该类法律制度没有

①　2005年8月1日,最高人民法院批复:未达成拆迁补偿安置协议的,不得提起民事诉讼。2011年1月21日,国务院公布《国有土地上房屋征收与补偿条例》,废止《城市房屋拆迁管理条例》,并且仅就涉及保障国家安全、促进国民经济和社会发展等公共利益的需要而进行的房屋征收情形做了规定。

②　孙延松等:《空间生产视角下大城市核心区更新模式研究——以深圳宝安中心区为例》,载中国城市规划学会:《持续发展 理性规划——2017中国城市规划年会论文集》,中国建筑工业出版2017年版,第50页。

立法权。破解土地资源瓶颈,是保障城市发展最迫切需要解决的问题,新增建设用地匮缺之下,城市发展依赖城市更新。建筑物区分所有权的性质,属于包含专有所有权、共有所有权和成员权的复合性不动产所有权,共有所有权和成员权是业主对共有部分享有的共有和共同管理的权利,共有权和共同管理权的基础是区分所有权人对专有部分的所有权,享有的持权份额也以专有部分建筑面积为主要依据。依据专有部分建筑面积等对共有所有权和成员权进行限制,没有理论障碍;对建筑物区分所有权进行限制,需要考虑共有所有权和成员权两个因素,但鉴于共有所有权和成员权附属性特征,对专属所有权的限制是需要考量的核心问题。旧住宅区的城市更新中,区分所有建筑物不仅具有民法上物权的效力,区分所有权人的住宅还承载着《中华人民共和国宪法》第 39 条规定的公民基本权利。从权利限制法律保留原则看,对建筑物区分所有权的限制应由法律层面予以规范。根据《中华人民共和国立法法》的规定,建筑物区分所有权属于民法基本法律制度,地方人大无权制订相关法律规定。亟待完善拆除重建中建筑物区分所有权限制规则的法律理论体系,从权利外部限制理论看,建筑物区分所有权限制应有公、私法限制之分①。现有法律体系中对建筑物区分所有权限制的法律规定,私法领域是《物权法》第 76 条规定,较为宽泛和原则,公法领域是国务院颁布的《国有土地上房屋征收与补偿条例》,因此,涉及建筑物区分所有权与公共利益冲突的,应通过公法领域规制,《国有土地上房屋征收与补偿条例》对公共利益的确定方式、程序,及防止公共利益滥用予以明确和细化,最大限度避免实际操作中的自由裁量。涉及建筑物区分所有权之间的私权利冲突的,私法予以规定。结合我国城市更新实践,构建并完善拆除重建中建筑物区分所有权限制规则的司法程序②。拆除重建类城市更新过程中,涉及行政机关许可、确认等事项纳入行政诉讼范畴,例如城市更新单元计划申报的批准、城市更新单元规划的批准、城市更新

---

① 孙延松等:《空间生产视角下大城市核心区更新模式研究——以深圳宝安中心区为例》,载中国城市规划学会:《持续发展 理性规划——2017 中国城市规划年会论文集》,中国建筑工业出版 2017 年版,第 48 页。

② 城市更新中,对建筑物区分所有权的限制,我国香港地区主要通过土地审裁处(类司法机构)解决,我国台湾地区主要通过行政权来实现。

实施主体的确认等。拆除重建决议的内容和通过程序关系对建筑物区分所有权限制的合理、合法性，故此，拆除重建决议中的核心内容，如拆迁补偿条件及拆除重建决议通过程序等，纳入司法审查范围，维护区分所有权人的合法权益。对建筑物区分所有权限制的核心规则纳入司法程序中，例如强制出让请求权的行使、区分所有建筑物强制交付和拆除等。对建筑物区分所有权的限制应遵循最低限度原则，平衡公共利益优位，严格限制拆除重建决议通过的比例①。当前以政府主导模式的旧城改造，征收、拆迁等强制性手段运用过多，改造模式刚性有余而柔性不足，成本巨大而难以为继。近几年来 PPP 模式的兴起，地方政府通过立法，采用公私合作型的更新模式，需要解决规范模式设计的问题，但行政法学领域理论供给不足②。从行政规划法视角，都市更新计划是都市计划的一环，是特定地区微观土地再利用计划。都市更新计划对行政计划理论的内涵更新，设计弹性的城市更新计划，实现行政计划的政策目标，明确更新单元的开发的土地利用计划的法律性质及司法程序。城市更新属于典型的多阶段行政程序，更新程序包括行政规划单向性的程序以及公私合营方式下地方政府、城市市民、开发商多方主体的双向协商程序，公私合作化的思路在精细化建筑裁量标准等问题上的确立，明确城市更新治理中的政府公共治理职能，完善城市更新法律制度。城市发展是在开放的要素市场中，以市场需求为导向竞争为手段，实现发展要素充分合理配制，效率最大化目标的机制，土地要素的流通应有完善的法律保障，这也是城市空间治理的基础。伙伴关系与社会自组织将会成为未来城市更新空间治理的主要方向。空间治理应该关注基于市场、社会的地方政府治理、政企伙伴和社企伙伴关系建设以及 NGO 与社区自组织的培育。

---

①　城市更新无论从市场主体的选定、对拒绝执行拆除重建区分所有权人权利的保护等各方面考虑，需要更长周期和更高的成本。涉及自然灾害或其他致使区分所有建筑物毁损，区分所有建筑物存在安全性问题或隐患情况下而为的拆除重建决议通过的条件可以设定为双三分之二或者更低，但应有明确的审核程序和条件。确实区分所有建筑物安全性问题或隐患较大，重建紧急性、必要性较高，可通过公法领域采取征收的方式予以进行。

②　贾茵：《行政规划法视野下的都市更新研究——以我国台湾地区为参照比较》，中国政法大学 2016 年博士学位论文。

二、城市水务与流域治理

（一）城市水务与流域法治基础

水务,是有关水资源的事务,一般认为包括水资源的开发、利用、管理、节约、配置和保护六个方面。城市水务,是指城市辖区内防洪、水系治理、水资源、水源保护、取水、供水、排水、污水处理及回用等所有的有关涉水事务的统称①。城市水务属于社会公用事业,相对于其他公用事业,具有自然垄断性、外部性、不可替代、资本密集等主要特征。取水源头建造的设施,如水库、拦河堰、深井以致河流流域及水资源保护区环境的保护,具有外部性。城市水务的水资源不具有可替代性,城市水务固定资产庞大、设备昂贵、使用年限长,成本风险较高。从水源取得到进入市场各阶段的流程,城市水务具有不同属性,自来水上游端的取水来源如河流、湖泊、地下水等,属于共享物品的范围,水源保护与污染的防治,属于准公共物品范围,水源经消毒处理进入管线后,成为付费品,到用户家庭或商店包装后贩卖的自来水,属于私有物品范畴。城市化水平每提高一个百分点,城市人口将增长 1000 万人,由此新增大量的水务设施需求。城市水务的取水、供水、排水及污水处理等业务被充分整合,现代水务已渗透到水务产业链的各个环节。城市水务实行水的蓄、引、供、用、排、防等统一管理,并纳入法制化轨道,是城市水务现代化的要求。水法体系,又称水资源法规体系、水法律体系或水法规体系,是由许多有关水的法律法规所组成的体系②。水法体系可以分习惯法水法、传统法水法、现代水法几种法律体系类型。习惯法水法起源宗教,主张水由一个共同体管理,遵守水法的公共性和严格的分配原则;传统法水法以近代私有制为基础,主张在国家的监督下,水

---

① 谭柏平:《论我国城市水务法规体系的建立及完善》,《政治与法律》2009 年第 1 期。

② 国际社会对水法体系的建立非常重视。1975 年在西班牙巴伦西亚召开世界水法体系国际会议,用统一的形式记述各国作为水资源管理手段而制定的各种水法体系,探讨水法的功能并按现代状况研究建立合理的水法体系。1976 年在委内瑞拉首都加拉加斯由国际水法协会召开"关于水法和水行政第二次国际会议",对水法体系的问题进行讨论。1977 年在阿根廷的马德普拉塔召开第三次关于水法体系的研究讨论会。

资源为私人专用;现代水法主张在国家控制下的水资源管理,实施以公共利益原则和市场经济原则相结合的水资源政策。现代水法体系的组成内容包括,综合性的水法、水资源利用法①、水资源保护法②、水污染防治例法③、水能法(如水电站法等)、水利法(水利工程法、水库法、水利设施法等)、水运法(如航道法、航运法、船舶航行法、河道法等)、水害防治法(如我国《中华人民共和国防洪法》)、特殊水体法(有关河流或某个特定河流、湖泊或某个特定湖泊、流域或某个特定流域的法律),地下水法、饮用水源法(如英国的《河流法》等)、其他与水开发、利用、保护有关的法律,包括在工业法、农业法、矿产法、城市法、乡村法等法律中包含的有关水资源利用和保护的内容。建立健全城市水务法规体系,是规范城市水务市场秩序,提高水务运营效率,增进服务,实现水务业可持续发展的必要手段。城市水务法规体系是水法体系中的分支体系,在城市辖区内与水资源有关的法律法规都归属于城市水务法规体系的范畴。城市水务法规体系,是由关于城市辖区内防洪、水治理、水环境保护、水源保护、取水、供水、排水、污水处理及回用、水务投融资、监管体制等的法律规范组成的系统。城市水务法规体系中虽然已经制定一定数量的法律法规,体系还很不完善,立、改、废工作亟待进行,环境保护公众参与的核心价值在于建立一种能够使社会公众与政府或其他公共机构双向沟通的机制,使公众能够参与到环境事务的决策中来。水环境事件反映公众的环境行为变化与空间变迁的关系。从空间治理视角,考察涉及水污染事件中的行为,公众环境行为与空间变迁之间的关系,可发现行动者空间地位与环境行为取向之间的联系,研究水资源空间反映的权力和知识相结合的运行机制,对环境行为的影响。空间变迁中水资源的空间化,导致人类的环境行为变化和治理技术及治理制度的变迁。列斐伏尔认为,通过揭示城市空间组织和空间形式是怎么成为特定生产方式的产物,以及揭示如何有助于这种生产方式所依赖的关系再生产,探讨空间的生产问题,即空间实践、空间再现和再现空间。福柯认为空间不仅仅是权

---

① 例如供水法、工业用水法、农业用水法、城市用水、开采地下水法等、水资源保护法。
② 例如水土保持法、风景河流法、水生生物保护法等。
③ 例如我国的《中华人民共和国水污染防治法》、美国的《水污染防治法》、英国的《河流防污法》01876 单和《河流洁净法》等。

力运作的基础,特定的空间组织与空间关系也可以成为一种权力运作的机制。福柯的空间概念既是实质层面上的也是隐喻层面上的,空间作为一种知识就是一种权力,空间、知识和权力结合在一起。权力运作需要依赖特定知识系统。因此,水污染事件中行动者的环境行为选择,不单单是利益选择,同时也基于行动者所处的空间,行动者的环境行为博弈,不仅涉及利益博弈也涉及空间关系的博弈。空间形式和组织是生产方式的产物,人们的空间关系表现为社会关系,行动者的空间地位不同,是影响其环境行为取向的深层次原因,城市中水资源蕴含空间关系。知识对空间的改变并实施权力,水资源的空间化、社会化,人与自然的可及性降低,人类对水资源的空间感知降低,对水的功能性认识降低,正是企业及部分公众缺乏环境价值观,采取利己型环境行为的根源①。城市水务法规体系是一国水法体系中的分支体系,它与水法体系的关系是部分与整体的关系,在城市辖区内几乎与水资源有关的法律法规都可归属于城市水务法规体系的范畴。城市水务法规体系是由以下关于城市水务的法律、法规、规章、国家政令或习惯法、判例等组成,包括有关城市辖区内防洪、水系治理、水环境保护等方面内容的规定,有关水权分配、取水、供水等内容的规定,有关水源保护、水质、饮用水安全等内容的规定,有关城市水务监管体制方面内容的规定,有关城市水务业市场准入、投融资及退出机制等内容的规定,有关水价管理的规定和有关城市排水、污水处理及回用等方面内容的规定②。水行政纠纷指公民、法人或其他组织对水行政主管部门在水事管理和水行政执法过程中所作出的具体行政行为不服而引起的争议。《中华人民共和国水法》(以下简称《水法》)规定,国务院水行政主管部门负责全国水资源的统一管理和监督工作。国务院水行政主管部门在国家确定的重要江河、湖泊设立的流域管理机构(以下简称"流域管理机构"),在所管辖的范围内行使法律、行政法规规定的和国务院水行政主管部门授予的水资源管理和监督职责。县级以上地方人民政府水行政主管部门按照规定的权限,负责本行政区域内水资源的统一管理和监督工作;国务院有关部门按照职责分工,负责水资

---

① 李慧:《空间变迁与环境行为的研究——以水污染为例》,中国海洋大学 2010 年硕士学位论文。

② 谭柏平:《论我国城市水务法规体系的建立及完善》,《政治与法律》2009 年第 1 页。

源开发、利用、节约和保护的有关工作;县级以上地方人民政府有关部门按照职责分工,负责本行政区域内水资源开发、利用、节约和保护的有关工作。在实践中,出现管理体制或职权交叉、重叠,容易造成水行政纠纷。水民事纠纷,是平等主体之间就水资源的开发、利用、污染、破坏和保护,甚至对合法水权的交易而产生的纠纷,主要有水事侵权纠纷和水事合同纠纷两种,水侵权纠纷主要包括侵犯他人的环境权、侵犯他人的水权和因行使水权而侵犯他人其他合法权益而引起的纠纷,如单位和公民的非法排污、破坏水环境行为,非法侵犯他人合法饮用水权,非法占用水资源、兴修水利、抗洪抢险、河道上下游或左右岸因取水、防洪、防涝等形成的水事相邻权关系等。水事合同纠纷指在水权交易或水资源合作开发、水工程合作建设、供水过程中,合同当事人各方因合同矛盾而产生的纠纷。贫水区与其他地区缔结水权交易合同关系,解决越水危机问题,进行跨地区有偿调水。水权交易过程中,存在因各种因素导致双方发生合同纠纷的问题。我国《水法》规定,使用水工程供应的水,应当按照国家规定向供水单位缴纳水费。供水市场化运作是当今公用事业和供水制度改革发展的需要,使用者与供水者签写的缴费收据所载明的内容符合消费合同的特征,以消费合同看待,供水者与用水者之间发生的纠纷,归入民事合同纠纷的类型。水事纠纷的诱发因素复杂多样,跨时限长期累积、相互叠加,旧的纠纷往往滋生出新的纠纷。不同或相同的纠纷连锁反应,交叉影响。水事纠纷涉及的矛盾往往比较尖锐,纠纷涉及的当事人较多,各自的利益倾向性明显。水事纠纷地区大都为省、地区等行政区划的界河两岸,存在明显的取水用水利益划分的倾向性,矛盾产生不同地区的集体与集体之间,影响面广,水资源具有整体性、系统性的特点,不可能因行政区划而人为分割,纠纷调处难度大。影响地方和全国的水资源安全、社会稳定和持续发展。《水法》强化了水资源的统一管理,确立了流域管理与行政区域管理相结合的体制,奠定流域管理机构的法律地位,对加强以流域为单元的水资源统一管理,提供法律保障。水资源的这种流动性和流域性,决定水资源按流域统一管理的必要性,流域是完整系统,流域的上中下游、左右岸、支流和干流、河水和河道、水质与水量、地表水与地下水等,都是该流域不可分割的组成部分,通过立法来建立流域管理体制和制度,流域管理的主体有流域管理的组织体系,包括国家机构与区域机构,流域管理中的职责、职能及权限划分,流域统一管理中的相互配合和衔接,流域机构的地位和作用,包括各方代表参加的流域水资源委员会、专职流域水行政主管部门和地方水行政主管部门。根据流域机构的现有职能及客观需要,流域管理的对象有流域综合规划管理、流域水资源的调配与调节(即水量管理)、流域河道及湖泊、河口、滩涂管理、流域水资源保护管理(即水质管理)、流域防洪管理、水土保持管理、水资源的综合开发利用管理、控制性水工程管理、水价和水资源费的确定和调整、水利国有资产的监管、水事纠纷管理和水行政处罚。流域管理的方式包括,法律手段、行政手段、经济手段,包括依法制定行政法规和相关政策、执法主体和执法方式、司法与保障,流域规划、协调、监督、管理、服务、处罚等,工程立项与审批、国家用于流域重点骨干工程拨款的使用管理、水价水费和水资源费的调整和管理、投资比例分摊政策的制定和落实、行政事业性收费等。

(二)城市水治理的对称联动机制

　　城市水务和流域治理体制的政策法规实现途径,涵盖行政规章和政策文件规范调整流域水事关系和矛盾,制定和出台流域管理法,以法治手段解决流域统一管理问题,以流域水资源委员会模式,达到流域统一管理的目标,从流域治理公众参与制度化实践的角度,探索双河长模式,由官方河长和民间河长共同致力流域治理的工作机制。城市流域综合整治的重点在于恢复流域生态系统,包括水污染治理、河道整治、改善城市景观和提高防洪能力等方面。城市流域污染普遍具有季节性和结构性等特点,污染主要来源于城市生活污水、工业废水、农业面源和水土流失等方面。城市污水处理厂和污水截流管网建设落后于城市发展,生活污水处理率偏低,大量污水未经处理直接排入流域;流域沿岸的生活垃圾收集、清运、处理设施建设滞后;城郊接合部养殖业和畜牧渔业发展迅速,环境治理投入不足,工业布局和产业结构不合理,工业废水未达标排放,造成流域水体污染,农田施肥不科学导致大量氮,磷营养物质随地表径流进入水体,开山炸石、取土烧砖、开垦荒地等导致水土流失严重。此外,城市流域污染的治理涉及多个行政管理部门,加强河道和入河排污口监管,共同控制排污总量。目前,环境监测、预警、应急处置能力不足,环境执法方面有法不依、执法不严现象较为突出,企业违法处罚力度不够,偷排超排不能得到有效遏制①。城市流域污染整体性治理,以确保水质为基点,以总量控制为指导原则,根据功能分区开展污染治理,在水资源短缺的地区实行污水资源化,加强流域水污染环境管理一体化综合整治。调整产业结构,优化产业布局,全面控制工业污染。严格实行环保准入,制定严格的行业排放标准和排污收费标准。严审批产生有毒有害污染物的建设项目,依法淘汰落后生产能力,优化产业结构,形成节约、环保、高效的产业体系。加强工业污染源治理,稳定达标排放的基础上进行深度治理,加强对重点污染企业的环境监管。环保部门实时监控,动态管理流域内水质情况,加强入河排污口的整治,对入河排污口的设置执行水资源论证制度,确保符合水功能区水质管理的要求。完善环境法治,依法追究环境责任。建立排污企业环境责任追究制度,遏制超标排放等违法现象,对造成环境危害的企业依法追究责任,依法进行环境损害赔偿。注重流域水土保持和沿岸农业面源污染控制。城市流域上游要注重森林生态保护与水土保持,通过推广沼气池、科学施肥、合理排灌、合理利用养殖业粪便与农业固废,使农业面源污染得到初步控制,逐步减少流域内污染排放,污水资源化,走城市可持续发展道路。建设再生水处理站和加压泵站,加快建设再生水利用系统,推进再生水利用,城市景观、绿化、道路冲洗等优先使用再生水。污水资源化对于水资源短缺城市的可持续发展尤为重要。河长是河流综合治理的第一责任人,负责促进河湖系统的保护和水生态环境的全面改善。监督下一级河长和相关部门完成河流治理工作,协调和解决河流保护与管治的重大问题。河长制是从河流水质改善和环境保护问责制的监督问责制衍生的水环境治理体系。2016 年 12 月,中共中央办公厅、国务院办公厅印发《关于全面推行河长制的意见》(以下简称《意见》),作为全面推行河长制的指导性文件已经初步蕴含生态服务理念,生态服务是指人们从生态系统的生态过程、功能和结构中获取的效益。但河长制的实施过程缺乏生态服务意识,《意见》在推行河长制、关注流域污染治理的同时,关注自然资源的保护,约束和管理同时,重视河湖流域的生态功能维护及开发,提供流域生态服务。全面推

---

① 徐丽:《城市流域污染的综合治理》,《科技创新与应用》2015 年第 4 期。

进河长制,由地方主要行政领导——党委或政府主要负责同志,负责督促地方政府在流域管理中发挥核心作用,需要引入生态服务视角对流域功能为地方政府带来的经济利益量化,克服河长制在制度运行后期动力不足,某一流域往往涉及不同层次、不同地域,流域治理未达到预期效果时,可能因为推诿而无法准确问责。行政区域边界与流域边界并不完全一致,本辖区的流域问题往往不能在本辖区流域内解决,地方政府在成本收益不成比例的情况下,缺乏参与流域治理的积极性,生态服务通过受益人,激发地方政府参与流域治理的积极性。地方政府作为流域治理核心参与人,流域管理困境在于因政治边界与应流域边界的不统一,造成管理权限和责任的交叠,处理方法是从流域管理结果来识别责任。生态服务的直接受益人是地方,地方政府享有流域功能所带来的实际利益,诸如水供应、水灌溉,洪水和气候调节,野生动物栖息等。地方政府在流域规划和治理中,成为利益相关人,必须积极参与流域治理并承担责任①。近年,河长制的建立和推行初步取得较为显著的效果。这一创新体系在实施过程中面临挑战,例如治理方式不明确,权责边界不清晰,信息公开度低,公众监督力度不足,评价标准模糊,考核机制不完善,协同机制失灵,流域内各支流间合作不足等问题。目前河长制还不是国家法律制度,无论制度安排,还是实践层面,更多取决于行政压力,缺乏法律支撑。河长制基本是一把手抓的自上而下的权力运作机制,水环境具有的累积性、动态性特点和河长更迭,河长制实施自上而下的责任分解模式和"一票否决"的评价方式,导致上级政府对其下属各级政府部门综合治理工作安排过细,约束下级政府在具体治理安排中的自由裁量。导致根据河段存在的主要问题,实施差别化绩效考核评价流于形式,屏蔽多种治理方式,河道支流间合作还存在某种程度的不足。流域的江河流经城市和农村,连贯畅通,存在河流上游还没有落实治理方案,下游河流就整治,各自为战,支流间协调治理性差,河流治理效果达不到预期目标。面对水环境治理突发情况时,相关河长之间可能会因信息共享不足而产生分歧,延缓河流治理。城乡污水处理设施、企业污水排放、生态恢复等

---

① 　程雨燕:《从生态服务视角看"全面推行河长制"——以美国流域地方治理经验为借鉴》,载《中国法学会环境资源法学研究会会议论文集》,法律出版社 2017 年版,第 16—19 页。

项目资金投入方式单一,财力不足仍是困局,实现水环境治理的常态化和长效化,须将河长制纳入法治化轨道,以规范性和稳定性的立法形式落实和保障,明晰界定河长的权力与责任、河长制的组织架构、权力运行与问责程序以及其他相关治理主体的权利与责任等。水环境问题具有的积累性和滞后性特点,建立一套持续有效的跟踪监督制度,环境责任跟踪制。河流治理工作中进一步明确各相关部门的权力清单和责任清单①。从制度变迁看,河长制的起源是诱致性变迁的结果,其根源在于既有的部门管理模式与流域综合治理模式,都无法解决中央与地方关系架构下的条块矛盾与代理人风险问题,核心原因在于权威的碎片化,作为对这一问题的反应机制,河长制的起源是内生性变化的结果。由于制度硬核的存在,制度变迁往往会受路径依赖惯性与其所处的社会结构、社会环境的影响,权威的整合过程不是凭空生成的,会受到既有体制的深刻影响,制度本身嵌于既有的社会结构与环境之中,也会受到社会结构与环境的形塑②。跨界性是联动治理③的重要特征,表现在地理空间、政府内部纵向与横向结构以及与外部社会主体关系等多个维度。从地理空间看,联动治理具有跨行政区划性。科层制下,政府管理行为均是在特定行政区划内发生的,分层和分区域管理是科层实践的典型特征,不同层级的政府有着严格的权力和职能边界,遵循着不同的管制逻辑。分级区域管理模式适应社会流动相对较少、社会结构相对稳定、公共事务相对简单的工业时代。在社会要素快速流动、社会诉求日益多元化的后工业社会,公共事务表现出复杂性和跨界性,超越固有的行政区划边界,小到跨越若干街镇,大到涉及省级区划。面对大量的跨区域社会问题,单靠某个层级、特定区划内的政府和社会力量,难以实现有效治理,片面强调行政区划和管辖范围的思维与日益增多的跨界社会问题,形成张力。联动治理在不打破既有行政区划的基础上,通过创设区域合作框架、联席会议、专题推进会、信息共享平台、设立派出机构、合作备忘录等

---

① 王燕:《河长制实施困境及完善对策——以抚河为例》,《老区建设》2018年第8期。

② 李豪:《制度变迁理论视角下的河长制研究——以长兴县为例》,中共浙江省委党校2018年硕士学位论文。

③ 学界对这一基层管理实践提炼出多种学术概念,如"协作治理""复合治理""跨界治理""复合行政"等,学术表达虽有不同,但都强调公共治理过程中跨区域、跨部门合作的重要性。

方式建立区域合作机制,消除行政区划壁垒造成的行政区域边界性障碍和技术性障碍,实现跨区域的联动治理。跨区域整体性治理的构建,主张区域间的沟通、谈判、协商与合作,涉及区域公共治理主体,在微观合作层面的情况,按合作是否对称分为对称合作和非对称合作①,区域公共治理与传统行政区行政的不同之处,在于更加强调打破行政壁垒,整合区域内的不同资源,以合作治理原则解决区域公共问题,实现区域公共秩序的双赢、多赢正和博弈局面。非对称合作模式呈现非均衡发展状态,确能维持合作关系的原因在于,降低彼此的交易成本的需求,综合实力强者基于地缘优势,为减少交易成本,选择地理位置相邻或相近的合作伙伴,尤其环境保护等区域特征明确是事项,利用综合实力弱者的资源,减少合理补偿,降低合作成本。综合实力较弱者依靠强者综合实力的外溢和辐射效应,改善自身的发展困境,希望参与区域公共问题治理,获得相应补偿,分享发展成果。水资源利用方面现实困境有补偿不到位,理论困境是囿于行政区行政的发展理念,以行政区利益为导向,因此,城市群水务和流域治理,可构建虚拟合作组织,打破行政区行政的壁垒。虚拟组织不同于各行政区内的组织,没有森严的等级制和隶属关系,呈现扁平化、网络化的组织形态。有利于各主体充分发挥自主性和积极性,于及时有效沟通,减少信息失真。虚拟组织中机构人员由城市群不同省市代表共同组成,增加各行政区之间交流,淡化行政区行政的单边主义色彩,强化区域内沟通协商、合作治理、避免陷入集体行动逻辑困境,贯彻包容性增长②治理机制,包容增长是治理贫困人口的权利贫困和机会不平等的理论,应用到区域公共治理非对称合作关系中,为了区域的均衡发展,实现符合一定前提条件的利益倾斜或利益补偿机制,包括建立规范的财政转移支付制度,规范的利益转移和公共服务机

---

①　对"非对称合作"的理解是,区域公共管理的各个合作主体在集体行动的框架下,没有很好地遵守具有共同约束力的协议,组建的是较为松散的合作联盟组织,其中综合实力强者往往企图依赖弱者的资源,从事高利润的经营活动,同时缺乏对综合实力较弱者的利益补偿,使各主体之间的利益分配有失公平,非对称合作模式的特征有信息不对称、各自综合实力不同;享有的权利与应履行的义务不对称,所获利益与贡献不对称。

②　包容性增长本意是消除贫困者权利的贫困和所面临的社会排斥,实现机会平等和公平参与,使包括贫困人口在内的所有群体均能参与增长,合理分享增长的成果。

制来实现公平,明确受益者补偿原则和公平原则①,使公共资源合理流动与分配。

从政府内部横向结构看,联动治理具有跨部门性。科层制强调专业分工、等级服从和非人格化的管理准则,以职能划分为中心来设置相应的部门,部门间有着明确的职能和管理边界。内部分工、职能划分的层级管理,每个部门、每个岗位都有着固定重复的管理事项,可以提升行政效率。后工业化时代,公共事务复杂性和异质性增强,社会问题的划分、管理隶属的界定经常超出了特定部门的权力和职能边界。传统专业分工带来大量碎片化问题,表现为部门中心主义、各自为政、条块职责交叉重叠和推诿扯皮等一系列乱象。联动治理,从信息和资源层面突破层级管理的局限,实现公共部门联动。信息传播从传统"点对点"单向传播向"点到面"的发散式传播转型,转向实时共享,实现跨层级跨部门的信息联动。资源整合上,打破条块职责界限,通过职能融合、联席平台、队伍组建等方式实现跨层级跨部门的资源整合,解决分级管理下资源分散化的问题,实现资源联动。从政府与外部社会主体关系看,联动治理具有公共治理特性。科层管理下,公共部门与外部社会主体间是管理与被管理的关系,公共部门是规则的制定者、执行者和监督者,社会主体是被动的接受者和服从者角色,主客体间关系特征明显。联动治理突破公共部门单中心的管制逻辑,倡导多主体的合作共治,按照信任、沟通、合作的原则,构建公共部门、市场组织、第三部门、公民间的公私合作伙伴关系,让市场主体和社会主体充分参与到公共管理和公共服务供给过程中,最大程度整合公共部门、市场和社会三方资源,发挥各自优势,实现从单中心治理到参与式治理的转型。学界目前对基层联动治理的研究主要围绕国家与社会关系、公共治理外部环境、政府失灵、多中心治理等视角展开讨论,注意到了基层管理

---

① 补偿是为了体现公平,实现不同省市公共资源对称。例如对区域内高尔夫球场用水实行价格管制。按照城市节约用水管理规定,用水单位按照节水管理部门下达的年度用水指标用水,超出的用水量,除实缴水费外,按照倍数收取累进加价费用。收取的累进加价水费,制定相对高一些,最低要达到水价的4—5倍,对高尔夫等高耗水行业才会有约束作用。价格管制带来的加价水费,按一定比例转移到虚拟组织的财务机构账户,由财务机构对利益受损方进行经济补偿,调节各个主体间的贡献与收益比例,实现各主体贡献与收益比例的平衡。

主体多元化、管理过程碎片化所衍生出的一系列问题。已有研究从宏观政府管理过程层面展开论述,强调管理过程中国家、社会、市场、公众等多元主体间复合协同的重要性,协同治理是基层治理创新的重要方向。协同治理的范围包括政府部门内的横向和纵向协同以及政府与社会间的协同,具体路径包括项目型协同、行业型协同、社企型协同、社会型协同、整体型协同等多种方式。

内外联动①是在强化职能部门内部联动的基础上,积极整合外部社会协管力量,夯实大联动机制的社会基础。共同开展市容市貌、市政设施等城市管理以及社会治安、流动人口等社会管理信息的采集上报和隐患排查整治工作,实现行政力量与社会力量的有效衔接。总体来看,在不改变现有行政组织架构和职能分工的前提下,通过信息集中采集共享、行政执法协调联动、社会协管力量整合,实现基层治理中的信息联动、执法联动、条块联动和内外联动。与传统的社会管理方式相比,基层管理联动在不打破原有管理体制的基础上,运用专业化、社会化、市场化资源,问题发现、启动联动机制、联动平台统一调度处置、结果反馈、联动平台监督评价的管理思路,围绕信息排查、上报、派发、处置、反馈、监督等重点环节,形成回字形闭路系统,将原先复杂的层级管理流程化和标准化,是一种管理模式的创新。从管理功能看,联动机制初步实现汇聚民意、指挥派发、协调联动、监督问效、绩效显示、分析研判等功能。从资源整合看,联动机制最大程度整合了体制内行政执法力量与体制外社会协管力量、体制内纵向部门的条线资源与横向部门的属地管理资源,突破条块分割的科层管理局限,减少政府中间管理层级,实现从条线单边行动向条块协同联动转变,从条块分散管理向条块结合、以

---

① 英国学者 Tom Ling 将整体性治理模式内涵概括为"内、外、上、下"四个联动子集,内是指公共组织内部的合作,联动方式包括新的组织文化、价值理念、管理流程、人员培训等;外是指公共组织之间的合作,是一种跨公共组织的工作方式,联动途径包括分享领导权、共同预算、融合性结构、联合团队等;上是指自上而下设定公共组织的目标,建立新的责任和激励机制,联动途径包括以结果为导向的目标考核、绩效评估、公共服务协议等;下是指以满足公众多元需求为宗旨的公共服务供给过程,是一种全新的公共服务理念和供给方式,联动途径包括联合磋商、参与、共享关注点、共享界面等。

块为主的属地管理转变①。

从信息传递看,科层管理下的组织间信息传递通常依照自上而下或自下而上的逐级信息传递路径,越级传递在常态下一般不被允许。纵向的信息传递使得组织间缺乏有效的纵向与横向的沟通协调机制,增加条与块对目标共识达成的难度。同样的信息往往在不同的条块部门都要重复收集、存储和管理,且管理标准不一,不利于条块间的信息整合和利用效率最大化,组织间重复建设和资源浪费现象普遍。科层治理体制下的政府业务处理流程,以政府职能划分为中心,一个业务流程处理涉及多个职能部门,各部门按职责划分,分头负责各自领域内的事项,对整个业务流程不关心,部门间横向沟通缺乏,出现政府部门分立、管理碎片化、公共服务供需脱节等问题。在工业时代,社会公共事务边界相对清晰,公众社会需求和利益诉求相对集中,社会结构较为同质化。科层治理机制强调分工、等级制和非人格化的专业化管理,一个部门、一个岗位只需重复一种工作,无疑能够极大提高行政效率,并快速发展成为支配公共行政的普遍组织形式。在后工业时代,社会公共事务的属性和治理过程均呈现出明显的跨界性,跨部门、跨区域、跨层级、职能交叉叠加成为治理的常态。社会公众利益诉求多元、权利意识增强、人口流动加剧,社会结构异质性增强,社会公共事务的治理不再是依赖单一部门、某一层级政府就能轻易解决的,治理过程越来越强调合作性、参与性和整体性。科层治理对部门分工、权力划分的过度强调所衍生的碎片化、服务和信息的不对称等管理弊端使得科层治理向整体性治理模式转型成为必然②。整体性治理强调通过公共部门内部的组织、流程、技术和机制等方面的优化,实现管理力量和资源的整合,为探索跨界社会问题化解提供了一种有效的治理工具。基层社会管理大联动

---

　　① 管理模式的创新更多仅限于政府管理流程和技术优化层面,优势在于通过信息平台建设,将重复分散配置的各类管理资源集中化,实现信息的集中收集与利用,解决基层社会管理中前端管理力量不足的问题。但没有涉及对现有城市基层治理的条块结构、职责分工体系、公共资源配置以及政府与市场、社会组织的职能边界等更深层的体制机制方面的重构,更多是依赖信息技术集成、建立新的组织协调机构以及加强目标责任管理监督等体制内的管理方式来强化基层治理,管理过程中仍存在重处置、轻预防的倾向。

　　② 周伟:《地方政府间跨域治理碎片化:问题、根源与解决路径》,《行政论坛》2018 年第1 期。

机制,以协调、整合和监督为手段,打破现有僵化的部门权力边界,实现基层社会管理中多元力量主体的联动,治理逻辑分别在空间、结构、信息、社会等四个维度上顺应整体性治理的内在要求。

三、城市规划和综合执法治理法治化

规划对建筑密度的控制加强,土地和存量资源得到盘活和高效利用,通过旧建筑改造建筑与特色景观环境的设计营造,以及可持续发展的理念、技术和材料的不断发展,城市的环境品质不断提升。完善公共服务,系统解决公共空间存在的现实问题;对于失业、贫困、公平、少数族群等社会问题,结合多元治理主体的力量,梳理社会结构,培育社区关系,推动城市整体的综合发展。城市复兴策略多元,是多种方法综合运用。在实施机制上,城市复兴必须动员集体的力量,通过共同参与和协商,达成解决问题的途径,实现城市和区域发展的目标。强调实施过程中多重机构之间的合作伙伴关系,包括跨越部门的政府管理机构、民营企业和社区组织。城市更新走过许多弯路,从推倒重来到循序渐进;从旧居住区的更新,转向旧工业区的更新;从注重物质形态的环境更新,到注重经济、社会、文化和环境的综合发展,认识论和更新方法正在发生转变。城市更新成为地方政府的重要议程,但城市复兴的观念、政策和实践的方法体系还没有形成,城市复兴的内涵和外延需深入研究。

(一)行政信赖保护原则

城市规划和综合执法治理中,行政信赖保护制度有利于控制行政权力的运行。行政主体如果能够随意变更做出的行政行为,势必将使行政法律秩序处于不稳定状态,行政相对人的权利也可能因此受到损害。确立行政信赖保护制度有利于对行政权力的运行加以约束,防止因行政主体随意行使行政权力而对行政相对人的权利造成侵害。在信赖保护制度下,行政行为的变更受到严格限制,除非出现特殊情况,否则行政主体不得变更做出的已生效的行政行为,如果行政主体确因情况需要而变更行政行为,也必须对由此给行政相对人造成的损害予以补偿。行政主体在做出或变更行政行为时就需要考虑由此而带来的结果,促使谨慎决策和合法行政。我国行政运行实践中,一级政府推动一项工作或完成某项任务,采用相似的基本做法,主要领导带领政策研究部门和相关部门工作人员对特定对象调研,在此基础上形成实施意见或工作方案的讨论稿,通过座谈会、研讨会等形式在行政系统内部征求相关主体的意见和建议,或者向行政系统之外的群体,如民主党派、工商联或专家学者等进行咨询,选择性地吸收意见和建议并形成审议稿,提交同级政府常务会议、全体会议或党委常委会进行讨论,完善后形成决策。在决策实施之初,召开所涉及部门参加的动员部署会或工作会,统一思想,明确各自任务。在决策执行过程中,遇到矛盾和问题,行政首长以现场办公会或行政指令的形式协调,平衡利益冲突。决策执行完结后,召开总结会或表彰会,对决策执行过程和效果进行总结和宣传。这种行政运行模式的特征以调研、会议、文件等为主要载体,借由新闻媒体主导和引导,吸收行政系统外的少数精英参与,替代管理或服务对象完成利益表达、利益整合与利益实现过程。自下而上的权力负责制下,上行下效最安全,创新意味着不确定性、风险或破坏规则,多元社情民意难以与行政者建立稳定动态链接,行政创新的动力不足。即使有创新,主要迫于行政压力或行政精英自觉,行政自我净化能力递减,政府系统内利益刚性化扩展。行政自我净化主要是以行政改革的方式来实现,通过权力结构、功能和运行方式等调整,提高行政效率和行政能力,自我修复。地方政府不仅是非竞争状态的垄断组织,而且具有约束、激励的双重软化功能。缺乏内外部制约与激励制度,政府系统内利益单元、部门利益表达、利益整合、利益实现较少受外部影响,主要按照内部规则进行。使政府系统内部门利益呈刚性发展,形成行政权力部门化、部门权力利益化、部门利益法制化的现实。利益刚性化扩展机制即内卷化,政府系统内只限于改变某些管理方式、方法或手段。客观加剧行政体制内卷化趋势①。缺乏组织支撑,力量的非均衡分配,社会系统更加弥散化、原子化和弱质化,社会中下层的利益表达、利益传输不畅。行政实践中,行政效率与行政能力呈边际效益递减趋势。从国家层面上,城市复兴、开发利用和

---

① 郭卫民、刘为民:《我国行政体制内卷化倾向浅析》,《国家行政学院学报》2011 年第6 期。

保护,需要顶层设计,平衡开发利用与保护之间的冲突,协调不同利益、不同的产业部门、管理部门。行政机关基于理性,选择可计算的最优结果;具备充分的回应性,考虑行为给社会带来的影响,并受公众的期望影响,内、外部两方面因素决定了行政机关的选择性行政行为,即完全的不执行或选择性执行。前者是行政机关的人、财、物资源和处理公共事务的能力缺乏时的选择,后者表现为部分执行或形式意义上的执行,是行政部门资源有限的理性选择,当政府处于被动情况下,行政机关可能采取选择性行政、消极选择性行政。行政机关处于主动状况,考虑的主要是行政机关的行为依据、职责、规制、行政取向,规制又包括法律、法规、行政规章。与政府的选择性行政的相关度更大一些。职位设置是逻辑前提,但并不是所有的职责设置都清晰,职责之外的行为选择构成消极选择性行政。行政裁量权是选择性行政的重要依据之一,依法行政要求对行政机关的行政行为进行限定,但现实情况多变,要求行政机关拥有一定的自由裁量权。行政裁量权的出现可能导致行政机关的选择性行政有违制度的规定,与自由裁量权相伴而生的就必然有选择性行政。动因也是影响选择性行政的要素,更多涉及价值取向,行政行为是代表国家主权进行运作的行为,公共性是行政行为的一个重要属性。

区域法治水平差距存在影响法治平衡和统一的可能性,也加剧经济和社会发展的不平衡;不同地区应根据本地区特点探索加快法治进步的着力点;地方政府应当加大公众参与力度,提高行政决策民主化程度,增强公民对于法治进步的"获得感"。技术标准的运用已成为现代行政法治的基本精神,然而技术标准大多数是以非正式行政法渊源的形式出现的对于如何鉴定技术标准等问题都需要从理论上予以澄清。城市复兴的策略。通过多年的实践摸索,城市复兴的内涵和方法得到不断发展,主要方法有:以战略为导向、以设计为导向、以社会为导向、以大事件为导向。从个别项目转向整个城市,从部门利益向区域利益,从社会资本向政治资本转换;从物质改造转向整体经济、物质环境和生活质量的改善,城市核心价值的体现。从蓝图式规划转变为政策引导下的发展导向,文本比规划更为重要,规划的核心不是空间布局,而是政策和准则。创新和探索社会组织参与社会治理的领域、手段、方式和方法;社会组织要积极加强自身建设,在创新社会治理中积极发挥重要作用。大部制改革应进一步深化,明确地方主体、赋予地方终局性处理权、按治理需要配置地方事权,减少和优化行政机关间的横向关系,通过统一的行政程序立法整合行为法机制。

清理和有效规范非行政许可审批以确保清单之外不再有变相审批权力的存在等,是行政审批权力清单建构中需要着力解决的问题。从组织法、行政许可法层次、授权与限制两个方面整体把握地方立法行政许可设定权之规范体系。行政协议界定,通过以下层次判断:协议中权利义务所包含的具体内容;协议中权利义务的来源;行政机关所享有的权利中是否有部分可能质变为行政权。精明治理,减少对威慑式执法策略的依赖,事前监管向事中、事后监管转移,实现与监管对象的合作规制,尊重行业组织的自律管理。针对信息权保护的公法研究也应实现从信息公开到信息保护的转变。为政府数据开放预留或者提供涉及政府数据定义、开放方式和开放例外等方面的基本制度接口和制度支撑。应当从中央与地方、政府与市场、国家与社会等方面建构全新的政府数据开放整体法律框架。通过对知情权行使的原则设定、滥用权利行为的类型化以及建构滥用权利的测试标准等途径,抑制行政机构和司法机关适用权利滥用原则的自由裁量空间,实现对知情权的权利保障和抑制权利滥用之间的平衡。规制问题标志着对行政权的监督由事后救济延伸至事前的政策制定和事中的过程控制环节。对政府规制问题的讨论不仅是对传统行政法教义学体系的补充和发展,更是回应社会转型重大问题的需要。食品安全社会共治中的公民权利可以分为行动权利和接受权利,前者主要包括评论权、了解权、申请权以及动议权等;后者主要包括获得通知权、获得理由权、不受妨碍权以及获得奖励权等。打破规制者与被规制者的重合、客观评价规制机关的独立性、建立稳定的规制框架以及提高可负担性住房权利的地位等视角应在规制方案设计时受到重视。由于并未充分考虑平台自身控制违法行为的动机和实践、平台履行义务的能力和成本、平台错误判断对经营者的影响等因素,当前实践对平台责任的强化超出了适当限度。

法治政府建设是全面依法治国的关键,是国家治理的深刻革命,直接关系到全面推进依法治国总目标和建成社会主义现代化强国的奋斗目标能否如期实现。政府法治论核心内涵在基本建成法治政府新时代的发展,行政法治建设动力机制正在被将地方法治建设成效作为评价考核指标的法治指标所取代,法治的自主性日益增强。地方法治建设的未来发展,充分发挥社会公众的主体作用,培育开放协作型的动力机制。以"一案一议"的方式建立具体合同关系法律属性的判断。可将公权力的作用作为行政协议与民事合同区别的核心标准。在界定是否为行政协议时,需通过三个层次进行判断:协议中权利义务所包含的具体内容;协议中权利义务的来源;行政机关所享有的权利中是否有部分可能质变为行政权。

城乡基层社会管理生态的多样性和复杂性,决定了治理过程中的多向度和多元化,单靠政府内部行政力量的整合难以有效回应社会主体多元的利益诉求。基层联动治理倡导在更大范围内积极整合社会力量和市场资源,超越政府单一主体治理力量整合的局限,政府行政力量与各类社会力量的合作共治的关系。推动多中心的参与式社会治理,构建政府与社会、市场等多元主体间平等合作的伙伴关系,提高社会自我管理与自我组织能力是城市基层治理发展的重要方向。发挥市民公约、乡规民约、行业章程等各类社会规范在基层治理中的行业自律和行业监管功能,与基层自治力量的无缝衔接,实现源头的防范治理[1]。基层联动治理信息平台的搭建、机构人员编制的审定、网格单元的划分等所有的组织建设必须要依法设立,确保机构设置的科学化、规范化和法治化。机制运行中,行政行为均不得超越职权法定的基本原则,无论信息的发现上报、派发还是取证、联动执法、监督管理,必须坚持职权法定和依法行政的原则,在管理主体、权限范围、程序设置等方面都应明确标准,规范各类行政主体的行政行为,为深入推进联动机制创新提供法治环境[2]。

(二)治理碎片化问题

基层联和治理强调以政府为核心,在不打破现有行政组织架构、管理隶属关系和职能分工的前提下,通过搭建组织平台、机制创新、技术运用、流程优化等方式吸纳多主体参与,形成联动机制,克服科层管理下的条块联动不畅、信

---

① 蒋俊杰:《我国城市跨界社会问题的整体性治理模式探析——以上海市长宁区社会管理联动中心为例》,《中国行政管理》2015 年第 3 期。

② 杨宏山:《整合治理:中国地方治理的一种理论模型》,《新视野》2015 年第 3 期。

息孤岛、管理碎片化等问题。基层联合治理是整体性治理理论在技术上的升级、功能上的拓展和管理领域的延伸,有利于实现从处置问题向发现问题延伸,从事后执法向前端管理服务转变,从分散治理到整体性治理转型。现阶段的基层联动治理并未完全摆脱管制思维的路径依赖,创新多限于政府管理流程和技术优化层面,未涉及基层治理的条块结构、职责分工体系、公共资源配置以及政府与市场、社会组织的职能边界等更深层的体制机制的重构,仍需加快基层治理体制法治化进程,厘清政府职能,理顺条块关系,积极构筑多元合作共治的基层治理体系。城乡基层治理是一项复杂的系统工程,涉及公安、城管、工商等几乎所有具有行政执法权的部门。城乡基层治理长期以来在机构设置、权限划分上主要沿用条块管理的做法,即以职能划分为中心,在纵向与横向上形成多个条块部门,分别遵循垂直或属地的管理原则进行条块分割式管理。条块管理的优势在于分工明确,有助于提升管理专业化和精细化水平,劣势在于纵向和横向间的联动不足,普遍存在管理主体与执法权限划分不清的问题,很多管理事项责任主体在块上,而执法权限却在条上,条块职责不对称现象较为普遍。条块执法分散,缺乏联动,因单一行政行为缺乏足够的法律支撑,导致法律效果和社会效果都不尽如人意。破解基层治理中纵向层级多、资源分散、各自为政的弊端,实现从条块分散治理向条块联动治理的变革,成为近年来城乡基层治理创新的重要方向。联动治理是一种管理实践的形态阐释,强调政府与市场组织、第三部门、公民等多元主体的合作,共同分享公共权力,参与公共事务管理,实现从政府单中心的管理架构向多主体多中心的治理架构转型。与多中心治理理论不同,联动治理是对新的基层管理实践特征的表达。强调以政府为核心,在不打破现有行政组织架构、管理隶属关系和职能分工的前提下,通过搭建组织平台、机制创新、技术运用、流程优化等方式吸纳多主体参与,形成联动机制。

科层治理下的信息流动主要是单向的自上而下纵向流动,表现为层层下达或逐级上报,不同层级的公共部门依赖对信息的层级控制来进行分级管理。这种"点到点"的纵向信息传播路径,不仅迟滞了信息传递的时效性,也容易在逐级传递中变异走样。近年来,移动互联网终端的普及,使得信息传播迅速从过去"点到点"的传播转变为"点到面"的全方位传播,实时性、互动性、去中心化、分散化已成为组织间信息传递的主要特征。整体性治理强调以信息和网络技术为平台,将不同的管理信息进行整合,建立统一的管理信息数据库,简化组织间信息沟通的程序和步骤,实现"在线治理"以跨越层级间和部门间的信息鸿沟。依托大联动中心的信息平台,将城市管理中巡防警务、市政管理、人口信息等数字化资源进行集中化管理利用,建立信息采集、流转、反馈的制度化运作流程,实现区、街镇、居(村)委、网格责任块四级管理网络的信息集中采集与共享,破解了科层制下部门间信息孤岛的难题,契合了整体性治理对组织间信息整合的内在要求。联动机制以信息技术平台为支撑,最大化整合体制内分散的条块资源,建构纵横交叉的联动机制和网格管理系统,形成了问题知情、信息上传、研判动员、多部门协同处理、结果导向、问题处置、绩效评估的精细化管理机制。联动治理模式承认公共部门与市场组织、社会组织合作的必要性,并积极通过政策工具对多元社会力量进行跨界整合以实现管理目标。实际运作中,政府不仅是联动治理的发起者,也是联动治理的策划者和主导者,其他行动主体只是作为联动的对象而存在,并非平等的合作主体,在协商决策中的话语权差异较大,联动的信息、事项、范围、方式和程度均由政府来掌握,联动治理是政府主导的高度行政化管理过程。

四、城市交通法治治理

《中共中央关于制定国民经济和社会发展第十三个五年规划的建议》提出"创新、协调、绿色、开放、共享"的新发展理念,新发展理念是对经济社会发展规律的新认识和新指引,也是引领城市交通法治发展的风向标,城市交通法治作为社会领域的重要组成部分,以新发展理念为导向,符合"创新、协调、绿色、开放、共享"理念的法治新发展。城市交通法治发展中,创新理念要求适时立法,在法治视野下注重执法方式的探索和创新;协调理念从系统论视角强调,作为整体的城市交通法治发展要注重内部的权利与权力要素、立法、执法、法治监督等要素的协调,注重城市交通法治作为整体与外部的政治、经济、文化等发展的协调;绿色理念讲求城市交通法治发展成本的降低以及对城市交通绿色环境的法治保障;开放理念要求,城市交通法治发展注重开放政府的建设,推进实施政府信息公开和公众参与;共享理念追求城市交通发展中对公民权利的保障,以法律制度方式实现城市交通公共资源的分配正义。立法的适时性,城市交通法治发展中,体现为根据实际情况及时进行法律的立改废释,满足城市交通法治发展中法规范的需求。《中华人民共和国立法法》第6条明确"立法应当从实际出发,适应经济社会发展和全面深化改革的要求",《法治政府建设实施纲要(2015—2020年)》提出"严格落实立法法规定,坚持立改废释并举,完善行政法规、规章制定程序,健全政府立法立项、起草、论证、协调、审议机制,推进政府立法精细化,增强政府立法的及时性、系统性、针对性、有效性"的体系。法治交通是一个内涵丰富的概念,交通是指人、物和信息在两地之间的往来、传递和输送,包括运输和通信两个方面。狭义的交通专指运输。交通生产活动与一般物质生产活动不同,不改变劳动对象的属性和形态,只改变劳动对象的空间位置。法治以民主为前提,以依法办事为核心,以确保权力正当运行为重点。当前,城市公共交通法规体系未形成统一,导致城市公共交通的定位模糊、权责划分不清、监管职能缺失、缺少法律支撑。公共交通发展中的土地、路权、资金等条件因缺少法律支撑,落实效果不佳。城市公共交通的合理利用、资源配置、线网分布及场站布局等方面,缺乏科学规划,交通方式不对接,导致交通拥堵,市民出行困难等问题。公共交通管理所涉及的社会关系广泛,需要多层次的立法,公共交通与轨道交通的衔接管理经验不成熟,城市公共交通的定位不明,依照交通法律从事行为。交通法律关系分为交通行政法律关系,包括行政主体如交通、运输、路政、规划等行政部门和行政相对人、与行政第三人之间的行政法律关系,以及救济性质的行政复议法律关系和行政诉讼法律关系;交通刑事法律关系,包括交通犯罪嫌疑人与司法机关和被害人等法益主体的刑事法律关系;交通民事法律关系,包括交通参与主体之间的交通运输合同法律关系及因侵权而引发的损害赔偿法律关系和损失补偿法律关系等救济性法律关系。法治交通的最终表现方式,是达到良好的交通秩序,交通领域法治的重要指标,是代表具有价值规定的交通法治化方式。不仅要求形式意义上的交通良法,要求实质意义上的交通良法。一方面是形式方面的规定性,包括法律规范必须清晰、公开、适度、可行、非溯及既往、规则之间协调一致、有明确的效力范围和制裁方式等,另一方面是实质内容方面的规定性,总括而言就是必须尊重充分保障基本权利,例如突击性限号的城市交通治理,立法程序的合法性存在争议,地方立法、规章和部门规章不得设定减损公民、法人和其他组织权利或者增加其义务的规定。该措施的法律规范以程序为保障,公开征求公众意见为前置,并经同级人大常委会审议,即便审议通过,也必须提前 30 天向社会公告。交通法规数量众多,但主要是有关具有商业性质的交通运输营利活动和旨在获得最大经济效益,交通道路建设管理的法律规范,少有强调公共交通属于公益性事业、公共道路主要是公众共用物的法律规定,没有规制公众共用道路的法律条文。城市公共交通治理和法制建设中,加强以公共交通和公众共用道路为主要内容的交通运输法制体系建设,应受到足够重视。交通立法的速度和规模与立法效益之间平衡,强调法律结构的内在平衡、立法增长与资源配置之间的平衡、法律发展与社会政治经济发展之间的平衡。交通行政权的社会化进程缓慢,随着国务院推进简政放权、放管结合、职能转变,交通运输市场的行政管制趋于减少,部分市场领域,如货运市场实现充分的市场化改革,交通行政主管部门过渡到社会管理,但交通运输,尤其是交通运输法律法规、政策规划、交通运输基础设施、城市公共交通运输和农村客运等,仍然是典型的公共产品或自然垄断型准公共产品①,公共产品的供给思维停留直接供给层面,未进一步认识到公共产品的授权者和监督者的主体和角色转换。以机动车安全检验为例,《中华人民共和国道路交通安全法》第 13 条第 2 款规定"对机动车的安全技术检验实行社会化。具体办法由国务院规定。"行政权下放遇到诸多阻力,行政化色彩不减的现象在城市仍然普遍存在。交通运输行业的法治化进程,也是行业的市场化进程,二者密不可分。推动交通运输行业的市场化和法治化实现政企分离,政府购买公共服务,才能优化交通行业的资源配置,提高交通运输行业整体的效率,符合交通行政部门职能转变的要求。

(一)城市群交通一体化法治治理

交通一体化是实现城市群一体化的基础,交通一体化离不开交通法治一

---

① 涂青林:《论我国交通运输行政和法治完善的路径选择》,《兰州学刊》2009 年第 3 期。

体化。城市群地方政府在市场准入、交通运营、财政补贴等方面的不同安排，影响交通一体化发展，通过区域法治一体化，消除影响交通一体化的制度性障碍，核心是确定和完善统一的交通法律规范，通过执法协调与监管，使法律规范有效实施，以协同立法的方式，协调不同的利益诉求，统筹解决交通内外发展问题，建立开放、公平的市场竞争机制。通过执行一体化规则与实施统一的服务体系，实现区域交通法制的一体化①。交通与市场相互依存，市场发展以交通发展为依托，交通的发展以市场开放为前提。市场被分割时，交通一体化无法实现。受财政与补贴政策限制，地区发展水平不同，有不同的社会福利与补贴政策。城市群交通一体化核心是城际铁路、市郊铁路及城际公交等，这些交通方式涉及不同地区，与不同地区的政策、规则和地方立法关联，对于跨省运营的轨道交通和公交，不同城市实行不同的财政补贴政策。交通建设投资大，回收周期长，解决交通建设资金需求，除了中央政府的财政拨款，需要依靠各地力量和市场，完善投融资机制方面，建立城市群分担机制及社会资本进入准则，是保障交通发展的关键。交通属性是通过网络进行的人与物的运动，通过组织管理技术，实现运载工具在公共交通网络上流动的经济活动和社会活动，该属性为法治一体化提供基础。交通具有一体化的特性，但交通发展受技术与资源的制约，也受政策与法律法规的影响，公共交通网络及其运载设施、运载工具和组织管理，是交通的三个基本要素。交通一体化具有地域与层次地域性，交通能够到达技术和法律允许的区域空间范围，层次性在一定区域空间范围内，不同类型的交通所能够运行的范围②。区域交通一体化，是特定区域范围内通过统一规划、管理、组织、调配区域内交通资源、交通工具、交通设施、交通信息，达到区域交通运输系统整体优化，有效利用交通资源，充分满足交通需求。包括统一机动车注册登记、通行政策、动车排放标准、油品标准及监管、老旧车辆提前报废及黄标车限行等。上述问题是不同地方适用不同政策和法规的结果，交通法制一体化，是在城市群不同地区，实行同样的交通规则与治理机制。交通一体化与市场发展相连，消除限制市场的壁垒，开放市场

---

① 张瑞萍：《京津冀交通法制一体化的目标与路径》，《北京联合大学学报》2016 年第 2 期。
② 例如航空运输可以跨越不同的省市甚至于国家，但地铁一般只能在市区或跨市区的有限范围之内运行。

是实现的基础。需要打破地区封锁,开放市场,为交通发展提供空间。明确各方受益大小,以此为原则,建立投资、补贴的分担机制。清理阻碍市场开放的政策和法规,减少进入市场的障碍,促进交通运输人员、资本、技术等要素的自由流动,保障区域市场畅通。特殊情形不适宜开放的领域或环节,通过设置开放例外规定处理。通过竞争性的市场监管,实现交通市场的公平竞争。在开放市场的前提下,竞争应成为城市群交通市场的主要方式。通过竞争,才能充分发挥市场在资源配置中的决定性作用。交通规划由政府主导的,破解制约交通运输发展的体制机制障碍依赖政府的自我调整。但仅靠政府推动是不够的,无论是机场还是港口,能否良性的发展,需要政府的良好设计和支持,更需要市场作用和消费者的选择。交通包含多种方式,存在竞争也需要衔接与协作,多式联运业务有利于充分发挥各种运输方式的作用。应鼓励交通运输企业之间的竞争性合作,发挥多式联运交通对区域发展的促进作用,通过设立一致的行为标准、统一的程序规范、一体化的诚信体系以及监测机制,为竞争创造公平的环境。通过建立利益平衡与风险分担机制,保障城市之间顺畅合作和交通资源的平稳供给。

区域发展不能以损害地区发展为代价。地区发展区域发展的基础,区域发展的基础上,需要关注地区的发展和利益的维护。由于各地的基础不同,经济发展水平和程度有别,规划实施过程中会遇到例如交通基础设施建设过程中,一方责任大,收益少,另一方收益少,责任大等问题,平等协商,采用市场经济主导下的利益补偿原则是解决办法。建立适合区域的利益平衡与负担分担机制,对于区域的长远发展具有战略意义。应积极寻求利益共同点,在平等的基础上探寻有效平衡利益机制,通过协调市场化的运作解决融资等难题。交通建设、运营、管理等方面建立起良好的利益与分担机制,交通一体化才有可能向深层发展。建立综合性、一体化、和谐发展的现代化的交通网络体系是交通一体化的目标。不仅需要通过政府政策推进目标的实现,更需要法律规范的指引与保障,应在区域交通一体化发展为先、兼顾本地区利益的原则之下,协调各地政策与规范,为交通发展创造良好的法制环境。城市群一地域范围内,交通可分为行政区域内的交通、跨行政区域交通以及跨区域交通三个层次。行政区域内的交通是指在三地各自内部运营的交通,如公交车、城市地铁以及受到限制不能跨越行政区域运行的出租车等,跨行政区域交通是指在区域内运营的交通方式,如跨地区的公路运输、城际铁路等,跨区域交通是指跨越城市群区域运营的交通,如航空运输、干线铁路等。跨区域交通特别是那些跨越多个区域的交通需要规则的高度一致,除非特殊情形,国家立法机构或行政机构制定全国统一适用的规则,用以调整跨区域交通行为,无须区域之间协调订立,跨行政区域交通受到不同行政区域管辖,不同地方的政策与规则不同,需要相关机构协调采取一致的政策与规则,跨行政区域交通才能顺畅运行,跨行政区域交通法制一体化是区域交通一体化的主要部分;行政区域内的交通由于不涉及其他行政区域,只受所在地方行政的管辖,其政策与规则通常由所在地政府根据本地的实际情况制定,原则上不涉及法治一体化问题,但某些情形下,如果该政策与规则影响了区域交通一体化的实现,需要纳入法治一体化的范围。不同层级的交通一体化需要不同层级的法治一体化。首先是国家层面。由国家立法与行政机构承担必要的一体化立法与实施职责,其发布的全国的交通法律规则构成城市群交通规则的重要部分,也可针对城市群需要特殊处理的交通问题制定规则,直接适用;其次区域层面,针对京津冀交通问题进行立法并在区域内予以实施;再次是各地立法机构与行政部门针对本地区的需要制定相关的规则并予以实施。规则设立与执行均有立法依据,但区域层面的立法与实施由于涉及行政区域的不同主体,因而在立法与实施上均面临着一定的体制与机制障碍。区域立法理应由代表区域利益的组织负责①。部委、省市政府以及交通运输部门三个层面建立的交通一体化机构共同推进交通一体化发展,但三个机构具有不同的性质。交通一体化领导小组作为推进城市群一体化国家战略机构具有政策制定与组织协调的职责,城市群交通一体化协作领导小组的职责旨在促进各方的协作,交通运输部门联席会议具有非机构特征,主要任务是沟通信息,进行具体的合作。三层组织形成制定、协作落实、具体实施机制。该机制的建立解决三地难解决的一些问题,例如建立一条涉及不同地区的铁路,需要各地政府之间先进行协商,各地政府

---

　　①　京津冀交通一体化方面,2014 年 8 月,交通运输部成立了推进京津冀交通一体化领导小组及其办公室,由交通运输部部长任组长;三省市的政府也成立了京津冀交通一体化协作领导小组,三省市的交通运输部门则建立了联席会议机制。

再与铁路部门进行协商的复杂程序。多重协调花费大量的时间,直接影响了工程项目的确立和工期。规划、协调与执行机制的建立极大地缩短了交通立项的时间,减少了项目实施的难度。

交通一体化领导小组可以通过政策性的协调功能推进城市群交通一体化,但却不具有制定法律规则的权力。同样,交通一体化协作领导小组虽然是一个区域组织,但也不具有区域立法的权能,《立法法》没有授权区域机构以及地方人大或政府联合立法的权限。如果能够赋予这些机构以立法权,无疑可以更便捷、更有效地制定区域统一适用的交通规则,避免不同行政区域交通立法可能发生的冲突。但现行法律没有授予区域机构立法权,因而,区域立法无法在交通法制一体化中发挥具体的作用。既然不能通过区域立法的方式直接设定规则,规则设立的主体只能为各地的立法部门或政府机构,协同方式因而成为区域立法的重要方式。协同立法是不同行政区域的机构通过合作方式订立的旨在保持不同区域的法规与规章之间的协调的立法方式,属于地方立法机构之间在立法上的合作行为。协同立法是目前城市群最为重要的法制一体化途径①。协同立法的本质是协同,根据具体的立法事项采取联合立法、协商型立法以及松散型立法等模式。联合立法是各地方主体共同起草法律草案文本,依照立法程序,提请全国人大常委会审议通过;协商型立法是通过共同协商确定示范性条款文本,将其作为协作基础,在此基础上由各个地方政府制定出与示范性文本一致的地方立法文本,再由各地人大常委会分别审议通过,松散型立法是地方政府共同确立立法主题,在确保立法精神一致的前提下单独进行立法。协同立法体现了城市群协调立法的意愿,但协同也不是轻易完成的事,特别是涉及自身重大利益的时候,协同会受到影响。在交通一体化总目标下,各地的具体诉求存在着差异。交通一体化在交通建设责任分担、利益成果分享方面,没有机制化的协定,很难取得太大的进展。各省市交通运输部

---

① 2015年3月31日,京津冀三地的人大常委会联合制定了《关于加强京津冀人大协同立法的若干意见》,明确提出了京津冀立法将采取协同立法的模式。不同行政区域的立法机构通过协调方式进行立法,以避免不同区域的法规与规章出现冲突。2015年8月18日,京津冀交通一体化领导小组通过了《关于推进京津冀交通一体化政策协调创新的指导意见》,从协同创新交通政策角度,倡导三地协调交通一体化政策,实现区域内交通管理与政策的一致性。

门有关负责人一致认为,应加大沟通协调力度,每年至少召开一次交通合作联席会议,就发展战略和合作领域、发展规划和重大项目实施、区域立体交通的合理配置、不同运输方式的有效衔接、港口的有效竞合和区域交通信息共享等重要问题进行研究和协调。从保障区域发展、减少立法成本的角度,在适当的时候,应通过立法法的修改赋予区域机构与其设立目标与职责相一致的一定范围的立法权限。交通设施是指各种不同的交通工具及其为保障交通运输而设置的轨道、隧道、高架道路、车站等设施。交通环境是指影响交通设施建设与交通运输的各种条件,包括道路状况、地物地貌、气象条件等自然环境以及交通规划、噪声污染防治、环境监测、交通政策与法律规定等构成的社会法律环境。在协同立法难以推进的情形下,政府之间可以采取协议的方式解决所面临的共同问题。

城市群政府之间签订多个涉及交通的协议①,但协议只是在政府之间订立的行政合同,并不适宜规则性较强的以及涉及当事人众多的事项的处理。比较而言,协同立法的规则性明显,但立法程序比较复杂,这也是城市群各地之间达成的主要是行政协议,而缺少地方立法协作协议的原因。实现交通一体化发展,需要具有区域一体遵行效力的规则,尽可能采用协同立法而不是协议的方式。在城市轨道交通和跨地区公路运输中涉及各种利益关系,制定何种规则涉及地方利益,立法主体之间容易产生分歧,并进行利益博弈。应从区域利益出发,求同存异,彼此进行必要的妥协与让步,使协同立法得以实现。城市群交通一体化协作领导小组签署的《交通一体化合作备忘录》,可视为政府协同立法的一种意愿的表达。制定交通一体化准则作为交通法制一体化的基本遵循。在准则编制过程中应逐渐形成规范化的协同立法模式,为今后解决相同问题提供模板。协同编制或委托一方编制准则的示范文本,在示范文本的基础上分别制定并予以通过。该准则应协调各地不同的利益诉求,确定交通一体化的目标和基本原则,明确开放市场的责任,建立利益平衡与风险分

---

① 如 2014 年 7 月,京冀双方签署了共同推进北京新机场临空经济合作区、交通一体化、市场一体化、物流业协同发展等七项合作协议。2014 年 8 月,京津签署了落实两地协同发展重点工作协议、交通一体化合作·推进市场一体化等 5 个框架协议。由于协议方式灵活,容易达成一致,因而使用的几率较大。

担机制,提供纠纷解决措施。法律实施方面,实施一体化的监管规则与服务体系,建立综合性执法机构,协调好各种运输方式,使其能够相互衔接,协调有序,共同发展,仅仅有议会性质的机构是不够的,需要建立能够协调各种运输关系的综合性机构,如建立城市群综合交通运输管理机构,实行一体化管理,提升交通运营效率,降低管理成本。实施一体化监管。只有实行一体化监管才能使法律规范得到有效实施。在治理机动车排放、超载等方面必须各地协同,在高速公路收费、货车监测、超载案件移送、数据检测等方面都应按照同样的规则进行监管。

　　交通的特性要求执法的规范化。尽快推进交通的标准化建设①。标准化建设在城市群交通发展中具有重要的意义。机动车排放标准、油品标准、老旧车辆提前报废等都需要统一的标准。如果区域内的交通规则是相同的,在交通执法等方面也应采取同样的规则,比如对违反交通规则的行为应采用同样的处罚标准。如果由于特殊原因,确实无法采取相同的执法规则,在涉及跨区域执法时,应遵循区域行政立法效力优先地方行政立法的原则,确保区域规则得到有效的执行。实现区域服务一体化。智能化与一体化管理是城市群交通管理的目标。交通信息平台健全,综合运输服务有效衔接,实现客运"一票式"的联程服务和货运"一单制"的联运服务,提升运输服务一体化和便利化。推进智能型综合交通运输建设,整合信息资源,建立高效、可靠的区域交通运输管理平台。在交通出行信息服务共享、客运联网售票、货物多式联运等方面实行区域联动,提高区域交通管理的一体化、智能化水平。建立应急协调机制。交通受自然气候影响较大,也可能因为交通事故、人为因素、道路因素等

---

①　以京津冀城市群为例,2015 年 6 月,京津冀交通运输主管部门和标准化主管部门共同发布了《电子不停车收费系统路侧单元应用技术规范》,作为首个区域协同地方标准,该标准的发布和实施保障了电子不停车收费系统路侧单元参数一致性和可靠性,提高了 ETC 车道通行服务水平。京津冀交通一体化是全面深入实施该战略的基础和先导,也是区域交通一体化和交通运输现代化的示范。2015 年 11 月,交通运输部、国家发展与改革委员会联合发布《京津冀协同发展交通一体化规划》,明确提出了京津冀交通一体化的目标、框架与任务。由于三地间在经济社会总体发展、交通运输发展和管理等方面存在的诸多差异,再加上因过去交通运输规划建设不统一、不协调造成的一些瓶颈问题,京津冀交通一体化是一项非常复杂的系统工程,它的推进需要有力的法治协同,以加强区域法治建设,建立区域法治体系,协调三地间复杂的利益关系,消除相关行政壁垒,实现最佳的交通运输资源整合和交通运输事业发展统筹。

出现突发事件,引发交通中断、人员伤亡、财产损失、生态环境破坏和严重社会危害和情形时,需要采取快速的应对措施,以避免造成重大的损害。需要建立和完善铁路、公路、水路、民航等运输方式的应急协调联动机制,遇到突发事件时共同行动,将损害降低到最低限度。交通发达程度不仅代表一个国家或区域的繁荣程度,也决定了未来的竞争力。交通设施与交通环境建设上存在的问题导致城市群交通不畅,由此成为制约发展瓶颈。要改变这种状况,就要充分认识交通一体化的本质,找出制度障碍,通过新制度的建立为交通一体化发展创造条件。

城市群交通一体化推进中面临的法律问题,作为区域交通一体化,按照协同发展的总体目标,在该区域内优化配置交通运输资源,通过不同运输方式的合理分工,充分发挥各种交通运输方式优势,打破行政界限、部门界限、地域界限,建立起快速、便捷、高效、安全的互联互通综合交通运输体系。区域性的交通一体化既涉及交通运输的规划和建设,也涉及交通运输服务,既涉及交通运输基础设施建设及其交通运输产业发展等硬件问题,也包括交通运输服务、交通运输管理等软件问题。与其他的区域性一体化发展一样,推进中也面临法律问题。在交通运输规划方面,存在两个法律问题。一是交通运输规划的权限限制问题。根据《城乡规划法》的规定,各级政府只能进行本行政区域内的城乡建设和发展规划,不能对其他行政区域进行规划。因而,进行区域性交通运输规划就面临很大困难。对于交通一体化的规划,尽管已有国家出台的协同发展交通一体化方面的规划,但只是一个总体性和框架性的规划,城市群交通一体化还需要进行许多具体细节性的规划。二是交通运输规划实施面临法律上的障碍,《城乡规划法》只规范了城乡规划在本行政区内的实施,对于区域性的规划实施问题,尚无法可依。各地在交通运输规划实施上的用地保障、资金扶持和政策保障等方面都存在不同。容易导致交通运输规划实施无法同步。在交通运输建设方面存在四个法律问题。一是交通运输建设管理体制存在较大差异。交通运输建设管理体制多样化。对交通运输建设的管理没有采用的是相对统一的、适合城市的管理体制,在实现交通运输建设同步的问题上,管理体制不同成为首要障碍;二是交通运输建设项目审批存在障碍。交通一体化中的交通运输建设项目相对比较复杂,涉及的审批内容较多,既会涉及国务院部门的审批,还会涉及各地的审批。在审批要求和程序上存在差异,如何推进审批面临较多问题,如谁先审批、如何满足各地不同的审批要求、审批时间如何控制等;三是交通运输建设工程质量标准存在差异。各地在交通运输建设工程质量标准上都有规定和要求,保证交通运输建设工程按照统一质量标准建设存在困难;四是交通运输建设市场管理、交通运输建设投融资管理等方面也存在差异。这些差异对于交通一体化中的交通运输建设项目的推进和质量产生影响。特别是投融资问题,交通运输建设项目克服制度上的差异解决好投资问题,建立统一的投融资模式的问题。交通运输服务方面,存在三个法律问题。一是开放的区域交通运输服务市场的建立面临法律障碍。交通一体化不仅仅是交通基础设施的一体化,更重要的是交通运输服务上的一体化。交通运输服务一体化需要开放的市场,而各地在交通运输服务市场的准入上存在不少差异,存在一定程度上的地区封锁,阻碍开放市场的建立;二是交通运输服务市场监管制度不一致,阻碍交通运输服务一体化,各地有自己的交通运输服务市场的监管制度,实现交通运输服务一体化需要消除这些制度存在的差异。由于经济发展水平不同,对交通运输服务的财政补贴制度不同,对交通运输服务一体化产生较大影响;三是交通运输服务管理体制不同,阻碍了交通运输服务一体化,体制上的差异导致交通运输服务一体化面临困难。此外,交通一体化实质上就是构建快速、便捷、高效、安全的互联互通综合交通运输体系,从总体上看我国综合交通运输体系的建设尚在推进,各地在促进综合交通运输体系的构建有不同的政策,影响城市群交通一体化的推进。

交通一体化推进中,对于出现的问题或事务,多采用"一事一议"的方式,还没有建立常态化和制度化的议事和决策机制。这种方式显然无法高效地解决前述影响交通一体化推进的诸多法律问题。这些问题的解决需要开展法治协同,加强区域法治建设,建立区域法治体系。交通一体化推进中的法治协同,是指为解决相互间存在的影响交通一体化推进的法律制度冲突的诸多问题,通过多种方式在体制改革、立法、执法等方面开展的深度合作。交通一体化推进中的法治协同,是通过制度性措施解决各地在交通基础设施规划和建设利益,交通基础设施建设资金、运营补贴、税收等,交通运输企业发展,交通收费权益,交通运输执法等方面产生的利益冲突和矛盾,共同促进区域内快速、便捷、高效、安全的互联互通综合交通运输体系的构建。法治协同不同于法治协作,不仅仅强调协调和合作,更重要的是强调多元化主体的积极性、目标的共同性、行动及其规则的一致性、结果的创新性和有效性。交通一体化推进中的法治协同主要包括体制改革、立法、执法、公共服务等方面的内容。在体制改革方面,主要包括设立综合性的具有议事、决策和执行职能的区域协调机构,可以是城市群协同发展的协调机构,也可以是交通运输方面的协调机构,以解决交通运输规划、建设和服务等中出现的地方利益冲突和矛盾,对管理交通运输规划、建设和服务的政府管理部门进行适当调整,如建立综合性的审批机构、执法机构等,解决各地在管理体制上不一致产生的问题,为开展法治协同提供良好基础。在立法方面,包括进行交通运输管理方面的法规清理,包括地方性法规和政府规章,推动交通一体化规划的法律化的建议,制定有关交通运输规划、建设和服务以及促进综合交通运输体系构建、绿色交通发展等方面的法规规章,规范社会资本参与交通基础设施等方面的法规规章。在执法方面,开展交通运输规划、建设、服务等方面的执法合作,特别是交通运输建设项目审批、交通运输建设管理、交通运输服务市场监管等。在公共服务方面,通过整合、共享等方式建立区域交通运输服务信息平台,建立和完善处理各运输方式突发事件的应急管理联动机制等。

　　强化城市群交通一体化法治协同,各地的立法机关、行政机关及其相关部门在推进法治协同上做出很多努力和成绩①。交通一体化法治协同并非易事,还需进一步提高对法治协同重要性的认识。推动交通一体化法治协同,是从制度层面上建立解决影响交通一体化推进的法律问题的常态机制,相对于"一事一议"方式,具有很多优点。明确法治协同的合法性框架,地方立法在维护社会主义法制统一的原则上,尊重区域行政区和多元利益,发挥地方立法的主动性和积极性。地方协同立法,一般认为需要由区域内各地的人大或政

---

①　2016 年 5 月,三地省级人大常委会出台了《关于加强京津冀人大立法工作协同的若干意见》,同年 8 月 18 日,京津冀交通一体化领导小组通过《关于推进京津冀交通一体化政策协调创新的指导意见》。2017 年 2 月,通过《京津冀人大立法项目协同办法》,同年 3 月,北京市交通委员会、天津市交通运输委员会和河北省交通运输厅联合印发了《京津冀公路立法协同工作办法》和《京津冀交通运输行政执法合作办法》。

府依照地方立法程序通过,通过后依然是地方立法,表现为地方性法规或政府规章,只在各行政区域内施行。确立开展法治协同的基本原则、规则,区域合作中遵循平等、协商、合作、利益兼顾等基本原则,法治协同也需要遵循上述原则,信任关系是开展和保障法治协同的基础。开展法治协同的高效机制,选择合适的协同方式、方法、程序,制定行动方案,协同方式选择方面,无论是推进立法协同,还是推进执法协同,采取灵活、高效的行政契约或协议的方式较为合适。行政协议及其他区域合作协议,是区域内各地行政机关或其他主体,为解决区域一体化中涉及的共同问题,就各方的权利和义务签订的协议,是多方的合意行为,协议能够确定区域内各方的权利和义务,约束区域内各地的行政机关或其他主体,具有协同、促进和纠纷化解的作用①。解决法治协同中的基本问题,如交通运输内外的协调与发展、交通运输市场的开放、利益平衡与负担分担等,这些问题关涉法治协同的实际成效。交通一体化是城市群协同发展的重要组成部分。交通一体化法治协同,推动区域法治建设乃至法治体系的建立,也可为解决城市群协同发展其他领域的问题提供借鉴②。

规范政府交通领域的重大决策程序,推进道路和交通领域重大决策的法制化、民主化和公开化。建立和完善交通立法听证会制度。审议交通立法议案前举行民主听证会,主要了解立法的目的、意图、背景、政府有关部门及社会各界的反应、法律成本的构成、配备情况,以及法律如获通过后的社会效益等。举行听证会可要求交通部门的工作人员到会作证并接受质询,公民也可主动申请参与。在举行听证会和通过大量调查、论证的基础上,由立法工作机构编制交通立法可行性报告,包括立法背景、立法目的、社会不同意见、法律实施的最佳条件和现有条件、立法成本与立法效益的定性定量分析等作为决策的参考依据。履行公众参与、专家论证、风险评估、合法性审查、集体讨论决定等基本程序。基于交通运输行业的天然的公益性,其受益主体是不特定的多数人,

---

　　①　行政协议及其他的区域合作协议具有较多类型,如备忘录、议定书、框架协议、纪要、合作协议等类型,其中许多在权利和义务约定并不具体,因此需要采用能够起到较好约束作用的、详细约定各方权利和义务的合作协议。

　　②　丁芝华、李燕霞:《京津冀交通一体化推进中的法治协同研究》,《法制博览》2018 年第23 期。

因此,交通的发展进程和社会公众密切相关,允许公众参与具有充分的正当性。交通立法涉及面广,召开听证会既可以回应各方关注,平衡各方利益,又可以保证立法的质量。

(二)城市群交通衍生问题法治治理

公共交通的优先发展,是城市发展的需要,是城市交通发展的实际,是建设集约型社会的要求,是加快城镇化建设、保障城市社会发展和经济发展的重要措施,也是改善城市人居环境、有效缓解城市交通拥堵、提高利用交通资源的必要手段,城市公共交通定位为公益性事业单位或经营性企业的争论由来已久①,完善城市公共交通法制建设路径,设定公共交通优先发展法律制度,提高立法的针对性和适用性。立法确定城市公共交通优先发展的战略地位,明确公共交通的票价和调价制度、安全保障措施、服务人员与乘客权利义务、监管主体责任等。细化公共汽车、轨道交通、出租车、索道等不同的公共交通方式管理规定,制定和完善公共交通的技术标准和准则,包括城市公共交通线网的优化布局、集中规划、站场的建设,设施的完善,车辆的技术装备、服务质量等。现行的公共交通法规及规章制度的基础上,补充完善公共交通资金的筹集、公众参与城市公共交通管理等方面的内容。资金筹集方面,明确资金的筹集方式、资金的来源,例如城市公共交通土地协同开发、城市公共交通专项基金等。维护城市公共交通市场秩序,改善宏观政策中的财政补贴②,城市公共交通市场秩序的维护需要政府干预,制定公共交通市场制度和规则,建立城

---

① 建设部在 2004 年发布的《关于优先发展城市公共交通的意见》中要求开放城市公共交通市场,实行城市公共交通特许经营制度,使企业真正成为自主经营、自我发展、自我约束、自我完善的市场主体。侧重了公共交通的经营性。在 2006 年发布的《关于优先发展城市公共交通若干经济政策的意见》中对公共交通的性质定义为"重要的城市基础设施,是关系国计民生的社会主义事业,城市公共交通的投入要坚持以政府投入为主,城市公共交通发展要纳入公共财政体系,建立健全城市公共交通投入、补贴和补偿机制,统筹安排,重点扶持",侧重公益性。在部分城市的公共条例也逐步将城市公共交通列入公益性事业,因此,应当在全国性的行政法规中明确规定出城市公共交通的准确定位。

② 财政补贴是城市人民政府经济部门对公共交通企业的年运行成本和费用进行审计、核验与评价,合理界定及计算政策性亏损,并给于适当补贴,对城市公交企业承担社会福利和完成政府指令性任务所增加的支出,定期进行专项经济补偿。

市公共交通市场的管理组织,健全社会信用体系。发展市场中介组织,发挥其在服务、沟通、公正、监督方面的作用。由于轨道交通的冲击、内部公交企业的改制等情况,通过立法建立对城市公共交通的财政补贴制度,是社会广大民众交通出行安全利益的保障。政府干预加强集中管理、统一协调、监督机制,主要职能包括规划、计划、协调、立法、监管、政策引导及服务。强化交通委员会综合协调的权限和力度,实现公共交通体系的有机整合。制定整合协调各类政策法规,规范城市公共交通系统主体关系①。

　　城市交通执法方式的变革,城市交通法治是城市交通管理的核心,行政机关处于关键位置,管理的法治方式和行政行为是城市交通法治发展的核心。随着城市的扩容和发展,城市交通领域事务日益复杂,和公民权利意识觉醒,行政机关在城市交通领域的执法方式相应创新②,创新理念在城市交通法治中的体现是柔性执法方式。传统城市交通执法以强制行政为主,引发执法冲突事件,损害政府的公信力。柔性执法方式克服强制执法的单一性、僵化性和机械性,蕴含协商、沟通、法治的价值,促进执法效率的提高和城市交通法治的发展③。行政机关有裁量权限的领域允许创新,城市交通执法方式的创新在法治范围内进行,不可突破依法行政的界限④。协调发展理念是系统思维,作为整体的城市交通法治发展,协调性体现于城市交通法治各方面、城市交通法治发展与外部的协调两方面。城市交通法治中,权力与权利是核心要素,二者协调贯穿城市交通法治,是衡量城市交通法治的标尺,强调行政权力与公民权利的协调关系在于法治化。协调理念包括发展过程和领域的协调。城市交通法治的立法、执法、守法和法律监督的协调,城市交通领域的民生保障、行政体制、行政规划、工程建设、刑法保障之间的协调,法律制度内部实体制度与程序

---

　　①　徐华:《略论法治交通——兼评现行交通法制》,《江南论坛》2017 年第 8 期。

　　②　如作为行政执法本土实践亮点的行政裁量制度,在城市交通法治领域得到体现。涉及交通等领域常见违法行为的行政处罚裁量基准,有效规范城市交通执法行为,行政裁量基准制度在全国交通执法领域推广。

　　③　例如交警对轻微违法的外地车辆开出"空白罚单",以警告教育的柔性方式取得很好的执法效果,柔性执法作为执法方式和手段的相对灵活的自由选择,具有法制框架下的现实可行性。

　　④　比如地方某县交警大队为加强交通法治建设而向市民发放交通违规"优惠券"的"创新"执法方式,就明显超出其职权范围,也引起了公众的广泛质疑。

制度的协调、公法与私法的协调。城市交通法治发展的外部协调,城市交通法治作为法治的子系统,法治是国家治理的基本方式、国家治理现代化的重要标志,城市交通法治作为法治的具体部分,与法治发展的其他部分协调。具体法治的城市交通法治存在于整体法治之中,法治的整体性是其具体发展的外在制约。绿色发展理念要求发展中资源的节约与生态环境的保护,城市交通法治发展领域,体现为法治成本、行政效益,处理好城市交通发展与生态环境保护的关系。城市交通法治发展中,主要是行政成本降低,在行政法上的表现即行政效益原则的考量。行政效益原则,是以最小的行政法制定成本和行政法实施成本,促进行政主体行政活动效率与行政相对人行为效率。行政效益体现为行政组织成本、行政行为成本、行政救济成本方面。行政组织成本,行政机关组织结构上优化,行政权力合理配置,防止出现机构、职权交叉冲突影响行政机关效率。大交通体制改革是深化政府行政体制改革的重点。行政体制的改革要在法治的框架下进行,在立法方面要注重政府职能、行政权力配置、行政组织与编制的科学设置,促进三者法治化,组织设置上遵循行政组织法定原则。行政行为是行政机关实施行政管理手段和方式的载体,是行政管理效率的最直接体现。为保障行政管理效率,行政行为的公定力明确行政行为一经做出即推定有效,确保行政行为效率,维护行政机关形成和维持社会秩序的有效性。行政行为的效率体现在行政程序方面。行政程序的价值在于实现程序正义,效率成为行政程序的目标之一[①],就城市交通法治发展成本而言,行政法上的比例原则发挥重要作用。通过衡量行政机关手段与目的,使对相对人的侵害最小。行政救济方面,行政效益要求对行政相对人权利的救济及时、高效,避免行政机关推诿等原因,造成相对人权利成本上升,影响政府公信力。例如"尾号限行"行政措施,是为了群众享受清新空气和便捷交通,具有目的公益性的同时隐含一定的法律风险。按照《中华人民共和国立法法》《中华人民共和国大气污染防治法》相关规定,结合法治政府行政权力行使受制于"法无授权不可为"原则的要求,政府环保部门或大气污染防治应急办公室(以下

---

① 现代行政程序法中普遍设置的简易程序制度、自由裁量制度、时效制度、申诉不停止执行制度等,都指向程序的目标价值。行政法中的合作行政、柔性执法都一定程度地体现着行政行为的效率性。

简称"应急办")推行尾号限行常态化,应有明确的法律依据。一方面,必须设置更有说服力的配套举措;另一方面,必须严格按照程序,公开、透明进行论证,否则涉及对公民合法权益的部分限制,违背上位法精神,且缺乏法律依据。限行属于临时性措施,限行常态化须通过法律程序审查。《中华人民共和国大气污染防治法》第 17 条第三款规定,未达到大气环境质量标准的大气污染防治重点城市,可以采取更加严格的措施,按期实现达标规划。但这种严格措施需要有国务院的授权或者规定。假定审查后可实施该措施,也应当细化程序规则。限行常态化是否能够达到预期效果需要科学论证,同时更应关注这项政策本身是否具备法治起点和程序正义,以及公众为此付出的成本。尾限行常态化政策实施,意味着汽车使用价值实现受限,车辆的折旧、维护还按全年交纳,对公民财产权益构成损害。限行常态化作为一种行政措施,是否有法律依据至关重要,关涉政府依法行政。交通、环境等相关法律有限制汽车行驶的规定,但均为临时性规定。尾号限行常态化属于长期政策,法律上尚无明确依据,因此,不宜将其作为地方性立法条款写入条例。在可以采用其他有效方式改善污染前提下,尽量选择对公民利益损害最小的手段。

相对于法治成本的降低,绿色发展理念在城市交通法治发展中体现为生态环境保护。注重城市交通规划和建设与生态环境的和谐关系。政府推进城市交通基础设施建设、减少建设成本,不能牺牲生态环境,损害环境权。注重城市交通本身的交通拥堵、交通事故、交通污染等环境问题。立法合理分配城市交通路权,保障公民出行方式的便利;执法严格规范,减少交通事故。以立法方式推进绿色出行,行政指导方式鼓励市场参与城市绿色交通建设,鼓励以绿色方式参与城市交通发展。法治层面体现为政府信息公开和公众参与。城市交通法治发展中,保障公民知情权,政府应公开相关信息,城市交通领域,政府信息公开的价值包括,有利于保障公众的知情权、有利于监督城市交通依法行政,对城市交通的监督,政府信息公开可弥补信息不对称带来的法律漏洞。有利于保障城市交通法治发展的公众参与,公众参与在城市交通法治中体现为城市交通相关立法、城市交通规划、城市交通执法。立法中引入公众参与,受到立法影响的利益主体和公众知晓立法的目的和内容,表达利益诉求,进行立法评价并要求立法主体对诉求和评价做出回应。城市交通规划本质上是为了维护和增进公益,极易产生公益与私益的冲突。但并不意味着规划只注重公益而忽略私益保护,在规划中维护好私益,才能真正体现限制公权、保护私权的法治理念,实现公平正义。与立法和规划相比,城市交通执法直接影响着公民的利益,公众参与的效果更为明显。比如,在行政裁量领域,公众参与制定裁量基准成为实践中的主流,成为补充裁量基准正当性基础的首选方案,城市交通执法中,公众参与取证成为提高行政执法效果的推动力,公民参与城市交通违法行为治理的途径。

共享机制是城市交通法治发展的目标。城市交通发展以人为本,发展成果由人民共享。法治层面理解共享,强调对公民权利尤其是对社会权保障的公平和正义。在城市交通发展领域,最基本是行的权利,路权即交通参与者有正当合法的理由资格在道路上行动。行政法层面,对城市交通发展的共享体现为给付行政,包括社会保障等社会行政、公共设施及公用企业等服务供给,以及资金补助行政等助成行政,给付行政义务请求权本质上是共享权,给付行政过程即实现共享的过程。城市交通基础设施的建设属于公共设施的给付行政,以及公共交通出行方式的便捷和多样化。实行公共交通票价的政府补贴,减轻公民出行成本,城市交通规划的合理以及交通执法的科学带来出行的便捷享受。亚里士多德将正义分为分配正义和矫正正义,前者是对财富、荣誉、权利等有价值的东西的分配,后者则是对被侵害的财富、荣誉、权利等的恢复和补偿。分配正义讲究"比例平等",分配的公正在于成比例,不公正则违反比例。分配正义既涉及每个人的自我所有权,又涉及每个人可分享的社会公共资源,涉及从国家和社会中获取的社会权利和经济利益,核心概念在于社会应得。公民对城市交通发展的共享,本质上就是城市交通公共资源的一种平等分配,体现的就是一种分配正义。"共享"中的"共"强调分配中的"正义",即公平、平等,意味着政府的给付行政要讲求公平平等。这跟"享"所体现的单纯的公民权利保障有所不同。城市交通发展中的分配正义体现于多方面。在城市交通规划和建设中要考虑区域均衡问题,促使人人都能享受到道路等交通基础设施;在城市交通工具安排上要考虑偏远区域,不能单纯以经济发展状况来决定交通工具和交通线路的设计;在城市道路的路权分配上要注重行人、机动车等的不同属性,公平分配道路资源使用权;在城市交通执法中要遵循公平平等的理念,最大限度地追求一般正义。当然,分配正义要注重差异性原则与同一性原则的辩证统一,即不同的人因某些被认可的差异而得到不同对待,因某些被认可的同一而得到相同对待。在注重分配正义的同一性时不能遗漏分配正义的差异性,这也是正义的本质要求。在城市交通领域,需要根据不同人群的差异化出行需求,分配不同的路权,设计不同的交通路线,并在交通工具种类上保持多样化,以满足不同收入群体的出行选择。城市对公民出行成本提供了补贴,对不同人群提供不同程度的优惠,不同群体优惠程度的差异,体现分配正义中的差异性原则。在城市交通执法中,关注正义的差异性,执法追求一般正义的同时,也要根据实际情况,保障个别正义不被忽视。城市交通中正义实现,需要法律的支持,通过具体的制度安排分配权利以确立正义,补偿损失以恢复正义,使分配正义得到法律保障。城市机动车与非道路移动机械大气污染防治治理方面,针对治理实践中存在的部分行业监管主体不清晰、事项不明确、职能重叠或空白等问题,应加强"车、油、路"协同治理的框架,形成政府主导、部门协作、市场调节、社会监督的工作机制,强化信息公开,突出行业协作和数据共享,从行政决策程序规范性角度,回避可预见的立法价值风险和政策执行风险。形成以改善环境质量为核心的机动车与非道路移动机械污染防治体系,根据治理事项的重点、利益触及面与难易程度,运用财政调控和法律准入机制治理。机动车大气污染形成原因主要是总量污染和道路行驶状态污染。源头治理措施一是机动车保有量的数据掌控、产业调整和升级替代;二是道路行驶状态的机动车大气污染防控措施;三是停车场建设和污染治理。机动车产业结构调整。在区域内机动车保有量统计真实数据的全面掌控、数据共享基础上,实现产业调整和升级替代。机动车尾气排放污染物成为目前大气污染的主要来源,并造成道路拥挤,产业升级和杜绝污染源是根本性的治理措施。机动车产业引入"全生命周期评价"(LCA)环境测评方法。综合评估产品在整个生命周期中,从原材料的获取、产品的生产直至产品使用后的处置,对环境的影响。审慎评估电动汽车产业污染指标,在满足电力减排指标的同时,科学检测火电转换车辆动能的碳污染增长指标,尤其是不脱硫煤产生的酸雨污染,避免"汽车用电仅只是将污染换个位置";其次是电池报废拆解后新一轮的火爆炸、重金属和有机物废气废液污染。单一的产业替代升级利益涉及面过广,影响操作实效;强制提前报废涉及对公民财产权益的限制与剥夺。地方政府应加强对区域机动车保有量的行政决策效能。提高政府公共政策制定及实施效能,发挥宏观调控的作用,引导市场调节机制产生作用,例如提高私家车购买的门槛和使用成本、规范公务车采购和用车秩序、科学规划并发展城市公共交通设施等。政府的消费政策与环保政策衔接,在确保经济增长的同时不造成更多的环境压力。从防治空气污染的角度,政府应大力发展公共交通,采取调控油价、新能源汽车生产优惠、购车补贴等方式,鼓励清洁能源汽车消费。创新污染控制方式。依据真实数据掌握机动车污染状况,采用驾道云检测等大数据支撑政府全过程防控,从效果不明的"颜色标志管理"改变为"通过大数据对每辆车的排放数据管理",实现排放量分级管理和区域污染总量控制。当前汽车产业向低碳化、信息化、智能化发展的趋势日益明显,技术进步与治理创新将相互作用、共同提升,推动产业转型升级。《中国制造 2025》明确将汽车列为十大重点领域之一,具体指向为节能与新能源汽车以及智能网联汽车。产业价值链包括研发设计、生产制造、采购物流、市场销售、后市场服务、产品回收等所有环节在内的价值创造活动。涵盖整车企业及零部件供应商融入价值链的方式;产业价值链存在的问题及产业升级路径;针对新能源汽车等新兴领域设计价值链发展战略。智能网联汽车将改变传统汽车产业的发展模式与生态格局。因此,亟须设计相应的升级发展路径、提出有针对性的实施推进策略,把握产业转型的战略机遇,提升河北省汽车产业的核心竞争力。

加强停车场污染治理。近年来,城市拥堵、停车难等问题日益严重。2018年政府报告中指出,"提高新型城镇化质量","健全菜市场、停车场等便民服务设施"。为缓解城市停车难问题,各地方大力新建和改造公共停车场,但由于规划滞后和建设、管理能力受限,有的地方在建设过程中未对产生的污染物采取环保措施,使停车场成为新的污染源,加强停车场环境保护和治理。根据城镇实际情况科学规划、合理布局。建设停车场规划纳入城镇建设总体规划,与土地利用规划、环境保护规划协调,根据人口密度、车辆数量和道路分布等情况,合理规划和建设。公共停车场应尽量避开学校、医院等环境敏感目标,调整停车场周边房屋使用功能,满足环境规划要求。停车场安装通风和排风系统,确保停车场空气良好,排风顺畅,达标排放。配套建设废水收集处理设施,对停车场废水进行预处理。收集设施应进行防渗漏处理,防止废水渗漏污染环境。预处理设施必须对废水进行隔油、消油处理,达标排入城镇污水收集管网。停车场管理制度中要有相关突发安全事故应急措施,以防止突发环境安全事故发生。城管、公安、环保等部门应加强沟通协调,加强对停车场的环境监管。依据现行法律法规要求,对停车场污染源及周边环境进行监测,防止废气、噪声、停车场地坪漆等污染。加强停车场周边环境整治,维护正常社会秩序,确保停车场合法经营。构建政府专营停车场机制,建议政府垄断城市路面停车场,大幅提高停车收费,确定路面停车计费标准基准,此后每增加一小时收费加倍,增加的收入用于补贴公共交通,以行政决策有效调和汽车消费政策与环保政策矛盾。同时,政府垄断路面停车场可以增加就业岗位,提高政府保障就业的效能。行政区划是治理国家的重要手段,是促进地区经济发展、提高行政管理能力、维护民族团结和社会稳定的关键因素。"停车难"作为现代城市文明加速发展而衍生的一种"城市病",已成为困扰我国各大中城市发展的"顽症"之一,并有进一步恶化的趋势。"停车难"的存在不仅打破了城市静、动态交通的平衡,抑制了城市道路空间资源的高效运用,大幅度提高了城市交通运营的成本,阻碍了城市社会经济活动的正常进行。尤其是城市中心区"停车难"问题正日益扩大,影响中心区的发展活力。城市中心区"停车难"问题的成因较为复杂,规划管理水平滞后是其重要原因之一,汽车普及明显加快,停车需求与供给矛盾突出;停车管理手段落后,收费价格杠杆失灵;停车系统的智能化建设普遍滞后,停车管理水平较低,区域差异化停车收费效果不显著。规划预见性不足,停车配套标准过低;停车规划设计规范出台较早,其对汽车发展形势和停车需求预估明显不足,导致城市中心区停车场规划建设欠账,建筑停车配套不够。公共交通建设滞后,交通出行过于依赖小汽车。公共交通优先未能充分落实,服务水平较低,居民交通出行选择单一。规划理念落后,停车需求未能得到有效控制;大多数城市的停车规划仍停留在一味地增加供给的阶段,未能认识到需求管理的重要性,这是造成"停车难"问题的根本原因。管控停车需求已经成为发达国家破解城市中心区停车难的重要策略①。提高停车管理水平和停车效率是缓解城市中心区停车矛盾的重要手段。国内外经验表明,停车管理水平的提升可有效提高道路的利用效率和缓解城市交通拥堵,主要有以下措施:一是,建设智能化的停车系统,停车诱导系统有效引导最短时间内找到停车泊位,避免寻找停车泊位产生的无效地面交通;完善交通停车管理法规,配以优质的公共交通服务;管控城市中心区停车需求的同时,为居民提供多样化的、优质的公共交通服务,降低居民小汽车出行分担率。

非道路移动机械(含农用机械)②污染防治治理,非道路移动机械准入机制和排放标识管理方面。发挥权力清单效能。列明非道路移动机械认定行政许可审批事项;根据非道路移动机械的发动机排放阶段进行标识、管理;调整行政裁量基准,提高行政处罚上限。及时出台非道路移动机械排放治理措施。在对设区市全面实施非道路工程机械排放调查、台账建立和环保宣传等工作基础上,全面调查分析针对不同机械的污染排放水平适时出台非道路移动机

---

① 美国停车策略已经由过量供给转向控制供给阶段。20世纪70年代以前,美国解决城市中心区停车问题主要是通过增加供给方式,实行建筑物配建和公共停车位下限控制,并额外增建路外停车场,导致居民对小汽车过度依赖,交通拥堵和停车难问题反而日益加剧。20世纪70年代以后,美国对停车场的态度转向控制和管理,提出征收就业地点停车税方案,实施包括停车管理在内的"睿智"增长战略,部分城市实施"业主现金支付停车费来代替其他的任何停车津贴"方案等,以减少交通拥挤,提升城市中心区的公共交通分担率。欧洲大部分国家将停车管理作为交通需求管理的重要部分,着重于制定"停车需求管理"策略,主要包括两个方面:一是,实行居民停车许可制度,鼓励居民将车停在家里而使用其他交通方式,以减少路上停车空间需求;二是,提出办公地点停车税计划,即办公地点停车位的提供者应向地方当局申请许可,并对停放于办公地点的上班、业务目的的停车征税,同时配以严格的路内停车管理。新加坡采用经济杠杆对城市中心停车需求进行合理调控,主要措施包括:一是,对进人城市中心区车辆的停与行均采用很高的收费政策,通过经济杠杆来平衡动、静态交通;二是,征收高昂的停车税,目的是提高小汽车出行的成本,降低小汽车出行率;三是,实施私有非居住停车空间许可制度,对停车位数量、停放的车辆类型、允许的停放时间、停放的目的等进行严格控制。

② 非道路移动机械,指装配有发动机的移动机械和可运输工业设备。主要包括装载机、推土机、挖掘机、铲车、压路机、沥青摊铺机、叉车等,使用动力主要是柴汽油发动机。此类柴油机在作业时会排放出大量烟气,严重影响空气质量。必须采取更为严格的措施,降低机动车和非道路移动机械排气污染,改善城市环境空气质量。

械环保标志、限期治理、区域禁用等管理政策和措施①。环境保护部门加强生产、销售环节监督检查，对生产、进口、销售不符合《非道路标准》要求的，会同有关部门依法进行处罚。政府发布《划定禁止使用高排放非道路移动机械区域的通告》，授权环保部门严厉查处无废气污染控制装置且排放烟气的推土机、挖掘机等工程机械。非道路移动机械生产企业作为环保生产一致性管理的责任主体，应确保实际生产、销售的机械达到相应要求。同时，按照《中华人民共和国大气污染防治法》将相关环保信息进行公开。企业和行业责任方面，根据《中华人民共和国大气污染防治法》的要求，对非道路移动机械产品污染物排放以及相关企业增加了新的要求，行业企业应重视环保排放问题，积极参与相关工作。发挥协会在政府和企业之间搭建沟通和交流的桥梁，推进环保事业发展。关口前移，发挥行业协会在"共建共治共享"治理中的作用。环境保护部门应委托行业协会，就《非道路移动机械及装用的柴油机污染物排放控制技术要求》征求意见，取得企业书面反馈意见，就标准实施时间、DPF技术路线、排放质保期、PEMS测试要求达成一致。环保部门在确定标准实施时间时充分考虑农机产品季节性作业特点，给企业新产品开发和验证留出时间；PEMS测试条件要求与产品使用环境结合；排放质保期分功率段确定；要求DPF技术路线时适当考虑农机使用者素质和使用环境等不利情况。意见整理后以协会名义报环保部门。该程序的价值在于，赋予农机企业排放标准制定过程中的意见反馈机会；有利于非道路移动机械企业及早进行技术和产品储备，标准发布实施后执行，避免出现油品升级时的被动局面。

　　为应对非道路移动机械的超范围工作，产生以"区域限行"为主的交通管制行政措施。区域限行行政行为在法律属性上为行政决策行为。"区域限行"涉及区域限行的法律属性、法律原则和合法性依据等问题，事实上对相对人权利构成限制，成为必须正视的法律问题。合法性要件上应满足法律保留原则、明确性原则、比例原则和平等原则。鉴于当前的区域限行措施符合法律

---

①　调查工作人员经集中业务培训，免费对各市区域内的挖掘机、装载机、挖掘装载机、叉车、推土机、平地机、压路机、摊铺机、铣刨机、旋挖钻机、打桩机等11类工程机械产品，按型号、生产厂家、出厂日期、发动机型号、排气处理装置等相关信息进行调查，并为已调查的机械设备粘贴"非道路移动机械环保采集标识"。

保留和法律明确原则,对于其合法性的可能控制应着重通过决策程序的设计进行。区域限行的法律属性为行政决策。适用的法律依据为《中华人民共和国道路交通安全法》第 39 条规定:公安机关交通管理部门根据道路和交通流量的具体情况,可以对机动车、非机动车、行人采取疏导、限制通行、禁止通行等措施。交通管理措施中就通行权的限制,立法用语分别为采取疏导、限制通行、禁止通行,三者在法律效果严厉性上逐步递进。除了采取疏导作为行政指导措施外,限行措施属于政府采取的交通管制措施,是行政权力行使的过程,但限制通行和禁止通行,客观上造成相对人道路通行权的限制。《中华人民共和国道路交通安全法》第 39 条的交通管制措施针对不特定车辆,涵盖介于抽象行政行为和具体行政行为之间的行为,现代行政质与量扩大,行政作用的形式不断创新,传统行政法行为理论无法完全涵盖现代政府的所有活动。行政决策可被界定为系国家行政机关在处理公共事务中,在法定职权和范围内,按一定程序和方法发现问题、确定目标、制定方案、论证权衡、最后抉择的过程与活动的总称。针对传统分类缺陷引入新的行政行为类型界定并明晰"交通管制"的法律性质,"区域限行"法律性质属于行政决策,在依法行政的要求下,区域限行措施作为行政决策,其决策权限、决策内容和决策程序须满足决策的合法性要件并遵循决策的程序要求。限行措施的法律依据为《中华人民共和国道路交通安全法》第 39 条规定,依据其授权制定的特定区域限行规范,可以认为在形式上合乎法律保留原则。除符合法律保留原则和法律明确原则等形式合法性要件外,实质合法性要件主要涉及行政法上的比例原则和平等原则。其中,比例原则下的必要性要求在相同有效手段下,应选择侵害性最小的手段,其手段所比较的对象,则应以相对人所主张,或在公开征求意见中曾被建议的可能替代手段为限,且应考虑侵害较少之手段。即所追求或增进之公益,应大于所造成之损害。

必要性原则强调道路资源是公共利益的具体承载体,公共道路作为一种有限的公共资源,同时具有公共性和有限性。公共性指一定时间和范围内可以由不特定的社会成员自由、平等、共享使用;有限性指当资源的享有者达到一定数量时,不能再有新的或更多的成员进入。故政府实施相应的管制政策以实现对公共道路资源的有效配置、保障公共利益是合理且必要的。区域限行措施并非完全限制其出行,仅系在公共道路资源使用高峰期对出行时间、地域、路段的分流引导,目的是在时间和空间两方面实现均匀分配有限道路上车辆的数量,缓解特定时间和空间的交通压力,同时其仍然拥有在其他时间和可替代线路上的完全通行权。故对区域错峰限行交通管理措施是为达到这一行政目标所采取的适当方式,符合行政法中比例原则的适当性要求。这些区域限行措施大多通过行政规范性文件体现,如《关于限制摩托车行驶的通告》《关于限制货车通行新光快速路的通告》等各类货车限行通告以及《关于实施机动车环保标志管理的通告》等相关限行通告。

平等原则强调区域限行的实质合法性须满足平等原则。除从法律法规规章中的立法目的外,须从社会管理需要出发。行政决策机关基于法律价值体系及立法目的,针对不同情形性质的差异而作出合理的差别对待。在区域限行中,行政机关应基于平等理念,对同类情况的相对人进行区域限行,使所有同类情况的当事人,在法律地位上实现平等。如区域限行中,就种类而言,对摩托车、货车、黄标车等同类车辆进行先行限制;就时段而言,在一定时段对相同种类的车辆进行区域限行。上述区域限行措施体现了同样情况同样对待,符合行政法平等原则中的要求。

区域限行交通管理措施的决策程序及其效力。程序是否完备直接影响区域限行行政行为的法律效力。按照国务院发布的关于加强法治政府建设,要把公众参与、专家论证、风险评估、合法性审查和集体讨论决定作为重大决策的必经程序的要求,履行决策程序;同时,决策后应提前进行相关公示和公告,使相对人知晓区域限行的具体内容,以便有针对性做出相关通行安排。如规定应当提前十五个工作日向社会公告,必要时公开征求意见。符合建立健全科学民主决策机制、建设法治政府的现实需求。鉴于非道路移动机械主体分散、责任不明,监管部门重叠或空缺的问题。明确行业监管主体和责任主体。规范明确非道路移动机械在购买、租赁、实际使用等各环节的责任认定,规范该领域融资租赁和自营租赁合同及责任。油、汽、电能源污染治理方面,秉持"环境质量改善不是监测出来的,而是污染物减排治理出来的"理念。强调机动车污染防治,除了关注尾气排放,油箱、变速箱、车体的油气挥发,车轮摩擦道路及二次扬尘都影响空气质量。实现空气达标,须减少机动车污染,加速淘汰老旧机动车,管好在用车的排放。其次,倡导绿色出行。建立健全监测体系,发动社会力量共同参与减排。防治重点在于要求排污单位加快压减污染物排放总量,而不宜由排污单位通过市场购买的方式有偿取得排放指标。限购减排行政措施依旧持续,完善政策限购和产品升级,防治机动车污染的办法是不断提高排放标准,增强机动车管理,同时对老旧机动车进行淘汰。控制总量,优化存量两项措施并举,实现机动车污染稳中有降的目标,限购政策保证总量不过快增长。旧车置换、新车排放标准升级,以产品技术升级,从源头上治理空气污染。明确各项减排指标,优先发展公共交通,鼓励乘坐公交出行。针对新能源汽车落实免除车牌拍卖、摇号、限行等限制措施,出台停车费、电价、道路通行费等扶持政策。推广应用混合动力、纯电动等新能源汽车,提高新能源车的规模。督促车企加快产品升级、推出新能源产品步伐。油附属设施等新型污染源治理方面,针对三元催化器锈蚀穿透污染,三元催化器位于汽车排气管从发动机到消音器之间,是将汽车尾气排出的 CO、HC 和 NOx 等有害气体通过氧化和还原作用转变为无害的二氧化碳、水和氮气的催化器,是安装在汽车排气系统中最重要的机外净化装置。治理措施是提高车检环评覆盖面,确定合理频度。审慎考虑机动车增加油过滤设置合法性,该做法有变相增加行政许可的可能,是否有其他替代方案,如提前报废期、调节、提高油价。针对飞机发动机污染。飞机用的是航空煤油,不论活塞式,还是涡轮式,都是燃料烧完直接排入大气,无论燃烧效率多少,作为化石能源,不净化的污染比机动车严重。飞机排放的污染,主要是排放造成的气候效应、增温效应和碳排放影响。高空飞机尾气的影响会更显著,与排放物的特性处于巡航高度,该层大气稳定,尾气容易驻留,同时紫外辐射充足,是光化学反应的理想场所有关。规范污染的量化指标,明确单位排放量以及造成的环境效应。道路污染治理方面,除区域限行涉及的行政决策外,改造道路支线治堵,同时治理怠速污染。遵循民生先行理念,从整座城市交通枢纽通盘规划。通过行政、法律、经济等手段,实施规划、建设、管理"三位一体"的交通拥堵综合治理措施,根本上解决城市交通拥堵、怠速污染问题。道路"白改黑"工程,增设路口红绿灯,规范道路标志标线,提高道路通行能力。重要道路拓宽改造,解决主干道通行。执行交警分时段划区块监管,对中心城区道路区块化管理,根据高峰期路面通行变化,调整警力,确保高峰时段运行平稳,推动市民养成文明交通的意识和习惯。对市区、镇街中心区的交通流量进行分析,对短期、长期的交通流量进行预计,综合使用交通诱导、交通管制、交通分流等有效措施整治交通堵点。按照"提升路网、缓解拥堵、围绕重点、形成体系"原则,缓解入市口交通拥堵,重点实施进出城交通拥堵治理。疏解快速路拥堵节点,打通疏解通道。完善路网方面,根据国家标准,城区主、次干道和支路的规范比例为 1∶1.5∶3.5 的金字塔形结构。断头路的存在,很大程度上加大区域交通压力。应结合道路改造,打通断头路,与周边的道路连成网,增加路网密度和道路承载力。形成完善路网,支路畅通主干路压力就小,支路不畅,常会导致主干路拥堵,形成环闭的路网结构。增加次干路、支路密度,提升道路承载力,发挥支路网功能。实现道路微改造,治堵是利用各种机制调节道路交通流量,实质在于调节小汽车、公交、自行车与步行等出行方式的比例结构,优化道路资源的时空配置,实现城市道路资源供需平衡,围绕道路供给管理、道路需求管理和改进城市空间规划三个方面。根本措施在于优化城市空间布局,道路网路的优化是基础条件。关注基础路网结构问题,标本兼治,针对道路结构不合理,道路连通率低,断头路多,车行道数量不足,交叉口难以渠化,道路交叉路口通行能力下降,等问题,突出重点。交叉口功能是连接相交道路,使其构成道路网,使路网中的人和车实现自由转向。城市道路交叉口的交通组织对于合理利用道路资源、提高道路通行能力、减小交通延误、缓解交通拥堵具有重大意义。优化理念。城市道路交叉口交通"小改造大畅通"和"时空互补促畅通"理念,挖掘道路交通潜力,充分利用交叉口时空资源,以施工简单化、工期最短化,投资及交通影响最小化、效益最大化,时间与空间互补、空中与地面互补、顺向与逆向互补。对路网升级改造,特别是重要交通干道,增大路幅宽度、减少循环绕行。加强老城区道路交通秩序综合整治,设置停车泊位、完善交通标识、整顿交通秩序。梳理核心区路网层次结构和主要城市道路交叉口,确定核心区主要交通拥堵节点。对核心区主要交通堵点进行流量分析,从人车分离、减少车流冲突点、优化车流导向等方面对主要拥堵道路交叉口进行优化改造。采用主线下穿、设置人行过街天桥、设置下穿回头曲线匝道等措施达到交叉口处人、车分离,消除对主线车流干扰等目标。避免路网上因局部瓶颈交通节点的存在,降低整体通行效率的现象,提升交通出行环境质量。车辆物联网系统智能化创新。从抽查式对"超标车上路执法"改变成"通过车辆物联网系统智能化执法",实现对各路段 24 小时不间断智能化执法。推行驾道云检测车联网智能执行系统,实现车主主动控制自家车辆的污染量,而不是仅停留在以往的车辆是否合格层面。快速削减机动车污染总量。驾道云检测过程采用环数据、图像和电子标签同步与云平台大数据中心互动,公众可监督检测过程,形成区域内机动车排放检测数据的互联互通和数据共享;设在居民小区附近或维修站内的云检测环检点,可以让车主开车回家或维修车辆时方便检测,减少道路拥堵和车辆二次污染。对车辆分级管理,通过车联网对超标车和高污染车实时跟踪;限行或淘汰高污染车,将直接削减机动车污染总量约 69%,能有效防控机动车污染总量,快速提升空气质量;除对在用车的排放污染量进行检测和分析汇总外,还可对汽车的发动机、额定功率、额定转速、三元催化器、进气方式、冲程、变速箱、驱动轮胎压力等有关车辆的技术状态进行分析判断,并将数据汇总储存,提供给汽车工业企业作为技术改进的基础数据;云检测智能化分析系统还可将各汽车企业生产的同时期同排放量车型进行技术对比分析,政府可根据车辆污染状况鼓励车主购买排污量低的车辆;云检测大数据平台还可对车辆各种技术缺陷进行分析和统计,为政府科学和准确召回技术缺陷车辆提供支撑,同时保护优质车辆不被恶意维权。

协同治理措施方面,机动车与非道路移动机械制造产业升级、宏观调控。"供给侧改革"细化机动车产业,供给侧结构性改革的核心是,从用增量改革促存量调整。技术进步机动车行业的深远影响,一方面是行业整合,集中度越来越高,另一方面是新业态出现。城市仍然是未来汽车产业的核心地域,城市的人口会进一步扩大,这些人口又是消化汽车技术升级、产品升级的主力人群,因此在现有结构下城市交通问题会更进一步被放大,用户的出行需求、购车需求以及城市交通系统也会随之出现相应的结构性变化;"L 型"新经济发展阶段是企业承担社会责任的回报阶段。汽车产业环境最大的变化,是从前期政府提供较多政策扶持,优化机动车产业环境和市场环境,转向企业履行社会责任阶段。供给侧改革进入新的阶段,政策"稳字当先"下求发展、求改革、求调整、求民生,稳中有进的特点在新阶段更多表现出来。意味着政策周期发生一些新的调整,对冲效应逐步显现,企稳筑底,宏观加杠杆对冲微观去杠杆,有效减缓微观去杠杆带来的经济波动影响。财政收入结余的潜能,给政府加杠杆提供有力的支撑,有利于减缓企业、家庭去杠杆带来的经济波动。相对平稳的"L"横向阶段,是企业承担减排等社会责任,产业升级的契机。准入标准方面,政府权力清单的方式,对符合规定排放、耗能标准的机动车车型和非道路移动机械认定,列出行政许可审批事项,审批对象为,在本省销售机动车和非道路移动机械的生产企业。办理机构归口为环保局机动车排放管理处。实行非道路移动机械排放标识管理制度。适时出台《机动车和非道路移动机械排气污染防治办法》,将非道路移动机械的排放纳入《办法》管理范围。设区市政府可根据大气环境质量状况,划定并公布禁止使用高排放非道路移动机械的区域;采取财政补贴和奖励等方式合理控制机动车保有量,鼓励老旧机动车提前淘汰;倡导环保驾驶,停车超三分钟倡导熄火等。源头预防与控制措施。规定本市行政区域内禁止销售未达到本市执行的污染物排放标准的机动车;对未达标的机动车,公安交通管理部门不予办理机动车注册登记和转入登记;规定非道路移动机械所有人的申报义务;有奖举报。机动车排气污染定期环保检测。在规范检验制度和机动车环保检验机构上,明确机动车排气污染定期环保检测制度,明确环保检验机构的义务和环保部门的监管措施,以及机动车排气污染治理企业的从业要求。

地方立法和行政决策中,首先,维护社会主义法制统一原则。限行条款不宜写在地方性法规中,也不宜以立法方式授权政府制定。限于临时性措施,常态化需要有明确的上位法法律依据。同时,该项行政决策需要有风险评估、听证前置的程序。根据《中华人民共和国物权法》第42条规定,为了公共利益的需要,依照法律规定的权限和程序可以征收集体所有的土地和单位、个人的房屋及其他不动产,并依法进行补偿。这种征收主要是针对土地这种不动产。对于非道路移动机械这种动产是否能够予以征收,或者变相征收,即限制使用,法律没有给出明确依据。限行常态化政策实施,现有法律也没有明确规定对公民的补偿机制,那么对车辆的税收、年检的费用是否要根据实际情况减少、百姓出行不便是否会得到政府补偿、由此引发的车辆折旧损耗的这部分损失谁来承担。这些法律均未予以明确。根据《中华人民共和国行政许可法》

第15条第2款的规定,"地方性法规和省、自治区、直辖市人民政府规章,其设定的行政许可,不得限制其他地区的个人或者企业到本地区从事生产经营和提供服务,不得限制其他地区的商品进入本地区市场"。因此强调市场调节手段的充分挖掘和应用,不宜在立法中增设地区商业壁垒和增设行政许可事项。其次,符合比例原则。明确立法目的,现存有些问题通过排污许可管理、行政许可就能解决的,就不必给社会主体创设新的义务。秉持地方立法中与上位法之间"上原则下细化"要求,在符合法律保留原则前提下,制定符合地方实际的法条,落实《中华人民共和国大气污染防治法》《中华人民共和国行政许可法》《排污许可管理办法》和法治政府权力清单责任制,并实现有机融合,避免机械拼凑。避免环保部门"责任刚性,执法虚位"状况,落实"执法主体与普法主体同位",以制度方式获得其他部门,尤其强势部门的配合,提高环保执法效能。最大限度遵循行政法所规定的比例原则,即行政行为不应超越实现预期结果必要的限度,加强区域限行决策效果评估并在限行期间同时采取强化交通管理、改善交通基础设施、发展公共交通以及经济调节手段,如提高停车场收费、征收拥堵费等对公民自由和权利侵害更小的措施,在达到有效缓解交通拥堵目的的情形下,则无必要继续实施。限行常态化需要有配套的、体系化的治理措施,上升到立法或者政府的政策层面,需要听证程序前置,符合科学立法、科学决策的精神。此外,规范行政决策程序。召开立法听证会,就可行性进行立法听证。客观分析社会认知程度、群众环保意识、环境质量状况和执法力量等因素,综合考虑多方面意见。区域限行措施的合法性完善。区域限行作为行政决策,具有法律授权。同时,为保证区域限行决策的民主性和科学性,其在落实行政决策程序规范要求、促进区域限行措施的合理性、可行性和社会接受度上则仍有进一步完善的空间。程序控权。区域限行决策的合法化要件可以概括为职权合法、内容合法、程序合法。鉴于现行各地的区域限行措施符合法律保留和法律明确原则,故对于主体资格、权限和内容违法的可能控制只有通过决策程序的设计来进行。在行政决策程序的设定中,应当加强专家评审和论证制度,意在以此形式控制行政机关行政决策权,在涉及对经济社会发展等公共利益影响重大或专业性、技术性强的重大决策事项领域,如较大范围、较长时间的区域限行,应在决策程序中明确必须以专家评审和论证结论作为行政决策依据；规范区域限行决策中的公众参与。区域限行涉及对相对人权利的限制，应当在决策程序中明确公众对行政决策权的监督和控制，并专门规范决策征询意见程序，以确保在行政决策中能充分听取群众意见；规范区域限行行政决策的行为期限。在区域限行决策中，通常公安机关交通管理部门工作效率不高、不透明、对公众参与的回应不足。对此，为提高行政机关工作效率，在区域限行行政决策程序中，对于公开征求意见、合法性审查、决策表决等事项，应当建立限时办结；加强区域限行的行政决策风险评估，规范区域限行决策后评估和行政监督。另外，落实社会主义核心价值观，增设倡导性条款。可设置"鼓励环保驾驶，减少机动车污染排放。在学校、宾馆、商场、公园、办公场所、社区、医院的周边和停车场等不影响车辆正常行驶的地段，提倡机动车驾驶员在停车 3 分钟以上时熄灭发动机"的规定，引导公民自觉养成良好环保驾驶习惯，因此，该条不设罚则。完善和细化"停车超 3 分钟熄火"适用的特定区域，立法明确 8 类特定区域，机动车驾驶员在停车 3 分钟以上时应当熄灭发动机，且不涉及路上停车等信号灯的情形。增加"空气重污染预警时提醒公众采取必要的防护措施""不得露天焚烧电子废物""设定罚款数额的下限"、对外公布违法排污企业黑名单等有地方特色、能落地的条款内容。

明确职能方面，环保部门统一监管大气治污。人民政府应当根据主要污染物的减排需要，建立统一有效、分工明确的监管体系，并加强统筹协调。环境保护行政主管部门对大气污染防治实施统一监督管理。规划、发展改革、经济信息化、公安、交通、住房城乡建设、市政市容、城市管理综合执法、工商行政管理、质量技术监督等相关政府部门，根据各自职责对大气污染防治实施监督管理；明确属地管辖原则，上位法是面对全国，有进口、生产的规定。河北省只要管好落地的车，即便执行更严格或提前执行国标，对地方企业和产业积极性也不会造成挫伤。不宜立法限制企业出售到外省，设置贸易壁垒；环保部门依靠技术增加权力刚性。区分梯度针对大气污染重点区域治理。新车达标监管、用车环保管理、黄标车和老旧车加速淘汰、车用燃料改善等方面采取综合措施，共同防治机动车污染。第一，新生产机动车，严格执行国家排放标准，本省提前实施更严格的新生产机动车国家排放标准及油品质量标准；第二，在强化新车达标监管方面,重点加强重型柴油车生产、销售等环节监管;第三,鼓励研发和应用替代燃料汽车。油企准入、车企准入与销售,有准入标准,但应该给企业留出能源、生产方式转换、整改的余地与时间。条例对末梢上的车关注过高、特别是私家车或企业用车,更应该加强源头环节的政策设计。对地区来说,既不能打压油、车企业生产积极性和合理盈利空间,又要让大气污染有效改善。政策设计应该有韧性、可推敲。建议环保部门联合公安部门采取"环保取证、公安处罚"模式执法。规范治理,提高效力。

第五章　城市新型空间治理

一、空间治理基本理论

　　与自然空间相区别,社会空间是外部物理因素与人类自身的能动因素共同决定的。纵观整个人类历史,出现过五种社会空间,分别是初始空间、地方性空间、国家空间、全球化空间和信息空间①,城市空间治理论域,需关注全球化空间和信息空间对人类生活方式的改变。有鉴别地吸收借鉴西方空间理论,关注其发展新动态,尤其是消费空间和空间消费的交错特征,一方面消费空间的设计和精致化,另一方面空间本身作为消费的对象,构成资本运行的重要领域,自然空间被消费空间所取代,取代的结果即各种精致化的消费空间的出现,如高速运输、高速物流及互联网形成的时空压缩消费。此外,"劳动的空间分工"②视野下的政治、权力与地方性问题,涉及城市及城市群劳动的空间布局原则、城市化进程中的空间正义本质及其经验性适用、城市化进程中的空间乌托邦③等问题。实际上,历史唯物主义的基本原理和方法论的基础上

---

　　①　包亚明:《现代性与空间的生产:列斐伏尔专辑》,上海教育出版社 2003 年版,第 10 页。

　　②　《资本论》中,马克思通过"政治经济学批判"揭示出了劳动、资本和时间这些最基本的因素在资本主义社会化大生产条件下的"双重空间"本质,空间生产空间生产的当代发展暗示了资本发展的生态逻辑。

　　③　"时空乌托邦"概念源于大卫·哈维的空间批判理论。与正义和空间正义思想同时萌发的乌托邦(Utopia),始见柏拉图《理想国》,19 世纪,莫尔"乌托邦"认为通过轮流劳动制实现城乡平等,傅立叶"法郎吉"认为所有成员参与工业和农业生产,实现城乡融合,欧文的"共产村"力图用公社制度解决城市与乡村、工业与农业、体力劳动与脑力劳动之间的差异与不平等,上述阐述体现了正义原则。封闭的社区共同体虽然在很多城市规划细节上尽量做到了尽善尽美,但由于排除了商品交换的基础,无法在市场经济中长期存活,追求正义的乌托邦实践最终失败。寻求正义也是追求乌托邦,但让人们注意到社会制度和社会改造的必要性,获得目标,因此,乌托邦是一种可以对现状进行批判的参照物、可供选择的方案。欧文等有关乌托邦城市的探索在霍华德那里发展为对"田园城市"的探究。

也有吸收空间生产的理论,即马克思的实践观点的思维方式和"实践的空间"理论,空间生产的发展状况是生产方式矛盾运动的特定表现,空间实践新发展基础上的社会空间维度,表现为空间生产的异质化、特色化、高技术化、生活化以及市场化等方面,富于对当代社会发展的解释力。城市中作为日常生活主体的存在空间如家庭等的价值张力,也体现为其具有多重的空间功能,既是生产的空间,又是教化塑造的空间,以及个体安身立命的空间。城市现代性的政治逻辑及城市化进程中的伦理领域,哈贝马斯构造了当代资本主义条件下的合法性批判理论,从民主形式角度为资产阶级民主法治的合理性作出了理论论证①,福柯则讨论了物质化了的空间中的微观权力问题。客观上,城市的历史源远流长,却到19世纪才出现现代意义的大都市。随着城市化进程,城市大规模扩张成为现代社会的突出特质,改变着城市空间。城市空间不再是传统意义上中立的物理场所,而是成为可以生产巨大利益的空间。西方城市史发展,伴随对空间资源的争夺以及导致的激烈冲突,引发西方社会旨在争取空间正义②和城市权利的都市社会运动。1968年,英国社会规划师戴维斯在《本地服务中的社会需求和资源》中提出领地正义(Territorial Justice)思想,即地方政府和区域规划师的行为目标要考虑公众服务和社会需求,被认为是规范意义上的空间正义(Spatial Justice)思想③的开端。1978年,南非地理学家皮里在《论空间正义》文中论述了"从社会正义和领地社会正义的概念中塑造空间正义概念的必要性和可能性",认为如果将空间作为社会过程里的一个容器,空间正义仅仅是"空间中的社会正义"。同时,指出各种形式的非正义在空间化过程中的表现方式,认识到空间可以成为对抗非正义的政治场所。

---

①　但哈贝马斯的空间合法性批判既不能主张理论道路的必然性,也不必然地证明资产阶级民主法治的选择唯一性。

②　正义(Justice)概念可追溯到古希腊时期,柏拉图在《理想国》称正义是特殊化的理想,城邦的正义是理想国家的前提和条件,而理想国家的终极目标是建立一个城邦正义与个人正义足以相互匹配的正义之城。亚里士多德将比例平等视为正义的普遍形式。启蒙运动时期,对正义的讨论与公共福利和民主政治等联系,近现代以来的正义成为解决个人与社会发展中面临的政治、经济和文化问题的重要原则。

③　英文学术论文中,空间正义一词,首见美国政治地理学者奥拉夫林在1973年撰写的有关美国黑人选民的种族和空间歧视的博士论文,但奥拉夫林关注重点并非空间正义,而是与选区有关的政治、地理等因素。

20世纪70年代以来,城市空间利益归属成为西方国家城市研究领域的焦点。面对这个现实,西方学者重新深入理解马克思主义理论,力图从中获取用来解剖现实的思想和理论资源,对城市研究理论修补,马克思主义的历史理论贯穿对空间问题①的深刻解读,与此同时,西方批判社会理论出现"空间转向"(Spatial Turn),批判性的空间视角进入城市研究领域,开启"万事万物的空间维度与历史维度从此进入平等且相互影响的时代"②。在追求美好城市的过程中,空间资源的重要性被提升到前所未有的高度,空间正义与城市权利问题交织。2010年索亚发表《寻求空间正义》,指出正义、非正义的空间性影响着城市社会生活,观点是在列斐伏尔的城市空间政治维度上的延伸,指出不存在绝对的空间正义,空间正义实质上作为"一个理论概念,一个经验分析的焦点,一个社会和政治行动的靶子"③,唯有不断修正既有的空间非正义。

(一)流空间治理

流空间理论的文献梳理中,流空间(space of flows)是美国社会学家曼纽尔·卡斯特提出。随着技术发展,人们活动不完全受限于距离,时空观念逐渐从传统意义上的场所空间向流空间转变,须更加重视城市节点的价值。在全球化和新一代信息技术支持下,城市经济的"地点空间"正在被"流空间"所代替,核心城市是各种"流"的交汇地。

1. 流空间的概念和层次

流空间是一种相对于地方空间的新空间逻辑(Taylor.2010)。对流空间的研究包括理论总结与演绎(Castells.2001)④,以及以流空间为视角的实证研

---

①　恩格斯的《英国工人阶级状况》《论住宅问题》、马克思的《资本论》,以及他们合作的《德意志意识形态》《共产党宣言》等经典文本都直接涉及资本主义生产方式下城市生活的变迁,聚焦于支持这一变迁的资本积累过程,而且运用了大量代表空间分析视角的共时性研究。

②　熊竞等:《从"空间治理"到"区划治理":理论反思和实践路径》,《发展研究》2017年第11期。

③　熊竞等:《从"空间治理"到"区划治理":理论反思和实践路径》,《发展研究》2017年第11期。

④　流空间理论提出源于学者Castells在20世纪80年代的系列研究工作,包括1989年的著作《信息化城市:信息技术、经济在结构与都市——区域过程》、2001年的著作《网络社会的崛起》。

究,包括英国拉夫堡大学的 Gawc 研究小组和欧洲多中心巨型城市区域研究团队 Polynet。学者 Castells 指出,社会是围绕资本流、信息流、技术流、组织互动流、影像流、声音流和象征流而建立起来的,流不仅仅是社会组织里的一个要素,而是贯穿和支配了整个经济、政治与象征生活的过程。流空间具体指的是"不需要地理邻近,而通过流运作的共享时间的社会实践的物质组织"①,关于流动空间的构成,Castells 进行几次完善,拓展为以下层次:(1)物质支持为第一层次,由技术性基础设施网络构成,如信息系统、通讯、广播系统和高速运输系统等。基础设施的水平和位置决定流空间的基本功能,以及与其他空间形式和过程的关系。流空间中各种类型的互动网络,例如金融市场、商业服务、娱乐、新闻媒体等网络,都需要特定技术系统和基础设施支撑,以流空间的逻辑形态运行。(2)由节点(node)与枢纽(hub)构成的网络为第二层次,节点和枢纽,依据具体网络类型确定,例如金融流动网络中,节点是股票交易市场及辅助性的生产性服务中心;欧盟形成的政治网络中,节点是欧洲委员会与国家部长会议。大学、机场、港口、车站、城市等都可以构成不同网络的节点;人、物、信息、知识等在这些网络中流动。流空间基于物质支持网络,但不同节点与枢纽构成的网络连接不同,生产财富、处理信息以及制造权力的层级里,分配特定角色与权力,最终决定不同区域的发展潜力和水平。(3)占支配地位的管理精英(elites)的空间组织为第三层次,即精英阶层工作、娱乐休闲、生活的网络。流空间中的节点包括居住与休闲导向的空间,以及专属的象征隔绝的社区,如特别通道、贵宾室、高端俱乐部、标准化的高级酒店等。(4)网站等组成的电子交往和活动空间为第四层次,主要以草根阶层为代表人群推动形成,通过流空间满足目的并影响流空间的结构。许多社会活动都经过虚拟网络产生,人与人的交流甚至决策都可以在虚拟网络实现。

2. 流空间理论影响

流空间理论的提出,改变了城市学研究的传统地理学与经济学思维,主要影响包括:第一,地区之间的连接性逐渐增强,地理空间距离和物理邻近性逐

---

① [美]曼纽尔·卡斯特:《网络社会的崛起》,夏铸九等译,社会科学文献出版社 2006 年版,第 32 页。

渐被弱化。流空间强化区域空间相互作用的强度和广度,在时间对空间的转换中,消除部分距离摩擦对空间相互作用的制约,并降低交易费用,有效改善了传统意义上的可达性。从这个角度看,传统的地理学将重构,发展范式也由此发生改变。第二,推动地区区位优势的变化,流空间颠覆了建立在地区资源和地缘基础上的区位优势,取而代之的是地区在网络中的地位,以及由此产生的生产要素流动的集聚与扩散条件,地区可以在流空间作用下产生新的区位优势,且地区之间的相互关系,决定该区域是否能获得增长性的区位优势。第三,影响地区优势因素的重点,从地区资源、地缘优势向网络结构、中介性、流动性、地区势能转变,这种转变表明,地区优势通过较高程度的综合而发生改变,更能体现对变化产生的灵活性和适应性①。

（二）流空间与地方空间

　　流空间并不排除地方空间。尽管在空间结构的逻辑中,较少有针对地方空间的表述出现的,但流空间并不否认地方空间的存在。流空间强调流和网络的重要性,从网络逻辑来看,失去节点的网络将成为纯粹的"流",而地方的存在保证了连接"流"的节点的存在（郑可佳、马荣军,2009）。流空间把"地域"（local）作为网络中的节点连接起来,"地域"是一个在形式、功能与意义上,都自我包容于地理邻近性界限范围之内的地域。"地域"具有完整的社会、文化、实质环境与功能特性。有些"地域"是交换、通信中心,主要发挥其协调功能,使整合进入网络的元素之间能够顺利地互动,其他"地域"则是网络的节点,也拥有策略性功能的区位,围绕网络中的关键功能,建立以地域性（locality）为基础的活动和组织,节点的区位能将地域性和整个网络连接。因此在网络社会中,地方空间并未消失,而是被整合到了流空间中。无论传统社会抑或电子空间,能被感知到的空间都是以"地域"或"地方"为载体,流空间的影响下,区域再构自身,区域性机构之间和以区域为基础建立合作网络。地域与区域被整合,形成流空间与地方空间交织的空间模式。两个空间的主要

---

①　孙中伟、路紫:《流空间基本性质的地理学透视》,《地理与地理信息科学》2005 年第1 期。

区别在于,地方空间是静态和固定的空间状态,流空间代表了动态空间理念,流空间下,生产和组织活动不再受限于固定区域,城市的社会功能与权力在动态中组织。基础技术、主导状态、空间结构形态、作用范围、发展与效益取向等方面,两者也有区别。

流空间的理论与视角,引发学者们对传统城市研究范式的思考,重新审视建立在物理距离上的空间观念,随着流空间范围的拓展,以网络为主的横向城市空间关系压缩了传统的纵向等级空间关系。城市空间结构由单中心转向多中心,世界城市、全球城市等概念出现,研究视野由原来的区域—城市—腹地关系转向对城市网络结构、功能等城市外部关系的研究。

理论渊源上,世界城市、城市网络与流空间理论一脉相承,后者是前者的理论基础。流空间视角下,传统等级城市关系向城市网络研究范式转向。西方学者在对城市网络研究过程中,作为对流空间的理论回应,以及对中心地理论的补充,提出"中心流"(central flow)理论(Taloy.2010),认为 Christaller 的中心地理论,形成了居住地理(settlement geography)和零售地理(retail geography)两个研究方向。中心地功能是为周围地区提供销售和服务,考虑的是本地、城镇与腹地之间的内部关系,表现等级性;流空间中,城市之间的关系更多是非本地的,程度也更为复杂,表现为横向网络关系。中心地关系称为"城镇状态"(Town-ness),流空间关系称为"城市状态"(City-ness)。中心流理论认为,城市应被看成一个过程(process),而不是地方(place),在中心流的作用下,城市之间跨区域和长距离的人口、信息、资金、商品等互动关系更加稳定与频繁,经济增长主要来自"城市状态"下的网络结构,它更有利于城市获取外部机会(Taloy.2010)。与中心流理论对应的城市关系表现为网络结构,本质是横向联系为主的流关系体系。

城市发展中,城市外部的关系包括中心地理论呈现的等级关系,以及中心流理论呈现的网络关系。中心地理论中,以地区中心为基本单元形成地方空间;中心流理论中,以流为核心,生成网络并建立流空间,核心是"流"还是"地方",决定理论的导向。中心流理论作为对中心地理论的一个补充,较好地解释了当前流空间下城市网络的形成。城市网络具有次节点、节点和网络不同层次,次节点是企业,节点是城市,网络是城市网络,城市本身不构成网络,而是城市中的企业关系构成网络,城市之间是以企业为载体实现的联系与互动,强调分工合作,而不是传统意义上的竞争关系,实现了由城市属性数据到关系数据的转变。

以上理论梳理可见,传统"空间治理"研究,理论渊源上,一是以空间社会的研究为起点,到空间治理的研究;二是以社会科学空间研究为起点,到治理空间理念的研究。两者构成当前的"空间治理"概念体系,解释力和指导性有一定局限。十八届三中全会提出全面深化改革总目标为"国家治理体系和治理能力现代化",治理成为研究理论热点,更成为实践中的改革主线。城市研究、空间研究与治理理论相结合,形成城市新型空间问题治理的探索。基于空间治理及大都市区治理、基层社会治理、区划治理的实践,系统研究区域治理及表现类型,以此拓展空间治理理论与实践。

二、空间治理转向

(一)理论共识

空间的治理转向源于空间科学和地理学的社会文化转向。1960 年代,随着理性主义批判和人文思潮兴起,城市规划、地理科学等空间学科与政治学、社会学等人文学科渗透,空间科学向社会、文化转向,以空间作为核心对象的城乡规划领域①,认为不应以纯粹技术理性为标准,而要综合考虑社会、经济、文化等要素。西方地理学也主张"人文地理学的社会关联运动"②,全球化、信息化和城市化的深入发展使得社会日趋多元化、流动化,碎片化,公众对传统官僚制公共行政模式产生质疑,空间和城市研究中对社会公共性的诉求不断

---

① Paul Davidoff 提出倡导性规划,代表著作《美国大城市的死与生》即是对精英主义和理性主义的批判。参见[加拿大]简·雅各布斯:《美国大城市的死与生》,金衡山译,译林出版社2006 年版,第 224 页。

② 地理学转向以西方马克思主义、后结构主义、女性主义等后现代社会思潮为理论基础的"新文化地理学",英国地理学家邓肯、约翰逊等认为,地理学研究内容从传统的区域研究和空间分析转向解决现实社会问题,关注文化生产运作、价值内涵和符号意义等,进而研究空间构成、空间秩序、空间正义和空间政治。

强化。

治理研究的空间转向,始于社会科学的空间转向。1970 年代,基于哲学反思、学科整合和时空转型为背景的社会科学出现空间转向。英国社会学家吉登斯从权力与社会互动的角度切入空间议题,"社会互动由一定时空下的社会实践构成,空间形塑社会互动亦为社会互动所再生产"①。法国社会学家福柯致力于考察权力和知识的空间化过程,认为空间成为现代纪律社会权力运作的重要场所或媒介,以及权力实践的重要机制②。德赛托在其空间实践理论中指出,强者"以分类、划分、区隔等方式规范空间"的空间战略(strategies),不同于弱者"以游逐不定的移动、游牧、窜流的空间战术对抗区域化,拒绝和批判以强权为后盾的空间支配"的空间战术(tactics)③,德赛托"常识与街头社会理论"有别于福柯"体制性空间",各类主体在空间中进行规制和反规制的互动,使得蕴涵着自由和可能性的空间成为治理的场域。1980 年代,非政府组织,社会组织、第三部门等出现,新公共管理主义理论产生并付诸实践,西方国家政府开始与商业机构、社会组织等合作推进城市经济增长、公共产品生产和供给侧改革。空间作为政府的管理对象和公共资源,向多元参与、协商共治的治理方式转变,例如城市规划领域强调其公共政策属性,并非只是技术精英和政府管理。合作型规划、协同规划等理念使城市规划更加强调社会互动和公众参与,标志空间科学研究进入注重"空间治理"的阶段。以"空间治理"作为范畴的研究成果成为热点,"通过资源配置实现国土空间的有效、公平和可持续的利用,以及各地区间相对均衡的发展"④界定空间治理的概念,提出规划体制、土地制度、户籍制度和财税体制是空间治理的四大手段,均具有明显的行政性,来自体制内上下级政府之间的协商。有学者将当代中国的城乡规划本质定位为空间治理,即对空间资源的使用和收益进行分配和

---

① [英]安东尼·吉登斯:《社会的构成:结构化理论纲要》,李康、李猛译,中国人民大学出版社 2016 年版,第 90 页。

② [法]米歇尔·福柯:《规训与惩罚》,刘北成、杨远婴译,三联书店 2012 年版,第 70 页。

③ 熊竞等:《从"空间治理"到"区划治理":理论反思和实践路径》,《城市发展研究》2017 年第 11 期。

④ 刘卫东、梁红梅:《近十年我国耕地变化的区域效应及其合理性分析》,《浙江大学学报》2008 年第 6 期。

协调的政治过程,认为"空间治理"的表述,均指向体制内空间组织的协商互动,国内空间规划的发展演变呈现从国家治理体系的相对边缘位置走向中心位置、从服务单一目标转向服务多元目标、角色从不断反复走向全面重构和规范化、从促进增长的工具转为实现战略引领和刚性管控的公共政策的特征。基于历史经验及当前改革的整体环境,指出空间规划体系的重构,承载着实现国家治理体系与治理能力现代化的目标,空间规划体系不仅需要承担政府间利益与权力的制衡与协调,更要发挥对市场经济和社会发展的有效干预作用①。美国学界将治理理论应用到城市空间。增长机器(Growth Machine)和增长联盟理论(Growth Coalition)认为地方政府与商业精英、私人企业以及民间团体进行合作,对城市土地和空间进行治理运作以推动城市经济增长。城市政体理论(Urban Regime Theory)则强调多元主义以及非正式制度安排,更加注重分析政府、企业、社团在治理过程中,不同的"城市政体"组合产生截然不同的城市治理绩效②。国内学者认为在市场化、信息化、工业化、全球化进程中,基层空间已发生深刻变化,原有的以公共权威主导且追求稳定的空间治理模式未能及时调整,使得空间再造与组织调整之间产生错位、不对称问题,重构基层治理空间在于空间的再划分及其再组织化过程③。指出城镇化过程中由于空间变迁而带来权利、利益的激烈调整甚至冲突,导致空间排斥、隔离和失序,为实现空间正义和公平,需进行空间修复④。"空间治理"概念浮现于最为复杂的中国当代城镇化、城市群、区域协调等研究领域。"城市病""存量规划""城市更新""社区建设与发展""回归日常生活"等,又进一步使城市空间兼具政治属性和社会属性。

(二)空间城市治理实践

"空间治理"概念的提出,源于当前城乡空间利用、管理和发展的现实困

---

① 张京祥等:《中国空间规划体系40年的变迁与改革》,《经济地理》2018年第7期。

② [瑞典]乔恩·皮埃尔:《城市政体理论、城市治理理论和比较城市政治》,《国外理论动态》2015年第12期。

③ 杨雪东:《经济全球化背景下的中国制度优势》,《求是》2013年第18期。

④ 朱国伟、陈晓燕:《智慧城市建设中的重点领域与关键问题:以武汉市为例的分析》,《智慧城市评论》2017年第2期。

境,即利益多元、权属复杂、诉求多样、状态嬗变、开放流动的城乡空间,蕴含破解困境、防范风险的政策框架。梳理"空间治理"概念的形成,一方面,空间科学进行治理转向并推出"空间治理"概念,缺乏对治理内涵的"嫁接",缺乏治理理论所涉及的搭建平台、协商意见、协调利益等工具性、技术性、操作性内容,例如议事规则、公众参与等,径直用"空间治理"来替代之前常用的"空间管制",较难将"治理"理念付诸具体的空间实践,此困境已在近年频发的城市邻避事件、城乡规划信访中得到反映;另一方面,政治经济学、社会学、公共管理学领域学者关注治理中的空间问题时,缺乏对空间科学逻辑的深入把握,例如几何关系、拓扑关系、相互作用关系、空间过程、层级尺度关系及其衍生的空间最优规模、集聚和扩散等。将空间视为抽象的、匀质的、无差别的空间,难以分析治理如何在空间中展开、在现实中推进等。从现实需要看,"空间治理"的范围,包括江河流域空间治理、城市群空间治理、新城新区治理、特大型城市空间治理、城镇化或城乡接合部空间治理、城乡社区空间治理、基层社会空间治理、住宅小区空间治理等。一方面需要治理理论供给多元协商、利益协调、共治平台等治理技术规程,另一方面则需要空间科学供给尺度划分、设施布局、层级制定等空间技术规则。实践的角度看,"空间治理"概念仍需做进一步深化,借鉴以空间划分且配置相应管理结构为核心的行政区划概念,"空间治理"的理念在实践中转化为"区划治理"政策框架。区划治理是实践的空间治理,作为空间治理政策工具的行政区划,是国家为政权建设、经济发展、社会稳定而施行的空间划分及行政建制、隶属关系、行政中心、政区地名等的制度设置。空间管理政策与行政区划存在关联。《中华人民共和国城乡规划法》依据"一级政府、一级事权、一级规划"的原则,建立城乡规划体系,使城乡规划与行政层级和行政区域密切关联,土地管理制度与城市型政区和农村型政区的设置关系密切,人口户籍制度与行政区域、行政建制甚至行政层级密切相关。因此,行政区划的设置及调整,深刻影响地方政府的空间治理效率,地方政府在空间治理中,必须依托行政区划及政策框架推进。行政区划强调行政逻辑,空间治理强调治理逻辑,实践中,行政区划或准行政区划的调整向治理逻辑转型,基于行政区划的"区划治理",成为地方政府空间治理的重要手段。行政区划为空间治理提供诸多实践基础,包括空间治理规范和治理标准;行政层级是空间治理体系构建的重要依托,也是空间治理政策、资源、力量配置的平台;行政建制反映的地域属性,为空间分类治理、精细化治理提供依据,是空间治理的行政承载平台。从区划治理实践看,有学者从空间类型角度,分为经济空间的区划治理,社会空间的区划治理和行政空间的区划治理类型①。经济空间类型的体现以企业集聚为主的开发区,空间尺度偏好较大规模与扩区拓展,以集聚和规模效应为导向划分产业区块,空间管理一般以上级政府的派出机构管委会②为主,并指出随着创新周期、技术门槛、成果转化的需求,从赶超型产业创新向引领型产业创新的转型,开发区单靠政府力量已难实现结构升级,倾向引入行业协会商会、业界精英、社会组织等加入开发区的管理,与管委会共同形成合作治理的格局③;社会空间集中体现为社区、住区、学区等,社区空间区划和社区空间单元上有不同实践,有将居委会作为社区,有将街道作为社区,有将街道与居村之间的街区、镇区作为社区平台。基于街居制居委会空间规模偏小,街道空间尺度偏大,单位制解体后,社区在城市基层空间发育,社区理论和政策上定位为行政管理和社会治理共享空间,空间精细化治理和精准化服务要求下,通过创新构建社区共治平台,是近年社区建设中的探索领域;行政空间治理即行政区划,强调国家政权建设、经济发展和社会稳定,做大做强当地经济,以产为本的政区划分空间规模偏大④,在经济发展中起到一定的推动作用,逐步显现出社会矛盾和文化冲突⑤。典型案例广泛见于京津冀一体化、长三角区域合作协同机制、粤港澳大湾区、城市群协调开发合作组织等,以及新区新城管理体制、功能区域、区镇联动、开发区代管街镇等。区

---

①　熊竞等:《从"空间治理"到"区划治理":理论反思和实践路径》,《城市发展研究》2017年第11期。

②　熊竞、胡德等:《治理区划:我国特大城市基层政区改革新理念》,《城市发展研究》2017年第12期。

③　例如上海浦东陆家嘴金融贸易区、深圳前海特区等施行的"法定机构+业界自治"模式、上海张江高科技园区设立的园区发展事务协商促进会,北京中关村高科技园区的产业创新联盟,以及中国(上海)自由贸易试验区设立的社会参与委员会等。

④　包括1990年代的县(市)改区,2000年前后的乡镇撤并等。

⑤　有鉴于此,在编的《行政区划管理条例(草案征求意见稿)》提出,变更行政区划的申请材料需提交"行政区划变更专家论证意见"和"听取社会公众意见的情况",即在设立、撤并、更名、评估中除了注重上下级政府的沟通协调,更加强调业界专家和社会公众的参与权。

划治理类型之间存在转化,转化过程伴随区划治理过程①,划分新的行政职能单位,或在街镇与村居之间设立新的治理服务单元,解决空间职能转型引发的空间尺度调整。从整体性治理视角,调整过程引入多元利益相关方参与,可降低空间转型或调整中的共识成本,调整后的组织配置运行中,在不增设行政层级前提下,依托已有资源推进区域共治,有效减少和控制行政成本。

三、交通运输空间治理

(一)交通运输治理法治基础

交通运输事业取得很大发展,交通运输管理走向法治化、规范化进程中。各层次交通运输治理方面的法律规范出台,这些法律法规和行政规章的颁布实施,对保障交通运输安全,强化运输生产管理,维护运输生产秩序起到积极作用。目前交通运输部门的法律、法规和规章不少是在计划经济条件下建立起来的,反映和适应了计划经济发展的要求,随着经济体制转轨,交通运输部门原有许多法律、法规、规章与发展要求有所脱离,亟待完善和修正。现行交通运输法规体系中,存在法律效力层次低、规章多、法律法规少情况,交通运输法规体系中部分法规、规章内容有交叉重叠现象,规章形式也不尽规范,某些交通运输领域存在无章可循状况。现行与交通运输直接有关的法律规范,有《中华人民共和国道路交通安全法》《中华人民共和国铁路法》《中华人民共和国公路法》《中华人民共和国民用航空法》《中华人民共和国石油天然气管道保护法》《中华人民共和国海上交通安全法》《中华人民共和国港口法》《中华人民共和国海商法》《铁路运输安全保护条例》《中国民用航空危险品运输管理规定》《中华人民共和国收费公路管理条例》《中华人民共和国道路运输条

---

① 例如在基层空间治理中,1990年代以经济建设为中心导向下的基层政区倾向于更大规模面积和人口,以获得更多经济发展要素做大做强,这一时期的乡镇政区空间尺度偏大。新型城镇化发展阶段,基层更多以公共服务和社会管理作为其主要职责(如2016年上海全面取消街道招商引资职能、浦东全面取消村级招商引资职能等),基层政区规模在原基础上缩减。

例》《中华人民共和国公路运输管理条例》《中华人民共和国内河交通安全管理条例》《中华人民共和国船员条例》《中华人民共和国水路运输管理条例》《中华人民共和国防止拆船污染环境管理条例》《中华人民共和国国际海运条例》《中华人民共和国航道管理条例》《中华人民共和国航标条例》《港口建设费征收办法实施细则和水运客货运附加费征收办法》《中华人民共和国船舶和海上设施检验条例》；与交通运输相关的其他法律规范有《全面推进依法行政实施纲要》《中华人民共和国民法总则》《中华人民共和国行政处罚法》，这类规范是运输活动的行为规范，解决交通活动中的纠纷，使交通有序；《中华人民共和国环境影响评价法》《中华人民共和国环境保护法》《中华人民共和国海洋环境保护法》，突出交通运输中的保护环境和节约资源要求；《危险化学品安全管理条例》《中华人民共和国安全生产法》等法律规范，对遏制交通运输事故的发生、保护生命健康权提供了法律保障；《中华人民共和国政府采购法》《建设工程质量管理条例》《中华人民共和国土地管理法》等法律规范，从政府采购、土地利用、工程设计管理 运行方面规范了交通建设行为，为交通建设提供法律依据。空间治理源自社会科学领域，落脚点治理隶属管理学范畴，空间是该理论的核心，空间规划决定现实生命力，空间治理是治理理论中国化的途径。空间治理的内涵，表现为对区域资源和生产要素的空间配置，达到科学有效的空间利用；表现为政府、市场和社会等利益相关者之间的多元协商、沟通和互动。空间治理是空间规划手段和多元治理的统一，整合中心城市与周边地区，共享基础设施、产业及住房供给。核心是交通与空间规划。合理的交通连接与空间规划决策，有助于预防城市扩张带来的代价，有助于推进大都市区和谐发展。建立和完善适应市场经济要求的交通运输法律规范体系，确立交通运输主体资格，明确交通运输活动各类主体的法律规范；调整交通运输主体从事交通运输活动的行为的法律规范；调整国家与交通运输主体之间，以及各个运输主体之间特殊市场关系的法律规范；确立与国际技术和管理标准体系接轨的我国交通运输技术与管理标准法规。以立法方式推进交通运输管理体制的改革，实施政企分开、规范交通运输市场、建立现代企业制度。建立、完善适应交通运输一体化和国际物流化发展需要的技术标准法律规范体系，交通运输方式建立与国际标准中的基础标准、安全标准、卫生标准、环保标准和贸易标准相吻合的标准体系①,重点放在技术标准的制定与推行②上。完善交通运输行业协会组织的职能,加强交通运输业发展中的行业协调和行业自律的作用,并从法律规范上加以支持。高铁成为影响甚至决定城市、区域发展走势的新变量,都市圈建设模式和绩效特征,与高铁建设主导的区域格局以及对都市圈发展作用机理关联,高铁是工业化后期引领区域一体化和城市集群化发展的重要载体,也是提升城市综合竞争力、加快城市经济转型升级的关键要素。高铁的交通优势和战略潜能与区域经济社会一体化发展有效整合,是当前都市圈提速发展、提升竞争力的重大课题,城市群是城市的极化效应和扩散效应,以城市群作为推进城镇化的主体形态,才有可能推进城市网络化发展,集大中小城市和小城镇之长,增加城市群的集聚效益。城市群强调城际分工协作、促进城镇土地集约开发、遏制城市无序蔓延、合理保护利用历史文化资源,是区域空间发展共同的战略选择。按规模大小和层次高低,城市群可以划分为城市群、都市圈、市域网络化城市等三个圈层。新型城镇化进程中,三种形态并存发展,是一个有机整体。城市群是主体形态,都市圈是发展重点,市域网络化城市是坚实基础。都市圈不仅是经济圈、生态圈,更是居民生活的幸福圈,构建一体化的基本公共服务设施体系,扩大同城同待遇覆盖面,都市圈内形成公共资源均衡配置、公共服务均等覆盖的新格局,城市之间的合作处于较低层次,都市圈的协调主体和手段相对单一,企业和民间组织在都市圈一体化中的参与度较低,一体化体制机制有待完善,政策、法规障碍有待进一步破除。都市圈面临城市发展定位模糊、中心城市带动力不足、县域经济转型升级难等问题。高铁时代的到来,为破解上述问题提供机遇与挑战。联结高铁后,交通区位改变带来了发展机遇,各城市选择时空距离更近的城市进行融

---

① 张瑞瑞:《高铁时代跨区域协同治理模式与机制研究》,《郑州大学学报》2014年第6期。

② 从法律规则形成角度,分析高铁垄断经营的原因,一方面是成本因素,高铁是封闭式运营的,外部餐饮经营者无法便利解决存储、加热、运输等,经济学角度是一种"自然垄断"状态,只能由高铁运营者提供。高铁开放餐饮的市场准入,很快会有企业利用现代服务链条,从各站点完成餐饮供应,高铁车厢存储短暂储存和加热。消费者有多样化餐饮选择,技术克服成本问题。技术上没有必要保持高铁餐饮垄断经营,但法律规则仍然没有开放高铁餐饮的市场准入。高铁运营方获取餐饮服务的垄断利润,属于享有规则利益的优势方,消费者属于垄断经营状态的弱势方。

合,而不单纯选择其行政隶属的上级城市,高铁沿线的大中城市、中小县市和非沿线城市在区域城市网络中的地位发生重大改变,区域城市网络体系重构。一个城市处于多个都市圈的辐射下,在不同的都市圈中居于不同的圈层位置。意味着中心城市及节点县、市与都市圈的融合关系将出现更多形态。圈内城市既可能加强内部的横向联系,也可能面向周边的都市圈融合,从单向融合变为双向互动乃至多向互动。高铁时代的来临,为都市圈及其中心城市、节点县、市立足高铁网络和城市网络,在更大空间地域内整合资源、寻找新的发展增长点提供机遇。高铁的开通导致生产要素加速流动,当前区域竞争呈现新态势,以区域战略争取国家政策支持的竞争加剧,区域中心城市抢占经济腹地的竞争逐步加剧。区域都市圈的竞争加剧及辐射与溢出效应,推动都市圈的转型和发展,虹吸效应也导致都市圈人才流失、投资外移、消费外流。在新一轮区域竞争中,提速发展、提升竞争力成为都市圈领跑的关键。城市群竞争在于提升都市圈的能级,提升中心城市的竞争力。高铁带来的流动和便利性,为都市圈提升提供契机,都市圈正处于从要素驱动向创新驱动转变的关键,在更大空间地域内实现资源优化配置。高铁对区域发展具有极化、虹吸效应,使区域生产要素和社会经济活动流向区位条件更加优越和更具规模效应的地区。高铁沿线城市竞争加剧,新形势、新变化要求都市圈各节点重新审视自身发展优势和发展路径,把发展城市经济、都市圈经济作为新一轮经济发展的重要增长点和突破口,以新型城镇化为动力,利用高铁寻找新的经济增长点。

(二)城市群交通治理 TOD 模式

TOD 模式是"新传统主义规划"(Neo-traditional Planning)的具体体现,经过理论发展与实践总结,TOD 从最初的规划概念发展成特殊的用地单元。典型的 TOD 有以下几种用地功能结构,公交站点、核心商业区(Commercial Core)、办公区、开敞空间(Open Space)、居住区、次级区域(Secondary Area)我国没有经历小汽车导向的发展阶段,多数城市维持高密度紧凑型的发展模式,城市尤其是旧城区,各种用地布局混杂,公交发展潜力较大。作为城市发展的历史延续,TOD 模式在我国城市有着比欧美国家更好的优势,目前推城市交通低碳化的重要方式之一,是提高公共交通的出行分摊比例,限制私人小汽车出行。让居民为拥有和使用小汽车产生负面心理,转而自觉使用公共交通的办法,效果不明确。更有意义的做法,是制定相应策略,使街区更加紧凑和便捷,采取支持与改善城市公共交通、限制私人小汽车出行的措施。由于控制公共交通的线路非直线系数①为较小值,能够提升其通达性,将私人小汽车行驶线路的非直线系数控制在较大值就能够降低其通达性,降低其使用的方便程度,达到限制私人小汽车出行的目的。私人小汽车出行的降低,即意味着公共交通、步行和自行车交通比例的提升。通过路网规划和交通管制,使小汽车在一定范围内产生绕行,提高其线路非直线系数以达到限制使用的作用,并通过限制小汽车的使用达到降低城市交通污染物排放和能源消耗。TOD 模式下城市用地开发与交通组织原则,以公共交通可达性水平确定用地开发强度,目前编制控制性详细规划时,主要以道路网络的可达性来确定开发强度,实际上还是以私人小汽车为主。城市交通设施建设达到一定程度后很难再通过局部改建来增加其容量,当土地开发超过一定强度时,所引发的交通量将会带来新的交通问题,使已开发区域土地利用边际效益随之下降、土地开发受到抑制,进而造成该地区交通与土地利用的混乱状况,交通污染物排放及能源消耗水平上升。以公共交通可达性水平来确定开发强度,鼓励大型城市公共设施集中的城市区域中心与交通枢纽相结合。实现用地的有效复合,改变人们的出行行为,增加 TOD 内部设施的可达性,缩短一定的出行距离,对鼓励步行有重要作用,土地有效的混合利用非常必要,基于减少长距离出行的土地混合,保证从居住至工作地点的距离出行,提高便民设施的可达性,缩短出行距离,鼓励步行。个人和家庭特征,特别是小汽车的拥有状况,对人们交通行为的影响比设施可达性重要,多种目的的小汽车交通,包括将离家较近的出行纳入多种目的的长途交通,妥善安排整个城市设施的配置,使城市交通与城市空间发展有序。低碳目标下,适宜的地块尺度由车本位转变为人本位,划分适合于行人

---

① 在城市公共交通网络中,线路非直线系数是公共交通线路长度与起终点站间空间直线距离之比,反映公交线网的通达性,同时反映乘客乘坐公共交通的方便程度。据研究,合理的线路应为线路的走向顺着主要客流的流向,但尽可能捷径行驶,其系数一般在 1.4 以内为宜。

和自行车的地块尺度①。轨道交通使城市的可达性重新组合,促使城市结构发生变化引导新城建设,推动城市中心的转移,通过土地功能置换带来城市空间布局的重整,TOD 模式指导的轨道交通发展,减少城市土地因无序开发造成的浪费、避免生态环境的破坏,促进土地的多维度综合开发利用,取得一地多用的成效,实现土地的高效利用。城市空间结构是城市中物质环境、功能活动等组成要素在空间上的表现方式,包括宏观结构、中观结构与微观结构层次。宏观城市结构主要指城市的总体格局,如单中心、双中心,这些结构与城市交通供给在各个方向上的差异有关。中观城市结构是介于宏观结构和微观结构之间的一个层次,如城市空间组团,即城市局部空间组团的组织性及组团内部各要素之间的组织关系。微观城市结构是组成城市空间结构的基本单元,也是城市空间结构中最低层次的结构,如邻里或小区。

交通技术革新和交通方式的改变对城市发展具有深远的影响,是城市空间演变的关键驱动力之一。高铁时代迎来区域发展时代,跨界城市群、都市圈纷纷增加,同城化成为经济社会发展的新现象。利用公交化的城际轨道交通,衔接城市内部轨道交通,大幅缩短城市间的时空距离,节省居民的出行时间成本②。职住分离现象突破城市地域范围,拓展到都市圈乃至的区域层面。原本属于某一城市内部的社会公共问题和公共事务,变得外部化和无界限,给现行以城市户籍身份落实就业、居住、医疗问题的公共政策带来挑战,城际利益矛盾冲突成为无法回避的现实问题。对都市圈周边城市的人口调控、公共交通等政策带来联动影响,随着高铁推动区域一体化进程的加快,跨行政区划的区域公共政策问题频繁发生,并朝着复杂化和规模化方向发展。给都市圈范围内各自为政的城市治理模式带来挑战,也为各城市进一步完善都市圈一体化的体制机制以及解决政策难题、扫清法规障碍,探索就业、居住、社保等公共政策的一体化提供机遇。高铁的开通,拉近城市间的时空距离,加速了都市圈的融合,但城市竞争更加直接和激烈,高铁机遇并非普惠制,都市圈及圈内城

---

① 黄修华、付而康:《低碳目标下我国城市土地开发与交通组织模式探讨》,《中外建筑》2018 年第 4 期。

② 国外经验表明,高铁开通将大大增加邻近城市间以"日"为通勤周期的"白天人口"(Daytime Population)数量,传统就业、居住等日常生活方式逐渐跨越城市界线。

市既要依靠周边大城市借力发展,也要明确定位、彰显特色,转变发展方式,提升能级和竞争力,增强自身的反磁力效应。在高铁网络、城市网络、全球网络三网合一、多规合一的背景下,都市圈建设,坚持以公共交通为导向的城市空间 TOD① 开发模式,实现紧凑开发和优地优用。

利用 TOD 模式的集聚效应,优化布局,根据资源环境承载能力构建科学合理的城镇化布局,促进城市功能互补、联动发展,促进县城及重点镇合理分工、协同发展。实现产业、市场、资源方面互补共享。坚持规划共绘,加强都市圈各专项规划与空间发展规划之间的衔接融合,明确圈内城市在都市圈建设中的定位、角色和作用。坚持设施共建,对能源设施、供排水设施、交通设施、通信设施、环境设施、防灾设施六类设施统筹规划、合理布局、综合利用,实现都市圈基础设施的共建共享和互联互通,最大限度提高基础设施的利用率和规模经济效益。坚持产业共兴,按照主导产业配套、新兴产业共建、一般产业互补的思路,构建专业化分工协作的产业体系。坚持环境共保,做好跨流域污水、大气污染和固体废弃物的综合防治,在都市圈内合理布局大型环保处理设施,实现对生态环境的同防同治,坚持土地共谋,特别是在跨区域重大基础设施建设上要共同做好土地利用,最大化发挥级差地租效应。坚持社会共享,推动城市合作交流从经济领域为主向经济与社会领域并重转变,加强科教文卫及其他社会领域的合作交流,共享都市圈社会建设成果。坚持"机制共创",发挥市场无形之手的作用,对都市圈各类资源进行市场化运作,按照谁投入、谁受益原则,引入竞争机制,筹措建设资金,形成多元投资主体,汲取同城化发展红利。随着区域竞争加剧,过去依靠城市自身积累来推动城市发展的传统模式发生根本变化,城市发展需要更多地吸引和依托全球要素资源来实现。推动网络化大都市建设,交通圈是基础,是缩短各城市间的时空距离、改变区位劣势的有效载体,是对一体化的实践探索,经济圈是载体,通过经济圈建设加强各市县的经济联系,改变各自为营的经济发展模式。区域经济竞争是产

---

① 以传统公共交通,主要是公交站、巴士干线、港口、地铁等为导向的 TOD 模式基础上,现以高铁站、机场、高速公路重要节点等高速交通为导向的新型 TOD 模式,即"大 TOD 模式",这一模式通过交通和用地一体化发展,促进城市格局转变、提高整体效率、推动产业转型,解决城市交通问题,形成紧凑型的网络化城市空间形态,避免城市摊大饼式的蔓延。

业链的竞争。处于产业链核心位置或者拥有完整产业链的区域在竞争中胜出。反映到竞争单元，从以块状经济为代表的县域经济，到以产业链为代表的城市经济和都市圈经济。县域经济与都市圈联动发展。城市与区域是发展共同体，县域与都市圈联动发展，是都市圈一体化实践的具体表述。以城市发展方式转变带动经济发展方式转变。主动纳入都市圈产业链整体布局，形成分工合理、互为支撑、上下承接的网络化产业链，形成要素流动自由、产业关联度较强、公共资源配置相对均衡且具有较强一体化倾向的城市经济、都市圈经济。加强区域公共问题治理，推进跨地域社会治理创新。城市治理和都市圈治理是国家治理体系的重要环节。都市圈发展不仅是经济结构问题，更是涉及跨越城市地域发展方式、体制机制、管理方式等的社会治理问题，系统治理、依法治理、源头治理、综合治理的模式转变①。空间利用过密及单质化倾向、产业布局分散、职住分离、城镇化快速推进、汽车消费过度必然引致交通需求的增长。组团式城市交通拥堵治理的方向是产业聚集与组团特质相结合，维持、优化城区特有的组团特质，在组团空间内部形成关联产业群聚集并实现组团服务功能的融合，避免组团间的交通便利化导致的产业分散布局，组团间使用大容量交通进行连接，形成 TOD 式城市交通、城市组织的空间组合。不同产业归位于不同组团、关联产业群及人群集聚，实现合理的城市布局。

四、地下空间规划法治

随着社会生产力和科学技术的发展，城市化过程中人口增加，土地资源日渐稀缺，对于土地的利用已经从平面化走向立体化开发利用，地下空间利用趋势，带来土地权利观念和立法模式上的变革。土地立法经历从平面到立体的转变，传统意义上的法律具有了局限性，对地下空间专门立法，提上议事日程，对我国城市发展及城市治理法治变迁有所启发和借鉴。

---

① 接栋正：《高铁时代的都市圈建设——区域空间重塑、城市转型及治理创新》，《管理学刊》2016 年第 1 期。

（一）地下空间立法域外经验

日本、中国台湾地区、北欧及北美地区等城市的地下空间开发利用发达，有关地下空间开发利用的管理法制相应比较健全。日本城市的地下空间开发利用始于19世纪末，20世纪20年代获得初步发展。大规模发展始于20世纪60年代，20世纪末达到高峰。随着地下空间开发利用的深入，法制建设不断完善①。日本城市地下空间开发利用的法律包括民事基本法律、专项立法及综合立法、配套立法3个方面。民事基本法，为地下空间开发利用提供了民事基础，主要包括：《日本民法典》《不动产登记法》《建筑物区分所有法》；地下空间开发利用管理立法，经过专项立法到专项立法和综合立法相结合的发展过程。日本地下空间开发利用管理的行业立法实行，先专项立法、后综合立法，专项立法和综合立法相结合。根据实践的发展需要，针对地下空间不同的利用形态进行立法，逐步总结经验，对地下空间开发利用进行综合立法管理②。中国台湾地区地下空间开发利用吸收日本的经验，相关法律包括民事基本法律、专项立法和配套立法。民事基本法为地下空间开发利用提供了民事权利基础。地下空间开发利用管理只有专项立法，没有综合立法③。地下

---

① 黄宏源等：《日本空间规划法的变化与借鉴》，《中国土地》2017年第8期。

② 日本在1890年颁布了《水道条例》，对城市的上下水道铺设进行管理。1964年颁布《有关修建共同沟的特别措施法》《共同沟法实施细则》，对共同沟的建设和管理进行了规范。1988年，临时行政改革推进审议会提交《关于地价等土地问题的报告》，颁布《综合土地利用纲要》，鼓励地下空间的开发利用。1991年，政府制定《地下间公共利用基本规划编制方针》，确定地下空间公共利用基本规划编制方针。1995年，国会通过《临时大深度地下利用调查研究会设置法》，设立临时大深度地下利用调查研究会，对地下空间开发利用进行全面的研究。2001年颁布《大深度地下公共使用特别措施法》，成为地下空间开发利用的基本法，形成专项立法与综合立法相结合的管理法制模式。日本在其他相关行业立法中，对涉及地下空间开发利用的进行法律规范。配套立法比较完善。相关的法律包括：《道路整备紧急措施法》《推进民间都市开发特别措置法》《有关民间事业者能力活用临时措置法》以及《地方自治法》《地方财政法》等，规定地下空间开发利用的建设费用辅助制度、融资制度和助成制度等。

③ 台湾地区民法典中的台湾民法物权编、民法物权编施行法、台湾土地法、台湾土地法施行法等对土地所有权等进行规范，对地下空间开发利用给予明确规定。台湾地区地下空间开发利用管理立法除《共同管道法》《大众捷运法》外，还包括行政机关立法，例如《共同管道法实施细则》《共同管道建设及管理经费分摊办法》《共同管线系统使用土地上空或地下之使用程序使用范围界限划分登记征收及补偿审核办法》《共同管道工程设计标准》《共同建设管线基金收支保管

空间开发利用必须建立在法治的基础之上，才能获得可持续发展。地下空间开发利用的法治要求可以概括为民事立法、专项立法、配套立法。上海市地下空间开发利用管理法律规范比较全面，包括国家层面上的立法、上海市层面地方性法规及地方性规章①。荷兰②空间规划体系的演变及启示。荷兰空间规划体系的演变，对构建我国空间规划体系，实现生态文明目标具有借鉴意义。空间规划体系通常由法律、行政区划和运行体系构成。荷兰国家空间规划运行体系与三级行政建制一致，国家和省级编制结构远景规划，属于战略性非法定规划；市级编制两层规划，上层是结构远景规划，一个市或几个市联合编制；下层是具有法律效力的土地利用规划，是土地用途管制的依据。空间规划体系的演变过程源于住宅需求的空间规划体系雏形，荷兰历经技术革命的工业化和城市化、大型基础建设加速城镇空间的集聚，城市中心住宅环境简陋，富裕阶层搬迁至城市外围，带来城市蔓延。1901 年制定《住宅法》，提出发展公共住宅与城市规划的框架。规定人口 1 万以上或过去 5 年中人口增加 20% 及以上的城市需要编制城市发展规划，规范私人的建设项目开发活动。20 世纪20 年代，城市规划扩展到乡村，1941 年成立重建与公共住房部国家规划局，进

及运用办法》《大众捷运系统工程使用土地上空或地下处理及审核办法》均是专项立法。配套立法比较完善，包括《促进民间参与公共建设法》《政府对民间机构参与交通建设补贴利息或投资部分建设办法》《民间机构参与交通建设长期优惠贷款办法》《土地开发配合交通用地取得处理办法》《民间机构参与交通建设适用投资抵减办法》等。

①　国家层面上的立法包括基本立法和其他相关法律，建设部《城市地下空间开发利用管理规定》是我国地下空间开发利用的基本法律，建设部制定的《我国城市地下空间开发利用"十五'规划纲要》。其他相关法律主要有《中华人民共和国人民防空法》及《城乡规划法》。规章主要有《城市道路桥梁管理条例》《城市道路与地下管线施工管理暂行办法》《城市建设档案管理暂行办法》《城市道路与地下管线施工管理暂行办法的补充规定》《城市规划条例》《管线工程规划管理办法》《停车场〔库〕建设管理规定》《轨道交通管理条例》《消防监督管理若干规定》《无障碍设施建设和使用管理办法》《房地产登记条例》《房地产登记条例实施若干规定》《民防条例》和《民防工程建设和使用管理办法》《上海市消防条例》《地下空间消防安全管理规定》《实施中华人民共和国环境影响评价法办法》《关于办理结建民防工程房地产登记有关问题的通知》《突发公共事件总体应急预案》《城市地下空间建设用地审批和房地产登记试行规定》等。

②　荷兰是发达的市场经济国家，国土面积为 4.19 万平方公里，土地利用结构中农地占60%，水域占 18%，建成区占 12%。荷兰是全球仅次于美国的第二大农产品出口国、欧洲农业强国。同时在城市快速发展中仍然拥有优美的自然环境和生态空间，因此其空间规划享有国际声誉。

行空间规划编制。1956年的《空间规划法》草案送交国会,1965年实施,荷兰空间规划迈入集权主导的垂直型等级体系的新阶段,1965年的《空间规划法》奠定荷兰规划体系制度基础。按照这一体系,中央政府编制第2次—5次国家空间政策,分别是1966年"组团式分散"理念的政策文件、1973年"新城式分散"理念的政策文件、1988年"紧凑城市"理念的国家结构规划、1996年—2006年"城市网络"理念实现竞争力、活力、安全和保护目标的国家规划战略;2008年以来分权主导的平行型层级体系,适应欧盟一体化、全球经济竞争、气候变化等形势,调整规划思路。荷兰对1965年以来《空间规划法》实施进行评估表明,规划存在过于被动、导向不清和法律效力不够等问题。2008年通过旨在简化程序、明确职责、权力下放的新《空间规划法》,2010年机构调整为基础设施与环境部。规划效力方面,国家、省和市编制空间远景规划取代国家的关键规划决策、省级区域规划和市级结构规划。空间规划政策及实施内容尽可能落实到市级规划,市级规划有法律效力,市政府可以设置相应的条例①。内容方面,国家编制《基础设施与空间规划愿景》,关注改善交通可达性等国家利益。省政府编制省级空间愿景,关注景观管理、城市化和保护绿色空间等省级利益。市政府编制具有法律效力的土地利用规划,规定建设区位、类型、规模以及可能的用途。规划强制性内容包括,地区的规章制度、规划图表达的管制区指示和解释。层级关系上,国家放弃对市土地利用规划的审批权,各级规划具有独立的审批权,各层级规划之间呈现平行关系。如果国家和省规划与市规划发生冲突,国家和省政府有权修改市土地利用规划,表明这种平行是一种有约束的平行。空间规划体系变化的特点是,类型上等级体系变为平行体系,主题上综合集成变为区域经济,理念上发展导向与公共服务之间的转换。空间规划为满足人口增加和城市化发展的空间需求,促进均衡发展保障公共服务为主。强化荷兰作为欧洲交通物流枢纽的地位,保护并发展重要的国家与国际价值的空间、保证公共安全,均体现出发展导向的特点。但规划的实施带来商业住宅和办公用房较高的空置率等问题。2008年的《空间规划

---

① 蔡玉梅、高延利、张丽佳:《荷兰空间规划体系的演变及启示》,《中国土地》2017年第8期。

法》采取分权的地方责任制思路,减少规划对发展的直接控制。2012 年出台《国家基础设施战略与空间规划》进一步分权,提出荷兰 2028 年的中期目标一是增强空间及经济基础设施以提升竞争力;二是改善和保护移动性及其所需空间,用户至上;三是保障安全和愉悦的生活环境,保护其中有价值和特色的自然文化遗产。空间规划回归到为发展提供公共服务。空间规划体系的协商传统,从空间规划体系的纵向看,无论早期等级体系还是现代的平行体系,均以沟通和协商为规划沟通,具有合作与协商的特点①。福利国家通过高税收和高福利来实现,政府增加对公共住房等社会保障的关注。起初在旧城市中寻找建设区位,之后转为利用住宅补贴创建新城镇和增长中心。重点再次转向城市地区,政府取消对公众住宅建设的补贴后,住宅建设发展为非公共政策事务。环境政策或自然保护业部分填补空间规划中农业空白,建立国家生态网络。伴随信息化和网络化的发展,网络城市替代自治城市和城镇,交通运输在规划中日益重要。规划管理机构调整为基础设施与环境部。高度城市化发展阶段使规划重视环境导向的可持续性发展,国家战略明确国家利益包括杰出企业的商业环境、能源网络和转型、管道网络、使用地下空间、坚固的铁路及公路和水路网、更好地利用现有网络容量、维护现有运输网络、提高环境质量、适应气候变化、保存独特的文化遗产、野生动物栖息地网络、军事点、认真透明的规划决策。2013 年后的空间开发预算被终止。中央政府更多关注基础设施和环境等国家利益。2016 年出台的《规划和环境法》旨在统一和简化现行土地利用规划、环保、自然保护、文化和遗产保护、水管理、城乡重建和采矿等,增加自由裁量,促进规划现代化②。

(二)国内城市地下空间治理法治化

上述立法情况,从比较法和法律移植角度看,城市地下空间开发利用管理法治存在问题有,地下空间民事权属立法欠缺,导致民事法律权利义务关系不

---

①　蔡玉梅、高延利、张丽佳:《荷兰空间规划体系的演变及启示》,《中国土地》2017 年第 8 期。

②　蔡玉梅、高延利、张丽佳:《荷兰空间规划体系的演变及启示》,《中国土地》2017 年第 8 期。

清晰。公共地下空间开发利用投资融资受到影响,地下空间开发利用只能由政府进行,社会投资者较少,市场需求旺盛但相关权益保障欠缺;行业管理法律效力不足,行业管理只有建设部的行政规章,没有专项立法,综合立法本身的内容也不完备,缺乏实践指导意义和操作性;地下空间开发利用的配套法律法规不完善,融资、税收、地铁沿线捆绑开发、奖励、税收优惠措施等相关制度缺乏,相应的环境评价制度欠缺,紧急预案停留在政府文件层面。国家层面管理机制已经具备的,遵照执行,例如《中华人民共和国行政许可法》规定的有限资源的行政许可制度,《中华人民共和国招标投标法》确定的涉及土地等国家资源的必须通过招标投标方式,《中华人民共和国拍卖法》确定的拍卖方式等。国家层面不具备的,可以采取地方性法规或规章立法加以确认,如地下隧道、地铁沿线的公私合营开发机制等。从立法的顺序上,先专项立法,通过专项立法的实施,总结经验,再进行相对完备的综合立法①。

1950 年以前,隧道建设技术的发展非常缓慢。技术以迅猛的速度在发展,规划师和决策者要保证他们规划的隧道或地下空间在建成后可以达到甚至超越当时的技术发展水平,规划编制阶段,不断发展的新技术将会影响项目的可实施性。诸如交通、给排水以及其他重要的地下工程等大型基础设施项目,通常需要几十年的时间进行规划、建设并最终投入使用。进行隧道和地下空间这类长期项目的规划时,审慎且富有创造力的构想非常重要。对于地下空间产业而言,城市大部分的基础设施建设都选择地下,特别是考虑环境和可持续发展前提下。保证特大城市间交通网络效率的长隧道也是必需。地下空间在保障生活质量和环境保护方面已经起到重要作用,市政管沟(environmental tunnel)地下管道在城市给排水中发挥关键作用,大城市地区使用地下管道,以最少成本维护功能;地下修建交通或其他通讯管线、建筑空间或大型仓库,使地块的使用面积成倍增加;地下设施通常都有很长的寿命,有利于可持续发展,明显降低寿命周期成本,降低了对可再生和不可再生资源的需求;公交体系中,地下通道提供安全、环境友好、快捷的通行方式;地下空间

---

① 刘春彦、宋希超:《上海市地下空间开发利用管理法治建设》,《上海建设科技》2007 年第 1 期。

缓解城市地区的拥堵;地下空间具有节能的特点。由于受气候影响较小,地下
设施节约和保存能源;地下空间具有能源高效率的特点。由于不存在剧烈的
温度波动,从而能够高效率地控制温度和能源消耗;地下空间只需要很少的维
护,使用地下空间可以保护地面开敞空间,这不仅有利于居民和环境,提升景
观价值;地下空间提供强有力的保护,远离自然灾害。随着规划过程不断发
展,更加成熟、详细而且包容性更强,地下通道和地下空间给规划和决策带来
挑战。意识社会发展趋势及经济及社会价值的变化,二是环境价值变化,即使
用者对地下空间认同和接受过程的变化;地下空间可能使用的技术方法,包括
技术、契约手段和方法和地下空间理念创新;未来非开挖技术的发展,包括外
部技术进步将对隧道的类型和设计标准产生的影响,以及改变项目毗邻土地
的自然状态和开发,需要系统考虑地下空间规划的机遇与风险。

　　1900 年以前,从事隧道规划、设计及承包的人员对隧道的建设及使用提
出概念。由于技术发展不足以支持他们的概念及构想,未能取得成功。技术
与创新发展的潜力引起规划的重视,为地下空间规划开创全新的、具有长远意
义的领域。现今,处理混合层(mixed-face)地形条件的概念,使机器更适宜岩
石隧道挖掘,甚至可以在不同地面条件下通过断层带。技术进步能够追赶规
划设想。是否建设地下基础设施,考虑的是寿命周期内的成本和效益,而不是
初始投资成本。寿命周期内的成本包括未来的运行和维护费用。成本分析应
包括因隧道建设带来的环境与社会改善的财政收益。地下交通避免对景观的
视觉破坏,而且在环境和可持续发展方面具有优势,环境优势转换成为等量的
社会成本节约。长年运行在环境保护上节约巨额费用,初始成本可以被减少
并得到抵消。规划从寿命周期成本角度考虑隧道的财政问题,考虑由于环境
保护方面的节约而积累的等量财政收益①。越来越多的住宅、办公室、仓库、

---

　　① 吉隆坡的 SMART 隧道具有创新理念。双层隧道是为同时处理机动车交通和泄洪而特
别设计的。中低水量时,水从隧道的低层流过,汽车在隧道内通行;发生特大洪水时,汽车禁止驶
入,洪水通过包括车道在内的整个隧道。隧道有两种使用方式,其造价及施工干扰远小于两条
独立的隧道。此外,隧道成本建设由公路部门及滨水区机构两个部门和集团共同承担。利用隧
道在暴雨期间储存废水,是"一管双用"的方式,如芝加哥的 TARP 项目和其他的 CSO 项目。西
雅图沿海高架桥地震中损坏进行更换,位于桥下的防波堤需要重建。规划决策修建明挖式的双
层交通隧道,隧道的外墙设计为防波堤。这项新工程能同时更新高架桥和防波堤,全面节约成本

工厂和军事设施建于地下。通过节约能源、保留洁净的环境和开敞的地面空间、赋予土地多重用途等优势,地下空间设施促进了环境保护和可持续发展。随着城市化进程的不断加快,土地稀缺和需求度矛盾日益增加,进而推动向下发展的开发模式,随着地下空间开发利用增加,地下空间权属的问题日渐显现,目前地下空间利用多样化,用途分为地下停车、地下商业、地下交通、地下人防、地下仓储等;利用方式分为地上地下综合开发、地下单独开发;从土地供应方式分为划拨用地和出让用地。地下空间土地利用有发展过程,从1999年《中华人民共和国土地管理法》实施开始,并没有对土地地下空间的利用和权属有明确的规定,仅该法第八条规定城市市区的土地属于国家所有。农村和城市郊区的土地,除由法律规定属于国家所有的以外,属于农民集体所有;宅基地和自留地、自留山,属于农民集体所有。没有说明地下空间部分,与地上一致还是有所不同。2007年《中华人民共和国物权法》(以下简称《物权法》)实施后,第136条建设用地使用权分层设立的规定,明确建设用地使用权可以在土地的地表、地上或者地下分别设立,首次从法律层面将土地使用权区分开来,但也并没有明确地下土地使用权与地上土地使用权,是否同一所有权人行使。地下空间规划管理控制,早在1997年住建部就出台《城市地下空间开发利用管理规定》(2001年修订),第11条、第12条明确规定,进行地下空间利用建设,,需要到城市规划行政主管部门申请办理选址意见书、建设用地规划许可证、建设工程规划许可证;2006年实施的《城市规划编制办法》,对地下空间开发利用规划的编制没有系统要求与规定;2008年实施的《中华人民共和国城乡规划法》第33条原则规定"城市地下空间的开发和利用,应当与经济和技术发展水平相适应,遵循统筹安排、综合开发、合理利用的原则,充分考虑

和时间,减少对公众的干扰。另一实例是巴黎的A86号地下交通项目,通过修改规则,要求使用其中一条隧道的所有车辆限高在2m以下,隧道业主和承包者在外径为11.6m的隧道内设置4条车道和2条紧急停车带(在一个双层结构中)。将来将一条隧道扩为每层3车道,即总计有6车道,使隧道每公里每条车道的成本减少到传统布局的1/2到1/3。此外,这种隧道更适于在短期内采用标准尺寸的隧道掘进机(TBMs)进行建设,减少对公众的干扰。悬浮水中的隧道理论上来,由于在选线和出入口设置方面更加灵活,因此水悬浮隧道比固定隧道短得多。水悬浮隧道是不拘泥于传统思维的典型案例,具有极大的创造力。瑞士地铁(Swiss Metro)是将在瑞士建立一个非常高速的交通网络,在理论上已经扩展到欧洲其他地方。磁悬浮火车在几近真空的隧道内以高速度行进,大城市间建立超高速的(1 000km/h)地下网络,用于出行和货物运输。

防灾减灾、人民防空和通信等需要,并符合城市规划,履行规划审批手续"。土地登记情况方面,1995 年实施的《土地登记规则》以及 2008 年实施的《土地登记办法》,均没有对地下空间土地使用权的登记明确规定,《物权法》实施以后,也没有对地上地下综合开发利用的地下空间土地使用权进行登记或者出让,2011 年开始,各城市出台地下空间开发利用的地方性法规;地下房屋登记情况,与土地登记的情况类似,地下空间根据 1997 年实施的《中华人民共和国人民防空法》要求配建人防设施,但该法律只明确了谁投资谁受益的原则,没有对设施的所有权明确规定,地下人防工程没有登记所有权归属。其他地下空间各地情况不一,一般单独的地下工程建设,进行登记,综合开发利用的,则有进行登记也有不进行登记。从实务角度看,按时间对现有的地下空间开发利用不同规定,《物权法》实施之前,经规划部门批准建设的地下空间使用权,应当依法予以认可;《物权法》实施之后,到地方出台政策前,土地出让时未一并出让的,一些地方国土部门要求使用权人补缴地下空间土地使用权出让金缺乏法律依据的,与法不溯及过往原则、信赖保护原则对立。具体操作参照国土部《关于地下建筑物土地确权登记发证有关问题的复函》(国土资厅函(2000)171 号)规定:"凡是与地上建筑物连为一体的地下建筑物,其土地权利可以确定为土地使用权。具体登记时,将地下建筑物的建筑面积计入整体建筑总面积,然后按权利人拥有的地下建筑面积占整体建筑面积的比例分摊地面上的土地面积。"城市地方法规出台后,土地使用权出让合同有列明地下空间使用权的相关内容,并且在土地使用权证中已经记载,房屋登记时应当区分单独地下空间的登记给投资人,综合利用开发的,地上地下一并登记的原则,并根据其用途按照专用人防工程、平战结合人防工程、经营性地下空间等不同情况分别予以登记。地下空间的开发利用情况复杂,牵扯到土地、建设、人防、交通、消防等相关部门,应当加强相关部门协调,达到地下空间开发利用的科学化和规范化。

与行政管理体制改革协调,构建垂直型的空间规划体系。发达国家空间规划体系在结构上分为自上而下指导或控制的垂直体系(如德国)、上下分权指导为主的平行体系(如荷兰)、空间规划与土地利用规划、城市规划"三规"并列的网络体系(如日本)、地方规划主导的自由体系(如美国)。我国当前应与当前"放管服"的行政体制改革相结合,以事权明晰为前提,自成一体为"多规合一",合理确定纵向上不同层级以及横向上不同部门规划之间的权责关系,建立协调高效的垂直型空间规划体系。建立区域经济型空间规划体系。秉承创新、协调、绿色、开放、共享的发展理念,以资源环境承载能力为基础,以提升社会福祉、提高经济竞争力、保障国土安全等为目标,建立区域经济型空间规划体系,推进形成人口、经济和资源环境相协调的国土空间开发格局。探索编制适宜性和多样化的空间规划模式。空间规划是空间视角下资源环境为基础,空间优化为路径、可持续发展为目标的综合性政策,我国城市的自然条件和资源、文化传统、城市化水平、经济发展阶段等情况各异,因此省级空间规划编制中应在国家空间规划的统一框架下,立足地方特点,采取上下结合的方式,在实践中不断探索地区差异性的空间规划模式。新型城镇化战略推进,城市发展中的"中国质态"伟大变革中,城市地下空间开发利用是重要形态之一。有学者调研①基础上,编制《2016 年中国城市地下空间发展报告》②,从地下空间发展的视角反映城市状况,地铁为主导的城市轨道交通系统、以综合管廊为主导的市政基础设施系统的发展速度和规模,由此关联的上下游产业,成为中国城市地下空间领域推动行业发展,带动产业发展,促进有效供给,拉动有效增长的范式。为城镇化快速发展,地下基础设施建设滞后时期的城市建设和地下空间产业化发展契机。城市地下空间发展与城市特质、产业结构关系密切,地下综合利用指数、地下空间社会主导化率、机动车停车地下化率为主要指标,认为地下空间法治建设已迈入正轨,国家层面《国民经济与社会发展"十三五"规划》《城市地下空间"十三五"规划》等直接指导城市综合管廊、停车设施等指导性、规范性文件发布,推动城市地下空间产业发展。出台城市地下空间政策法规,包括地下空间开发利用管理、综合管廊与地下管线建设管

---

① 2016 年底国家发改委与交通运输部联合发布的《城镇化地区综合交通网规划》中 21 个城镇化地区所涵盖的 215 个城市作为评价对象,通过政策支撑体系、开发建设指标、重点工程影响力、可持续发展指标等多个评价要素进行排名,以城市为研究和考察对象,研究中国城市地下空间发展等级,为同一城镇化地区城市和国内同类城市的地下空间普遍特征和发展方向提供参考。

② 张智峰、刘宏、陈志龙:《中国城市地下空间发展概览》,《城乡建设》2017 年第 3 期。

理、地下空间规划管理以及地下空间用地政策与投融资等类型①。受加强地下基础设施建设的宏观政策影响,综合管廊、地下管线相关法治内容增多。地下空间法治建设中首次出现以城市为对象的地下空间规划管理内容,地下公共空间的投融资方式等内容。目前城市地下空间法治体系建设呈现空间分布上与城镇化、地下空间的社会化、市场化同步发展;立法推动方面受宏观政策影响和制约较大;立法实践形式多为政策,法治文件层级较低,政策性、规范性执行细则偏少;国家标准、规范滞后;城市地下空间快速发展,多为较低层次的技术规范、操作规程②,依据地下空间特性和地下空间功能,结合产业概念与规模化、专业化、社会功能要素,地下空间已形成地铁产业、综合管廊产业、地下管线产业、人防工程等产业。地下空间相关综合行业,地铁、综合管廊主导的地下空间产业。从产业链看,城市地下空间建设拉动区域内建筑施工、建材及特殊机械装备、装置含施工装备、地铁车辆等的产业需求。综合管廊产业发展提升城市功能,作为国家重点推进的民生工程,部分中小城市甚至县并没有建设综合管廊的迫切需求,造成入廊的管线偏少,地下空间资源浪费,整体效益不高。有的城市只在部分路段建设管廊,管廊不成系统,难以发挥综合效益。目前缺乏对整个城市综合管廊的整体布局、统筹规划及对综合管廊建设、投融资、运营管理等内容体系和对策研究。部分城市为按时完成建设指标,边设计边施工的现象较为普遍。合理确定各类管线的入廊费用及管廊维护费用、争取管线权属单位对地方综合管廊建设的支持、制定促进管线权属单位入廊的配套政策规定,是综合管廊建设亟待解决的问题。随着市场扩大,传统城市规划编制单位业务向地下空间领域延伸,依托土木工程、城市规划、人民防空、市政设施等传统行业发展的编制单位,凭借行业内技术优势,初步形成具有城市地下空间规划体系。地下空间领域衍生出新技术产业,以地源热泵产业发展较为突出。绿色节能产业的倾斜政策和城市居民对高生活品质追求等

---

① 截止2018年底,全国各省市先后颁布涉及城市地下空间开发利用的法律法规、政府规章、规范性政策性文件等共200余部,其中,直接针对城市地下空间开发利用管理的法治文件约60余部,2016年出台城市地下空间开发利用的法律法规、政府规章、规范性文件59件,其他涉及地下空间开发利用的共30件。

② 张智峰、刘宏、陈志龙:《中国城市地下空间发展概览》,《城乡建设》2017年第3期。

内外因素推动,地源热泵系统的应用将更加广泛,尤其是地下工程,同时将带动施工材料及其他地下相关市政行业的发展,拉动经济增长①。

五、流域治理创新

(一)监测断面水环境赔偿制度

监测断面扩大覆盖整个流域,上游城市之间建立严格的水环境生态补偿机制。监测断面的水环境赔偿金,上游城市污染物超标后要对下游城市作出补偿。流域试行跨界断面水质超标资金扣缴制度(以下简称"扣缴制度)",这项制度是以交界断面的水环境监测数据为依据,以环境标准②为准绳,上游河流污染了,要对下游区域进行补偿。水环境赔偿金核算方式,从单因子考核转变为多因子扣缴。根据水质状况,确定氨氮、高锰酸盐指数、总磷三项监测因子,当监测断面任何一个监测因子的结果劣于规定类别时,该断面上游市、县对下游市、县给予水环境赔偿。如果上游 A 市超标了一个因子,那 A 市要对下游 B 市作出该因子的赔偿,如果超标的是两个、三个考核因子,则赔偿金额是这几个因子的赔偿金额之和,污染惩戒力度明显加大。增加水环境改善金,针对上游治理水环境成效明显的市(州)进行鼓励。扣缴制度中,除了对水质超标的污染扣缴外,保持水质优良的生态补偿未能体现,因此,增加水环境改善金,例如从上游 A 市流到下游 B 市的水质应该为 III 类水,但是 A 市的水质治理较好,实现了 II 类水质出境,B 市就要给 A 市支付水环境改善金。水环境改善金核算基数是,当监测断面所有监测因子的监测结果,均优于规定的水环境功能类别一个级别以上时该断面下游市、县对上游市、县给予水环境改善补偿。即总磷、氨氮、高锰酸盐三个考核因子,都要高于规定类别一个级别,几个因子的改善金基数分别列为 0.6、0.2、0.5,单位为万元/吨。即水环

---

① 张智峰、刘宏、陈志龙:《中国城市地下空间发展概览》,《城乡建设》2017 年第 3 期。

② 以往在水环境赔偿金的核算上,主要的考核因子是氨氮、高锰酸盐,2014 年新增总磷因子。方式主要以单因子考核为主,简单说就是根据三个考核因子的超标情况,分别计算出对应的赔偿金额,选择其中金额最高的一项进行赔偿。

境赔偿金基于多因子考核,水环境改善金基于三个因子均优于规定类别,体现超标者赔偿、改善者受益原则。实行横向水环境生态补偿机制,省级环境监测总站开展流域水环境生态补偿监测,监测频次为每月一次。环保厅根据监测结果,按月计算当月和累计水环境生态补偿资金,并将情况通报有关市、县人民政府。每年年终汇总结果,报经省政府同意后,由省级财政通过与市、县财政结算方式实现市、县之间实行水环境生态补偿的横向转移支付,支付分为水环境赔偿金和水环境改善金,资金主要用于各市、县辖区内的水环境保护工作。为确保水环境赔偿金和改善金能够实际运用到水环境保护,资金主要由当地人民政府使用,具体使用方向,需要向环保厅和财政厅备案。结合新修订的《中华人民共和国水污染防治法》(以下简称《水污染防治法》)涉及河长制、农业农村水污染防治、饮用水保护、环保监测等修订内容。河长制是河湖管理工作的一项制度创新,河流污染治理由于涉及领域、部门比较多,难以形成合力。此次修改明确规定,地方各级人民政府对本行政区域的水环境质量负责,增加"省、市、县、乡建立河长制,分级分段组织领导本行政区域内水资源保护等工作""有关市、县级人民政府制定限期达标规划",同时规定"市、县级人民政府每年向本级人民代表大会或者其常务委员会报告水环境质量限期达标规划执行情况,并向社会公开。"目前农业和农村的水污染成为流域水污染的重要源头,增加规定,国家支持农村污水、垃圾处理设施的建设,推进农村污水、垃圾集中处理;制定化肥、农药等产品的质量标准和使用标准,应当适应水环境保护要求;禁止向农田灌溉渠道排放工业废水或者医疗污水等。总量控制制度和排污许可制度,是本次修改的另一项重要内容。规定,国家对重点水污染物排放实施总量控制制度。直接或者间接向水体排放工业废水和医疗污水以及其他按照规定应当取得排污许可证方可排放的废水、污水的企业事业单位和其他生产经营者,应当取得排污许可证;城镇污水集中处理设施的运营单位,也应当取得排污许可证。排污许可证应当明确排放水污染物的种类、浓度、总量和排放去向等要求。环境监测是环境保护的重要基础。为避免数据造假,明确规定,企业要保证监测仪器的正常运行,禁止篡改伪造监测数据。没有安装监控装备、没有与环保部门联网或者没有保证其正常运行的处以 2 万元以上 20 万元以下的罚款,情节严重的、逾期不整改的,将责令企业停产整顿。用篡改数据掩盖非法排污,并由此发生污染,构成刑事犯罪的,将被依法追究刑事责任。保障用水安全,提出从水源到群众水龙头的保障用水安全措施,明确规定,县级以上地方人民政府应当组织有关部门监测、评估本行政区域内饮用水水源、供水单位供水和用户水龙头出水的水质等饮用水安全状况。同时,对在饮用水水源保护区内设置排污口的,由县级以上地方人民政府责令限期拆除,处十万元以上五十万元以下的罚款;逾期不拆除的,强制拆除,所需费用由违法者承担,处五十万元以上一百万元以下的罚款,并可以责令停产整治。适应性水资源治理和法治,法治在适应性治理模式中的应用及其前景。作为一个复杂的社会、生态系统,跨界河流的治理问题给治理主体带来诸多挑战。传统以政府为核心的治理模式,不能有效回应水资源治理中的不确定性和各方利益主体间的争端,尤其是平行政府之间的矛盾,要求跨界水资源治理从管理主义模式转向适应性治理模式。适应性治理模式强调多中心治理体系、利益相关者群体的网络化、功能重合性等,法治原则充分发挥作用。以公私合作模式下的流域治理为例,展现其在合法性与合理性上可能存在的风险,确保实现公共价值。PPP 模式在合力推动下迅速发展,合理性方面风险需要关注,尤其是公共价值实现以及公私合作主体间权利义务失衡问题。PPP 模式在立项、建设、运营、终止等各环节产生收益并持续保证公共价值,需要形成有效的法律体系,为运行的合法性提供制度保障;提升 PPP 项目的透明度,形成有效的信息披露规则;参与的公共组织更丰富,形成多元治理主体结构。

(二)跨界流域协同治理机制

通过对跨界河流生态补偿机制实施的案例研究,不同层级的政府可基于法治原则,协调不同利益相关者之间的利益冲突、在监督和管理过程中引入公民参与、为治理水资源进行制度性安排以及执行特定的适应性治理政策。法治是政府活动的基本原则。依法行政作为行政法治、法治政府的核心要求,逻辑在于通过行政活动依法进行,实现行政的合法化。依法行政的逻辑,是通过法律对行政的约束,实现有限政府。目标导向的行政,意味着行政机关在目标界定、手段选择等方面,都拥有自主进行权衡和选择的权力;目标导向的行政,意味着法律对行政的控制,只能是宽泛的目标指引而非具体的指令控制。立法提出行政活动的宽泛目标,行政对目标进行判断、权衡以及对实现目标的手段进行选择裁量。行政是否符合法律,也不能自动证明行政所追求的目标及实现目标的手段具有合法性,这在城市规划、土地征收、宏观调控等决策行为过程中,表现明显①。行政活动过程,特别是行政立法和决策,通常涉及目标界定和方案选择。前者涉及价值偏好,后者涉及技术理性。科学行政逻辑中,需要区分价值问题和技术问题。科学行政是否带来行政理性和科学,取决于对行政系统专家的竞争和制约机制,依托公众参与和专家咨询制度。行政过程本质是对多种利益协调的政治过程,公共利益、公共福利等目标实现具有不确定性,追求公共利益的过程意味着行政机构的较大自由裁量权,通过依法行政中的立法指令或公共利益客观标准,为行政活动提供合法化资源。公共性意味着,行政规则在价值取向上不能与公共常识偏离太远,否则影响管制性质、事实因果关系以及对策效果,复合的行政合法化模式,要求行政的合法化逻辑从单一到多元。引入理性的合法化以及参与的合法化。克服和超越传统行政法面对当代公共行政问题时的解释能力匮乏。从公共行政的视角反思行政裁量权与政治权力监督之间的关系。裁量权基于效率,控制裁量权强调政治回应。为追求效率而赋予大量自由裁量权,通过立法制定广泛、复杂的规制,通过行政问责增加政府回应。行政效率与政治回应的关系,形成限制裁量权的立法与政治绩效之间的矛盾。合作治理法治化的分析框架。合作治理的法律基础不完善,导致一系列问题,从加强合作治理中的法治去推动法律框架的建设具有重要意义。合作治理的关键领域,法治要坚持四个原则,即法律的可预测性、可及性、权威性、平等性,合作治理前期的参与者选择,合作过程中的流程设计和内容选择,以及合作结果的绩效评估。合作治理中增强法治,有助于形成与法治相适应的法律体系,能够为合作治理的参与者提供基本协议和规范,使制度环境更加安全、稳定和可靠,培养利益相关者的系统信任。

---

① 王锡锌:《行政法治的逻辑及其当代命题》,《法学论坛》2011 年第 2 期。

六、区块链应用城市治理及法治途径

（一）区块链与智慧雄安

区块链技术起源于名为中本聪（Satoshi Naka moto）的人 2008 年发表的《比特币：一种点对点电子现金系统》①成果中。该技术最初从比特币应用中衍生出来，在发展过程中引起其他行业的广泛关注，目前应用已经延伸到物联网、智能制造、供应链管理、数字资产交易等多个领域。区块链技术被认为是继大型机、个人电脑、互联网、移动/社交网络之后计算范式的颠覆式创新，很可能在全球范围引起一场新的技术革新和产业变革，除了在金融行业已有较为成熟的应用和推广之外，区块链在其他行业的应用尚处于起步状态，研究与应用需要深入探讨与实践。区块链延伸应用，将其与政府治理及公共服务相结合，是目前公共管理领域的一个新议题。中国、美国、英国、日本等国陆续开展探索和研究②。我国第一份区块链技术应用文件《中国区块链技术与应用发展白皮书（2016）》，总结了区块链的发展现状和趋势，分析其核心关键技术及在金融、供应链管理、文化产业、智能制造、社会公益、教育就业等领域的典型应用场景，将区块链定位为提升社会治理水平的有效技术手段。我国电子政务领域也已经出现对区块链应用的理论探索及实践案例。区块链③改变城

---

① Coindesk, Who is Satoshi, 2018 - 03 - 18. http://www. Nakamotoo. com/information/who - ic-catnchi-nalramntn.

② 2016 年 10 月工业和信息化部出台我国第一份关于区块链技术应用文件《中国区块链技术与应用发展白皮书（2016）》；2016 年英国政府发布研究报告《分布式账本技术：超越区块链》（Distributed Ledger Technology：Beyond Block Chain）评估了区块链技术在改变公共和私人服务方面的巨大潜力，指出基于区块链技术的政府数字改造规划方案对于重塑政府与公民之间的数据共享、透明度和信任等的重要意义。表明英国已将区块链政府建设提升到了国家战略高度；2016 日本产业经济省出台《区块链技术及相关服务的调查报告（2015）》（Surveyon Blockchain Technologies and Related Services FY 2015 Report）指出，区块链技术极有可能成为未来所有工业领域新一代平台应用技术，在公共服务部门采用区块链技术，构建基于区块链的更加智能、高效、低成本、可信任的政府模式。

③ 区块链是第二代的价值互联网，第一代互联网完成了信息的交换，而区块链的互联网则带来了价值的交换。

市格局和政务关系。区块链是一种集成技术，是一场数据革命，是一场秩序重建。主权区块链，强调"区块链技术发展，必须在国家主权范畴下，在法律与监管下"①，主权区块链规划覆盖民族、科技、政治、军事、经济、民生、金融、教育、文化各领域，提高整个社会运作的效率②。区块链最成功的应用是比特币，但比特币只应用于金融领域。区块链技术的出现，重构社会组织中的关系，物与物、人与人、物与人的价值被区块链技术最大化。区块链技术引入政府管理，有利于打造高效、廉洁、透明的政府组织。雄安城市建设作为千年大计，技术、理念的贯彻方面、资金与政策方面、产业创新方面高度占优。"数字雄安"是雄安新区建设重点，全力推行智慧城市建设，打造雄安模式。2017年10月，国务院办公厅发布《关于积极推进供应链创新与应用的指导意见》指出，研究利用区块链、人工智能等新兴技术，建立基于供应链的信用评价机制。新技术革命的核心是智能化与信息化，对经济社会发展模式、价值创造方式和人居形态，产生深远影响。未来城市将会逐步去中心化、区块链的方式重构。

　　传统城市特征是向心性，城市服务、办公、社交都在中心，城市的价值以中心开始。向心性城市生活，产生以交通拥堵、环境污染及住房紧张等"城市病"。城市采取发展多类型公共交通、限购限行汽车等措施治理。工业化让社会高度组织化，城市各个方面非常严密。以人工智能、数字技术、生物科技等为代表的信息革命，对农村、城市、区域带来巨大影响，城市中人的个性化需求得到更多满足，首先从转化集中工作模式开始，可达性最强地方是办公场所，其中心化程度上决定城市的向心性。区块链入工作模式后，就业形态、办公形式、作息习惯、居住选择及社区生活会产生相应的变化。城市形成区块链式的重构状态，区块即扁平化的社区，各个社区串联起来，达到去中心化目的。国内区块链开发人才供给严重不足，区块链相关岗位占互联网行业总岗位量

---

　　①　刘文献：《大数据区块链金融：贵阳的时间与思考》，《中信出版集团中信出版社》2018年版，第35页。

　　②　包括区块链测试平台、区块链互联网实验室、布比实验室创新平台，Bytom、ONCHAIN等区块链项目，精准扶贫项目等区块链应用。

的 0.41%,但专业区块链技术人才的供需比仅为 0.15①。推动技术及相关应用产业的发展,抢占区块链技术发展的窗口机遇期,地方政府是引领者和重要的参与者。区块链因加密的分布式记账技术,具有不可篡改特性,被认为是驱动互联网变革的核心技术,区块链技术在构建金融基础设施、电子政务及公共服务、促进产业升级等方面潜力已成共识。区块链技术给地方政府政务、社会经济带来的便利性不可忽视,数字经济时代,地方经济发展与数字经济时代接轨,改变传统货币交易和传统商贸流通领域的供应链漫长,以及效率和信任问题。区块链可信共识的特点与分布式的记账方式,将整个产业上的关联者连在一起,解决信任和效率问题,促进对产业升级和转型。从行业红利与城市名片来说,是较好机遇。区块链技术与城市治理的相互融合需要一个过程,对区块链技术的研究、落地需要监管批准;人们时间来采用、适应区块链技术带来的新生活方式;信息、通信等基础设施支持区块链应用,目前仍有不兼容问题,开发区块链技术的基础设施需要时间。除了互联网信息层面的运作,各城市的区块链政策和具体措施趋同,例如建立产业园、创新基地等平台吸引企业和人才,设立奖励措施对区块链企业给予资金补贴或税收减免,成立区块链研究中心,促进产学研相结合。落实到区块链的实际应用,政策和法规仍处于空白状态。带动区块链技术的发展,政府应从地区产业结构和特点出发,发挥引导作用,从政府层面开放更多应用场景,企业尝试用区块链技术解决实际问题,以实践实现区块链技术的价值。

全球范围内,荷兰推出国家区块链研究计划,荷兰经济事务与气候政策部委托当地区块链联盟的成员制定国家区块链研究计划,旨在全面探索并掌握该技术的相关发展情况。负责研究区块链在技术、法律问题、经济影响和道德方面的进一步发展。可以预见,未来更多政府加入这一行列,规范并促进这一新技术的发展。荷兰区块链联盟大使成立名为"Top Team ICT"的专门小组,提出区块链研究计划。该计划概述几个关键方面的内容,使区块链通过社会

① 领英 2018 年数据显示,区块链人才分布不平衡,美国占据 25%区块链专业型人员,其次是印度 7%、英国 6%,中国相关人才基数较小,从目前的分布地区来看,主要集中在北京和上海。相比北京、上海等一线城市政府的冷静克制,二三线城市在区块链上的布局已经起跑。

潜力得到采用。第一个方面涵盖信任问题,首先是负责管理区块链过渡、被取代的法律及社会机构对该技术的信任;其次是个人对区块链信息真实性和安全性的信任;以及对账本的技术可靠性、正确的智能合约的信任。第二个方面针对可持续性问题,增加对能源消费成本、可扩展性和面对权力集中或敌意占领的恢复力的技术经济分析需求。第三个方面,提出了区块链管理,包括对区块链基础设施和服务及技术发展的管理。计划还提出其他一些问题,例如针对"隐私和身份管理"①的规定。英国政府也在推动区块链技术的发展,英国议员提出国家为区块链实现、去中心化跨境系统设置框架方面所起作用的建议。中国政府计划发布"区块链标准",以推动区块链行业到 2019 年底实现全国发展。

从首批 48 家高新技术企业获批入驻雄安新区,落户雄安新区的企业如雨后春笋,引领未来城市的样板,完成绿色智慧之城的建设目标。区块链技术与房屋租赁结合,区块链租房应用平台在雄安上线。在这一政府主导的区块链统一平台上,挂牌房源信息,房东房客的身份信息,房屋租赁合同信息将得到多方验证,各个环节信息都记在区块链上,不得篡改。区块链租房平台的参与方之一,阿里巴巴,也计划建设雄安块数据平台,并且将用支付宝红包奖励低碳行为。雄安施行住房租赁积分制度时强调,过度依赖土地财政推动城镇化建设的发展模式,一定程度上抑制了居民消费和市场主体活力,出现资源配置失衡、投机炒作、房地产价格上涨,易产生经济运行和金融风险等问题。"雄安不走房地产主导的城市发展老路,将构建新的住房保障体系。区块链与数字森林结合,雄安"千年秀林"项目正通过雄安森林大数据系统,充分运用大数据、区块链、云计算等高科技建立森林大数据系统智能平台,实施从苗圃到种植、管护、成长的可追溯全生命周期管理,实现对苗木质量、施工进度和工程质量的精准管控,同步构建"数字森林"。未来区块链、大数据等信息技术应用到雄安城市的管理运营、安全防护等环节。价值互联网体现区块链对物质和服务增值、数据资产增值、社会价值体系重构的潜力,秩序互联网突出借由区块链等技术手段创新社会组织方式、治理体系、运行规则的前景,目前看,区块

---

① 根据欧盟的《一般数据保护条例》(General Data Protection Regulation GDPR)内容制定。

链技术应用需要一段时间探索、发展和完善的过程,但趋势本身已经不可阻挡。规划区块链的可应用场景,包括政务数据共享开放区块链应用、数据铁笼监管区块链应用、互联网金融监管区块链应用、精准扶贫区块链应用、个人数据服务中心区块链应用、个人医疗健康数据区块链应用、智慧出行区块链应用等方面。区块链与金融结合,将有利于统筹协调新区原有银行网点资源,在授信政策、人力资源、信贷规模、审批权限等各方面获得资源倾斜,更好满足新区发展金融需求。依托新一代系统、人脸识别、区块链、大数据等技术,协助雄安新区管委会搭建住房租赁监测平台和住房租赁交易平台,并在雄安新区三县上线运行。银行主动对接"数字雄安",运用区块链技术参与新区的土地补偿、"智慧森林"供应链融资等核心业务,代理发放新区占地补偿款。区块链技术应用于电商供应链金融领域,上线涉农互联网电商融资产品"e 链贷";此外,推进金融数字积分(简称"嗨豆")系统建设,打造区块链积分体系。区块链与政务结合,区块链技术,因为其去中心化、信息不可篡改等特性,受到政府机关和国际组织的重视。建立廉洁、透明、高效的政府,需要借助大数据,区块链等技术。利用区块链分布式存储功能,工程建设招投标等每项决策,进行全过程信息留档,作为证据调取查看,通过区块链技术存储,信息不再是建个数据库放在里面,可以实现永久保存,出现问题可以全面依法问责。区块链在政务方面的应用,用于政务数据共享开放、数据铁笼监管、个人数据服务中心、精准扶贫区块链应用等方面。传统电子政务信息,缺乏统一规划,难以资源共享。突出问题是,重大项目以单个部门牵头建设,协调机制不畅,使得跨部门应用与推进困难较大,导致信息化难以全面、协调、可持续发展。同时,各级地方政府和部门在开展电子政务时,往往各自为政,采用的标准各不相同,资源整合度差,难以资源共享。其次,传统电子政务系统繁杂,硬件部分包括内部局域网、外部互联网、系统通信系统和专用线路等;软件部分包括大型数据库管理系统、信息传输平台、权限管理平台、文件形成和审批上传系统、新闻发布系统、服务管理系统等等数十个系统。传统电子政务系统网络管理工作实施过程中逐渐凸显出信息截获、信息泄露等问题,也影响各级政府机关服务水平,无法有效防止人为篡改。网络安全在电子政务系统管理中起着至关重要的影响作用,只能对管理人员提出更高要求。区块链技术凭借其不可篡改性,公开性,和优良的数据存储功能,能很好地取代传统电子政务信息管理系统。区块也具有共识算法、分布式技术、加密技术来保证数据的分布式可信,实现防篡改、可追溯、多方参与等特性。这些特性使其可以广泛应用与金融、医疗、政务、媒体、教育等各行业。政务领域,基于区块链构建的电子证照平台,数据的使用权和所有权得以分离,有力推动政务数据共享,实现个人和企业证照的电子化办证,做到群众少跑腿、数据多跑腿的便民服务。医疗领域,利用区块链技术,个人的病例、拍片可以实现在多个医院间的病例共享,病人不用重复拍片,同时杜绝造假可能等。政府在招标项目过程中,对可能存在的信息不透明,而企业在密封投标过程中存在信息泄露等风险,区块链能够保证投标信息无法篡改,并保证信息的透明性,彼此不信任的竞争者之间,形成信任共识,利用智能合约支持项目进度。防止腐败滋生,提高百姓、政府和企业间的信任关系。区块链最大的价值,是解决了交易活动中的互信问题,数据不可篡改、可追溯、可追责,并且安全加密,这种互信机制促进数据共享,解决数据溯源、全量归集等难题,推进互联网与政务服务。目前,雄安处于基础设施建设阶段,雄安新区的前期建设以政府为绝对主导,控制社会资本参与程度,严禁产业和人口未到,房价先涨。新区的初步规划以白洋淀为中心的 100 平方公里内城区初步建设,留出已经计划迁至新区的央企用地,并在规划的居住区内建成国资公寓,未来会低价出租给附近产业的工作人员。未来的规划里,将更多引入社会资本,在教育、旅游等行业里都会有所侧重。区块链与雄安建设密不可分。雄安瞄准科技前沿,布局是高端高新产业,满足的是人类未来需求。重点发展的产业包括,新一代信息技术产业,比如人工智能、区块链、太赫兹等;运用大数据、云计算、区块链、人工智能等新技术,规划建设深度学习和优化的雄安智慧城市。大数据、区块链等信息技术发展,为金融监管和金融服务提供丰富手段,打造金融与专业服务,科技创新的示范区,充分利用金融街的金融优势和中关村的技术优势,创新金融服务、专业服务,促进金融安全。为建设国家科技金融与专业服务探索更多的经验。区块链用于建立新的信用体系,为金融科技提供信用关系。面对服务业、企业、个人,需要有新的手段来获取和评价信用。科技与金融在区块链、P2P、数据和各种人工智能的分析方法等方面配合,是未来的发展方向。监管与科技的多维度融合发展,产生金融科技以及相关监管的产业。电子商务与区块链等技术的融合的态势,大数据、人工智能、区块链等数字技术与电子商务加快融合,丰富交易场景;电子商务进一步促进内外贸市场融合,加快资源要素自由流动。目前区块链交易来看,交易安全技术应用最多,其次是认证,其中有大量技术创新,通过专业的形式逐渐体现。在金融大背景下,在数据和 ID 安全性方面,使用区块链技术提高移动支付的安全性,线上线下场景可为公司区块链技术的发展提供应用空间,为公司人工智能、区块链技术、云计算、大数据的发展提供应用空间。资产证券化方面的区块链技术应用。区块链上信息不可篡改,在此层面上可以加强在资产证券化发行过程中,相互各方间的信任,其数据也是相对安全的状态。蚂蚁金服就已经在内部形成了一个区块链兴趣小组,并在公益项目上做了尝试。阿里的区块链围绕着其电商和新零售业务的优势,布局已经涉及公益、商品溯源、租房场景等领域。

雄安新区应用区块链进行城市管理。在身份管理和认证领域区块链的所为,包括人的身份与物的身份的关注,物联网的节点和认证有相应的技术支撑,形成区块链和物联网的融合。区块链、大数据等信息技术,应用到城市管理运营和安全防护环节,以智能基础设施规划与建设提供市民服务①。"链湾"应用领域中的城市治理项目,基于区块链的社区积分消费卡系统,利用区块链安全、开放、去中心化等特性,打造社区居民行为引导和积分发行的新型社区消费流通系统,实现城市治理方式方法的现代化和多样化,通过主动引导的方式来丰富传统的城市治理手段。基于区块链的信息安全特性,保护链上的个人隐私,解决用户个人信息泄露问题。基于该链,除了垃圾分类中的应用外,拓展实现医疗卫生、社区治理、精神文明建设、扶贫救助等领域的信息可溯流转和定向行为引导。智慧城市的发展融合需求与区块链在技术组合方面产生的效果吻合。各类企业加入智慧城市建设浪潮,并开放企业自有数据和平台后,区块链发挥应用价值。智慧城市注重以人为本和服务的便捷性,诸如法

---

① 政府资助成功的区块链城市管理项目,典型的如新加坡政府资助成功的区块链项目。新加坡 Infocomm Media Development Authority(IMDA)提出,作为城市国家数字转型的大目标的一部分,这一活动的目标是推动区块链创新,针对区块链的应用程序有"企业"和"转型"两类,以可简化商业运作的分布式账本技术,更广泛地改造社会互动形式,尤其在公共服务领域。

规、道德等社会大治理的层面进行融合,区块链是技术融合之后使得技术从原理层面得到升华的创新型融合。智慧城市突出多规合一、多网合一、服务合一、多卡合一和一体化大数据中心,体现出智慧城市发展融合特性,将分散的数据、应用、服务方式、技术、系统都进行融合,这个特性与区块链技术当前主要实现的去中心、分布式、互信等理念吻合。区块链的特点、内涵、技术特征等方面。区块链具有去中心化、透明性、隐私性、难以篡改、安全性、自治性和智能性的特点,总结为四个方面,即共享账本、智能合约、安全和隐私保护以及开放共识。引入区块链技术为应用服务、能够提升效率和价值。出现需要多方来参与数据的记录,各节点之间缺乏互信机制,需要一项可靠的验证技术,有不同身份决策者参与,其后涉及重大利益,要求参与者互信,项目有中介,中介本身增加成本及系统的复杂性,以及交易有时间敏感性,迟延会对业务造成影响,以及项目有多个参与方,各参与方需要互动,在数据层面交换,以上情况出现三项以上,有必要引入区块链技术解决问题或优化程序。智慧城市技术上可以改善公共服务和基础设施,通过交通和物流智慧,提高城市运行效率和城市便利,提高资源利用率和城市管理效率,通过智慧水资源智慧电力实现智能环保和智能建筑,保护城市环境,建立智慧社区。促进城市物流、人流、交通流,信息流协调与高效运行。善治是政府和公民管理公有领域,是政府和公民之间的新型关系,是当前政府治理的理想状态,公共权力关系转向平等合作,加强公私合作,善治的本质是在合作的基础上相互认同和谋取共同利益,善治管理机制主要是凭借合作网络,民主协商中做出决策,代表管理办法和技术多元化,谈判来自组织内部的程序规则,由平等成员协商产生,城市的数字化管理、建设智慧城市是实现善治目标的途径。通过简化政府行政手续,提高政府行政和决策的效率和透明度,实现善政目标。城市信息化可以促进城市的社会经济发展,推动传统产业结构优化升级,保持行业可持续发展,依托信息技术的发展,形成高新技术产业,完善整体经济结构,促进经济的可持续发展,提高工业化水平,提高社会生产力,促进社会整体发展。使城市系统的基本功能更完善。信息化是管理决策的基础,现代管理、决策系统中的信息系统功能必不可少。智慧城市领域选择运用区块链技术,是基于这项技术产生的价值,能够支撑智慧城市底层数据及业务流程的共享层面问题,包括数据流通、提升数据质量、数据安全等。多个机构之间需要互换数据时需要区块链,数据在每个参与节点上复制,制定统一标准、节点不能私自篡改数据,提升数据的可信性和质量,通过加密和健全验证方法,保证数据安全。除了解决数据安全性相关问题以外,一些业务流程层面①涉及多部门交换的场景,可以应用区块链技术。交通领域,当前智能交通很难实现全网覆盖,每个服务商只能服务部分客户,只能掌握某部分的智慧交通信息,建立区块链系统,可以把各个服务商掌握的资源进行交换,有多个服务商共同参与,需要互信机制,在保证各个参与者存储、权限都相同的情况下,才能实现公平,恰好体现区块链运用的场景价值。在供应链领域,区块链技术主要有两方面的应用,第一是溯源,例如物品设置区块链防伪标记,拿到物品的个体都可以通过区块链系统,查询物品在整个供应链中的每个环节,区块链技术保障整个链条中数据不被篡改;第二是信息的共享,这是区块链和金融结合的应用场景。在供应商之间把信息打通,包括货物生产、流转、销售、原料及合同订立、履行等情况,大家对整个供应链链条里的各环节能清楚获知,了解各方账款、存货情况及加工状态,在链条上进行金融服务,便捷、可信时依靠智能合约实现自动化服务,提升整个供应链效率,不会出现因某环节出现如缺少原料,导致整个供应链断开的情况,有利于有效防范金融风险。区块链在智慧城市建设中的应用空间前景广阔,区块链嫁接在智慧城市治理当中能创造新的价值。幸福感是智慧城市发展的核心要素,区块链和智慧城市的结合,使人民获得更多幸福感。区块链技术在实现公平性、政府流程和规章制度的透明性、数据的安全性、流程的可追溯性等层面,建设智慧城市,创建交通,公共服务和文件发行完全自动化的智能城市,智能城市概念整合大数据和物联网(LOT),优化城市化流程和服务效率,并与城市

①　目前,区块链在智慧城市有诸多典型应景,智慧医疗领域应用区块链技术,患者和医生之间病例实现完全共享,不用担心病历本被医院篡改,发生医患纠纷时能"有迹可循";区块链技术在业务流程层面的应用有医疗保险的快速理赔,病症和定损的价格及模式能在医院、保险公司、中介机构及个人之间,实现完全透明的分布式的存储,有技术保证,按照规则来执行保险的定损、理赔、交付等操作,减少清算环节;药品供应链领域的区块链技术运用,通过区块链系统实现产品的溯源和整体追踪,使药品的信息能在供应链的各个环节中共享,保证药品不被替换。

居民相连接①。城市多个领域可由物联网和区块链进行管理,无人驾驶汽车和有轨列车可以在城市行驶,对空域的控制不再需要调度员。产品不会恶化,卖家无法通过操控价格扰乱市场,医疗卡不会消失②,智能城市不仅是有关加密货币或支付服务,而是整个城市的所有流程将由区块链控制。这些是未来城市的雏形,通过利用区块链技术跟踪,创建安全透明的平台,运送和交付进出口货物。将区块链技术融入城市外贸领域,。由于文件处理效率的提高,区块链系统在城市结构中的实施预计将节省约大量资金和工时,提高政府机构行政服务效率。区块链应用于物流和存储,将有助于创建用于运输产品或材料的智能无人驾驶卡车整个系统。分布式账本被应用卫生、司法、立法、安全和商业系统③。

　　在更为有序的数据存储方面,国家有关部门正在加紧对区块链进行研究。中国审计署对使用该技术解决集中存储基础设施的固有问题进行讨论。国家区块链标准计划已经完成,区块链国家标准包括了数据安全性,业务和应用标

---

　　①　有关这一创举的一个例子就是节省电力和道路监视成本的光传感器。自动化系统和基础设施传感器如何协调其活动并相互沟通的基础正在迪拜,中国和美国的一些城进行测试。

　　②　现今,迪拜被认为是世界上数字化进程最为领先的城市之一。智能城市计划于 2014 年启动,涉及分阶段实施的 545 个项目,项目将改变迪拜居民和游客与城市的互动方式无人驾驶有轨列车、自动传感器、飞行出租车、太阳能电池板和 Wi-Fi 长椅。迪拜当局正在积极实施创新性想法,2020 年前将该市打造成全球基于区块链的智能大都会。实施项目数量,包括谷歌,优步,亚马逊,IBM 和其他企业巨头运用区块链的项目。当局计划在私营和公共部门创建无纸化的数字空间。所有文件的发布都将以电子形式进行,对公民开展业务将变得更为简单。

　　③　这项技术越过了实验范围,并且已经进入到了大规模采用阶段。爱沙尼亚政府推出区块链,主要是为了给公民提供机会,以方便他们掌控自己的个人数据。鉴于此,爱沙尼亚人可以控制、查看并在必要时对非法获取他们信息行为提出上诉。此外,从现在开始,公民有机会对查看过其医疗卡,保险或驾照的医疗专家或公务员进行监视。任何未经许可访问个人数据的官员都有可能遭到起诉。政府对其公民数据的安全性和完整性非常敏感。这是一种补救办法,无论是慰藉方面,还是在防止不可挽回的后果方面,其价值都不容小觑,如 2010 年海地大地震摧毁了含有土地记录的档案,迫使居民不得不为他们的房地产所有权进行上诉。来自德勤的一份报告称,中国政府计划创建 1000 座智能城市,涉及的技术和收集的数据将致力于改善居民的生活。2013 年 1 月,住房和城乡建设部正式公布了国家智能城市试点名单,并称该技术“应该得到加强和鼓励”。2017 年 4 月,乌镇智库发布了关于中国区块链行业发展的白皮书。白皮书介绍了全球和国内区块链行业的发展趋势,并为研究机构和相关企业提供了宝贵的知识。几个月后,全国互联网金融安全技术专家委员会发布了《合规区块链指南》。

准以及其他可信性和互操作性标准①。政府信息公开方面。区块链的散列处
理等加密算法可以将一些数据进行脱敏处理以保护涉及敏感的个人隐私的内
容通过精细化授权有利于建立数据横向流通机制也使得更多的政务信息可以
被公开出来。降低信息公开的建设成本又,保障了信息的可靠性、完整性,满
足公众的知情权以及对政府工作的监督,加大政府信息公开的力度,有利于阳
光政府建设。区块链按照时间顺序排列的时间轴数据库,可以避免有效数据
的收集和清洗,降低数据的收集成本,提升区块链数据的价值和使用空间,在
政务信息联通、公开、深度挖掘和合理利用方面区块链都能发挥巨大作用。建
设重点在于标准化、制度化、安全化。目前国内外在区块链领域还没有通用的
标准,对于区块链的认识、应用、推广等方面还没有较为统一而全面的指导。
区块链应用中的安全性、兼容性、规范性等问题需要解决。区块链标准化能打
通应用通道、防范应用风险、提升应用效果对于解决区块链发展问题、推进区

---

① 如同爱沙尼亚,区块链已成为安全问题的解决方案。2014年中国香港的渣打银行因信
用欺诈而损失了近2亿美元,原因是诈骗者使用相同货物的重复发票从银行获得资金。为防止
更多的财务欺诈,渣打银行与新加坡政府机构合作,利用区块链为每张发票开发了独特的加密
哈希值。公司得以成功地创建了发票的电子帐本,由于该账本使用的是运用于比特币交易中的
区块链并行平台,确保不会出现双重操作。美国的区块链技术不仅是一个操作加密货币或管理
数据库的工具。地方当局认识到区块链在提供公共服务方面的潜力,并启动了一些目前处于不
同执行阶段的项目。特拉华州在2016年宣布《特拉华州区块链倡议》。这一综合项目旨在刺激
该州私营领域和公共部门的区块链技术和智能合约的使用和开发。值得注意的是,当局已正式
认可在区块链中记录的电子交易为可核实数据,并且该法案已经得到了签署,旨在将为本地公
司的会计和其他业务记录的区块链交易合法化。将区块链技术带入国家基础设施层面的公私
合作关系将创造社会的进步,并且所有的参与者将为此受益。2017年,伊利诺伊州宣布《伊利诺
伊州区块链倡议》,倡议呼吁州立机构联盟对分布式账本技术中提出的创新进行合作探索。该
州当局打算推广使用区块链以"改变公共和私人服务的提供方式,在数据共享,透明度和信任方
面重新界定政府和公民之间的关系,并为该州的数字化转型做出突出贡献"。阿里云与Walton-
chain签署了一项战略合作协议,以利用区块链技术促进智能城市发展。该伙伴关系旨在解决由
于迅速增长的大都市群体而造成的资源和服务不足问题。其他国家纷纷在区块链全球化的地
图上加上标签。许多项目处于规划阶段,例如德国能源公司RWE正在为电动汽车充电站创建
以太坊网络,司机可以使用特殊应用程序来控制收费过程,区块链注册管理机构将负责计算能
源花费、支付和识别用户。创造"即时充电"的场景,电动汽车在旅途中就直接进行充电。澳大
利亚政府宣布拨款800万美元用于建立"智能公用事业"区块链项目。日本东京电力公司(TEP-
CO)计划利用该技术防止2011年福岛核电站泄漏事故灾难的再次发生。

块链应用起到重要作用,促进区块链应用的有序、健康和长效发展,区块链标准化①制订工作,制订适合国内城市区块链应用标准,尤其电子政务领域政府部门,涉及社会治理各方面电子政务应用中的术语、管理架构、应用指南等进行规范。电子政务活动中不仅依靠区块链技术承担信息安全保障,更需要管理制度确保有序应用。技术缺陷在电子政务活动中出现,私钥丢失或者管理纠纷等,需要相应管理制度弥补技术不足。在区块链账本的发布、维护、使用、回收或长期保存的整个过程中都需要管理制度来明确活动方式、职责分工以及容错纠正等关键问题,确保电子政务管理活动的有序、高效进行。安全性、完整性、长期可用性是区块链生成数据的重要要求。安全体系的构建可以从多个层面确保数据不被篡改、不被非法获取与使用、不被丢失等情况的出现。标准化建设是从本质上认识区块链技术本身制度化建设是从管理上规范区块链技术的应用,安全化是通过外部手段为区块链技术的应用保证。区块链应用的安全体系包括物理安全、数据安全、应用系统安全、密钥安全、风险控制等多方面,生成数据事前受控、事后可审计、长期可利用②。区块链时代,新技术的推出需要时间。城市已经走上数字经济的道路,区块链作为互联网技术的延伸,具有重构金融服务,激活人与物、人与人之间关系,构建新型信用体系和价值体系的巨大潜力。城市发展是国家发展的重要组成部分,城市治理研究要注意历史与现实的结合、跨文明的研究视角、跨学科的整体性思路,见证区块链与物联网、人工智能和大数据相互作用,将其整合用于城市管理服务和公共基础设施方面。

(二)区块链与城市法治治理

目前为止关于区块链技术没有行业公认的统一定义。由于区块链的发展

---

① 《中国区块链技术与应用白皮书》对区块链在我国不同行业的应用进行分析,提出基于区块链技术的解决方案,这是对区块链应用标准化探索的开始。2016 年 4 月澳大利亚非政府组织澳大利亚标准协会(Standards Australia)针对区块链和分布式账本技术提出了全新的国际标准化方案,提交国际标准委员会 ISO。

② 侯衡:《区块链技术在电子政务中的应用:优势、制约与发展》,《电子政务》2018 年第 6 期。

时间并不长还没有被深入、全面地了解,现有定义中,不同的研究者从不同的角度,对区块链的解读不尽相同。总体上,区块链的定义分为以下几种,区块链是一项应用协议①,强调区块链技术通过应用协议将交易各方联通起来以实现价值流动与传递;区块链是一种记录方式②,区块链独特的记录方式是区别于其他技术的特点之一,是完整记载所有交易记录的分布式账本,是安全、可信、去中心化的分布式数据库;区块链是一种技术方案③,区块链中涉及的关键技术包括 P2P 网络技术、非对称加密算法、数据库技术、数字货币等通过综合运用这些技术区块链创造出新的记录模式与管理方法;区块链是一种管理范式④,区块链技术是一种去中心化的、无须信任积累的信用建立范式。应用协议、记录方式、技术方案、管理范式均是从区块链的某一特质,对其定义。目前理论研究中,对区块链的特征分析是相对明确的。区块链最主要的特质为,技术本质为分布式数据库、组织形式为链式数据结构、核心价值是共识机制⑤。去中心化是区块链技术不同于以往其他数据库的最大特点,是由全网

---

① 肖风认为区块链类似于互联网上的一项应用协议而协议的作用是价值交换、价值传递。王和认为区块链技术是构建在互联网 CP/IP 基础协议之上,将全新加密认证技术与互联网分布式技术相结合,提出的一种基于算法的解决方案,推动互联网从信息向价值转变。

② 《中国区块链技术与应用发展白皮书(2016)》采用袁勇、王飞跃的定义,认为狭义上区块链是一种按照时间顺序将数据区块以顺序相连的方式组合成的一种链式数据结构并以密码学方式保证的不可篡改和不可伪造的分布式账本。在区块链中数据信息是按照时序被记录下来,区块链是对达到指定大小的数据进行打包形成区块,并链接进入往期区块,形成统一数据链的数据记录方式。

③ 区块链不是一种单独的技术是多种技术整合的结果。它是指不依赖第三方、通过自身分布式节点进行数据交互、验证、存储的一种技术方案。就像云计算、大数据、物联网等新一代信息技术一样,区块链技术并不是单一信息技术,而是依托于现有技术加以独创性的组合及创新,从而实现以前未实现的功能。

④ 从广义上看,区块链技术是利用块链式数据结构验证与存储数据,利用分布式节点共识算法,生成和更新数据利用密码学的方式,保证数据传输和访问的安全,利用由自动化脚本代码组成的智能合约,编程和操作数据的一种全新的分布式基础架构与计算范式。在这种管理范式中,任何互不了解的个体通过一定的合约机制可以加入一个公开透明的数据库通过点对点的记账、数据传输、认证或是合约而不需要借助任何一个中间方来达成信用共识。这个公开透明的数据库包括过去所有的交易记录、历史数据及其他相关信息所有信息都分布式存储且透明可查并以密码学协议的方式保证其不能被非法篡改。

⑤ 侯衡:《区块链技术在电子政务中的应用:优势、制约与发展》,《电子政务》2018 年第6 期。

各个节点组合而成的采用纯数学方式而非中心化管理方案。区块链中的数据是分布式存储的没有所谓的中心存储数据库,而是所有的网络节点共享数据库并由全网共同监督。全网公证的账本,使得即使其中某一个节点受到攻击或篡改,也不会对其他节点造成影响,且其攻击成本极高,只有一方掌握全网51%的算力才能进行攻击;区块链按照时间顺序,将数据区块以顺序相连的方式组合而成一种链式数据结构,并以密码学的方式确保其不被篡改、不被伪造,区块链中储存的信息是按照时间顺序将相关数据串联起来的区块中的哈希值校验、时间戳等严格界定了区块的次序形成时间轴数据库①,区块链中数据的累积和区块链的成长是同步的,数据加时间戳区块,按照时间戳中时间顺序依次连接起来的多个区块才能形成区块链具有极强的可追溯性与可验证性;区块链中数据的生成与交换,并非依靠人为的裁决,而是机器与机器之间的协议,是可以自动执行的预先定义好的规则和条款的可编程合约,参与的条件是,区块链本身的原程序是开源的所以只要符合一定的条件就可以加入到区块链中并通过共识算法来选择特定的节点将新区块添加到区块链中,区块链上形成的数据会被同步更新到整个网络,在任何节点都可以查询整个区块链上的数据记录,提高数据的可审计性。区块链技术在电子政务中应用的优势,基于区块链的电子政务服务平台,可将区块链技术运用到食品安全、一门式政务平台及经济领域等方面。区块链技术在电子政务中的应用方向是构建唯一的数字身份,无论数字身份平台的构建,还是已经开始投入使用的项目,都利用区块链技术不可篡改、全网通报的特性,优化电子政务建设,有利于提升政府服务及治理质量。一门式政务服务通过信息整合与流程优化再造,留存自然人和法人的数据,打通线上与线下的互动桥梁。区块链技术对数据的真实性、可靠性进行固化和开发,打通网络空间和一门式政务服务的最后一公里,治理方式变更,意味着政府服务从中心转变为去中心,行政过程中常见的专项业务审批,转变成综合服务平台,即平台上可以同时办理不同部门的多个事项,通过无差别审批实现一窗通办。应用区块链技术,可以从底层建设支持一门式政务服务平台的建设要求,区块链技术中的 P2P 技术和共识机制,能

---

① 毕瑞祥:《基于区块链的电子政务研究》,《中国管理信息化》2016 年第 23 期。

在不同主体之间构建点对点的分布式对等网络,在去中心化的自组织网络中,政府各部门在公共治理体系处于相对平等的地位,治理体系呈分布式结构。相对平等的区块链平台上,政府各部门可以实现快速的信息传递与沟通,直接进行点对点的信息传递而不需要结果层层审,使政府组织结构更加扁平化、信息传递及时有效、工作效率更高,并对行政审批过程中的数据进行动态收集。服务平台可以沉淀大量数据并建立了自然人数据库。利用区块链的共识机制,将这些数据转变成个体身份记录,赋予每个机构、每个公民相应的身份认证,政府审批从条件审批转化成表现审扎,压缩政府的自由裁量权使得政府的服务更加公平、公正。区块链有利于构建全新的社会信用体系①,全新的信用体系这个体系不再依赖于政府、银行等第三方机构进行信用担保,而是通过应用非对称加密技术、智能合约等技术形成新的信用认证范式以区块链技术体系为信用背书。区块链技术加密储存了信用交易双方完整的交易记录,成为各自信用资料的一部分,同时也明确了双方对数据的所属权,因此可以构建每个人、每个机构产权清晰的信用资源,无须第三方机构对这些信用资料进行认证。以区块链为底层技术支撑的信用系统囊括企业或个人行为的永久记录,成为社会网络成员交往互动过程中可靠的信任依据。这个信用体系可以完整记录自然人、法人的基本信息、征信情况等,使个体可以在区块链系统中实现自证,无须奔走不同机构收集证明资料,政府依靠这些信用记录进行行政审批;信用体系的构建促使社会不同个体之间良好的合作与互动,秩序形成基于诚信的价值激励机制,区块链平台有助于促进社会信用,形成全新的社会信用体系,促进政府治理等各项活动的有序进行。区块链有利于推进政府信息公开,提升社会公众对政府部门的信任程度及政府的公信力,应用区块链技术有利于推动政府信息公开的进程,区块链所具有的数据不可篡改性,为政府信息公开提供信息安全性、可靠性保障可以将更多涉及公共利益的信息进行公布。区块链以时间戳为顺序的链式数据结构,可以用于每一笔记录的检验作为数据的存在性证明,形成无法篡改或伪造的证据,降低举证成本。数据不可篡改

---

① 侯衡:《区块链技术在电子政务中的应用:优势、制约与发展》,《电子政务》2018 年第6 期。

与交易可追溯两大特性结合,减少甚至根除供应链产品流转过程中的假冒伪劣问题。这些民生数据的公布,拓宽政府信息公开的范围,进一步保障公民的知情权,更好地维护公共利益。区块链的非对称加密技术,为政府信息公开及利用提供权限保障,在保障公民知情权的同时也确保信息的合理利用。政府部门通过公钥和私钥验证对方身份,消除交换密码环节,提高政府数据库遭受攻击和信息泄露的技术难度。区块链的条件准入特性,赋予不同个体不同的信息利用权限,政府可以将更多的信息资源公布,使其更好地服务于社会。点对点的分布式账本系统使得区块链系统中的每个参与主体,都能读取与存储数据任何数据的更新,同步至整个网络同时也需要网络每个成员的确认,有利于充分发挥政务信息资源的作用,实现数据的多重备份,提高政府数据库的容错性和安全性。为政府部门之间的资源联通与共享,提供实现平台。平台上政府各部门可以共享、共建信息资源,既可以避免重复建设,又可以深度整合政务资源,利用大数据技术等深度挖掘,更好地开发、利用政务信息资源。作为新兴技术目前区块链还没有大规模应用的成功案例。比特币是区块链最早的应用但只是区块链应用中很小的子集区块链,区块链技术可能带来创新机遇的同时,也不能忽视可能存在的问题。区块链的优势也构成其应用上的制约。电子政务建设中政务信息资源关系到社会多方利益、个人隐私以及政府的建设发展,不能忽视其可能带来的风险。安全威胁是区块链面临的最重要问题。区块链构建新型的信任机制,不需要第三方机构担保,而由其自身特性进行信任背书,安全隐患是,在技术应用过程中,无法确保百分之百准确、无差错。在区块链构建的信任体系中,由区块链本身的特性进行信任担保尚未被确认是毫无漏洞,一旦在电子政务系统中出现错误,系统中包含大量涉及个人隐私、政府建设、经济建设、社会活动等方面的信息,可能会被篡改、泄露或丢失。区块链中账户用户公钥,信息交互是私钥,去中心化系统中,没有中心机构可以实现信息重置,一旦私钥丢失,用户参与信息交互的权利随即失效,而节点通过掌握全网超过51%的算力,就有能力篡改和伪造区块链数据的安全威胁始终存在。应用区块链技术生成的数据交易记录,这些记录作为机构活动与个体重要凭证,涉及个人隐私、公共利益,需要被妥善保管,区块链中生成的文件应保存在区块链系统中,还是被转移到另一个管理系统中,文件的长期保存问题应如何解决。实践中是将区块链中所有数据变更或交易项目都记录在一个云系统之上,对于之后的数据如何转移到档案部门如何进行鉴定、销毁或长期保存等,则没有明确解决方案。针对数据的长期保存问题,在其应用于电子政务管理之初,从档案管理的角度进行研究,从宏观角度探讨区块链技术应用的可行性,产生到长期保存的整个生命周期。真实性、完整性、长期可用性的建设需求引入区块链应用探讨,使区块链应用系统的建设更加全面。

区块链应用的优势,在于可以利用共识机制,将不同机构联通起来,消除政务信息资源建设中的信息孤岛现象,但分布式账本技术标准与体系之间存在不兼容的风险。目前区块链的应用仍没有相应的标准与规范,区块链产业参与者之间没有建立良好沟通与协调机制,现有金融系统基础设施缺乏互操作性、互通性和孤立的问题会再次出现在电子政务系统中。这种情况下,电子政务建设中的信息孤岛反而可能进一步加深。政府的管理活动涉及公民的基本权益与社会的正常运营对信息的可靠性、安全性要求非常高在政府管理过程中会产生很多与公民生活息息相关的信息对这些信息的妥善保管与合理利用的要求也非常高。如何提供更高效、更优质、更公平的公共服务如何提供更可靠、更透明、更全面的信息资源是政府开展电子政务活动所要解决的重要问题。区块链提供的不可篡改、全程记录的链式数据结构恰好满足了政府信息公开中信息安全、可靠的需求同时也给行政审批提供了新的审核思路从条件的审核到社会个体信用数据链的审核区块链的特性与电子政务发展需求的结合不仅可以推动电子政务的深化发展也可以推进社会信用体系等方面的建设。个体身份认证方面,区块链建立在互联网基础上与个体相关的证件、资产、证明文件甚至各种公共记录都可以迁移到区块链上并利用全新的加密认证技术和全网共识机制形成数字身份证。利用区块链完整的、分布式的、不可篡改的连续账本数据库个人、机构都可形成自己的身份证,利用全网多方验证的数据信息自证,无须依赖于第三方机构的认证。这种新型的信用关系可以进一步推动电子政务发展中的简政、廉政需求。个体申请公共服务时,不再需要奔走于不同的机构之间,收集所需的证明材料,政府部门在审批时也无须反复核实资料的真实性、可靠性通过区块链系统中的数字身份证即可以获取个人基本信息及征信情况等可靠、完整的信息这提高行政效率,数字身份证的不可篡改性以及行政审批从条件审批转为表现审批的变化能够促使社会个体珍惜自己的征信情况,重视社会活动中表现,有利于政府提高治理效能。因此个体身份证的建设与发展与电子政务中简政、廉政、高效的诉求相契合这将会是未来电子政务中区块链应用的方向。生产流程监管方面。随着政府信息公开进程的推进公民对于与自己生活密切相关的信息的公开需求在不断增长。区块链技术通过合约机制可以将不同行业、不同机构的信息连接,而无须再根据不同的信息公开需求而建设不同的管理系统并且可以形成完整的数据链如在粮油流通的过程中监测信息同时也可以保证这个过程中信息的不可篡改。

区块链技术的不可篡改、去中心化、信息脱敏、全程历史记录等特点正符合电子政务中信息公开、政府职能扁平化、社会信任建设等需求。因此将区块链技术应用于电子政务中通过数据的可追溯与全记录可以为其提供信任背书而在涉及社会多方共同参与的食品安全、商品流通等方面去中心化可以克服构建系统带来的多方阻力只需要达到条件即进入区块链平台有利于联通不同机构之间的信息孤岛结合不同个体的权限划分不同的信息利用范围确保信息的安全性与合理利用结合大数据等技术进行深度挖掘为政府管理、社会建设、公众监督等提供更多的参考信息充分发挥政务信息资源的作用。

在信息的产生、流通、保管、长期保存过程中所产生与流通的数据是否真实、完整、可靠、可用是技术能否进行应用与推广的先决条件。目前通过应用成熟的信息技术和通信技术政府部门将管理和服务通过计算机技术进行集成大力发展电子政务在互联网上实现政府组织结构和工作流程的优化重组跨越时间和空间的限制向社会提供全方位、透明规范、优质的管理和服务。而区块链技术的出现则可以从基础层面确保数据的完整性和可信度可以帮助政

全面了解区块链技术及其应用对其可能带来的风险与制约,给予充分重视并制定相应的解决措施以确保所产生数据的真实性、完整性和长期可用性①。

---

① 侯衡:《区块链技术在电子政务中的应用:优势、制约与发展》,《电子政务》2018 年第 6 期。

参 考 文 献

（一）著作

安建：《中华人民共和国城乡规划法释义》，法律出版社 2007 年版。

包亚明：《现代性与空间的生产——列斐伏尔专辑》，上海教育出版社 2003 年版。

城乡规划法要点解答编写组：《城乡规划法要点解答》，法律出版社 2007 年版。

崔功豪、魏清泉、陈宗兴编著：《区域分析与规划》，高等教育出版社 1999 年版。

高全喜：《法律秩序与自由主义》（第一版），北京大学出版社 2003 年版。

胡寿松、何亚群：《粗糙决策理论与应用》，北京航空航天大学出版社 2006 年版。

黄文艺：《当代中国法律发展研究》，吉林大学出版社 2000 年版。

江国华：《立法：理想与变革》，山东人民出版社 2007 年版。

姜明安：《行政法与行政诉讼法》，高等教育出版社 2002 年版。

刘文献：《大数据区块链金融：贵阳的时间与思考》，中信出版集团 2018 年版。

罗党、王洁方：《灰色决策理论与方法》，科学出版社 2012 年版。

石佑启：《私有财产权公法保护研究——宪法与行政法的视角》，北京大学出版社 2007 年版。

孙笑侠：《先行法治化："法治浙江"三十年回顾与未来展望》，浙江大学出版社 2009 年版。

夏建中：《城市社会学》，中国人民大学出版社 2010 年版。

杨建顺：《日本行政法通论》，中国法制出版社 1995 年版。

应松年：《当代中国行政法》，中国方正出版社 2005 年版。

张文显：《法哲学范畴研究》，中国政法大学出版社 2001 年版。

周旺生：《立法学》（第二版），法律出版社 2009 年版。

［德］汉斯·沃尔夫：《行政法》，高家伟译，商务印书馆 2002 年版。

［德］柯武刚、史漫飞：《制度经济学》，韩朝华译，商务印书馆 2000 年版。

［德］马克斯·韦伯：《经济与社会》，阎克文译，上海人民出版社 2010 年版。

［法］米歇尔·福柯：《规训与惩罚》，刘北成、杨远婴译，三联书店 2012 年版。

［美］杜赞奇：《从民族国家拯救历史——民族主义话语与中国现代史研究》，王宪明

等译,社会科学文献出版社 2003 年版。

　　[美]杜赞奇:《文化、权力与国家:1900—1942 年的华北农村》,王福明译,江苏人民出版社 2003 年版。

　　[美]刘易斯·芒福德:《城市发展史——起源、演变和前景》,宋俊岭、倪文彦译,中国建筑工业出版社 2004 年版。

　　[美]曼纽尔·卡斯特:《网络社会的崛起》,社会科学文献出版社 2006 年版。

　　[美]乔尔·米格代尔:《强社会与弱国家:第三世界的国家社会关系及国家能力》,张长东译,江苏人民出版社 2012 年版。

　　[美]塞缪尔·亨廷顿:《变化社会中的政治秩序》,王冠华译,上海世纪出版集团 2008 年版。

　　[英]埃比尼泽·霍华德:《明日的田园城市》,金经元译,商务印书馆 2010 年版。

　　[英]安东尼·吉登斯:《社会的构成:结构化理论纲要》,李康、李猛译,中国人民大学出版社 2016 年版。

　　[英]戴维·贾奇:《城市政治学理论》,刘晔等译,上海人民出版社 2009 年版。

　　[英]威廉·韦德:《行政法》,徐炳译,中国大百科全书出版社 1997 年版。

　　[英]约翰·伦尼·肖特:《城市秩序:城市、文化与权力导论》,郑娟、梁捷译,上海人民出版社 2011 年版。

　　Geertz C, Agricultural Involution:The Process of Ecological Change in Indonesia,Berkeley:University of California Press,1963.

　　Harvey D, Social Justice and the City. Revisededition, Athens:University of Georgia Press,2009.

　　Henri Lefebvre,The Production of Space.translated by Donald Nicholson-Smith,New Jersey:Wiley-Blackwell,1992.

（二）论文集

俞可平主编:《治理与善治》,社会科学文献出版社 2000 年版。

汪民安等主编:《城市文化读本》,北京大学出版社 2008 年版。

中国法学会环境资源法学研究会主编:《中国法学会环境资源法学研究会会议论文集》,法律出版社 2016 年版,2017 年版。

　　[美]帕克、伯吉斯、麦肯齐编:《城市社会学——芝加哥学派城市研究文集》,宋俊岭、吴建华、王登斌译,华夏出版社 1987 年版。

（三）论文

毕瑞祥:《基于区块链的电子政务研究》,《中国管理信息化》2016 年第 23 期。

蔡玉梅、高延利,张丽佳:《荷兰空间规划体系的演变及启示》,《中国土地》2017 年第

8 期。

曹海军、黄徐强：《城市政体论：理论阐释、评价与启示》，《学习与探索》2014 年第
5 期。

曹海军、霍伟桦：《城市治理理论的范式转换及其对中国的启示》，《中国行政管理》
2013 年第 7 期。

陈伯庚：《房地产市场宏观调控长效机制探寻》，《住宅产业》2010 年第 11 期。

陈忠：《城市权利：全球视野与中国问题——基于城市哲学与城市批评史的研究视
角》，《中国社会科学》2014 年第 1 期。

陈忠：《城市意义与当代中国城市秩序的伦理建构》，《学习与探索》2011 年第 2 期。

程伍群、薄秋宇、孙童：《白洋淀环境生态变迁及其对雄安新区建设的影响》，《林业与
生态科学》2018 年第 3 期。

方忠：《国外后发优势理论研究回顾及述评》，《中国矿业大学学报》（社会科学版）
2009 年第 2 期。

冯邦彦、尹来盛：《城市群区域治理结构的动态演变——以珠江三角洲为例》，《城市问
题》2011 年第 7 期。

葛洪义：《"地方法制"的概念及其方法论意义》，《法学评论》2018 年第 3 期。

郭庆珠：《城市地下空间规划中的生态导向及其立法保障——以行政规划权的"生态
界限"为核心》，《理论导刊》2014 年第 9 期。

郭卫民、刘为民：《我国行政体制内卷化倾向浅析》，《国家行政学院学报》2011 年第
6 期。

韩艳：《城市治理中公民网络参与机制研究——以南京汉口路西延工程事件为例》，
《理论观察》2010 年第 2 期。

郝铁川：《论良性违宪》，《法学研究》1996 年第 4 期。

何艳玲：《城市的政治逻辑：国外城市权力结构研究述评》，《中山大学学报》（社会科
学版）2008 年第 4 期。

何增科：《城市治理评估的初步思考》，《华中科技大学学报》（社会科学版）2015 年第
4 期。

侯衡：《区块链技术在电子政务中的应用：优势、制约与发展》，《电子政务》2018 年第
6 期。

黄宏源、袁涛、周伟：《日本空间规划法的变化与借鉴》，《中国土地》2017 年第 8 期。

黄徐强：《从统治城市到治理城市：城市政治学研究综述》，《华中科技大学学报》（社
会科学版）2015 年第 1 期。

纪程：《"国家政权建设"与中国乡村政治变迁》，《深圳大学学报》（人文社会科学版）
2006 年第 1 期。

季晨溦、肖泽晟：《论信赖保护原则在城乡规划变更中的适用》，《南京社会科学》2017
年第 2 期。

蒋俊杰:《我国城市跨界社会问题的整体性治理模式探析——以上海市长宁区社会管理联动中心为例》,《中国行政管理》2015 年第 3 期。

接栋正:《高铁时代的都市圈建设——区域空间重塑、城市转型及治理创新》,《管理学刊》2016 年第 1 期。

黎元生、胡熠:《流域生态环境整体性治理的路径探析——基于河长制改革的视角》,《中国特色社会主义研究》2017 年第 4 期。

李伟、夏卫红:《城市群府际治理机制:区域经济一体化的路径选择》,《天津行政学院学报》2011 年第 5 期。

梁鹏、高红红:《平衡行政视野下的现代西方城市治理新模式》,《上海城市管理》2010 年第 2 期。

刘春彦、宋希超:《上海市地下空间开发利用管理法治建设》,《上海建设科技》2007 年第 1 期。

刘能:《先行先试权探析》,《福建法学》2010 年第 1 期。

刘卫东、梁红梅:《近十年我国耕地变化的区域效应及其合理性分析》,《浙江大学学报(人文社会科学版)》2008 年第 6 期。

刘卫先:《从"环境权"的司法实践看环境法的义务本位——以"菲律宾儿童案"为例》,《浙江社会科学》2011 年第 4 期。

罗婕、桑玉成:《权力向上 治理向下:关于整体性治理的一种视角》,《学海》2018 年第 3 期。

罗思东、陈惠云:《全球城市及其在全球治理中的主体功能》,《上海行政学院学报》2013 年第 3 期。

毛寿龙:《权力、市场与城市治理》,《理论视野》2011 年第 6 期。

任敏:《"河长制":一个中国政府流域治理跨部门协同的样本研究》,《北京行政学院学报》2015 年第 3 期。

邵继中、王海丰:《中国地下空间规划现状与趋势》,《现代城市研究》2013 年第 1 期。

史云贵、周荃:《整体性治理:梳理、反思与趋势》,《天津行政学院学报》2014 年第 5 期。

束昱、彭芳乐、王璇等:《中国城市地下空间规划的研究与实践》,《地下空间与工程学报》2006 年第 12 期。

孙晖、梁江:《美国的城市规划法规体系》,《国外城市规划》2000 年第 2 期。

孙中伟、路紫:《流空间基本性质的地理学透视》,《地理与地理信息科学》2005 年第 1 期。

谭柏平:《论我国城市水务法规体系的建立及完善》,《政治与法律》2009 年第 1 期。

童世骏:《没有"主体间性"就没有"规则"——论哈贝马斯的规则观》,《复旦学报》(社会科学版)2002 年第 5 期。

涂青林:《论我国交通运输行政和法治完善的路径选择》,《兰州学刊》2009 年第 3 期。

汪明峰、高丰:《网络的空间逻辑:解释信息时代的世界城市体系变动》,《国际城市规划》2007年第2期。

王彬:《"先行先试"立法模式的经济分析》,《山东警察学院学报》2010年第1期。

王佃利,任宇波:《城市治理模式:类型与变迁分析》,《中共浙江省委党校学报》2009年第5期。

王东、赵越、姚瑞华:《论河长制与流域水污染防治规划的互动关系》,《环境保护》2017年第9期。

王贺元:《转型期企业参与城市治理的实践研究》,《宁波大学学报》(人文科学版)2011年第1期。

王锡锌:《行政法治的逻辑及其当代命题》,《法学论坛》2011年第2期。

王燕:《河长制实施困境及完善对策——以抚河为例》,《老区建设》2018年第8期。

王郅强、张晓君:《"结构性矛盾"与社会治理体系的构建》,《行政论坛》2017年第2期。

吴汉东、汪锋、张忠民:《"先行先试"立法模式及其实践——以"武汉城市圈""两型"社会建设立法为中心》,《法商研究》2009年第1期。

吴建红:《西方法治观的嬗变:从主体性到主体间性的考察》,《学术论坛》2006年第8期。

夏志强、谭毅:《城市治理体系和治理能力建设的基本逻辑》,《上海行政学院学报》2017年第9期。

肖金明:《创新和完善地方立法权制度——兼谈地方人民代表大会制度的完善和发展》,《理论学刊》2014年第11期。

熊竞、罗翔、沈洁、何文举:《从"空间治理"到"区划治理":理论反思和实践路径》,《城市发展研究》2017年第11期。

徐华:《略论法治交通——兼评现行交通法制》,《江南论坛》2017年第8期。

徐静:《城市治理研究的最新进展及一般分析框架》,《珠江经济》2008年第5期。

徐丽:《城市流域污染的综合治理》,《科技创新与应用》2015年第4期。

徐祖澜:《纵向国家权力体系下的区域法治建构》,《中国政法大学学报》2016年第5期。

杨保军、蔡如鹏:《雄安规划是一次规划本源的回归》,《中国新闻周刊》2018年第16期。

杨宏山:《美国城市治理结构及府际关系发展》,《中国行政管理》2010年第5期。

杨宏山:《整合治理:中国地方治理的一种理论模型》,《新视野》2015年第3期。

杨君:《中国城市治理的模式转型:杭州和深圳的启示》,《西南大学学报》(社会科学版)2011年第2期。

杨鹏、杨高升、顾浩威:《基于粗糙墒理论的平原河网防洪规划方案评估模型》,《水电能源科学》2015年第9期。

杨雪东:《经济全球化背景下的中国制度优势》,《求是》2013 年第 18 期。

姚尚建:《边界控制中的城市权力》,《探索与争鸣》2015 年第 6 期。

姚尚建:《城市权利:解释及分类》,《哈尔滨工业大学学报》(社会科学版)2015 年第 3 期。

叶涯剑、张光海:《作为现代化手段的中国城市治理(1949—2009)——以城市社会微观控制体系为例》,《贵州社会科学》2010 年第 8 期。

俞可平:《推进国家治理体系和治理能力现代化》,《前线》2014 年第 1 期。

张京祥、林怀策、陈浩:《中国空间规划体系 40 年的变迁与改革》,《经济地理》2018 年第 7 期。

张丽娜:《合同制治理:城市治理面临的机遇与挑战》,《行政论坛》2010 年第 6 期。

张瑞萍:《京津冀交通法制一体化的目标与路径》,《北京联合大学学报》(人文社会科学版)2016 年第 2 期。

张瑞瑞:《高铁时代跨区域协同治理模式与机制研究》,《郑州大学学报》(哲学社会科学版)2014 年第 6 期。

张永亮、吴冰心:《中国房地产市场利益主体矛盾及协调机制》,《生产力研究》2014 年第 9 期。

张兆曙:《城市议题与社会复合主体的联合治理——对杭州 3 种城市治理实践的组织分析》,《管理世界》2010 年第 2 期。

张志文、宫坷:《交通法学学科构建的背景分析》,《山东行政学院学报》2012 年第 8 期。

张智峰、刘宏、陈志龙:《中国城市地下空间发展概览》,《城乡建设》2017 年第 3 期。

郑清贤、叶知年:《福建涉台地方立法模式的思考》,《福州大学学报》(哲学社会科学版)2013 年第 1 期。

周静瑜:《城市更新:从城建到空间价值提升的实践》,《建筑设计管理》2018 年第 8 期。

周伟:《地方政府间跨域治理碎片化:问题、根源与解决路径》,《行政论坛》2018 年第 1 期。

周杨:《城市政治学的三维视角》,《重庆社会科学》2015 年第 12 期。

朱国伟、陈晓燕:《智慧城市建设中的重点领域与关键问题:以武汉市为例的分析》,《智慧城市评论》2017 年第 2 期。

朱茂磊:《论“城市法学”及其基本范畴》,《城市学刊》2017 年第 6 期。

朱文一:《秩序与意义——一份有关城市空间的研究提纲》,《华中建筑》1994 年第 1 期。

[美]克拉伦斯·斯通:《城市政治今与昔》,罗思东译,《公共行政评论》2009 年第 3 期。

[瑞典]乔恩·皮埃尔:《城市政体理论、城市治理理论和比较城市政治》,陈文、史滢

滢译,《国外理论动态》2015 年第 12 期。

Kevin R,The Problem of Metropolitan Governance and the Politics of Scale,Regional Studies,vol.44,2010.

Michael Hays.K,Critical Architecture:Between Culture and Form,Perspecta,Vol.21,1984.

（四）学位论文

贾茵:《行政规划法视野下的都市更新研究——以我国台湾地区为参照比较》,中国政法大学 2016 年博士学位论文。

李豪:《制度变迁理论视角下的河长制研究——以长兴县为例》,中共浙江省委党校 2018 年博士学位论文。李冷烨:《城市规划法的产生及其机制研究——以德国和美国为中心的标志性考察》,上海交通大学 2011 年硕士学位论文。

刘立正:《行政规划的法学研究——以拘束性规划为视角》,浙江大学 2011 年硕士学位论文。

牛俊伟:《城市中的问题与问题中的城市——卡斯特城市问题研究》,南京大学 2013 年博士学位论文。

孙延松:《空间生产视角下大城市核心区大街区统筹更新模式研究——以深圳宝安中心区为例》,大连理工大学 2017 年硕士学位论文。

田名川:《当代中国城市秩序研究》,天津大学 2013 年硕士学位论文。

王诚:《改革中的先行先试权研究》,上海交通大学 2009 年博士学位论文。

（五）报刊

聂希斌:《"重大改革于法有据"寓意"先立后破"》,《检察日报》2015 年 3 月 11 日。

吴楠:《交通法学研究初显集聚效应》,《中国社会科学报》2013 年 7 月 15 日。